Netzwerkentwicklung
in der Jugendberufshilfe

Rita Hockerts

Susanne Weber (Hrsg.)

Netzwerkentwicklung in der Jugendberufshilfe

Erfahrungen mit Institutioneller
Vernetzung im ländlichen Raum

Leske + Budrich, Opladen 2001

Gedruckt auf säurefreiem und altersbeständigem Papier.

Die Deutsche Bibliothek – CIP-Einheitsaufnahme

Ein Titeldatensatz für diese Publikation ist bei Der Deutschen Bibliothek erhältlich.

ISBN 3-8100-3156-9

© 2001 Leske + Budrich, Opladen

Druck: Druck Partner Rübelmann, Hemsbach
Printed in Germany

Die Drucklegung dieses Bandes wurde ermöglicht durch die großzügige Unterstützung von:

 Europäische Union

 Hessisches Sozialministerium/Landesjugendamt

 Kreisausschuss des Landkreises Hersfeld-Rotenburg

Trägerverbund Lebens- und Berufshilfe Vogelsberg
- Gemeinnützige Schottener Reha-Einrichtungen GmbH
- Hilfe für das verlassene KIND e.V.
- NEUE ARBEIT Vogelsberg gGmbH

5

Inhalt

Einleitung

Benno Hafeneger
Vernetzung – ein produktiver Suchbegriff in der Neuorientierung der
Jugendhilfe 9

Susanne Weber
Institutionelle Vernetzung zwischen Wohlfahrtspluralismus und
Netzwerkökonomie 13

I Tendenzen, Trends, Programme

Ralph Rußmann, Ariane Schwedler
Neue Rahmenbedingungen, neue Anforderungen und neue
Handlungsmuster pädagogischer Professionalität 33

Hanjo Schild
Vom Verbund zur Vernetzung:
Zur Geschichte und den aktuellen Herausforderungen institutioneller
Vernetzung in der Jugendberufshilfe 59

Nicole Benthin, Rita Hockerts
Regionale Netzwerke im ländlichen Raum -
Das Projekt Youthstart Network 79

II Schlaglichter und Perspektiven der Akteure vor Ort

Heiner Brülle
Wege zur Berufsbildung für Alle - Kommunale Strategien einer aktiven
Berufsbildungspolitik für Benachteiligte 101

Annette Allendorf, Christiane Becker-Ott
Perspektiven für junge Frauen im ländlichen Raum:
Vernetzen im Arbeitskreis Mädchenarbeit 119

Bodo Kester
Innovation in der Zusammenarbeit pädagogischer Einrichtungen:
Der Trägerverbund 133

Harald Finke
Regionalentwicklung in Public Private Partnership für berufliche
Perspektiven Jugendlicher 143

III Projekterfahrung und Reflexion

Martina Baumert, Christiane Brechlin
Die Entwicklung regionaler Netzwerke im Landkreis
Hersfeld-Rotenburg   153

Gert Straßer
Lernprozesse auf dem Weg zu einer regionalen Vernetzung -
Anmerkungen zur wissenschaftlichen Begleitung im
Landkreis Hersfeld-Rotenburg   175

Angelika Stietz
Erfahrungen mit der Initiierung von lokalen Netzwerken der
Jugendberufshilfe im Odenwaldkreis: Lernen aus Chancen und Risiken   185

Elke Schimpf
Vernetzung als Ziel: Zur begrifflichen Definition ihrer
Operationalisierung und Erfolgsmessung   197

Ina Stockmann
Regionale Vernetzung mit Vision   211

Susanne Weber
Schnecke und Tausendfüßler.
Zur Bedeutung von Metaphern und Visionen für regionale Vernetzung   223

IV Vernetzung mit Verfahren

Susanne Weber
Wie vernetzen? Systematisches Vorgehen mit Vernetzungsverfahren,
Projektplanung und Evaluation   239

Nicole Benthin, Martina Baumert
Selbstevaluation als Methode der Qualitätsentwicklung,
Prozesssteuerung und summativen Evaluation   261

Sabine Lauber
Elektronische Vernetzung nutzen – virtuell und real   281

V Ausblick

Nicole Benthin, Susanne Weber
Lernprozesse, Erfahrungen und Empfehlungen zur Entwicklung von
Netzwerken im ländlichen Raum   291

Benno Hafeneger

Vernetzung – ein produktiver Suchbegriff in der Neuorientierung der Jugendhilfe

Die Jugendhilfe ist seit einigen Jahren erneut in „Bewegung", das gilt sowohl für ihr generelles disziplinäres Selbstverständnis als auch ihre Teilbereiche mit ihren konzeptionellen Anlagen und Praxisprozessen. Das ist zunächst nicht neu und aufregend, weil diese Dimension sie geradezu konstituiert und begründet, aber es ist zeitbezogen immer wieder abzuwägend zu würdigen und zu bilanzieren, was da eigentlich, aus welchen Gründen und in welche Richtung in Bewegung ist. Ein Blick zurück zeigt, dass die Jugendhilfe seit ihrer verrechtlichten „Gründung" zu Beginn des 20. Jahrhunderts sich – inspiriert vom (christlich-)humanistischen Menschenbild und von reformpädagogischen Denktraditionen – neben all ihren Erfolglosigkeiten und (kompensatorischen) Instrumentalisierungen u.a. dem hehren Anspruch der Ganzheitlichkeit, Personalität und der (reziproken) Interaktion als eigener fachlicher Perspektive verpflichtet hat. In ihren inneren Entwicklungen haben sich aber eher gegenläufige Tendenzen und vielfältige Kompromissbildungen durchgesetzt; sie hat sich in ihren Strukturen, Angeboten und Methoden hochgradig differenziert und fragmentiert. In diese Entwicklung waren und sind auch die „Jugendberufshilfe" und die „Jugendhilfe (Jugendarbeit) im ländlichen Raum" einbezogen, die jeweils zu eigenen Berufsfeldern wurden. Beide gehören zu den klassischen auf Integration zielenden Themen der Jugendhilfe, haben ihre zeitbezogenen Konjunkturen und können auf eine lange Tradition praktischer Arbeit zurück blicken.

Die derzeitige Bewegung in der Jugendhilfe und sozialen Arbeit meint Modernisierungs- und Neuorientierungsprozesse, mit denen sie in einem verwobenen Verhältnis und aus unterschiedlichen Gründen disziplinär, strukturell und professionell erneut herausgefordert wird und sich auch selbst neu herausfordert. Es geht um ihr disziplinäres Verständnis, um Ressourcen und institutionelle Kapazitäten, um professionelle Konzepte und pädagogische Handlungsformen. Paradigmatische Begriffe die in diesem Prozess eine Rolle spielen und die Herausforderungen signalisieren sind u. a. Wohlfahrtsmix, Markt, Dienstleistung, Effizienz, Vernetzung, Projektmanagement, Evaluation, Trägerverbünde, Partizipation und Professionalität bzw. Professionelle Kompetenz; letztlich unterliegen die Jugendhilfe und soziale Arbeit einem – von Termini der Ökonomie begleiteten - Rationalisierungs- und Legitimationsdruck. Die mit diesen Begriffen verbundenen Veränderungs- und Umbauprozesse waren in den neunziger Jahren und sind derzeit ein zentrales Thema der – mehr oder weniger kontroversen - wissenschaftlichen und praxisbezogenen Debatten in der Jugendhilfe und sozialen Arbeit.

Die Positionierungen reichen von Begeisterung bis Abwehr, es gibt kritische Diskussionen, behutsame Abwägungen, mutige Innovation und skeptische Einschätzungen; und gleichzeitig setzen sich jenseits der theorie- und konzeptgeleiteten Debatten in der Praxis allemal „mehr oder weniger kluge" Veränderungen und neue Orientierungen durch. In dieser Gemengelage ist dann die spannende Frage, ob es in der Jugendhilfepraxis mit ihren Regelungen, Institutionen und Professionen theoriegeleitet und konzeptionell gelingen kann, solche Prozesse zu stimulieren und tragfähig zu machen, die in der Tat die Probleme von Jugendlichen besser – im Sinne von Subjektentwicklung, Personalität und beruflich-sozialer Integration – lösen helfen. In der theoretischen und konzeptionellen Diskussion der Jugendhilfe ist für die Einlösung dieser Zielperspektive *Vernetzung* zu einem Schlüsselbegriff avanciert und Begriffe wie Netzwerke und Partizipation werden als Motor von Modernisierungen beschworen.

Die Beiträge des Sammelbandes dokumentieren und reflektieren drei Praxisversuche im Bereich der Jugendberufshilfe in ausgewählten ländlichen Räumen. Dieser „Kern" ist eingebunden in Kapitel, die allgemeine „Tendenzen und Trends", die „Sicht der Akteure" sowie „Handwerkszeug zur Vernetzung" zum Thema haben. Damit begibt sich der Sammelband als gebrauchswertorientierte Praxisforschung in ein komplexes Theorie-Praxis-Gelände und markiert ein Defizit in der bisher mehr theoriegeleiteten Literatur. Die Autorinnen und Autoren haben sich als Akteure im Feld die anspruchsvolle Aufgabe gestellt, eine Kombination von wissenschaftlicher Erforschung, der Reflexion von Prozessen institutioneller Praxis und professionellen Fertigkeiten unter der Dimension *Vernetzung* vorzulegen. Solche Versuche sind bedeutsam, weil es nicht „nur" in der Theorie sondern in der Praxis herauszufinden gilt, ob sich denn in der paradigmatischen Standortsuche zwischen „Dienstleistung und Profession – Markt und Moral – Mensch und Kunde" (Haupert) mit den Mitteln der „bescheidenen Profession" (Schütze) neue – d. h bessere, adäquate – Problemlösungs- und Hilfemodelle für die Wirklichkeitsbewältigung und soziale Integration von Jugendlichen entwickeln. Wenn hier regionale Vernetzung als fokussierende Figur darauf zielt, in der Tradition von Ganzheitlichkeit und Personalität, neue Einblicke in die Strukturiertheit des Sozialen zu geben, Paradoxien und Dilemmata institutioneller Rahmenbedingungen und der pädagogischen Praxis bearbeitbar und Ungewissheiten bewältigbar zu machen, dann kann der Sammelband für das Berufsfeld als eine gelungene Anstrengung charakterisiert werden. Die institutionelle Vernetzung des komplexen und spezialisierten Kontextes der Jugendberufshilfe wird als Entwicklungsprojekt von ländlicher Räumen gesehen und nähert sich somit wieder der Ursprungsidee des ganzheitlichen Denkens in der Jugendhilfe. Die Texte sind ein Beitrag in dem unabgeschlossenen Such- und Lernprozess, die Jugendhilfe exemplarisch im Bereich der Jugendberufshilfe im ländlichen Raum theoretisch neu zu orientieren und sich dieser Herausforderung empirisch und praxisnah zu nähern. Dabei gelingt es modischem Zeitgeistdenken ebenso zu widerstehen wie vorschnelle Antworten und Rezepte zu formulieren oder Versprechungen zu machen, sondern sich experimentierfreudig, reflexiv-bilanzierend und Mut machend mit dem Gegenstand auseinander zusetzen. Die Berichte geben kollegiale Anstöße für einen konstruktiven Dialog zwischen Politik, Praxis und Forschung, die auf eine lebensweltorientierte Jugendberufshilfe und regionale Ressourcenentwicklung (soziale Netzwerke) zielt.

Susanne Weber
Institutionelle Vernetzung zwischen Wohlfahrtspluralismus und Netzwerkökonomie

1. Vernetzung als politisches Programm

Vernetzung ist politisches Programm – und das auf allen Ebenen. Neue wohlfahrtspluralistische Arrangements und institutionelle Vernetzung im sozialen Bereich werden als „Politikstrategie" propagiert. Das Postulat der Vernetzung findet sich als Forderung auf Bundes- und Landesebene ebenso wie in den Programmen und Projekten der Europäischen Union. In Ballungsräumen wie auch in ländlich geprägten Räumen sollen regionale angebotskoordinierte Trägerlandschaften gebildet werden, um der Forderung nach einer verbesserten Klientenorientierung Rechnung zu tragen. Vernetzung im sozialen Bereich folgt allerdings nicht nur dem Gebot der Fachlichkeit, sie steht auch im Kontext von Rationalisierung, Dezentralisierung, neuer Steuerung und Ökonomisierung und gewinnt so den Stellenwert einer neuen Ordnungsstruktur, einer „Netzwerkökonomie" (Dahme/Wohlfahrt 2000). Aufgrund dieser gegebenen Komplexität stellen sich mit der Forderung nach Vernetzung Fragen nach ihren Leitbildern und Zielen. Wird sich die Ausrichtung von Vernetzungsprojekten und Angebotsstrukturen entlang den Bedürfnissen der Klientel und ihrer Lebenswelt orientieren? Wer definiert diese? Wie und nach welchen Kriterien soll das Zusammenspiel zwischen öffentlichen und freien Trägern gestaltet werden und welche Konzepte regionaler Kooperation liegen dem zugrunde? Gelingt es, systemische Konzepte einer regionalen wie auch sozialen Entwicklung auf den Weg zu bringen? Welche Handlungsbedingungen sind insbesondere in ländlichen Räumen zu berücksichtigen? Welche Handlungsspielräume bestehen und welche Hürden sind bei institutioneller Vernetzung zu bewältigen? Diese und weitere zentrale Fragen der Vernetzung werden in diesem Buch untersucht, um die in den Modellprojekten gemachten Erfahrungen für weitere Vernetzungsprojekte fruchtbar zu machen. Ziel ist es, die Erfahrungen der Praxis, der Projekt-KoordinatorInnen und der wissenschaftlichen Begleitungen der wissenschaftlichen Reflexion und dem praktischen Handeln zugänglich zu machen.

Im Folgenden wird die Vernetzungsprogrammatik im sozialen Bereich in den Kontext der auf der Makroebene formulierten These des „Wohlfahrtsmix" und der „Netzwerkökonomie" gestellt. Vor dem Hintergrund dieser Ansätze wird ein dreidimensionaler Vernetzungsbegriff als Definition und Arbeitsbasis für Vernetzungsprojekte im sozialen Bereich vorgeschlagen. Dieser dreidimensionale Vernetzungsbegriff orientiert sich an der Komplexität des Handlungsfeldes Jugendberufshilfe, das sich zwischen politischen Vorgaben, Rationalisierungsdruck und dem Ziel der Klientenorientierung bewegen muss. Dies wird im dritten und vierten Abschnitt eingehender dargestellt. Im fünften und sechsten Abschnitt werden mit einer an Übergängen orientierten Perspektive Anschlüsse an die inhaltliche und konzeptionelle Verortung der Jugendberufshilfe eröffnet. Im siebten Abschnitt wird der Bezug zur integrierten sozialen Entwicklung aufgemacht und abschließend der Aufbau und die einzelnen Beiträge dieses Bandes vorgestellt.

2. Institutionelle Vernetzung zwischen Wohlfahrtsmix und Netzwerkökonomie

Durch Kooperationen sollen neuartige Arrangements „gemischter Wohlfahrtsproduktion" (Evers/Olk 1996) zwischen verschiedenen Sektoren der Wohlfahrtsproduktion entstehen und mittels Kooperationen besser koordinierte Übergänge geschaffen werden. Mit der Kombination sektorspezifischer „Handlungslogiken" zu einem pluralistischen Wohlfahrtsmix – so z.B. in Form von „public-private-partnerships" oder neuen Verknüpfungen formeller und informeller Unterstützungsleistungen – will man synergetische Effekte erzielen. Verschiedenste Institutionen und Akteure aus Politik, Wirtschaft und sozialem Leben sollen miteinander vernetzt werden, um feldübergreifend in regionalen Settings aufeinander bezogen handeln zu können.

Ziel dieser neuartigen Kombinationsformen von Institutionen und Sektoren der Wohlfahrtsproduktion ist es, das erreichte Niveau der Wohlfahrtsproduktion unter veränderten Bedingungen zu erhalten bzw. Wohlfahrtssteigerungen durchzusetzen. Versorgungslücken sollen geschlossen, Leistungsreserven aufgedeckt und nutzbar gemacht werden. Mit der Perspektive des „Wohlfahrtsmixes" werden die Beziehungen zwischen verschiedenen Anbietern, Organisationen, Bereichen ebenso wie unterschiedlichen Ressourcen und Handlungsrationalitäten (Evers/Olk 1996: 33) in den Blick genommen. „Wohlfahrtspluralismus" ist nicht nur ein Begriff für eine bestehende sozialpolitische oder gesellschaftliche Praxis. Wie oben bereits angemerkt, ist Wohlfahrtspluralismus Programmatik und normatives Konzept, das auf die Modellierung und Institutionalisierung gewünschter institutioneller Konstellationen „gemischter Wohlfahrtsproduktion" (ebd.: 12) abzielt. Wohlfahrtspluralistische Arrangements begründen sich also mit dem Wunsch nach einer Steigerung der Fachlichkeit ebenso wie mit der Optimierung der Leistungserbringung (vgl. Schild, Kapitel I).

Für die Jugendhilfe und Jugendsozialarbeit ist die Programmatik der Zusammenarbeit und Vernetzung als rechtliche Vorgabe im Kinder- und Jugendhilfegesetz (KJHG) und im Sozialgesetzbuch (SGB) festgeschrieben.

Öffentliche und freie Träger sollen integrierte Angebote bereitstellen, klientenbezogene „Hilfeketten" und regionale Trägerlandschaften bilden. Die inhaltliche und prozessuale Ausgestaltung von Jugendberufshilfe steht in einem umfassenderen programmatischen Kontext und – wie oben angedeutet - einem gesetzlich definierten Rahmen. So werden im KJHG und SGB die Träger der öffentlichen Jugendhilfe explizit zur Bildung von Arbeitsgemeinschaften aufgefordert,

„in denen neben ihnen die anerkannten Träger der freien Jugendhilfe sowie die Träger geförderter Maßnahmen vertreten sind. In den Arbeitsgemeinschaften soll darauf hingewirkt werden, dass die geplanten Maßnahmen aufeinander abgestimmt werden und sich gegenseitig ergänzen" (Stauber/Walther 1995: 185).

Gefordert wird, das politische Mandat für Mädchen und Jungen durch Vernetzung effektiver auszufüllen als in der Vergangenheit. Werden im KJHG vor allem die Träger der öffentlichen Jugendhilfe zur Kooperation und Koordination gesetzlich verpflichtet, so gilt diese Argumentation ebenso für andere Konstellationen. Alle Institutionen im Feld der Kinder- und Jugendhilfe sind heute aufgefordert, sinnvolle Arbeitsteilungen zu prüfen und ihre Aktivitäten in einen regionalpolitischen Diskurs zu stellen.

„Monostrukturierte Einrichtungen gelten als überholt, gefordert werden die Differenzierung und Flexibilisierung der Leistungsangebote und deren Vernetzung mit Angeboten, Diensten und Einrichtungen unterschiedlicher Träger" (Bürger 1999: 4).

Sozialräumliche Verbundsysteme im Rahmen regionaler und zukunftsorientierter Strategien umfassen nicht nur die Zusammenarbeit öffentlicher und freier Träger oder die Teilsysteme Jugendarbeit und Jugendsozialarbeit, sondern müssen ebenso bereichsübergreifende Kooperationen wie z.b. zwischen Jugendarbeit und Schule sowie sektorübergreifende Zusammenarbeit wie z.b. zwischen Schule, Amt und Betrieb verfolgen, um der Programmatik einer „Jugendhilfe als Netzwerk" gerecht werden zu können. Die Zielsetzungen beziehen sich auf die Handlungsbereiche der Sozialität, Arbeitswelt, Wohnen und Lebensbewältigung (Wendt 2000: 202).

Diese – aus Motiven der Steigerung der Fachlichkeit und Zielgruppenorientierung – aufgestellte Forderung nach Vernetzung folgt heute zunehmend ökonomischen Argumenten und steht im Zusammenhang mit Abbau-, Privatisierungs- und Deregulierungsstrategien wohlfahrtsstaatlicher Leistungen. Vernetzung im sozialen Bereich steht im komplexen Feld wohlfahrtspluralistischer Forderungen, in denen Gebote der Fachlichkeit, der ökonomischen Logik und der politischen Inszenierung öffentlich formuliert werden und gegebenenfalls auch aufeinander prallen. Auf diese Weise wird im Sozial- und Gesundheitssektor eine neue Dynamik hervorgebracht. Vor dem Hintergrund komplexer Settings, der Forderung nach der Entwicklung regionaler Trägerlandschaften und darin eingebetteten vielfältigen Interessenlagen stellen sich neue strategische Herausforderungen für öffentliche und freie Träger.

Zu dieser neuen Ordnungsstruktur der „Netzwerkökonomie" (Dahme/Wohlfahrt 2000a: 319ff) müssen sie sich verhalten und positionieren.

„Kooperation und Vernetzung in der Jugendhilfe berührt Fragen wie den zukünftigen Status der Trägerautonomie, die Gestaltung des Verhältnisses von Trägerbeteiligung und Planungsprozessen, die Steuerung kooperativer sozialraumorientierter Jugendhilfestrukturen, die Bildung strategischer Allianzen (...), das Verhältnis von Budgets und sozialraumorientierter Lenkungs- und Steuerungsgremien u.a.m." (Dahme/Wohlfahrt 2000a: 323).

Gerade Jugendberufshilfe als spezifisches Handlungsfeld der Jugendsozialarbeit steht im institutionellen Schnittfeld zwischen Sozialamt, Jugendamt, Arbeitsamt, Schule und Arbeitgebern. Von all diesen Akteuren fordert die Vernetzungsprogrammatik Umorientierungen und Lernprozesse. Wie diese initiiert werden können und welche Erfahrungen dabei gemacht werden können, soll in diesem Band am Beispiel des EU-Projektes Youthstart Network untersucht und dargestellt werden.

Ziel dieses Bandes ist es, die Strategien und produktiven Vorgehensweisen ebenso wie die Probleme und Grenzen institutioneller Vernetzung im sozialen Bereich zu beleuchten. Dabei wird deutlich, dass der Begriff der Vernetzung noch weitgehend ungeklärt ist und daher in der Vielfalt seiner Facetten untersucht werden muss.

Ein geeigneter Netzwerkbegriff, wie er im folgenden Abschnitt entwickelt werden soll, muss den Anforderungen komplex angelegter und interdisziplinär ausgerichteter Zugänge gerecht werden, er muss prozessual orientiert sein und von der qualitativen Beschreibbarkeit von Netzwerken ausgehen. In diesem Verständnis lassen sich Netzwerke anhand der ihre Dynamik leitenden Bilder bildhaft und metaphorisch beschreiben (vgl. Weber, Kapitel III). Solche qualitativen Zugänge eignen sich dabei nicht nur für die Diagnostik von Netzwerken, sondern sind auch wertvolles Instrument für ihre Gestaltung und Entwicklung im Prozess. Eine solchermaßen integrierte und prozessorientierte Perspektive hilft, die - in Forschung wie in der Praxis - auftretenden Umsetzungsprobleme zu mildern bzw. zu vermeiden.

3. Vernetzung, Komplexität und regionale Transformation

Was ist also gemeint, wenn von „Vernetzung" die Rede ist? In seiner alltagssprachlichen Verwendung wird das Netzwerk bisher im metaphorischen und damit breiten Sinne benutzt. „Vernetzung" umfasst dann das breite Spektrum von Alltagskommunikation und losen, informellen Kontaktnetzen und spannt seinen Bogen bis hin zu formalisierten Kooperationen und Zusammenschlüssen in Fusionen und Allianzen von Trägern (vgl. Kester, Kapitel II). Kappelhoff bezeichnet den Netzwerkbegriff insofern als einen Kompaktbegriff (Kappelhoff 2000:29). Das „Netzwerk" als Organisationsform, so betont der Netzwerkforscher Sydow, ist an sich nichts Neues: mit Bezug auf Unternehmungsnetzwerke spricht er von einer „traditionellen Organisationsform mit Zukunft" (Sydow 1992: 54f).

In der wissenschaftlichen Netzwerkdiskussion streitet man sich darüber, ob Netzwerke als „reine" Organisations- und Kooperationsform begriffen werden können oder ob man sie eher als intermediäre Form zwischen Markt und Hierarchie fassen muß (Kappelhoff 2000: 25). Ist also das Netzwerk „ein spezifischer Koordinationsmechanismus" oder nicht? Lässt sich die netzwerktypische Koordination klar von einer Steuerung über Preis oder durch Anweisung unterscheiden? Kappelhoff hält die Frage nach der „Rein-" oder „Hybridform" des Netzwerkes für nicht besonders fruchtbar. Nach seiner Netzwerkdefinition versteht sich der Netzwerkansatz als „eine allgemeine Theorie der Formen sozialer Organisation und der Evolution sozialer Gebilde". Auch Märkte und Hierarchien sind demnach, „soweit sie als soziale Gebilde und nicht abstrakt als Koordinationsformen aufgefasst werden, als Netzwerke im Sinne dieser allgemeinen Definition" zu verstehen (Kappelhoff 2000: 26). Er knüpft damit an den Netzwerkforscher Granovetter (1985) an, der davon ausgeht, dass politische und ökonomische Vernetzungsprozesse immer als sozial eingebettet begriffen werden müssen.

„Damit unterläuft der Netzwerkansatz die üblicherweise verwendete, aber nur wenig trennscharfe Unterscheidung von „ Markt", „Netzwerk" und „Hierarchie" als Organisationsformen und, nur ungenügend davon unterschieden, als Koordinationsmechanismen. Mit Bradach und Eccles (1989) gehe ich davon aus, dass Preise, Vertrauen und Anweisungen als Steuerungsformen in vielfältiger Weise miteinander kombiniert zur Koordination von Handlungen in sozialen Netzwerken beitragen" (Kappelhoff 2000: 26).

Insbesondere im dritten Sektor und seinen Grenzbereichen wäre ein enggeführter Netzwerkbegriff nur begrenzt funktional, da hier die drei Steuerungsprinzipien und Organisationsmuster „Markt", „Hierarchie" und „Netzwerk" gleichzeitig präsent sind und spezifische Mischungsverhältnisse eingehen (Weber 2000).

Auch ein disziplinär verankerter Netzwerkbegriff wäre hier wenig sinnvoll. Aus einer betriebswirtschaftlichen Perspektive werden zwischenbetriebliche Kooperationen vor allem aus einer Organisations- und Entscheidungsstrukturperspektive betrachtet (Endres/Wehner 1999: 219). Politikwissenschaftliche Perspektiven richten ihre Akzente eher auf die Analyse von Interessenstrukturen, von Macht und strategischen Allianzen. Eine pädagogische Perspektive dagegen zeichnet ein eher harmonisches Bild überbetrieblicher Kooperation, das Optionen für horizontale Zusammenarbeit und der Optimierung der Leistungserbringung eröffnet (Bullinger/Nowak 1998). Politiknetzwerke und Netzwerke von Nonprofitorganisationen bzw. freien Trägern befinden sich jedoch in komplexen Settings und sind „verquickt mit Markt und Staat" (Walk/Brunnengräber 1994).

Deutlich wird, dass Vernetzungsbemühungen und – anliegen eines Netzwerkbegriffes bedürfen, der systematisch politische, ökonomische und soziale Dimensionen einbezieht (Weber 2000). Netzwerktheorie muss damit notwendigerweise als Komplexitätstheorie gefasst werden (Kappelhoff 2000: 28).

Insbesondere bedarf ein komplex gefasster Netzwerkbegriff auch der Fokussierung der Prozessdimension (Endres/Wehner 1999: 219). Strategien entwickeln sich aus der „bestehenden Sozialorganisation auf der Grundlage der sich zum Teil selbstorganisierenden Prozesse" (Sydow 1993). Der zu beschreibenden Komplexität wird man am ehesten durch die Untersuchung der symbolischen Konstitution und evolutionären Dynamik von Netzwerken gerecht (vgl. auch den Beitrag von Weber zu Vernetzung als Prozess regionaler Transformation in diesem Band). Ein prozessualer Kooperationsansatz bezieht EntscheidungsträgerInnen und ErfahrungsträgerInnen gleichermaßen ein.

„Der prozessuale Kooperationsansatz fragt danach, auf welche Weise Erfahrungsträger ihre unterschiedlichen Erfahrungen, Wissensbestände und sozialen Praktiken (Schienstock 1993b) aufeinander abstimmen" (Endres/Wehner 1999: 219f).

Regionale Entwicklung erfordern insbesondere Lern- und Wissensmanagementprozesse, dialogischer Wissensentwicklung und interpersonalen Kooperation. Vernetzung bringt erhöhten Abstimmungsbedarf hervor. Kernqualität und –kompetenz in Vernetzungsprozessen ist insbesondere auch der Aufbau von Vertrauen. „Weiche Faktoren" werden also entscheidend für die Qualität und den Erfolg von Vernetzungsprozessen. Eine qualitative, an den leitenden „Metaphern" (Allendorf i.E, Schachtner 1999) und Handlungsmustern orientierte Perspektive eignet sich dabei nicht nur als Instrument der Netzwerkdiagnostik sondern auch der Prozessgestaltung, da sie das „Movens", die Triebkräfte dieser Organisationsmuster als Dynamik verbildlichen kann (vgl. den Beitrag Weber zur wissenschaftlichen Begleitung im Vogelsbergkreis in diesem Band). Allerdings sind gerade aufgrund der bei Vernetzung auftretenden Selbstorganisationsdynamiken Vernetzungsprozesse nie bis ins Letzte hinein steuerbar. Vernetzungsbemühungen lassen sich daher am besten mit dem Bild des „erfolgreichen Scheiterns" ausdrücken (Weyer, zitiert nach Kappelhoff 2000: 28).

4. Akteure, Interessen, Konflikte

Die Jugendberufshilfe umfasst Beratungs- und Betreuungsangebote im Übergang von der Schule in den Beruf, sozialpädagogische Begleitung in der Ausbildung, Beschäftigung, Qualifizierung und Jugendsozialarbeit, die bislang auf die Arbeitswelt hin ausgerichtet war (vgl. den ausführlichen Beitrag von Hanjo Schild in diesem Band). Gerade das Feld der Jugendberufshilfe ist Gegenstand politischer Profilierung. Wie oben bereits angedeutet, geht es hier in der Forderung nach Vernetzung nicht etwa um die Alltagskommunikation von Menschen, sondern um organisationsübergreifende Kooperation und die systematische und regelhafte Organisation von Informations- und Kommunikationsflüssen. Unter Vernetzung ist mehr als ein äußerliches Kontakt-Halten zwischen Mitarbeitern verschiedener Dienste und Einrichtungen oder der Schaffung eines äußerlichen Organisationszusammenhanges zu verstehen (Bullinger/Nowak 1998). Eine *klientenorientierte* Vernetzungsperspektive zielt auf das Ineinandergreifen verschiedener Arbeitsformen und das Herstellen „gegenseitiger, auf gemeinsamen Problemverständnissen aufbauender Verbindlichkeit" (Merchel 1989: 18). In einer klientenorientierten Perspektive wird das Handlungsprogramm institutioneller Vernetzung als Gebot der Fachlichkeit entworfen, das herkömmliche Positionierungen von Einrichtungen im sozialen Bereich durchaus in Frage stellt. Da soziale Organisationen in sozialpolitische Settings eingebettet sind, ist auch die *politische Dimension* strategierelevant. Auf kommunaler, auf Kreis-, Landes- oder Bundesebene geben politisch-administrative Kontexte Rahmenbedingungen für soziales und klientenbezogenes Handeln vor. Sowohl die Analyse wie die Planung institutioneller Vernetzung muss daher die politische Dimension im Blick haben. Diese Fragerichtung interessiert sich für die Positionierungen politischer Akteure, das Zustandekommen von Politikstrategien im Politikfeld Jugendberufshilfe, das strategische Handeln individueller wie kollektiver Akteure, die Beziehungsgeflechte der an einem Entscheidungsprozess mittelbar oder unmittelbar Beteiligten, die informellen Netzwerke der Macht- und Elitenbildung. Bezugspunkte politologischer Analysen sind die Informiertheit der Netzwerkakteure, die Legitimität von Entscheidungen sowie die Bündelung gesellschaftlicher Kreativitäts- und Problemlösungspotentiale. Vernetzung berührt hier direkt auch die „Organisation von Machtverteilung, d.h. die strukturelle Verankerung von manifesten Einflußchancen auf die Gestaltung des Hilfeprozesses" (Galuske 1993: 252). Netzwerksteuerung ist aber nicht nur sozialpolitische Strategie sondern auch Gegenstand politisch-strategischen Handelns von Netzwerkakteuren und damit Gegenstand interessenpolitischer Strategien. Regional stehen der Vernetzung Interessenkonflikte und z.T. aggressive Geschäftspolitiken einzelner Akteure gegenüber.

Das Feld ist daher auf der Entscheiderebene von Misstrauen und Konkurrenz geprägt. Inwieweit Vernetzung gelingt, ist maßgeblich auch abhängig vom hier formulierten politischen (Durchsetzungs-) Willen.

Aus der *ökonomischen Perspektive* geht es bei Vernetzung um die Bildung *strategischer* Allianzen. Es besteht für freie Träger nur eine geringe Planungssicherheit und ein z.T. obrigkeitsstaatliches Verhältnis zu den EntscheiderInnen in der regionalen Politik. Unter diskontinuierlichen Finanzierungsbedingungen ist mehr und mehr Lobbyarbeit erforderlich, um die Rahmenbedingungen zu sichern und kontinuierliche Arbeit zu gewährleisten. Netzwerke haben ihre ökonomische Funktion in der Steigerung der Leistungsfähigkeit und der Realisierung von Wettbewerbsvorteilen durch „strategische Allianzen" in bezug auf gemeinsam abgestimmte Marktstrategien, partielle Kooperation und „benchmarking", d.h. das Lernen am Modell durch Vergleich mit vergleichbaren erfolgreichen Partnern oder Mitbewerbern am Markt. „Institutionelle Netzwerke" werden auch in der Ökonomie als vielfältig und heterogen beschrieben. In ihrer räumlichen Dimension lassen sie sich fassen als „regionales Netzwerk", gruppiert um ein fokales Unternehmen als „strategisch-hierarchische" Netzwerke, in ihrer zeitlichen Dimension als „befristete" oder als „virtuelle Netzwerke", wenn mehrere Unternehmen über interorganisationale Informationssysteme gemeinsame Leistungen erstellen und nur einem Kunden gegenüber als Einheit erscheinen (Köhler 1999: 38). Sie sind heterogen und lassen sich unterscheiden im Hinblick auf ihre Verankerung (z.B. dicht oder lose, partiell oder umfassend, kurz- oder langfristig, vertikal oder horizontal organisiert, verbindlich oder unverbindlich). Sie unterscheiden sich auch im Hinblick auf ihren Ausgangspunkt, auf die Erreichbarkeit der einzelnen Netzwerkakteure, auf Reichweite, Größe, Umfang, Zusammensetzung und auf ihre zeitliche Dimensionierung. Vernetzung kann also die unterschiedlichsten Formen annehmen. Immer geht es allerdings darum, Übergänge zwischen verschiedenen Akteuren und den möglichen Elementen eines zu gestaltenden Systems zu bilden.

5. Übergänge bilden zwischen Lebensphasen, Menschen, Organisationen und sozialen Räumen

Aus der klientenorientierten Perspektive geht es bei Vernetzung darum, mit sozialräumlichen Verbundsystemen Übergänge zu schaffen. „Übergang" bezieht sich im Bereich der Jugendhilfe zunächst auf den *Übergang zwischen Lebensphasen*. Angesichts der Individualisierung der Lebensführung und der Pluralisierung von Lebenslagen wird Identität immer weniger institutionell und milieugestützt vermittelbar. Jugendliche und insbesondere benachteiligte Jugendliche sind zunehmend gefordert, individuell ihren Weg am Übergang von Jugend ins Erwachsenenalter zu finden. Die Optionen öffnende Pluralisierung von Lebenslagen bietet dabei nicht nur Chancen zur Autonomie, sondern fordert diese auch ab. Jugendliche müssen auswählen zwischen Sinnangeboten und Möglichkeiten und stehen daher in konflikthaften Entscheidungssituationen, die sich entlang von sozialen und räumlichen Erreichbarkeiten gestalten. Wo liegen die Perspektiven, die sozialen Räume und Infrastrukturen zur Selbsterfahrung, Lebensstilsuche und Inszenierung ihrer Persönlichkeit? Insbesondere zwischen den Lebenskonzepten und Lebensrealitäten von benachteiligten Jugendlichen klaffen Welten: Wie sollte ein „abgebrochener Hauptschüler" Pilot werden können? Wie sind hier *Übergänge zwischen Lebenswünschen und Realitäten* hervorzubringen? Aber auch generell stellt sich die Frage nach den Perspektiven der Arbeitsgesellschaft (vgl. Rußmann/Schwedler, Kapitel I). Das noch immer weitgehend ungebrochene Leitbild der Vollbeschäftigung ist in der Praxis nicht realisierbar. Ist die Jugend der Arbeitsgesellschaft überflüssig, wie Krafeld (2000) sagt. *Übergänge ins Berufsleben* werden nicht ausreichend hergestellt, kompensatorische Hilfen zu Berufsintegration haben oft nur Warteschleifencharakter, „Maßnahmenkarrieren" stellen keine Perspektiven für die Jugendlichen dar.

Unter den erschwerten Bedingungen ungewisser Zukunftsperspektiven müssen Jugendliche Kompetenzen der Selbstorganisation und Selbstsozialisation entwickeln. Jugendliche müssen lernen, *wie* man sein Leben zukunftsorientiert bewältigt. Eine produktive Bewältigung im Sinne der Ausrichtung auf ein „gelingendes Leben" bedeutet Empowerment zur Entwicklung von Kompetenzen zur Bewältigung von Krisen und Wendepunkten im Leben (ebd. 2000: 78ff). Dennoch brauchen die an sie herangetragenen Entscheidungszumutungen ein stützendes *Umfeld*, das die Kompetenzerfahrung und damit Handlungskompetenzen stärkt.

Pädagogische *Organisationen* müssen ihre Konzepte an Lebensbewältigung und Zukunftsorientierung ausrichten. Das Lernen muss dialogisch statt belehrend sein. Eine lebensweltorientierte Jugend(berufs)hilfe muss sich in ihren konzeptionellen *Grundlagen* an der Selbstentfaltung als zentrale Aufgabe orientieren. Dies bedeutet für die Institutionen, die Jugendlichen genauer wahrzunehmen, ihre Stärken in den Mittelpunkt zu stellen und ganzheitlich anzusetzen, um die Jugendlichen bei der Bewältigung ihrer Bastelbiographie zu unterstützen.[1] Klassische Konzepte werden infrage gestellt und *der Übergang der Jugendberufshilfe* zu lebensweltorientierten Ansätzen gefordert (ebd. 2000: 62). Statt einer problemorientierten und problemspezifischen Perspektive empfiehlt Krafeld eine gemeinwesenorientierte, ressourcenorientierte und problemübergreifende Herangehensweise (ebd. 2000: 106). Eine

---

1 Krafeld fordert im einzelnen persönlichkeitsbezogene Förderpläne, Befähigung zu nutzbringender Arbeit und die Aneignung von Alltagstechniken, Orientierungs- und (Über)lebenswissen, die gesellschaftliche Teilhabe trotz bruchhafter Biographieverläufe ermöglichen (Krafeld 2000).

solche Herangehensweise schafft *Übergänge zwischen Subjekt und Gemeinschaft / Gesellschaft* in sozialen Räumen.

Insbesondere die Institutionen im Handlungsfeld der Jugendberufshilfe müssen sich dafür ändern. Sie müssen institutionelle Zuständigkeitsabgrenzungen abbauen (Krafeld 2000: 200) und müssen – wie z.b. die Schule - aus den alten Gleisen heraus (Krafeld 2000: 41). Es müssen *Übergänge zwischen Organisationen* geschaffen werden. Es braucht die Vernetzung der Institutionen auf lokaler Ebene (Böhnisch 1998: 22).

Die Strategien der Integration junger Menschen orientieren sich an den räumlichen und wirtschaftlichen Strukturen des Gemeinwesens und sollen zu seiner Verbesserung beitragen. Stadtteile, Regionen oder strukturschwache Gebiete sollen sich sozialräumlich und wirtschaftlich entwickeln. Dazu ist es unverzichtbar, dass pädagogische, wirtschafts- und arbeitsmarktpolitische ebenso wie Regionalentwicklungsakteure miteinander kooperieren. Akteure aus den unterschiedlichsten institutionellen Settings und Kompetenzebenen sollen im Sinne einer „Verantwortungsgemeinschaft für die KlientInnen" miteinander in Kontakt treten. In dieser Vernetzungsprogrammatik wird das Handlungsfeld sozialer Arbeit als *„Übergangssystem"* zwischen internen Arbeitsabläufen von Organisationen, der Zusammenarbeit mit der Klientel, der externen Zusammenarbeit mit Finanzierungsträgern wie Arbeits- und Sozialamt, der Zusammenarbeit mit freien Maßnahmenträgern ebenso wie mit anderen oben genannten relevanten Akteuren wie z.b. der kommunalen oder regionalen Wirtschaft entworfen.

„Wesentlicher Teil der Rahmenbedingungen professionellen Handelns der Jugendsozialarbeit genauso wie einer auf Übergänge Jugendlicher in Arbeit und Beruf bezogenen regionalen Infrastruktur sind die in irgendeiner Weise an das Übergangssystem gebundenen Institutionen. Damit sind sowohl sozialstaatliche als auch wirtschaftliche Institutionen gemeint: die *allgemeinbildenden Schulen*, Verwaltungsbehörden wie *Sozial- und Jugendamt, Arbeitsamt und Berufsberatung*, Einrichtungen der *Jugendhilfe*, die offene und verbandliche *Jugendarbeit*, aber auch die *Kammern von Industrie und Handel* bzw. Handwerk, schließlich auch in Form des „dualen Systems" der Komplex schulischer und betrieblicher *Berufsausbildung*" (Stauber/Walther 1995: 188).

6. Jugendberufshilfe: ein Fall für Vernetzung?

Auf der Ebene einer Kritik an organisationalen und regionalplanerischen Handlungsmustern hat Jugendberufshilfe Modernisierungsbedarf hinsichtlich der Abstimmungsprozesse hin zu systemischen Angeboten und Bedarfsdeckungen. Demnach leidet das Handlungsfeld der Jugendberufshilfe zum einen an einer fehlenden Verzahnung der unterschiedlichen Angebote der Jugend- und Sozialhilfe, der Berufsbildungs- und Arbeitsförderung sowie der

Regional- und Stadtentwicklung und zum anderen an der Ausblendung der Wirtschaft und der Unternehmen. Neben dem dualen Ausbildungssystem ist ein Parallelsystem von Angeboten und Maßnahmen entstanden, dessen Akteure nicht in die Abstimmungs- und Entscheidungsprozesse des Regelsystems eingebunden sind. Zu dem einstmals überschaubaren dualen Ausbildungssystem ist eine Vielfalt von Institutionen mit neuen Zuständigkeiten hinzugekommen. Das System der Jugendberufshilfe lässt sich als unübersichtlich und unkoordiniert charakterisieren. Einzelne Akteure greifen Teilprobleme heraus und suchen nach partikularen Lösungsansätzen, ohne dabei das Gesamtsystem im Blick zu haben. Dieser Mangel an Koordination und Abstimmung der Angebote führt einerseits zu Maßnahmenkarrieren anstatt zur systematischen Hinführung des Jugendlichen in die Arbeits- und Erwerbswelt und gewährleistet andererseits nicht die gezielte Ansprache zur Erreichung der Zielgruppen (Sänger o.J.).

Auf einer zweiten, konzeptionellen Kritikebene wird die Frage nach den Zielen und Zwecken der Jugendberufshilfe gestellt. Die „Corporate Identity" der Jugendberufshilfe folge der Formel, eine „Brücke zur Arbeitswelt" darzustellen.[2] Diese Orientierung am Modell der „Arbeitsgesellschaft" (Galuske 1998: 536) sei problematisch, da diese doch zunehmend ihr Fundament einer hinreichend vorhandenen Erwerbsarbeit für alle Erwerbswilligen verliere. Arbeitslosigkeit werde diesem Selbstkonzept zufolge zu einem individuellen Devianzphänomen und führe zu Desintegrationserscheinungen.

„Mit ihrem Zuschnitt individueller Hilfen zementiert sie einerseits die Zentralität der Lohnarbeit für die gesellschaftliche Integration und individuelle Entwicklung von Jugendlichen und jungen Erwachsenen und individualisiert andererseits das Problem als das Problem derer, die den Zugangsvoraussetzungen und den Erfordernissen der modernisierten Arbeitswelt nicht mehr entsprechen" (Galuske 1998: 542).

Die Zielperspektive der Jugendberufshilfe ist das „Fitmachen" für die Arbeitswelt und die Beseitigung integrationshemmender Qualifikations- und Sozialisationsdefizite. Die organisatorischen und konzeptionellen Konsequenzen aus dieser Problemsicht sind, dass sich Projekte an der inneren Logik der Strukturen des ersten Arbeitsmarktes orientieren und auf die Vermittlung von Fähigkeiten wie „Anwesenheit, Pünktlichkeit, Regelmäßigkeit, Ordnung, Arbeitsbereitschaft, korrekte Krankmeldung" etc. bemühen. Angesichts der Krise der Arbeitsgesellschaft und des anhaltenden Trends zu einer Abnahme der Erwerbsarbeit sowie der Entstandardisierung und Flexibilisierung der Produktion und der Arbeitsverhältnisse gerät das System sozialstaat-

---

2 Analog zu den Förderrichtlinien ist die Gruppe der Betroffenen mit dem Begriff der sozial und bildungsmäßig Benachteiligten zu charakterisieren. Faktoren wie „geringerwertige bzw. fehlende Schulabschlüsse, Ausbildungsverzicht, Straffälligkeit, anderweitige biographische Brüche etc." verschlechtern zwar die Chancen auf Integration erheblich, sind aber nicht als Ursachen von Arbeitslosigkeit, sondern als Selektionskriterien zu werten (Galuske 1998: 540).

licher Sicherung unter Druck. Galuske kennzeichnet dieses Dilemma der Jugendberufshilfe als „Normalisierungsarbeit in der Normalitätskrise" (Galuske 1998: 547). In der Projektarbeit vermerkt er gravierende Struktur- und Alltagsprobleme, so die bescheidene Erfolgsbilanz bezogen auf Integrations- und Absorptionsfähigkeit regionaler Arbeitsmärkte und die damit gegebene offensichtliche Diskrepanz zwischen Anspruch und Wirklichkeit (ebd. 1998: 548). Projekte verfügen in der Regel über eine äußerst problematische sachliche und personelle Ausstattung (ebd.), sie sind Parkplatz und Warteschleife. Sie haben die Funktion, staatlichen Aktionismus zu symbolisieren (ebd. 1998: 549) und sie erfüllen als Räume sekundärer Integration weitere Selektions- und Kontrollleistungen am unteren Ende des Arbeitsmarktes. Galuske fordert daher - jenseits des Ansatzes der Optimierung institutioneller Settings und methodischer Arrangements zur Verbesserung der Übergangs- und Erfolgsquoten der Projekte –, die strukturellen Schwachstellen des etablierten Konzeptes zu beheben und einen Paradigmenwechsel hin zum Konzept der Tätigkeitsgesellschaft vorzunehmen, in der soziale Integration und materielle Sicherung nicht von Erwerbsarbeit abhängen. Diese konzeptionelle Neuorientierung der Jugendberufshilfe liegt auf der Ebene ökonomischer und politischer Entscheidungen und kann durch pädagogische Interventionen kaum beeinflusst werden (ebd. 1998: 553). Eine Neuorientierung der Projektarbeit muss sich daher auf zwei Standbeine stützen: Sie muss ihre Konzepte modernisieren im Sinne einer Lebenswelt- statt Arbeitsmarktorientierung und sie muss intelligente politische Einmischung in sozialpolitische Diskurse hervorbringen.

Generell ist aber mit Böhnisch weiterhin mehr akzentuierte pädagogische Phantasie und mehr in sozialisatorische Handlungsräume eingebettetes biographisches Unterstützungsmanagement wünschenswert (Böhnisch 1998, Böhnisch/Münchmeier 1990: 66). Forderungen nach einer sozialräumlichen Differenzierung erfordern gerade im ländlichen Raum einen höherer Bedarf an dezentralen und mobilen Konzepten (Wendt 2000: 202). Im Rahmen der Regionalisierung sozialer Dienste sollen Angebote und Leistungen der Jugend- und Sozialhilfe stärker als in der Vergangenheit auf die spezifischen Bedürfnisse von KlientInnen im ländlichen Raum eingehen (Böhnisch/Gängler 1988: 106). Laut Böhnisch/Gängler entspricht die bisherige Praxis allerdings nur selten dem Vernetzungsgedanken des KJHG und den von wissenschaftlicher Seite formulierten Forderungen. Sie stellen fest, dass der Sozialadministration im ländlichen Raum das adäquate Instrumentarium fehlt, mit den bestehenden sozialen Problemen umzugehen (ebd. 1988: 111).

7. Die Gestaltung sozialer Räume im Rahmen einer integrierten regionalen Entwicklung

Ländliche Räume lassen sich charakterisieren durch ihre dezentral angelegte Siedlungs- und Infrastruktur, ihre ökonomische Strukturschwäche bzw. Ausrichtung auf Landwirtschaft und Handwerk. Sie lassen sich kennzeichnen als in der Regel eher traditional angelegte Sozialwelten, die sich allerdings zunehmend im Umbruch befinden (vgl. eingehender dazu den Beitrag von Harald Finke und Martina Baumert/Christiane Brechlin in diesem Band). Nach dem Optionsmodell von Böhnisch/Funk (1989), das die Region als sozialen und lebensweltlichen Raum entwirft und soziale und soziokulturelle Entwicklung akzentuiert, fasst auch Marx Region als sozialräumlichen Aneignungshorizont.

„Region muß im Gegensatz zu den systemischen Vorstellungen der traditionellen Regionalplanung und -politik zum sozialwissenschaftlichen Forschungsgegenstand werden, weil sich darauf sowohl lebensweltliche Entwicklungsideen als auch die Lebenslagen und Lebensbewältigungsmuster der ländlichen Bevölkerung als Ergebnis der Modernisierung abbilden" (Marx 1999: 80).

Demnach sind Lebenslagen und Entwicklungsmöglichkeiten in regionale Gefüge und Horizonte zu fassen (Marx 1999: 83). Die hier angelegten Sozialisationsmodi ebenso wie Bewältigungsmuster sind geprägt von den Optionen und Risiken im „Horizont der Erreichbarkeit" (Böhnisch/Schefold 1985, Böhnisch 1993: 74f). Auch in ländlichen Räumen finden soziale Modernisierung und Enttraditionalisierung statt. Jugendliche „bilden regionale Szenen, Cliquen und leben weiterhin im Dorf" (Marx 1999: 178). Die „Jugend in der Region" gibt es nicht mehr (ebd.: 178) – und hat es als homogene Einheit wohl auch nie gegeben. Ein solches Regionenkonzept „regionaler Vielfalt und Differenz" geht von der Unterschiedlichkeit ländlicher Milieus und Szenen aus. Auch im ländlichen Raum findet eine Pluralisierung der Lebensstile statt, auch hier gibt es Orientierungsprobleme zwischen traditionaler Überschaubarkeit und neuer Unübersichtlichkeit (ebd. 1999: 213). Hier stellt sich für Jugendliche die Frage, abzuwandern oder zu bleiben. Insofern nähern sich urbane und ländliche Räume aneinander an.

Marx wendet sich gegen das hegemoniale Modernisierungskonzept im Sinne eines „Defizitmodells" und der Zuschreibung von Rückständigkeit. Sie plädiert stattdessen für ein alternatives Konzept von Modernität, das sich nicht als Defizitmodell auf den städtischen Raum bezieht, sondern die spezifischen Bestandsbedingungen ländlicher Räume zugrundelegt und das vorfindbare regionale soziale Klima als Indikator für Lebensqualität in der Region untersucht (ebd. 1999: 181). Raumentwicklungsvorstellungen - und damit verbunden auch Vorstellungen von regionaler Vernetzung - werden leicht ideologisch belastet durch einen impliziten Stadt-Land-Vergleich. Marx fordert daher, Regionalität als Herstellungsprozess regionaler Identität zu fassen (ebd. 1999: 210).

„Mit dem Modell der regionalen Vielfalt und Differenz können sozialpolitische Prinzipien erarbeitet werden, die eine Öffnung der regionalen Kommunikationszusammenhänge für soziale und soziokulturelle Impulse aus den Lebenswelten fördern, prozesshafte Entwicklung aus den Anregungsmilieus unterstützen und Diskursräume für Enttabuisierung ländlicher Problemlagen etablieren. Dabei beziehen sich diese sozialpolitischen Prinzipien auf die lebensweltlichen Ressourcen der Region: soziale Gruppen, Eigeninitiative, soziale Netze, Unterstützungszusammenhänge und politische Partizipationsmöglichkeiten" (Marx 1999: 246).

In regionalen Diskursräumen entstehe regionale Partizipation statt politischer Fremdbestimmung. Durch Aneignungsprozesse entwickle sich Regionalität als lebensweltlicher Entwicklungsprozess (ebd. 1999: 248). Angesichts der Auflösung traditionaler Milieus bieten aus dieser Sicht soziale Netze Ressourcen für sozialpolitische Aktivitäten.

8. Erfahrungen mit Vernetzung im ländlichen Raum

Bislang liegen kaum empirische Untersuchungen zur institutionellen Vernetzung im sozialen Bereich und gerade auch für das Handlungsfeld der Jugendberufshilfe im ländlichen Raum vor. Mit dem EU-Programm Youthstart Network wurden Projekte aufgelegt, um institutionelle Vernetzung im Bereich der Jugendberufshilfe auf regionaler Ebene zu fördern. Mit dem vorliegenden Band werden an exemplarisch durchgespielten Beispielen die in Wohlfahrtsmixes entstehenden Turbulenzen verdeutlicht. Es wird untersucht, wie Vernetzung in Gang gebracht werden kann und welche Fallstricke und Risiken dabei zu beachten sind. Deutlich wird, dass wir es – in Theorie und Praxis - mit einem äußerst komplexen Gefüge zu tun haben, das geprägt ist von bestehenden Abhängigkeiten von öffentlichen Trägern, von meso- und makropolitischen sowie gesetzlichen Vorgaben, von institutionellen Routinen, von bestehenden Regionalkulturen in ländlichen Räumen, von Dezentralisierungstrends und Verwaltungsreform. Schnell wird deutlich, dass gerade Organisationen im sozialen Bereich in hohem Maße geprägt sind von ihren Kontexten. Vernetzung im ländlichen Raum muss sich daher in integrierte Strategien regionaler Entwicklung einbetten. Dabei muss Jugendberufshilfe ihre Arbeitsmarktfokussierung relativieren und insbesondere auch konzeptionelle Weiterentwicklungen vornehmen. Dies betrifft die kooperative Entwicklung lebensweltorientierter Konzepte für die Zielgruppe der benachteiligten Jugendlichen im ländlichen Raum.

Die im Rahmen des EU-Programmes Youthstart Network gemachten Erfahrungen werden hier systematisiert ausgewertet einer breiteren Öffentlichkeit zur Verfügung gestellt. Der Band gliedert sich in fünf Abschnitte, die im folgenden knapp umrissen werden sollen: Im *ersten Teil* „Tendenzen, Trends, Programme" stellen *Ralf Rußmann und Ariane Schwedler* die allgemeinen

Umbrüche im sozialen Bereich und die Herausforderungen an die freien Träger vor. Die Jugendberufshilfe ist gefordert, sich neu zu orientieren in Bezug auf ihre Konzepte, ihre Zielgruppen, ihre Kooperationsstrukturen und ihre Professionalitätskonzepte. Die Umbrüche in der Arbeitswelt wie im Sozialstaat, die Konzepte moderner Subjektivität lassen die Frage nach den Gestaltern der Zukunft aufkommen. An die Organisationen im sozialen Bereich stellen sich damit neue Anforderungen: es sind sowohl Anforderungen an ökonomische Kompetenzen, als auch angesichts neuer Professionalitäts - und Gestaltungskonzepte - Anforderungen an die Veränderbarkeit der Organisationen und Menschen.

Anknüpfend an die hier deutlich werdenden neuen Anforderungen umreißt *Hanjo Schild* die Geschichte und Gegenwart der Vernetzung in der Jugendberufshilfe. Er zeigt in seinem geschichtlichen Rückblick auf, dass die Forderung nach Vernetzung und Kooperation seit mehr als 20 Jahren im Raume steht, man aber heute immer noch von einer flächendeckenden Verbreitung effektiver Kooperationsbeziehungen weit entfernt ist. Als Forderungen leiten sich noch immer ab, dass der Maßnahmendschungel transparenter werden muss, Integrationswege zu flexibilisieren und Lernorte und -kulturen zu verbreitern sind. Die Programmatik eines konkreten Projektes, das sich die Vernetzung im ländlichen Raum zum Ziel gesetzt hat, untersuchen Projektleiterinnen des Landesjugendamtes Hessen *Nicole Benthin und Rita Hockerts* vom Landesjugendamt Hessen. Sie schildern den Hintergrund des Programms und die Programmkonzeption des Projektes Youthstart Network mit den Schwerpunkten der Entwicklung und Implementierung von Vernetzung sowie der Kompetenzentwicklung mit Schwerpunkt auf Selbstevaluation.

Der *zweite Teil* des Bandes widmet sich den Schlaglichtern und Perspektiven von Kernakteuren vor Ort, er stellt die Entwicklungen aus der Sicht der PraktikerInnen in ihren konkreten Bezügen dar. Der Wiesbadener Sozialplaner *Heiner Brülle* berichtet Erfahrungen mit Vernetzung aus dem kommunalen Berufsbildungsprojekt „Wege zur Berufsbildung für alle". Deutlich wird, dass Vernetzung auch im städtischen Umfeld erprobt wird und einige Lösungsstrategien durchaus auf den ländlichen Raum übertragbar sind. Die Frauenforscherin *Annette Allendorf* und die Frauenbeauftragte *Christiane Becker-Ott* fokussieren die Zielgruppenperspektive und insbesondere die Mädchen, die im ländlichen Raum als strukturell benachteiligte Zielgruppe gelten können. Sie zeigen Ansatzpunkte für Vernetzung auf der operativen Ebene der Mädchenarbeit auf. Deutlich wird, wie groß die Vorbehalte auf der institutionellen Ebene sein können, Arbeitskreise auch in formaler Hinsicht einzurichten. Abschließend formulieren sie Forderungen und Kriterien für die Gestaltung geschlechtssensibler Vernetzungsprozesse. Die Perspektive der freien Träger wird von *Bodo Kester*, Geschäftsführer einer stationären Einrichtung der Jugendhilfe und Mitglied im Trägerverbund vorgestellt: er beschreibt die Praxis der Trägerverbünde als Innovation in der institutionellen Zusammenarbeit und bettet sie in die aktuellen restriktiven Tendenzen in der Jugendhilfe ein. Der Regionalentwick-ler und Wirtschaftsförderer *Harald Finke* stellt den Ansatz integrierter Regio-nalentwicklung und Regionalmanagements in ländlichen Räumen sowie die Praxis der Koordination von public-private-partnerships auf regionaler Ebene vor.

Im *dritten Teil* des Bandes werden die Erfahrungen in den Pilotprojekten sowie die Reflexion der wissenschaftlichen Begleitung dokumentiert. Die Stra-tegie des Kreises Hersfeld-Rotenburg hat Jugendamtsvertreterin *Martina Baumert* unter Beteiligung von *Christiane Brechlin* aufbereitet. Dieses Praxis-beispiel kann als Erfolgsmodell regionaler institutioneller Vernetzung gelten. Hier werden Zielsetzungen und Vorgehensweisen, erreichte Ergebnisse ebenso wie übertragbare Erfolgsfaktoren für Vernetzungsprojekte herausgearbeitet. Die wissenschaftliche Reflexion hat *Gert Straßer*, Professor an der evangeli-schen Fachhochschule Darmstadt verfasst. Er akzentuiert den Aspekt des Ler-nens auf dem Weg zu einer regionalen Vernetzung und arbeitet wesentliche Einflussfaktoren gelingender Vernetzung heraus, so z.b. Ressourcen sowie die Institutionalisierung und Implementierung der Netzwerkarbeit im Kontext regionaler Planung.

Für den Odenwaldkreis beschreibt die Jugendamtsvertreterin *Angelika Stietz* die gewählten Vorgehensweisen und Strategien zur Netzwerkbildung. Dieses Praxisbeispiel zeigt die Risiken und Möglichkeiten institutioneller Ver-netzung auf und zeichnet damit eine Landkarte der Problemlagen und Grenzen von Vernetzung. Die hier gemachten Erfahrungen mit Vernetzung bilden damit einen wertvollen Fundus der „do´s and dont´s" für Vernetzungswillige. Die wissenschaftliche Begleitung des Projektes im Odenwaldkreis hat die Professo-rin an der evangelischen Fachhochschule Darmstadt *Elke Schimpf* übernom-men. Sie akzentuiert die Frage nach der begrifflichen Definition von Vernet-zung, sowie die Frage nach der Operationalisierung einer zugrundegelegten Definition und der Erfolgsmessung. Vernetzung, so ihre These, braucht klare Zieldefinitionen und das Handwerkszeug der Projektplanung und des Projekt-management.

Die lokale Strategie des Vogelsbergkreises stellt die Projektkoordinatorin *Ina Stockmann* vor. In diesem jüngsten und kleinsten Vernetzungsprojekt lag der Akzent auf der methodische Seite von Vernetzung und der Initiierung von Vernetzungsprozessen mit innovativen Verfahren, die geeignet sind, eine regi-onale Vision vernetzter Jugendberufshilfen zu entwerfen. Die wissenschaftliche Begleitung hat *Susanne Weber,* Hochschulassistentin an der Philipps-Universität Marburg, inne. Sie zeigt in ihrem Beitrag den Bedarf an Leitbildern regionaler Entwicklung auf. Anhand kollektiver Bilder wird die Ausrichtung der Akteure im Feld auf gemeinsame Ziele möglich. Institutionelle Vernetzung braucht Impulse und Irritationen, die eingespielte Interaktionsmuster in Frage stellen und Raum für Neues schaffen. Vernetzung wird hier als Prozess regio-naler Verständigung und Transformation entworfen.

Im vierten Teil des Bandes wird das Handwerkszeug der Vernetzung vorgestellt, mit dessen Hilfe Vernetzungsbestrebungen wirksam vorangetrieben werden können. *Susanne Weber* gibt einen kurzen Einblick in unterschiedliche Verfahren zur Vernetzung, Projektmanagement und Evaluation. Sie stellt im einzelnen die Verfahren „Open Space", „Wertschätzende Erkundung", „Zukunftskonferenz" und „RTSC" vor und zeigt ihren Nutzen für die Anwendung im Zusammenhang von Vernetzungsanliegen auf. Sie verdeutlicht, wann welches Verfahren für welche Ziele sinnvoll einsetzbar ist. *Nicole Benthin* und *Martina Baumert* stellen das Instrumentarium der Selbstevaluation und seine Anwendung vor. Selbstevaluation war im Rahmen des EU Projektes Network ein Programmteil, dessen konzeptionelle Grundlagen, die gemachten Erfahrungen und die praktische Anwendung am Beispiel des Kreises Hersfeld-Rotenburg vorgestellt werden. Neue und vielfach noch unerschlossene Möglichkeiten, die von ProjektpartnerInnen vor Ort gefordert wurden, aber im Rahmen der Projekte nicht umgesetzt werden konnten, liegen in den Chancen elektronischer Vernetzung, die von *Sabine Lauber* vom Info-Pool Erwachsenenbildung an der Philipps-Universität Marburg vorgestellt werden. Elektronische Vernetzung kann gerade für den dezentralen, ländlichen Raum Optionen des Informationsflusses und der Optimierung der Zusammenarbeit bieten. Sie stellt daher die Möglichkeiten von E-Mail, Mailinglisten, Webauftritt, Forum und Chat vor und diskutiert ihre Möglichkeiten und Grenzen für institutionelle Vernetzung.

Der von *Nicole Benthin* und *Susanne Weber* erarbeitete *fünfte* und letzte Teil des Bandes resümiert die Lernprozesse, Erfahrungen und Empfehlungen zur Entwicklung von Netzwerken im ländlichen Raum. Er reflektiert die Partizipationsvorstellungen, die Zielsetzungen von Vernetzung, die Strategien für die Sensibilisierung der Akteure, die Frage der Ressourcen und der Akteure und Träger der Vernetzung im Feld der Jugendberufshilfe.

Die in diesem Band eingenommene Perspektive zielt auf rekonstruktive Theoriebildung aus den in der Praxis gemachten Erfahrungen heraus. Regulierungs- und Steuerungshandeln im Non-Profit-Bereich wird im Kontext der Beziehungsgefüge zwischen Institutionen auf mehreren Handlungsebenen herausgearbeitet. Damit „vernetzt" dieser Band Theorie und Praxis, Analyse und Anwendung, Kritik und Empfehlung miteinander – und bietet so hoffentlich zahlreiche Anregungen für Reflexion und Aktion.

Literatur

Allendorf, Annette (i.E.): Vernetzungs(t)räume. Organisationsmodelle von Frauennetzwerken in: Sturm, Gabriele; Schachtner, Christina; Maltry, Carola; Rausch, Renate (Hrsg.): Frauen(t)räume. Geschlechterverhältnisse im Globalisierungsprozess. Königstein.

Bullinger, Hermann; Nowak, Jürgen (1998): Soziale Netzwerkarbeit. Eine Einführung für soziale Berufe. Freiburg.

Bürger, Ulrich (1999): Erziehungshilfen im Umbruch. Entwicklungserfordernisse und Entwicklungsbedingungen im Feld der Hilfen zur Erziehung. Band 2 der SPI Schriftenreihe. SOS Kinderdorf. München.

Böhnisch, Lothar (1993): Sozialpädagogik des Kinder- und Jugendalters. Eine Einführung. Weinheim und München.

Böhnisch, Lothar; Münchmeier, Richard (1990): Pädagogik des Jugendraums. Zur Begründung und Praxis einer sozialräumlichen Jugendpädagogik. Weinheim und München.

Böhnisch, Lothar; Gängler, Hans (1988): Regionalität als sozialpädagogisch brauchbares Paradigma? Zur Neuvermessung der sozialen Landschaft. In: Sozialwissenschaftliche Literaturrundschau - Neuwied. Luchterhand, 11. Jg., S.106-112.

Dahme, Heinz-Jürgen; Wohlfahrt, Norbert (Hrsg.) (2000a): Auf dem Weg zu einer neuen Ordnungsstruktur im Sozial – und Gesundheitssektor. Zur politischen Inszenierung von Wettbewerb und Vernetzung. In: Neue Praxis. Zeitschrift für Sozialarbeit, Sozialpädagogik und Sozialpolitik. 30. Jg., Heft 4, S. 317–334.

Dahme, Heinz-Jürgen; Wohlfahrt, Norbert (Hrsg.) (2000b): Netzwerkökonomie im Wohlfahrtsstaat. Wettbewerb und Kooperation im Sozial – und Gesundheitssektor. Berlin.

Doppler, Klaus; Lauterburg, Christoph (1997[6]): Change Management. Den Unternehmenswandel gestalten. Frankfurt, New York.

Endres, Egon; Wehner, Theo (1999): Störungen zwischenbetrieblicher Kooperation – Eine Fallstudie zum Grenzstellenmanagement in der Automobilindustrie. In: Sydow, Jörg (Hrsg.): Management von Netzwerkorganisationen. Beiträge aus der Managementforschung. Wiesbaden. S. 215-260.

Evers, Adalbert; Olk, Thomas (1996): Wohlfahrtspluralismus. Vom Wohlfahrtsstaat zur Wohlfahrtsgesellschaft. Opladen.

Galuske, Michael (1998): Jugend ohne Arbeit. Das Dilemma der Jugendberufshilfe. In: Zeitschrift für Erziehungswissenschaft, Heft 4, S. 535-560.

Galuske, Michael (1993): Das Orientierungsdilemma. Jugendberufshilfe, Sozialpädagogische Selbstvergewisserung und die modernisierte Arbeitsgesellschaft. Bielefeld.

Kappelhoff, Peter (2000): Der Netzwerkansatz als konzeptueller Rahmen für eine Theorie interorganisationaler Netzwerke In: Sydow, Jörg; Windeler, Arnold (Hrsg.) (2000): Steuerung von Netzwerken. Konzepte und Praktiken. Opladen/Wiesbaden, S.25–57.

Köhler, Holm-Detlev (1999): Auf dem Weg zum Netzwerkunternehmen? In: Industrielle Beziehungen, 6. Jg., Heft 1, S. 36-51.

Marx, Birgit (1999): Soziale Entwicklung in ländlichen Regionen. Ein theoretischer und empirischer Bezugsrahmen für ein Konzept sozialer Regionalentwicklung für die Zielgruppen Frauen und Jugend. Münster/Freiburg.

Merchel, Joachim (1989): Vernetzung der sozialen Dienste. Probleme der Kooperation zwischen behördlichen Trägern, verbandlichen Trägern, Initiativ- und Selbsthilfegruppen. In: Soziale Arbeit, Heft 1, S. 17-22.

Sänger, Ralf (o.J.): Netzwerke in der Jugendberufshilfe: Mut zum Risiko. In: Zugänge zu Arbeit und Beruf – Anregungen zur Kooperation in sozialen Brennpunkten. Berlin.

Stauber, Barbara; Walther, Andreas (1995): Nur Flausen im Kopf? Berufs- und Lebensentscheidungen von Mädchen und Jungen als Frage regionaler Optionen. Bielefeld.

Sydow, Jörg (1991): Unternehmungsnetzwerke. Düsseldorf. HBS Manuskripte 30.

Sydow, Jörg (1992): Strategische Netzwerke. Wiesbaden.

Sydow , Jörg; Windeler, Arnold (Hrsg.) (2000): Steuerung von und in Netzwerken – Perspektiven, Konzepte, vor allem aber offene Fragen. In: Sydow, Jörg; Windeler, Arnold (Hrsg.): Steuerung von Netzwerken. Konzepte und Praktiken. Opladen/Wiesbaden, S.1–24.

Walk, Heike; Brunnengräber, Achim (1994): Motivationen, Schwierigkeiten und Chancen der Nichtregierungsorganisationen bei der Bildung von Netzwerken. In: PROKLA 97 Netzwerke zwischen Markt und Staat, S. 623–642.

Weber, Susanne (2000): Institutionelle Vernetzung im Non-Profit-Bereich. In: Schauer, Reinbert; Blümle; Ernst-Bernd; Witt, Dieter; Anheier, Helmut (Hrsg.): Nonprofit-Organisationen im Wandel. Herausforderungen, gesellschaftliche Verantwortung, Perspektiven. Eine Dokumentation. Linz, S. 211-232.

Weber, Susanne (1999): Dispositive der Macht. Von der Pyramide zum Netz. In: Aithal, Vathsala; Schirilla, Nausikaa; Schürings, Hildegard; Weber, Susanne (Hrsg.): Wissen Macht Transformation. Interkulturelle und internationale Perspektiven. Frankfurt/M. S. 165-183.

Weber, Susanne (1998): Organisationsentwicklung und Frauenförderung. Eine empirische Untersuchung in drei Organisationstypen der privaten Wirtschaft. Königstein/Ts..

Wendt, Peter-Ulrich (2000): Netzwerk Jugendförderung. Jugend und Jugendsozialarbeit: Sind Synergien möglich? In: Wendt, Peter-Ulrich; Perik, Muzaffer; Schmidt, Wilhelm; Neumann, Ulf (Hrsg.): Managementkonzepte in der modernen Jugendarbeit. Theorie - Praxis - Perspektiven. Marburg, S. 193–205.

Ralph Rußmann, Ariane Schwedler
Neue Rahmenbedingungen, neue Anforderungen und neue Handlungsmuster pädagogischer Professionalität

Einleitung

Warum stellen sich gegenwärtig verstärkt Fragen nach pädagogischer Professionalität? Und warum stellt die Vernetzung pädagogischer Einrichtungen eine mögliche Antwort auf neu entstehende Anforderungen dar? Der Auslöser und Grund, sich im folgenden Beitrag mit dem Schlagwort der „Pädagogischen Professionalität" und dem Modell einer „Institutionellen Vernetzung" auseinander zusetzen, liegt vor allen Dingen in der Frage, in welcher Form sich pädagogische Einrichtungen bzw. pädagogische Professionelle möglichst zukunftsfähig innerhalb gesellschaftlicher Diskurse - vor allem im Sinne ihrer Klientel - verorten können. Denn vor dem Hintergrund immer komplexer werdender gesellschaftlicher Strukturen haben sich sowohl für die Individuen als auch für Einrichtungen in pädagogischen Arbeitsgebieten eine Vielzahl von Rahmenbedingungen verändert: Veränderungen, die von den Institutionen als Herausforderungen begriffen werden müssen, weil sie in ihren Folgen einerseits neue inhaltliche Ausrichtungen verlangen, anderseits aber auch die Existenz der Institutionen bedrohen.

Auch im Bereich der Jugendberufshilfen (JBH) erscheint eine Neuorientierung pädagogischer Professionalität in Bezug auf veränderte Konzepte und Selbstverständnisse nötig. Hier ist beispielsweise an Alternativen zur bisherigen Arbeitsmarktorientierung zu denken, wie sie auch im Begriff der „Tätigkeitsgesellschaft" anklingen. Franz Josef Krafeld ebenso wie Lothar Böhnisch plädieren in diesem Zusammenhang für eine lebensweltorientierte Jugendberufshilfe an Stelle von arbeitsweltfixierten Leitbildern (vgl. Krafeld 2000; Böhnisch 1993). Diese Ansätze gilt es auf regionale Strukturen abzustimmen und in einer kooperativen Angebotskette im Sinne der Jugendlichen miteinander zu verknüpfen. Mit Kooperation statt Konkurrenz kann auch die notwendige Übersichtlichkeit im Dschungel der Angebote gewonnen werden (vgl. Schild, Kapitel I).

Ziel dieses Beitrags ist es, die Idee und die Notwendigkeit des Ansatzes einer „Institutionellen Vernetzung" in gesamtgesellschaftliche Wandlungsprozesse einzubetten bzw. vor deren Hintergrund auf den Bedarf von regionalen Netzwerken insbesondere für den Bereich der JBH hinzuführen. Hierfür werden die Modernisierungsprozesse der Gegenwart in ihren grundlegenden Dimensionen umrissen, um daraus die mit diesen Umbrüchen einhergehenden Anforderungen an pädagogische Professionalität abzuleiten. In diesem

Zusammenhang erscheint es sinnvoll, die veränderten Ansprüche an pädagogische Professionalität auf drei verschiedenen Ebenen näher zu betrachten: Zunächst die Anforderungen auf der institutionellen Ebene pädagogischer Einrichtungen, anschließend die Herausforderungen im Binnenverhältnis zwischen PädagogInnen und Klientel und schließlich die Notwendigkeit einer politisch-normativen Dimension pädagogischer Arbeit. Davon ausgehend wird der Bedarf eines feldübergreifenden Dialogs für die Lösung anstehender Zukunftsfragen und –probleme aufgezeigt. Institutionelle Vernetzung sehen wir hierbei als funktionale Antwort auf aktuelle Wandlungsprozesse.

1. Gesellschaft im Wandel

Der eben erfolgte Übergang ins neue Jahrtausend ist gekennzeichnet durch einen grundlegenden Wandel, der sich bereits in den letzten Jahren in zahlreichen Bereichen des gesellschaftlichen Lebens vollzogen hat und sich immer noch vollzieht. Diese Umbruchsituation wird aus soziologischer Perspektive zwar zum einen als „kulturelle Erosionskrise" (Negt 1997: 16) oder als „eine tiefgreifende Institutionenkrise der ersten, nationalstaatlichen, Industriemoderne selbst" (Beck 1997: 36) bezeichnet. Zum anderen werden die kritischen Anzeichen dieser vermeintlichen Krise als Bewegungsmelder eines Epochenwechsels, eines Übergangs von der Ersten (eben der nationalstaatlichen Industriemoderne) zur Zweiten Moderne diagnostiziert (vgl. Beck 1999: 22f.). Traditionelle gesellschaftliche Grundfesten unterliegen einschneidenden Veränderungen, beginnen sich aufzulösen und verlieren im Zuge dieser Erosionsprozesse ihre tragenden Funktionen (vgl. Negt 1997/1998, Giddens 1996). Besondere Auswirkungen ergeben sich gleichermaßen für ältere wie für nachfolgende Generationen, da sich die orientierungsstiftenden Strukturen des Aufwachsens in grundlegender Weise ändern.

1.1 „Individualisiert" und „Flexibilisiert" - Das Individuum im „luftleeren Raum" der Lebens- und Arbeitswelten

Gleichgültig, ob die technischen Neuerungen, die Ausbreitung der „Virtuellen Welten" oder die allerorten entstandene Konsum- und Entscheidungsvielfalt herangezogen werden, es lässt sich feststellen, dass die Welt bei weitem nicht mehr so überschaubar und lokal begrenzt ist, wie sie das für den Großteil der Menschen noch Mitte des zwanzigsten Jahrhunderts war. Gesellschaftliche Strukturen gewinnen eine Komplexität, die kaum mehr aus individueller Perspektive überblickt, geschweige denn kontrolliert werden kann. Inmitten dieser Unübersichtlichkeit geht ein Rückgriff auf verbindliche und Identität stützende

Instanzen wie die lange Zeit mehr oder weniger gut funktionierende Kleinfamilie, Milieus oder traditionelle Wertezusammenhänge und Leitbilder zunehmend ins Leere. Gleichermaßen sind gerade etablierte gesellschaftliche Institutionen wie beispielsweise die staatliche Regelschule, insbesondere für die jüngeren Generationen noch möglicher Sicherungsgurt und geschützter Erfahrungsraum, gegenwärtig gleichermaßen stärker „Opfer" des raschen und beschleunigten Wandels, als dass sie im Prozess der Lebensfindung noch unterstützende Funktionen erfüllen können (vgl. Negt 1997). Die Erfahrung der Realität, das Erkennen herrschender Strukturen und das Ergründen der eigenen Position im gesamtgesellschaftlichen System wird bereits in jungen Jahren von den Potenzialen der Individuen abhängig, was in seiner Konsequenz einerseits neue Möglichkeitshorizonte der Lebensgestaltung und damit individuelle Vorteile bieten kann, doch andererseits gleichermaßen den oder die Einzelne mit Ansprüchen und Ungewissheiten zu überfrachten droht.

Das postmoderne Schlagwort der „Individualisierung" (vgl. Beck 1986), das insbesondere den Soziologen Ulrich Beck populär und auch umstritten gemacht hat, definiert ein Bild des Subjekts, das zunehmend den oder die Einzelne als „AutorIn des eigenen Lebens" entwirft; als KonstrukteurIn der jeweils eigenen individuellen Wirklichkeit. Herausgelöst aus traditionellen Sozialzusammenhängen können sich die Individuen in diesem durchaus konfliktgeladenen Prozess der „Gestaltung der eigenen Geschichte" immer weniger auf lange Zeit scheinbar gegebene Netze verlassen.

So verspürt jeder und jede Einzelne zwar das Bedürfnis, die eigenen Lebenszusammenhänge autonom nach eigenen Vorstellungen und unabhängig von übergeordneten Zwängen oder Regelungen zu gestalten. Doch lassen wachsende Anforderungen an Flexibilität und Mobilität, um insbesondere in der gegenwärtigen Arbeitswelt noch Fuß fassen zu können, in vielen Fällen fast keine andere Wahl, als die eigene Biografie nach situativ-strukturellen und gleichzeitig individuellen Bedingungen zu gestalten und permanent passend umzugestalten. Es ergibt sich als Konsequenz eine Vielzahl von verschiedenen, voneinander differierenden Lebensstilen, die sich jedoch in gesteigertem Maße mit zunehmend kapitalistisch-marktwirtschaftlichen Anforderungen konfrontiert sehen.

Denn insbesondere das weite Feld der Erwerbsarbeit, lange Jahre neben der Familie die zweite entscheidende Achse der Lebensführung, an der sich das individuelle Leben im Industriezeitalter befestigen konnte (vgl. Beck 1986: 220), zersetzt sich in seinen zentralen Kennzeichen. Eine Entwicklung, deren treibende Kraft in einem rapiden Fortschritt von Technik und Wissenschaft insbesondere der Kommunikationstechnologien zu finden ist: Ein Fortschritt, der überhaupt erst eine rasante Produktivitätssteigerung mit gleichzeitig kontinuierlich zurückgehendem Erwerbsarbeitsvolumen ermöglichen konnte (vgl. Galuske 1998: 544f.) und als Folge eine radikale Erosion der klassischen Normalarbeitsverhältnisse forciert. Dieser ökonomische Strukturwandel zeigt sich mit am deutlichsten im Verschwinden zahlreicher, lange Zeit etablierter Tätigkeitsfelder und in einer steigenden Zahl an Jugend- und Langzeitarbeitslosen, die sich immer weniger auf zyklische Wirtschaftskrisen zurückführen lassen (vgl. Negt 1998: 23; Beck 1999: 9).

1.2 „Unternehmer seiner Selbst!" oder Opfer des flexiblen Kapitalismus?

Sowohl Arbeitszeit als auch Normalarbeitsvertrag und Arbeitsort lösen sich als einheitsstiftende Elemente der Erwerbsarbeit auf, auch der berufliche Alltag wird von Offenheit und Unsicherheit bestimmt. Die Berufsbiografie, lange Jahre in den meisten Fällen identisch zur Normalbiografie, wird zunehmend zu einem „Flickwerk", bei dem sich verschiedenartige Beschäftigungsverhältnisse bei unterschiedlichen Arbeitnehmern und Arbeitsfeldern lose aneinander reihen, mit Zeiten der Arbeitslosigkeit und auch wechselhafter Bezahlung als gängigen Bestandteilen. Ein in rapiden Veränderungen begriffener Arbeitsmarkt erfordert derzeit als Gegenpart eine flexible und wandlungsfähige Arbeiterschaft, die ohne ein Beharren auf traditionellen Standardisierungen und damit verbundenen Ansprüchen bereit ist, sich auf unsichere und zeitlich begrenzte Tätigkeiten einzulassen. Als Folge hat der „Beruf fürs Leben" ausgedient, dagegen scheint die Arbeitswelt bunter und individuell formbar zu werden. Es vollzieht sich das, was Beck als „Individualisierung der Arbeit" (Beck 1999: 37) bezeichnet.

Im Zuge dieser „informations- und kommunikationstechnologischen Revolution" (Bildungskommission NRW 1995: 26) verliert die traditionelle Erwerbsarbeit allerdings keineswegs ihre zentrale Bedeutung für die einzelnen BürgerInnen, gerade die subjektiven Sinnerwartungen an die Arbeit sind speziell bei Jugendlichen gewachsen (vgl. Keupp 1998: 33). Doch brechen in einer Vielzahl von Beschäftigungsbereichen die sichernden Strukturen, in denen sich das Berufsleben abspielte, auf und Risiken wie Verantwortlichkeiten werden zunehmend von den Unternehmen auf die ArbeitnehmerInnen verlagert, die sich nun selbst samt ihren Kompetenzen auf dem freien Markt anbieten können bzw. einmal mehr anbieten müssen. Es gibt einen deutlichen Trend hin zu flexiblen, oftmals auch geringfügig bezahlten Teilzeitbeschäftigungen. Flexibilität und die damit verbundene Diskontinuität von Erwerbsbiografien werden zu einem entscheidenden Merkmal des zukünftigen Arbeitslebens.

Positiv gesprochen führt im günstigsten Fall nun auch in der Berufswelt ein autonom gestaltender individueller „Unternehmer in eigener Sache" (Beck 1999: 60) ein vergangenes standardisierendes „Ordnungsregime" (Dombois 1999: 17) ad absurdum. Der Wunsch nach einer Differenzierung der Lebenswelten findet sein Gegenstück in aufgefächerten Wahlmöglichkeiten bezüglich der individuellen Berufsbiografie. Skeptisch betrachtet entwerfen allerdings die gegenwärtig propagierten beruflichen Leitbilder der Flexibilität und Mobilität den „flexiblen Menschen", den Richard Sennett in seinem gleichnamigen Essay (Sennett 1998) skizziert. In diesem Blickwinkel scheint es, als ob gerade das Zauberwort der Flexibilität die Identität der Individuen gefährdet und zu zerbrechen droht. In einer ganz auf das Kurzfristige ausgerichteten Ökonomie werden für den menschlichen Charakter notwendige Aspekte langfristiger emotionaler Erfahrungen zunehmend unmöglich (vgl. Sennett 1998: 11f.). Der Mensch wird unfähig „in einer Gesellschaft, die aus Episoden und Fragmenten besteht, seine Identität und Lebensgeschichte zu einer Erzählung [zu] bündeln" (Sennett 1998: 31). Er unterliegt dem, was Sennett als *Drift* bezeichnet, einer permanenten Veränderungen mit der Zerstörung des Charakters als möglicherweise unvermeidlichen Folge (vgl. Sennett 1998: 37f.). Eine individualisierte Arbeiterschaft steht einem „Regime der kurzfristigen Zeit" (Sennett 1998: 26) und den Anforderungen der global agierenden Konzerne ohne entscheidende Gegenmacht gegenüber (vgl. Beck 1999: 87).

Die zentrale Frage ist, inwieweit noch Alternativen zur gegenwärtigen Entwicklung denkbar sind. Wird im Übergang zu einer flexiblen Dienstleistungs- oder Wissensgesellschaft tatsächlich der neoliberale Entwurf des autonomen „Unternehmers seiner selbst" für ArbeitnehmerInnen zum beruflichen Parademodell oder lassen sich am Ende gar „funktionale Äquivalente zur sozialen Integration durch Lohnarbeit" (Galuske 1998: 552) finden? Aufgaben, die vor allem Institutionen im Bereich der Jugendberufshilfen (JBH) immer nachhaltiger beschäftigen müssen, denn gerade dieses pädagogische Arbeitsfeld sieht sich mit einem Dilemma konfrontiert, das Michael Galuske treffend als „Jugend ohne Arbeit" (Galuske 1998: 552) beschreibt. Becks Modell der „Bürgerarbeit" (vgl. Beck 1999), das den Abschied von der westlichen Leitidee der Vollbeschäftigung fordert und im Gegenzug den Mangel der Erwerbsarbeit als Wohlstand an Zeit und damit als neue Identitäts- und Aktivitätsquelle für die Individuen etablieren will (vgl. ebd.: 129), ist bereits seit geraumer Zeit in vieler Munde, wird allerdings durchaus kontrovers und kritisch diskutiert (vgl. Notz 1998).

Doch bei aller Kritik gilt es gerade von Seiten der JBH neue Alternativmodelle und mögliche Wege der Umsetzung zu thematisieren und zu reflektieren. In Anbetracht der Entwicklungen der Arbeitssituation stellt sich ansonsten die fundamentale Frage, ob die gängigen „arbeitsmarktfixierten" Leitbilder die Ansätze der JBH nicht letztlich zu einer Sisyphos-Arbeit verkommen lassen. Denn gerade Alternativen zur Erwerbsarbeit als zentrales und Ordnung wie Stabilität vermittelndes Element der Gesellschaft, über die Subjekte soziale Integration erfahren (vgl. Galuske 1998: 536), gewinnen entscheidende Tragweite, werden sie vor dem Hintergrund der schwindenden Handlungsmöglichkeiten des Sozialstaats diskutiert. Besonderes Konfliktpotenzial erfahren gegenwärtig die Konsequenzen der Modernisierung durch den Umstand, dass der Wohlfahrtsstaat, vor dessen Hintergrund sich Individualisierungsprozesse entfalten konnten, zunehmend seine Gestaltungsmacht verliert.

Konnten lange Zeit viele der aufgetretenen Probleme mehr oder weniger gut innerhalb des Nationalstaats Deutschland bearbeitet und gesteuert werden, scheint es, als ob die gegenwärtig gegebenen sozialstaatlichen Leistungen den Anforderungen der Zeit nicht mehr gewachsen und an ihre Grenzen der Auslastung gelangt sind. Gerade mit dem angeführten Verfall der Familien und der Zersetzung der Normalarbeitsverhältnisse werden zunehmend die Grundlagen erschüttert, auf denen das westliche Absicherungssystem ruht. Staatliche Leistungen scheinen nicht mehr in der Lage, die neue Qualität an Massenarbeitslosigkeit aufzufangen. Sinkende Einnahmen bei gleichzeitig steigender Inanspruchnahme „führen gerade in Zeiten zunehmender Globalisierung zu einer Überforderungen des Netzes sozialer Sicherheit auf allen Ebenen" (Galuske 1998: 546). Der Sozialstaat scheint sich langsam aber sicher auf lauten wie leisen Sohlen zu verabschieden bzw. sieht sich als Folge mit Reformansprüchen aus unterschiedlichsten Richtungen konfrontiert. Doch während gerade neoliberale Positionen in staatlichen Überregulierungen der Gesellschaft und Wirtschaft den zu hohen Kostenfaktor zu entdecken glauben und als einzig probates Gegenmittel eine Öffnung und Deregulierung der Märkte, mit der endgültigen Entfaltung aller darin ruhenden Kräfte sehen (vgl. Messner 1997: 28; Neumann/Schaper 1998: 289), wachsen kritische Stimmen auch fernab der neoliberalen Utopie des freien Marktes und eines „betriebswirtschaftlichen Imperialismus" (Negt 1998: 32).

So kann ein Großteil an sozialpolitischen Leistungen als Kompensations- oder Versorgungsleistungen verstanden werden, die von Defiziten und nicht von Ressourcen der Individuen ausgehen (vgl. Keupp 1998: 21). Von dieser Position aus wird eine neue inhaltliche Leitbildformulierung bestehender Sozialpolitik gefordert, in deren Zentrum die individuellen Lebensgestaltungsmöglichkeiten und Fähigkeiten der einzelnen BürgerInnen stehen sollen. Anstelle einer „fürsorglichen Belagerung" (Keupp 1998: 27) mittels eines „paternalistischen Sozialaktionsapparates" (Freire 1973: 59), liegt der Fokus hier auf der Aktivierung selbstorganisierter Lösungsstrategien, die sich sowohl auf individuelle Potenziale wie auf Identität stiftende Prozesse der Gemeinschaft berufen (vgl. Stark 1996: 72). Unbestritten bleibt die Notwendigkeit einer Vielzahl an Leistungen der Sozialgesetzgebung als grundlegende Voraussetzung für eine autonome Lebensführung und vor allem als demokratische Grundsicherung. Dennoch gilt es, einen notwendigen Spagat zwischen einem „Prinzip kollektiver Sicherungssysteme für grundlegende gesellschaftliche Existenzrisiken" (Keupp 1998) und eben einer Aktivierung eigenverantwortlicher Lebensgestaltungsprozesse zu vollziehen, die dem herrschenden Bedürfnis „Autor des eigenen Lebens" zu sein, gerecht werden.

1.4 Politik, Ökonomie oder Subpolitik: Wer gestaltet zukünftig noch das Geschehen?

Gegenwärtig werden diese Ansätze allerdings auch mit neuen (oder doch ganz alten?) Vorstellungen demokratischer Politikgestaltung diskutiert. Denn nicht nur der finanzielle Umfang übersteigt derzeit das ursprüngliche Aktionsspektrum des Sozialstaates in Deutschland, auch die territorialen Grenzen, in denen Sozialpolitik wirksam werden konnte, lösen sich in Anbetracht transnationaler Vorgänge zunehmend auf. Das lange Zeit unterstellte Deckungsverhältnis von Staat und Gesellschaft wird von einer Deterritorialisierung zunehmend aufgebrochen und nationalstaatliche Politik verliert das einstmals fest eingegrenzte Aktionsfeld (vgl. Beck 1999: 31). So finden Kompetenzverschiebungen statt, die insbesondere auf der Ebene der Europäischen Union sichtbar werden. Die rasant voranschreitende Globalisierung führt zu einer Umwälzung von Wirtschaft, Ökologie und Sozialstaat. Dezentralisierungen und Pluralisierungen überfordern zunehmend staatliche Instanzen (vgl. Wendt 1996; Messner 1994) und gerade diese Handlungsohnmacht lässt das Vertrauen der BürgerInnen in die regelnden Kräfte nationalstaatlicher Regierungen schwinden.

Dabei zeigt sich immer deutlicher, dass weder ein streng hierarchisch organisierter Staat noch der freie Markt in Gestalt seiner Unternehmen in der Lage sind, gesellschaftliche Steuerungsnotwendigkeiten als alleinige Instanz erfolgreich zu bewältigen. Vielmehr entstehen als Folge von wechselseitigen Abhängigkeiten neue Möglichkeiten alternativer Politikgestaltung im gesellschaftlichen Raum zwischen Staat und Markt. Ein ausdifferenziertes Spektrum an Nicht-Regierungs-Organisationen (NGOs) wie Interessenorganisationen und Verbände, Selbsthilfegruppen und Bürgerinitiativen, private und auch halbstaatliche Institutionen, treten als „Mitsouveränitäten" an die Seite des Staates und übernehmen politische Steuerungsfunktionen in gesellschaftlichen Teilbereichen (vgl. Messner 1997: 31ff.). Der Staat erfährt zusehends einen Prozess der politischen Dezentralisierung hin zu einer „polyzentrischen Gesellschaft" (Rosewitz/Schimanek zit. nach Messner 1997: 31), in der nicht nur die Grenzen zwischen staatlichen und nichtstaatlichen Aufgaben fließender werden, sondern auch der Handlungsradius der gesellschaftlichen Akteursgruppierungen nationalstaatliche Territorien überschreitet. Die „Arena der hergebrachten Politik" (Giddens 1996: 329) öffnet ihre Tore und beginnt sich in ihren Steuerungsaktivitäten zu vernetzen und Politik zu „vergesellschaften". Von Beck wird diese Form politischer Partizipation als „globale Subpolitik" (Beck 1997: 46) bezeichnet, die eng mit einem politisch engagierten - und von Erwerbsarbeit freigesetzten - Bürgertum gedacht wird und als „direkte Politik" eine „Gesellschaftsgestaltung von unten" (Beck 1997: 48) vorantreiben soll.

In welchem Umfang und mit welcher Qualität sich letztlich Konzepte von solch einer aktiven „Zivilgesellschaft" umsetzen, kann gegenwärtig noch nicht abgesehen werden. Zieht man allerdings in Betracht, dass ein Großteil an pädagogischen Maßnahmen, Konzepten und Institutionen von öffentlichen Geldern abhängig ist und diese bevorstehenden Kürzungen zum Opfer fallen können, ist es durchaus vorstellbar, dass Pädagogik, als Wissenschaft wie auch in Gestalt ihrer Institutionen, ein verstärktes politisches Bewusstsein erhält, strategisch eigene Interessen einfordert und eine Öffentlichkeit für die Notwendigkeit pädagogischer Inhalte schafft. Zudem sieht sich insbesondere die Zielgruppe der JBH nachhaltig mit den Auswirkungen des Arbeitsmarktes konfrontiert und muss unter erschwerten Bedingungen dort eine Position finden. Auch wenn die Stabilisierung von Identität in der modernen Gesellschaft vornehmlich zu einer individuellen Aufgabe geworden ist, weist Rudolf Tippelt nochmals zurecht darauf hin, dass sie darüber hinaus immer noch als grundlegende Aufgabe pädagogischer Institutionen bezeichnet werden kann bzw. durch sie eindeutige Unterstützung erfahren kann (vgl. Tippelt 2000: 15). Insbesondere Institutionen, die im weiten Feld des Übergangsstadiums von „Schule/Beruf" agieren, sind potenzielle Teile jugendlicher Lebenswelten und stellen auch einen wichtigen Teil „biografischer Ressourcen und Lebenspläne" für den jeweils individuellen Lebensentwurf dar (vgl. Stauber/Walther 1995: 183). Ihre Bedeutung schwindet also keinesfalls im Wandel der Gesellschaft, sondern bleibt, wenngleich in eventuell veränderter Konstellation, bestehen und kann sogar noch steigen.

2. Veränderte Ansprüche an pädagogische Professionalität

Im Zuge des Modernisierungsprozesses, der Auflösung Sicherheit gebender Traditionen und der Pluralisierung divergierender Lebensstile wächst die Bedeutung begleitender Institutionen und geschulter pädagogischer Professioneller. Vor dem Hintergrund der Vervielfältigung von Lebensformen und den damit einhergehenden Chancen wie Risiken für das Individuum ist es dringend erforderlich, dass soziale Einrichtungen und engagierte Professionelle der Sozialen Arbeit ihre KlientInnen gleich welchen Alters in ihrer Suche nach neuen Lebensinhalten, Zielen und Lebensformen unterstützen. Dies bedeutet auch für die sozialen Einrichtungen und die hier Tätigen weitreichende neue Anforderungen, die durchaus als eine neue pädagogische Herausforderung verstanden werden dürfen. Es wird nicht nur ein Mehr an Begleitung und Unterstützung bei der Lebensplanung oder Konfliktbewältigung erwartet, sondern auch eine andere Sichtweise auf pädagogische Professionalität. Gemeint ist einerseits ein veränderter, differenzierter Blick auf die pädagogische Arbeit mit der Klientel, aber andererseits auch die Art und Weise, in der sich Pädagogik in gesellschaftspolitische Prozesse einmischt.

2.1 Soziale Einrichtungen zwischen Markt, Staat und Bürger-gesellschaft

Die Antinomien der Moderne berühren nicht nur das Individuum in seinen unmittelbaren Zusammenhängen, sondern ganz zentral auch die Institutionen pädagogischer Professionalität. Notwendig erscheint eine differenzierte, zeitgemäße Veränderung von Rahmenbedingungen, Grundhaltungen, Einstellungen und praktischem Verhalten (vgl. Keupp 2000: 45). Wollen soziale Einrichtungen den Herausforderungen der Zeit und besonders den vielseitigen Lebenswelten und Bedürfnissen ihrer KlientInnen gerecht werden, so müssen sie sich um eine neue strategische Position bemühen, in der eine bewusste und umfassende Auseinandersetzung mit den Anforderungen an Soziale Arbeit erfolgen kann. Hier lassen sich insbesondere zwei grundlegende Herausforderungen benennen:

- die Suche nach neuen Wegen der Sozialpolitik,
- der Umgang mit den Anforderungen der Ökonomie, welche wirtschaftlicheres Arbeiten und gleichzeitige Qualitätssteigerung fordert.

Die Krise der sozialen Sicherung verlangt nach Reformierung der bisherigen Denkmodelle von Sozialpolitik. Das derzeitige System läuft Gefahr, im Zuge des gesellschaftlichen Wandels und insbesondere der Strukturveränderungen auf dem Arbeitsmarkt, aufgrund finanzieller Überlastungen zu kollabieren. Die Verknappung öffentlicher finanzieller Mittel führt dazu, dass über eine Verteilung sozialer Ausgaben neu diskutiert wird. Für etliche pädagogische Einrichtungen bedeutet das eine Existenzbedrohung sowie einen Legitimationsdruck in Bezug auf die Wirksamkeit und Wirtschaftlichkeit ihrer Angebote. Hans-Joachim Puch unterscheidet zwei zentrale Argumentationsmodelle in der Debatte um die Grenzen des Wohlfahrtsstaates:

- das „neoliberale Modell",
- das Modell der „neuen Subsidiarität" (vgl. Puch 2000: 53).

Ausgangspunkt des neoliberalen Modells ist die Auffassung, dass die Grenze staatlicher Finanzierbarkeit der Sozialausgaben erreicht sei. Darüber hinaus müsse dem missbräuchlichen Umgang mit öffentlichen Leistungen sowie einem Anspruchsdenken auf Seiten der BürgerInnen entgegengewirkt werden. So sollen einerseits Leistungen reduziert und gleichzeitig dem Markt mehr Gewicht für Regulierung zugestanden werden. In Konkurrenz untereinander bekäme derjenige Anbieter sozialer Leistungen die finanzielle Unterstützung, der am überzeugendsten Wirtschaftlichkeit und Qualität vorweise. Die AdressatInnen Sozialer Arbeit andererseits sollten selbst mehr Verantwortung und Eigenvorsorge für ihre Lebensführung übernehmen. Wirtschaftlichkeitsüberlegungen und eine Rücknahme staatlicher Verantwortung sind hier die zentralen Momente.

Im Modell der neuen Subsidiarität steht der qualitative Umbau des Sozialstaates im Mittelpunkt. Dieser wird nach Ansicht der BefürworterInnen nur durch eine aktive Bürgergesellschaft möglich, die neue Solidarität schafft und Fähigkeiten der Selbstorganisation, Eigenverantwortung und Selbsthilfe in Gemeinschaft weiter ausbaut. In diesem Modell verbinden sich die Philosophie des Empowerment und die aktuelle Diskussion über Zivilgesellschaft und Kommunitarismus (vgl. Stimmer 2000: 176). Ihnen gemeinsam

„ist die Forderung, die Eigenverantwortung und Eigenbeteiligung der Bürger in der Besorgung lokaler Angelegenheiten zu stärken, neue zivile Verbindlichkeiten („Gemeinsinn") zu etablieren und niedrig schwellige Verfahren einer kollektiven Selbstregelung in kleinen lokalen Kreisen zu implementieren" (Stimmer 2000: 176).

Nach Ansicht der VertreterInnen einer neuen Subsidiarität schwächt ein zu fürsorglicher, versorgender Staat in Kombination mit der wachsenden Individualisierung die Bindungskräfte und Übernahmebereitschaft sozialer Verantwortung in der Gesellschaft. „Sozialpolitik muss ihr programmatisches Zentrum von der Kompensation „beschädigten Lebens" zu einer Empowerment-Perspektive verändern" (Keupp 2000: 41).

Soziale Institutionen haben nach diesem Denkansatz zukünftig vor allem die Aufgabe, geeignete Rahmenbedingungen für Selbstorganisation, Solidarität und Partizipation der BürgerInnen zu schaffen, Ressourcen und soziale Netzwerke als Ergänzung zu professionellen Hilfeangeboten zu mobilisieren (vgl. Puch 2000: 54). Es ist offensichtlich, dass sich mit diesen Veränderungen auch der Zuschnitt der beruflichen Identität sozialer Einrichtungen verändern würde. Über den beratenden, begleitenden Einzelkontakt zu KlientInnen hinaus, wird es ihre Aufgabe sein, konzertierte Aktionen als gemeinschaftliches Produkt vieler aktiver Menschen zu fördern, zu begleiten, zu initiieren, Raum und Klima für Gemeinsinn zu schaffen. Hierbei kommen der Unterstützung bestehender loser Beziehungsnetzwerke, der Netzwerkförderung im Sinne des Stiftens neuer sozialer Zusammenhänge und der Vernetzung der Netzwerke untereinander besondere Bedeutung zu.

2.1.1 Betriebswirtschaftliche Anforderungen an Soziale Arbeit

Die zweite eingangs formulierte Herausforderung an pädagogische Institutionen besteht in der unbestreitbaren Tatsache, dass betriebswirtschaftliche Überlegungen allmählich alle gesellschaftlich relevanten Bereiche erfassen. Damit sind auch die sozialen Einrichtungen zunehmend in den Qualitätsdiskurs eingebunden – die fachliche Wirksamkeit der Sozialen Arbeit wird nicht mehr per se als selbstverständlich angenommen. Vielmehr beginnt ein marktwirtschaftlicher Wettbewerb langsam aber stetig, die Soziale Arbeit mitzubestimmen. In diesem Zusammenhang werden Forderungen nach Qualitätsstandards, -sicherung, Qualitätskontrolle und Qualitätsmanagement zur Steigerung der Effizienz der Leistungen immer stärker. Die Qualität der pädagogischen Arbeit und Angebote soll bestimmbar und messbar sein (vgl. Meinhold 1997; Zech 1997). Unsicher ist bislang, in welcher Form die Professionellen hiermit umgehen werden, ob sie die Chance ergreifen und sich in Kooperation für inhaltlich-fachliche Begründungen bei der Festlegung von Qualitätsstandards Sozialer Arbeit einsetzen. Auch hier plädiert Keupp dafür, dieser Entwicklung die Idee einer aktiven Bürgergesellschaft zugrunde zu legen. Der Qualitätsdiskurs müsse sich im Spannungsfeld von zivilgesellschaftlichen *und* Effizienzkriterien entfalten (vgl. Keupp 2000: 27).

Derzeit stoßen die eingeforderten Maßnahmen der Qualitätsentwicklung jedoch bei den meisten PädagogInnen auf große Skepsis bis Ablehnung. Zusätzlich zu dem eingeschränkten Zugriff auf finanzielle und personelle Ressourcen verursachen die betriebswirtschaftlichen Anforderungen offenbar noch größere Angst, die eigene Arbeit grundsätzlich nicht mehr legitimieren und erhalten zu können. Rainer Zech konstatiert sogar „eine Ablehnung jeglicher Leistungsbemessung" innerhalb der Organisationen, obwohl ihre Funktion „in einer spezifischen Leistungserbringung für ihre gesellschaftliche Umwelt" besteht (Zech 1997: 30, 35). Der von ihm hier festgestellte Widerstand gegen ein wirtschaftliches Effizienzdenken im Bereich Sozialer Arbeit beruht unter anderem auf der geschichtlichen Entwicklung Sozialer Arbeit (vgl. Puch 2000: 64) sowie auf der Ansicht vieler Professioneller, dass Hilfeleistungen für einzelne KlientInnen nicht starr, schematisch zu bemessen seien. Eine verfestigte Einschätzung in dieser Richtung geht allerdings an den Entwicklungen und Modernisierungsanforderungen vorbei und läuft daher Gefahr, ihre VerfechterInnen weiter ins Abseits zu drängen: „Die finanzwirtschaftlichen Restriktionen sind nicht nur unvermeidlich, sie werden oft auch schneller vollzogen als die politisch-fachliche Umstrukturierung vonstatten geht" (Zahn 1997: 21). Wollen soziale Institutionen dem gesellschaftlichen Wandel in zukunftsfähiger Form aktiv begegnen, so sind Offenheit für neue Denkmodelle, Lernbereitschaft der gesamten Organisation, eine Standortbestimmung der eigenen Arbeit im Hinblick auf die Qualität und KlientenInnenzufriedenheit unerlässlich. Gelingt dies nicht, könnte die pädagogische Praxis zu einem willkommenen Trainingsfeld für fachlich fremde Konzepte und Qualitätsstandards werden. Damit würde die pädagogische Professionalität in eine ohnehin schon häufig beklagte Opferrolle gedrängt und wäre dem Legitimationsdruck in weitaus größerem Maße ausgesetzt. Statt dessen besteht die Chance, diesen Qualitätsdiskurs aus pädagogischer Sicht aktiv mit zu gestalten, den finanzpolitischen Überlegungen dieser Zeit ein inhaltlich-substanzielles Korrektiv entgegenzusetzen.

2.1.2 Für eine inhaltlich bestimmte Qualitätsdebatte

Die Frage nach der Qualität ist zunächst einmal die Frage nach den Kriterien für „gute" Praxis. Wer sonst, wenn nicht die Professionellen im Bereich der pädagogischen Unterstützungsangebote sowie die AdressatInnen selbst, können diese Kriterien bestimmen und festlegen? Nicht zu vergessen ist schließlich bei aller Verknappung der Mittel, dass eine leitbildorientierte und lernbereite pädagogische Professionalität zuallererst für die eigentlichen AuftraggeberInnen attraktiv sein wird und sein muss: für die Klientel Sozialer Arbeit. Ein Aufbruch zu neuer Professionalität soll also keinesfalls unkritisch erfolgen und Bewährtes oder die fachliche Identität über Bord werfen. Vielmehr geht es darum, die Chance zu nutzen und sich in Kooperation und fachlicher Auseinandersetzung mit kollegialen Institutionen und Initiativen über die Grundwerte und das professionelle Selbstverständnis Sozialer Arbeit zu verständigen. Der Kontakt zu den eigenen Wurzeln, Werten, Normen und Zielen der Arbeit ist für die Debatte über zukünftige Wege der Sozialpolitik und gesellschaftlichen Entwicklung von unschätzbarem Wert. PädagogInnen sind hier zukünftig weitaus mehr gefordert, sich in feldübergreifende und politische Dialoge/Zusammenhänge einzumischen, um soziale Werte zu vertreten und soziale Zukunft mitzugestalten. Sie stehen im Spannungsfeld von sozialpolitischer Forderung nach sozialer Gerechtigkeit, wirtschaftlicher Forderung nach Effizienz und fachlicher Forderung nach Verbesserung der Lebensqualität ihrer AdressatInnen. Hier gilt es, in Dialoge einzutreten, in denen verschiedenste Wertvorstellungen und Konzepte diskutiert und auf ihre ethische Verträglichkeit hin überprüft werden dürfen. Nur in solch aktiver Auseinandersetzung können kreative zukunftsfähige Modelle gesellschaftlichen Zusammenlebens entwickelt werden, kann pädagogische Professionalität einen nennbaren Einfluss auf politische Entscheidungsprozesse nehmen. Auch wenn angesichts des begrenzten Budgets ein Konkurrenzkampf der sozialen Einrichtungen untereinander nahe liegt, so ist doch gerade unter Berücksichtigung des Ziels, die Qualität der sozialen Dienstleistungen für die Klientel zu optimieren, eine Vernetzung und gemeinsame Standortbestimmung sinnvoll. Dem finanziellen Druck gilt es qualitative Standards entgegenzusetzen. Tatsächlich sind es überdies nicht nur ökonomische Anforderungen, die eine Standortbestimmung notwendig machen: Von vielen Seiten werden den sozialen Institutionen auch strukturelle und inhaltliche Mängel vorgeworfen.

Der Prozess der Individualisierung ist von einem Anwachsen der Zahl verschiedener sozialer Institutionen in unterschiedlicher Trägerschaft begleitet. Insgesamt lässt sich feststellen, dass sich in Deutschland ein „umfassendes Versorgungsnetz" (Olk/Rauschenbach/Sachße 1995: 12) sozialer Dienste entwickelt hat, welches mit der grundlegenden Absicht agiert, die im Zuge der Modernisierung abgeschwächte Stellung von traditionellen Verbindungsformen zu kompensieren. So entstand im Laufe der Zeit ein buntgeschnürtes

Versorgungspaket für individuelle Lebenslagen und -fragen von der Wiege bis zur Bahre. Diese Ausdifferenzierung der Unterstützungs- und Hilfeangebote wie auch deren Menge bedeuten nicht zwangsläufig eine verbesserte Qualität. Wolfgang Stark beklagt stattdessen eine allgemeine strukturelle Unordnung der Angebote, die sich zudem sehr anbieterorientiert darstellen (Stark 1996: 28). Für die NutzerInnen bedeutet das eine große Unübersichtlichkeit und Verwirrung, zumal die einzelnen Anbieter häufig nicht über weitere Möglichkeiten und Einrichtungen informieren. Die Kooperation der sozialen Dienste wird von vielen als unzureichend erlebt, was für die Klientel viel Zeit und Mühe heißt, dagegen wenig Verlässlichkeit und Information. Die Verknappung der Zuschüsse und öffentlichen Gelder führt offensichtlich zu einem immer härteren Konkurrenzkampf, in dem die Einrichtungen sich gegeneinander abschotten statt ihre Angebote, Ideen, Qualitätsvorstellungen und gesellschaftspolitische Forderungen aufeinander abzustimmen und die Kooperation als Stärke und Rückhalt zu begreifen. Den Klienten und Klientinnen Sozialer Arbeit ist mit dieser Segmentierung jedoch nicht gedient, auch die fehlende Koordination und Kooperation sozialer Dienstleistungsträger verhindert einen niedrig schwelligen kundenfreundlichen Zugang. Wir sollten nicht vergessen, dass soziale Einrichtungen nicht um ihrer selbst willen existieren, sondern sich als Dienstleister und gesellschaftspolitisch engagierte Institutionen verstehen. Folglich müssen ihre Dienste erreichbar und attraktiv sein – und zwar für Unterstützung suchende Menschen.

Genau an diesem Punkt setzt auch die Kritik Rainer Zechs an: Die Vielzahl der Angebote ist aus seiner Sicht zu wenig an der Lebenswelt der Klientel orientiert (Zech 1997: 26). Dies zeigt sich unter anderem daran, dass für jede Schwierigkeit, jede Lebenslage und Hilfebedürftigkeit eine andere Einrichtung zuständig ist. So aber wird das Individuum weiter auf seine einzelnen Problemlagen reduziert und ein ressourcenorientierter Ansatz zur Selbsthilfe unmöglich. Dieser braucht vielmehr eine ganzheitliche Sichtweise und Unterstützung Hilfe suchender Menschen, die sie in ihrer autonomen Lebensführung bestärkt und begleitet. Zu wenig KlientInnenorientierung ist also ein Hauptkritikpunkt sowohl was die einzelnen Dienste angeht als auch ihre Gesamtheit, in der sie sich der Gesellschaft präsentieren. Parallel zur Unüberschaubarkeit der Angebote wird den pädagogischen Einrichtungen aber auch mangelnde Transparenz vorgeworfen und dies nicht nur gegenüber ihrer Klientel, sondern auch gegenüber den Geldgebern und politischen Entscheidungsgremien (Zahn 1997: 20). Dass hieraus kein Vertrauen wächst, sondern eher Unmut und die Forderung nach Qualitätsbestimmung und –kontrolle, darf nicht verwundern. Schließlich ist die Forderung nach einer effizienten, erfolgreichen und guten Sozialarbeit nur legitim. Eine Verbesserung der Qualität bedeutet nicht zwangsläufig nur eine Reduzierung der finanziellen Mittel oder Personalstellen. Auch eine Verbesserung der Kommunikationsstrukturen, des Dialogs in alle Richtungen, mehr systemisches, politisches

Verständnis pädagogischer Arbeit, mehr Transparenz und Partizipation der NutzerInnen macht Soziale Arbeit effizienter und bedürfnisorientierter. In diesen Bereichen besteht durchaus Handlungsbedarf.

Gemeinsam könnten NutzerInnen, MitarbeiterInnen, Institutionen, Kostenträger und interessierte, engagierte BürgerInnen ihre Vorstellungen und Erwartungen wie auch Bedenken, Zweifel und Ängste zum Thema „Mehr Qualität in der Sozialen Arbeit und für eine soziale Zukunft" diskutieren. Hierdurch würden sich sicherlich wichtige Positionen und Wegweiser für eine konstruktive Weiterentwicklung pädagogischer Professionalität und Sozialpolitik ergeben. Solche Dialoge können von den Professionellen durchaus als eine Chance begriffen werden, ihre eigene Rolle und ihr Berufsbild, die Grundlagen und ethischen Werte ihrer Tätigkeit noch einmal zu reflektieren, sich zu verbünden und selbstwertbewusster, geschlossener zu präsentieren. Auf diese Weise können sich Kreativität, Visionen, neue zukunftsfähige Modelle des Sozialen weitaus besser entfalten. Angesichts der vielfältigen Anforderungen der heutigen Zeit werden diese Ressourcen immer wichtiger.

2.2. Begleiten statt Leiten – Abschied vom ExpertInnentum

Der Psychoanalytiker Erich Fromm schreibt: Die wichtigste Lebensaufgabe des Menschen besteht darin, seinem eigenen Wesen zum Durchbruch zu verhelfen. In dieser Aussage findet die Selbstentfaltungstendenz des Menschen deutlichen Ausdruck. Es ergibt sich aus ihr aber auch die grundlegende Aufgabe pädagogischer Professioneller: ihre KlientInnen im Prozess der Selbstfindung und Entfaltung der eigenen Persönlichkeit zu unterstützen.

2.2.1 Pädagogische Professionalität – Mehr als nur ein Schlagwort?

Wenn wir von den sich wandelnden Aufgaben pädagogischer Professionalität sprechen, sollten wir zunächst der Frage nachgehen, was hierunter genau zu verstehen ist. Professionalität verweist zunächst ganz allgemein auf berufliches Handeln einer besonderen Art. Vor dem Hintergrund der akademisierten Ausbildung ist ferner das Verhältnis von Theorie und Praxis angesprochen. Mit dem Begriff werden konkrete berufsspezifische Kenntnisse und Fähigkeiten der Professionellen verbunden sowie gewisse Qualitätsstandards ihrer Arbeit. Ihr berufliches Tun muss also planbar, bestimmbar und verständlich sein – für die Kostenträger ebenso wie für die Klientel (vgl. Reinhold 1999: 421f.; Herwig-Lempp 1997: 25; Stimmer 2000: 516). Professionalität bedeutet damit auch, dass eine fachliche Problembearbeitungs- und Lösungskompetenz erwartet werden darf, die der Klientel im Beratungsprozess im Sinne einer Dienstleistung zur Unterstützung in schwierigen Situationen zugute kommt.

Unter Pädagogik verstehen wir ein zielgerichtetes, geplantes Verhalten der in diesem Feld Tätigen in Absprache mit den AdressatInnen über anzustrebende Ziele. Dabei geht es vorrangig, wie auch im einleitenden Wort von Fromm, um eine Unterstützung der Selbstentfaltungskraft des Klienten/der Klientin. Indem sich der Mensch in seiner Persönlichkeit entfalten und wachsen kann, erweitern sich auch seine Handlungsperspektiven und seine Handlungsfähigkeit. Diese wiederum sind nötig, um das eigene Leben selbstverantwortlich in die Hand zu nehmen, eigene Entscheidungen zu treffen und Probleme selbstbestimmt zu lösen. Daher ist es das Ziel pädagogischer Arbeit, den Menschen darin zu unterstützen, seinen eigenen Weg in Auseinandersetzung mit sich selbst und der Umwelt durch Reflexion, Entscheidung und Handeln zu finden.

Grundvoraussetzung hierfür ist ein Vertrauen in die eigenen Kräfte, Ressourcen und Entwicklungsmöglichkeiten und darüber hinaus eine im eigenen Inneren verankerte Werteinstanz. Das Wissen um die Prozesshaftigkeit von Lebensrealitäten wirkt ermutigend, weil dies bedeutet, dass Grenzen problematischer Situationen durch Reflexion und aktives Handeln beeinflusst werden können (vgl. Freire 1970: 36, 67). Ein solides Selbstwertgefühl eröffnet darüber hinaus weitere, neue Perspektiven, da Träume, Wünsche und Illusionen eine Berechtigung erhalten und sich so Kreativität entfalten darf. Diese gilt als entscheidender Faktor für Veränderung (vgl. Müller-Lottes 1998: 22).

In diesem Entwicklungsprozess der Persönlichkeit können PädagogInnen ihre Klientel unterstützen und begleiten. Es ist nicht ihre Aufgabe, die Hilfe oder Rat suchenden Menschen an gesellschaftliche Erwartungen anzupassen oder sie in das bestehende Leistungs- und Wertesystem einzufügen. Vielmehr können sie auf der klientenzentrierten Grundlage einer kongruenten, einfühlenden und akzeptierenden Beziehungsarbeit den/die KlientIn dazu ermutigen, Selbstbestimmung und Lebensautonomie zu erlangen (vgl. Rogers 1983: 22ff.). Dies ist das Wesen der Hilfe zur Selbsthilfe.

2.2.2 Professionalität der Partnerschaftlichkeit

Professionelle Pädagogik bedeutet heute ganz besonders, die Allzuständigkeit des Helfens aufzugeben und eine betont partnerschaftliche, begleitende Rolle im Verhältnis zur Klientel einzunehmen (vgl. Herwig-Lempp 1997: 20). Die zu beratende Person selbst ist Subjekt des Beratungsprozesses und ExpertIn ihres eigenen Lebens und Strebens. Sie ist aufgefordert, gemeinsam mit dem Professionellen den Auftrag für diesen zu klären, ebenso wie Erwartungen und Ziele zu formulieren. Es handelt sich also um eine Art Kontrakt, in dem gemeinsam Ziele und Zuständigkeiten, sowie die Aufgabenverteilung geklärt werden. Nur so lässt sich auch im Nachhinein die Zielerreichung bestimmen und bewerten, so verbleiben Entscheidungskompetenzen beim Subjekt des Prozesses: bei dem/der KlientIn. Eine Versorgungspraxis und die damit einhergehende Gefahr der Fremdbestimmung wird so überwunden.

Paulo Freire fordert in diesem Zusammenhang die Aufhebung einer paternalistischen Professionalität des Besserwissens und eine Beziehungsarbeit ohne Hierarchie. Nicht *für* die Unterdrückten und Schwächeren sei zu kämpfen, sondern an ihrer Seite (vgl. Freire 1970: 31ff.). Statt den Menschen mit fremdem ExpertInnenwissen zu programmieren, um eine Veränderung in ihm und seiner Lebenssituation anzustoßen, tritt Freire für eine Pädagogik der Bewusstmachung ein, die die Selbstbefreiung des Individuums unterstützt. Pädagogische Professionelle können sich in einem neuen Selbstverständnis eher als MentorInnen begreifen, die Prozesse stützen, begleiten und Dialog initiieren, Raum für Selbstentfaltung schaffen. Im partnerschaftlichen Dialog über die Situation des Adressaten/der Adressatin kann eine Reflexion, ein Erkenntnisvorgang beim Gegenüber stattfinden, der Voraussetzung für veränderndes Handeln und Aktivität ist (vgl. Freire 1970: 34).

Warum sind diese Forderungen Freires an pädagogische Professionalität auch heute noch aktuell, warum eignet sich aus unserer Sicht dieser emanzipatorische Ansatz Sozialer Arbeit gerade in unserer postmodernen Welt? Wenn Pädagogik das Ziel verfolgt, den Menschen zu mehr Handlungsfähigkeit, Entfaltung des Selbst und verantwortungsbewusster Partizipation an der Welt und der Entwicklung unser aller Lebensraum zu begleiten, dann muss sie die veränderten Lebensbedingungen und Anforderungen der Zeit einbeziehen. Die Vielfalt der Lebensformen und die Auffächerung des öffentlichen Lebens bringen es mit sich, dass auch die Soziale Arbeit unterschiedlichste Lebenswelten ihrer Klientel als Bezugshorizonte anerkennen muss (vgl. Helsper 1996: 23f.). Hans-Joachim Puch fordert in seinem Beitrag: „Soziale Arbeit im Aufbruch: Auf dem Weg zu einer neuen Professionalität?" (Puch 2000), dass die Themen der Zeit die Themen der Sozialen Arbeit sein müssen, „dass die Soziale Arbeit eine Profession ist, die von einer ständigen Unruhe getrieben immer wieder auf das Neue zukunftsgerichtete Themen und Methoden in ihren Rucksack packt. Der Aufbruch ist Programm der Sozialen Arbeit" (Puch 2000: 51).

Angesichts des geschilderten raschen sozio-ökonomischen und technisch-industriellen Wandels, der gesellschaftlich-kulturellen Entwicklungen und der zunehmenden Komplexität wird es gegenwärtig für viele Menschen schwieriger, sich im Leben zurecht zu finden, sich zu behaupten und eine sinnerfüllte Daseinsgestaltung zu erreichen. Pädagogischen Institutionen kommt hier in neuer Weise die schwierige Aufgabe zu, solche Lücken Sicherheit bietender Unterstützungsnetze mit ihren Angeboten zu füllen.

2.2.3 Ressourcen stärken statt Defizite betonen

Das vorrangige Kennzeichen des fortschreitenden Modernisierungsprozesses, die wachsende Individualisierung, trägt in prekärer Weise Chancen wie Risiken für die Einzelnen in sich:

„Einerseits öffnen sich neue Freiheitsräume in der Gestaltung und Abstimmung von nun eigener Arbeit und eigenem Leben; andererseits tun sich neue Falltüren der Ausgrenzung auf, und die Risiken werden von Staat und Wirtschaft auf die Individuen abgewälzt" (Beck 1999: 59).

So entsteht ein Lebensgefühl, bei dem alles möglich scheint, keine Entscheidung allerdings als Sicherheitsgarant für Gelingen gelten kann (vgl. Keupp 1998: 34). Die Angst vor sozialem Ausschluss und vor dem Scheitern ist nur allzu nachvollziehbar, besonders für junge Menschen, die ihren Platz in dieser Ordnung erst noch finden müssen. Was also kann professionelle Pädagogik anbieten, um den vielseitigen An- und Widersprüchen dieser Zeit aktiv und selbstbestimmt zu begegnen?

Nach Ansicht von Freire hemmt die Angst vor überwältigenden Situationen oder Anforderungen die Selbständigkeit und das aktive Handeln des Individuums und ruft Ohnmachtgefühle hervor. Da der Mensch seine Welt aber durchaus gestalten und sich selbst entfalten will, leidet er, wenn er seinem Wesen nicht zum Durchbruch verhelfen kann. Eine Pädagogik der Bewusstmachung mobilisiert das Individuum, als verantwortliches Subjekt in den geschichtlichen Prozess gestaltend einzugreifen, indem es kritisch seine Lebenssituation reflektiert, problematisiert und darin unterstützt wird, diese aktiv zu verändern (vgl. Freire 1970: 71f.). So bleibt der Mensch nicht länger Zuschauer, sondern wird Neuschöpfer und die Wirklichkeit wird als ein Prozess fortwährender Verwandlung begriffen.

Diese Entwicklung der Einzelnen kann jedoch nur gelingen, wenn sie selbst Subjekte dieses Prozesses sind und zu eigenen Erkenntnissen und Entscheidungen der Veränderung gelangen. Werden fremde Wertmaßstäbe und Erfahrungen übergestülpt, so werden sich auf Dauer keine Erfolge oder Zufriedenheit einstellen. Jeder Mensch ist selbst Experte für das eigene Leben und den eigenen Weg (vgl. Stark 1996: 15; Keupp 1998: 27). PädagogInnen können aber den Prozess der Auseinandersetzung mitgestalten, in dem sie den Dialog fördern, der einerseits Erkenntnis bringt und andererseits eine kritische Beleuchtung der Wirklichkeit für die KlientInnen sowie persönliches Wachstum ermöglicht. Indem die Ratsuchenden in der Wahrnehmung ihrer Kompetenzen und Ressourcen unterstützt werden, können sie diese auch aktivieren und zur Lösung heranziehen (vgl. Müller-Lottes 1998: 18).

Wenn Menschen sich in einer von Respekt und Anerkennung geprägten Atmosphäre mit ihrer Weltsicht, ihren Ängsten, Wünschen, Hoffnungen und Überzeugungen auseinandersetzen können und ihre eigene Autorität anzuerkennen lernen, werden sie weitaus eher in der Lage sein, selbstbestimmte Entscheidungen für ihr Leben zu treffen und ihren Platz in der Welt zu finden.

Welche Kompetenzen pädagogischer Professioneller sind also gefragt? Wie in den bisherigen Ausführungen deutlich wurde, handelt es sich nicht um pädagogische Techniken oder Kniffe, sondern um eine humanistische pädagogische Haltung (vgl. Rogers 1983: 131ff.; Stark 1996: 180). Sie nimmt die Sicht und Erlebensweise der NutzerInnen pädagogischer Angebote zum Bezugspunkt und unterstützt mit einer professionell gestalteten Beziehung von Mensch zu Mensch den Prozess der Reflexion und Entwicklung des Gegenüber. Im Sinne des Empowerment-Ansatzes ist diese Haltung positiv und ressourcenorientiert, unterstützt die Gestaltungskräfte der Klientel, selbstverantwortlich mit den Problemen, Ängsten und Anforderungen einen individuellen Umgang zu finden. Der Mensch wird nicht auf seine Schwächen oder Hilfebedürftigkeit reduziert, sondern auch in Lebensetappen der Belastung und der Demoralisierung in der Rolle eines kompetenten Akteurs wahrgenommen. Dieses Vertrauen in die Stärken der Menschen, in produktiver Weise die Belastungen und Zumutungen der alltäglichen Lebenswirklichkeit zu verarbeiten, ist Zentrum und Leitmotiv des Empowerment-Ethos (vgl. Stimmer 2000: 175).

Pädagogische BeraterInnen können dabei ihr Fachwissen, ihre Methoden und Angebote zur Verfügung stellen – solange dem Gegenüber die Rolle des Experten zugestanden wird und die Entscheidung, die Auswahl ihm/ihr überlassen bleibt. Eine ehrliche, wohlwollende und entwicklungsfördernde Auseinandersetzung der KlientInnen mit sich selbst wird besonders durch eine eben solche wertschätzende, einfühlende Beziehung zwischen BeraterIn und KlientIn gefördert (vgl. Rogers 1983: 22ff.). Diese erleichtert es, individuelle Bedürfnisse und Werte bei sich selbst ernst zu nehmen und in Einklang mit ihnen nach Veränderungen der Lebenssituation zu suchen.

2.3 Gesellschaftliche Wirklichkeiten mitgestalten

Doch wie kann sich Pädagogik innerhalb umfassender Wandlungsprozesse verorten und wie zukunftsfähig können sich gerade Einrichtungen im Bereich der Jugendberufshilfen im Wandel der Arbeitsgesellschaft präsentieren? Wie unter 2.1.2 bereits angerissen, scheint ein Etablieren von neuen, innovativen Konzepten und eine politische Positionierung im sozialen Gefüge immer weniger aus isolierten pädagogischen Handlungsrationalitäten heraus möglich zu sein. Nach wie vor fristen viele pädagogische Konzepte ein isoliertes Randgebietsdasein, verpuffen trotz zweifelsfrei sehr engagierter Anfänge als vereinzelte illusorische Sternschnuppen oder laufen sich mangels kritischer Reflexion fest. Eine Abstimmung zwischen den verschiedenen pädagogischen Institutionen ist, wenn überhaupt, in weiten Teilen nur als Stückwerk vorhanden, ein übergreifender Dialog findet früh seine Grenzen in voneinander abgeschotteten Handlungsrationalitäten.

2.3.1 Eine politische Stimme ergreifen

Auf diese Weise verlieren viele pädagogische Ideen und Modelle einen großen Teil kreativer Kraft oder können sich aufgrund „institutioneller Kleinge-
fechte" überhaupt erst nicht entfalten. Zudem haben viele professionelle
PädagogInnen wenig Zutrauen in das gestaltende und innovative Potenzial
eigener Ideen und Konzepte. Forciert durch einen entstandenen Konkurrenzkampf steht bei zahlreichen pädagogischen Einrichtungen gegenwärtig einmal mehr stärker das individuelle Überleben von institutionsspezifischen
Projekten im Vordergrund, was sowohl Kooperationen und damit ein möglichst klientennahes, abgestimmtes und regional-ganzheitliches Angebot
oftmals verhindert und gleichermaßen häufig eine geschlossene politische
Positionierung unterbindet. Immer noch erhebt der pädagogische Arbeits-
reich im Gesamten eine sehr schwache Stimme bei einer öffentlichen und
politischen Meinungsbildung bzw. lässt einen festen Glauben an Mitgestal-
tungsmöglichkeiten vermissen. Dabei laufen aber insbesondere Arbeitsgebie-
te wie die JBH ohne eine entsprechende Neuorientierung Gefahr „ein letztlich nur politisch anzugehendes Problem pädagogisch zu reformulieren"
(Galuske 1998: 543). Doch drohen sie an eben dieser Problematik zu scheitern. Denn sicherlich sind auch die Jugendberufshilfen nicht allein in der
Lage, die Krise der Arbeitsgesellschaft mittels pädagogischer Kraftanstren-
gung zu lösen (vgl. Negt 1997: 20).
    So weist auch Galuske auf zwei, für eine entsprechende Neuorientierung
der JBH entscheidende, Standbeine hin. Zum einen auf die politische Dimension, in der von Seiten Sozialer Arbeit verstärkt eine intelligente Einmischung in sozialpolitische Diskurse forciert wird. Über eine Weitergabe von
relevanten Informationen in Entscheidungsprozesse kann für ihn Soziale
Arbeit und JBH als „Feuermelder für lebensweltliche Krisen" in das politische System hinein „fungieren" (vgl. Galuske 1998: 554). Zum anderen
spricht er sich für eine Neugestaltung konzeptueller Inhalte aus, die sich in
ihrer Entwicklung wieder stärker an den Lebenswelten und damit verbundenen Identitätsmöglichkeiten der Jugendlichen orientieren, anstatt nur auf die
sozialintegrativen Funktionen des Arbeitsmarktes zu hoffen. Insbesondere
diese Ansätze stehen einmal mehr in enger Verbindung zu Konzepten die
eine „aktive Bürgerschaft", vor allem in politischer Hinsicht, im Zentrum des
Interesses haben. Um diese Vision einer „Bürgergesellschaft" zur Realität
werden zu lassen, bedarf es jedoch entscheidender Änderungen auf sozialpolitischer Ebene.
    In diesem Kontext müssen von Seiten professioneller Pädagogik politi-
sche Akzente gesetzt und ein politischer Auftrag eingefordert werden. Kon-
sequent gilt es politische Realitäten mitzuentwerfen und Raum für pädagogische Interessen zu schaffen. Sieht man die neu entstandenen Räume für alter-
nativ-ergänzende politische Steuerungsmöglichkeiten (siehe 1.4), scheinen

die Zeichen der Zeit günstiger denn je, dieses mögliche Mandat zur politischen Realität werden zu lassen. Soll eine qualitativ veränderte Sozialpolitik den notwendigen *gesamt*gesellschaftlichen Nutzen aufweisen und einer „Ökonomie des ganzen Hauses" (Negt 1997: 34) folgen, müssen allerdings die unterschiedlichen Kompetenzen, Blickwinkel und Ressourcen entscheidender zentraler gesellschaftlicher Sektoren und Subsysteme zusammengeführt werden. Ein reformiertes Verständnis darf sich nicht einzig auf isolierte Blickwinkel beschränken, sondern bedarf der gesamten Energien und Kräfte, die im gesellschaftlichen Feld aktiv sind.

2.3.2 Wohlfahrt und Politik als Ergebnis gesamtgesellschaftlicher Energien

Führt man sich die oben dargestellten gesellschaftlichen Entwicklungen, die entstandene Komplexität und Pluralität von verschieden gültigen und nebeneinander existierenden Handlungskonzepten, AkteurInnen und Werten vor Augen (vgl. Selle 1996: 253), wird deutlich, dass traditionelle Abgrenzungen zwischen gesellschaftlichen Subsystemen einen überholten Charakter aufweisen. Gleiches gilt auch für interne Abgrenzungen innerhalb von Systemen oder Organisationen. Einer qualitativ verbesserten Positionierung in politischen Prozessen und einer Bearbeitung gesellschaftlicher Problemlagen scheint weder mit einem Beharren auf „institutionsinternen Egoismen" noch mit einem Festhalten an feldspezifischen Sichtweisen geholfen.

Erst der Einbezug alternativer und vor allem relevanter Handlungsakteure, allen voran der Klientel (siehe 2.2), aber auch ein verstärkter Dialog mit politischen EntscheidungsträgerInnen und wirtschaftlichen Sektoren scheint eine funktionsfähige Ausgangsbasis, um den Anforderungen der Zeit begegnen zu können. Gerade einstmals staatlich regulierte und finanzierte wohlfahrtsstaatliche Leistungen sehen sich, wie erläutert, mit Abbau-, Privatisierungs- und Deregulierungsstrategien konfrontiert, die „eine grundsätzliche Neuordnung institutioneller Arrangements wohlfahrtsstaatlicher Systeme" (Evers/Olk 1996: 10) nach sich ziehen. So sollen im Evers/Olkschen Konzept des „Wohlfahrtspluralismus" (Evers/Olk 1996) die verschiedenen Handlungslogiken der existierenden unterschiedlichen gesellschaftlichen Institutionen und Sektoren miteinander verbunden werden, um so über eine gemischte Produktion von Wohlfahrt „das erreichte Niveau der Wohlfahrt unter veränderten Bedingungen zu erhalten bzw. Wohlfahrtssteigerungen durchzusetzen" (Evers/Olk 1996: 10).

Um angemessene Gestaltungsmöglichkeiten, Steuerungsfähigkeiten aber auch das Niveau an Wohlfahrtsstandards zu sichern, wächst als Folge der Anspruch, Grenzen zukünftig fließender und Beziehungen „vernetzter" zu gestalten. Da aber jeder gesellschaftliche Teilbereich, der freie Markt der Ökonomie wie das Feld Sozialer Arbeit oder traditionelle Politikinstanzen, jeweils spezifische Interessen verfolgt, die durchaus konträr zueinander stehen, wird es von tragender Bedeutung, genau diese Interessen im Dialog transparent zu machen und zu klären. Doch braucht es für diesen Dialog veränderte Organisationsformen und vor allen Dingen Räume, mittels denen es gelingen kann, sich institutionsübergreifender und damit gesamtgesellschaftlicher Interessen und Verantwortlichkeiten bewusst zu werden, um als Folge neue, eventuell postmoderne Formen der Solidarität praktizieren zu können.

3. Vernetzt dem Wandel begegnen

Betrachtet man die verschiedenen Zusammenhänge, in denen das Netzwerk als neue Organisationsform gegenwärtig erscheint und als Steuerungsmodell diskutiert wird (vgl. Weber, Einleitung), stellt sich der Ansatz einer Vernetzung sicherlich als eine sinnvolle Alternative hinsichtlich einer Neuorientierung für pädagogische Einrichtungen dar. Dies gilt vor allem in Anbetracht des weiten Spektrums an entstandenen und veränderten Anforderungen und Aufgaben, mit denen sich Institutionen der Sozialen Arbeit im Zuge eines gesellschaftlichen Wandels konfrontiert sehen: Ansprüche und Aufgaben, die sich sowohl auf ein verändertes, wenn nicht sogar völlig neues Politik- bzw. Sozialpolitikverständnis als auch auf die Notwendigkeit eines Wandels des Selbstverständnisses „pädagogischer Professionalität" beziehen.

Denn gerade weil pädagogische Institutionen aufgrund ihrer Pluralisierung „ein gemeinsames integrierendes Selbstverständnis [...] nicht mehr aus allgemeingültigen normativen Prinzipien ableiten" können, sind sie „heute auf die 'Kultur der Kooperation pädagogischer Institutionen' angewiesen" (Tippelt 2000: 17). Doch nicht nur aus diesem Grund stellt sich die Frage, ob nicht pädagogische Zusammenarbeit im Rahmen eines kooperativen Modells sozialen Einrichtungen und nicht zuletzt der Klientel selbst eine verbesserte Position in gesamtgesellschaftlichen Diskursen verschafft. Gegenwärtig eröffnen sich politische Gestaltungsräume, innerhalb derer pädagogische Inhalte und eine strategische (Neu-)Bestimmung pädagogischer Positionen über ein „vernetztes Agieren" durchgesetzt werden können. Einmal mehr müssen diese Freiräume aber immer noch mit nötigem Selbstbewusstsein erkannt und erobert werden.

Auch wenn der geschilderte Wandlungsprozess jahrelang gewachsene Strukturen und Fundamente pädagogischer Arbeit „erschüttert" und das sowohl inhaltlich, finanziell als auch bezüglich politischer Rahmenbedingungen, scheint eine Vernetzung eine funktionale Antwort darzustellen. Eine sinnvolle Verknüpfung von Angeboten und Interessen wirkt sich zum einen auf politische Gestaltungsmöglichkeiten aus, zum anderen kann sich ein pädagogisches Angebot an Einrichtungen im Sinne der Klientel klarer strukturiert und vor allem einflussreicher innerhalb gesellschaftspolitischer Diskussionen präsentieren. Gerade neue und innovative Konzepte lassen sich auf einer Basis sinnhafter Vernetzungsstrukturen leichter in die Wege leiten, etablieren und letztlich notwendigerweise auch neu finanzieren. Wenngleich finanzielle Gesichtspunkte nicht die allein entscheidenden Beweggründe für das Initiieren eines Netzwerkes sein sollten, ergeben sich über eine Vernetzung durchaus Effekte, die Soziale Arbeit entlasten und somit auch erleichtern können. In Anbetracht eher knapper als reichhaltiger staatlicher Finanzressourcen scheinen Synergieeffekte über eine Zusammenführung der unterschiedlichen Kräfte unumgänglich. So kann eine Ressourcenbündelung erreicht werden, mittels derer es möglich wird, Wohlfahrtsstandards für die Klientel zu halten, wenn nicht sogar zu heben und letztlich auch die eigene Existenz der Einrichtung zu sichern. Dabei gilt es gerade in Anlehnung an das angeführte Konzept des „Wohlfahrtspluralismus" von Adalbert Evers und Thomas Olk, eine Bündelung der Ressourcen, Interessen und Strategien auch in einem horizontalen, feldübergreifenden Dialog zu initiieren. Denn ein Verharren in fachspezifischen Fundamentalismen[1] kann, wie erwähnt, einer ausdifferenzierten und komplexen Gesellschaftssituation und den damit verbundenen Problemen kaum mehr gerecht werden. Die Gestaltung gesellschaftlicher Wirklichkeiten und insbesondere regionaler Handlungszusammenhänge bedarf in Zeiten umfassender gesellschaftlicher Umbrüche notwendig der Kräfte aller gesellschaftlichen AkteurInnen bzw. Institutionen.

Im Rahmen dieser „wohlfahrtspluralistischen Strategien" wird es allerdings in jedem Fall für ein Vernetzungsmodell im pädagogischen Arbeitsfeld von entscheidender Bedeutung sein, die eigene Kontur zu schärfen bzw. ein eigenes Profil zu finden. Gerade mit Blickrichtung auf die Jugendarbeitslosigkeit ist es vonnöten, dass lebensweltliche Optionen Jugendlicher gegenüber ökonomischen und politischen Sachzwängen nicht ins Hintertreffen geraten (vgl. Stauber/Walther 1995: 184f.). Nach reinem Kostenkalkül erstellte „Fast-Food"-Angebote, denen lediglich wirtschaftliche Interessen zugrunde liegen, können hier ebenso wenig das Ziel sein, wie ein Beharren auf überholten Konzepten, die gerade bezüglich der Arbeitsmarktsituation keine adäquate Unterstützungsquelle mehr darstellen. Allein deshalb muss die Klientel als gleichberechtigter Netzwerkpartner einbezogen werden, denn erst dann bekommen Forderungen nach einer „gestaltenden Sozialpolitik" (Keupp 1998: 36) ein passendes Forum möglicher Umsetzung. Für das Feld der Jugendberufshilfen bedeutet dies, die Wünsche, Sorgen und Visionen von Jugendlichen ins Zentrum eines übergreifenden Dialogs zu stellen.

---

1   Zum Fundamentalismus-Begriff siehe auch Anthony Giddens: „Unter Fundamentalismus verstehe ich [...] das Verteidigen der von der Tradition überlieferten formelhaften Wahrheit" (Giddens 1996: 325). Auch fachspezifische und nach außen abgeschlossene Handlungslogiken einzelner gesellschaftlicher Teilbereiche neigen zu einem Verteidigen einer „formelhaften Wahrheit". Dies zeigt sich bspw. treffend an der isolierten und größtenteils ignoranten Haltung, die gerade die Bereiche der sozialen Arbeit und der Ökonomie einander entgegenbringen.

Dabei gilt es zu beachten, dass Netzwerke bestehend aus unterschiedlichen gesellschaftlichen Akteursgruppierungen sicherlich noch keinen generellen Wert an sich darstellen, doch als „soziale Innovationen" (Messner 1997: 49) in jedem Fall eine strategische Kraft bedeuten, die über den Prozess des Vernetzens eine Basis sowohl für gemeinsames Lernen und damit eng verbunden auch für gemeinsames Handeln schafft. Erst sinnvoll aufeinander abgestimmte Maßnahmen und Angebote können auch zukünftig Qualität im Arbeitsfeld der JBH sicherstellen.

Die Idee einer „Institutionellen Vernetzung" präsentiert sich damit als ein praktikables Organisationsmodell, das einen regionalen Handlungskontext zu schaffen vermag, über den sich sowohl innovative und klientenorientierte Konzepte verwirklichen lassen als auch eine integrierte Regionalpolitik aus pädagogischer Sicht produktiv mitgestalten lässt. An die Stelle in Teilen immer auch lähmender Konkurrenz könnte dann ein Mehr an beflügelnder Kooperation treten. So können gesellschaftliche und pädagogische Realitäten mitgeprägt und ein neues - durchaus politisches - Selbstbewusstsein an der Seite der Klientel gewonnen werden.

Literatur

Beck, Ulrich (1999): Schöne neue Arbeitswelt. Vision: Weltbürgergesellschaft. Frankfurt a.M./New York.

Beck, Ulrich (1997): Weltrisikogesellschaft, Weltöffentlichkeit und globale Subpolitik. Wien.

Beck, Ulrich (1986): Risikogesellschaft. Auf dem Weg in eine andere Moderne. Frankfurt a.M.

Biermann-Ratjen; Eva-Maria; Eckert, Jochen; Schwartz, Hans-Joachim (1997): Gesprächspsychotherapie. Verändern durch Verstehen. 8.Auflage, Stuttgart.

Bildungskommission NRW (1995): Zukunft der Bildung - Schule der Zukunft. Neuwied.

Böhnisch, Lothar (1993): Sozialpädagogik des Kindes und Jugendalters: eine Einführung. 2. Auflage, Weinheim.

Braun, Frank (1999): Innovation und Kooperation. Thesen zur Bedeutung von lokalen Kooperationen für die Verstetigung, Übertragung oder Verallgemeinerung von Modellversuchen zur beruflichen Integration von benachteiligten Jugendlichen. In: BBJ Consult Info, Ausgabe 2, 1999, S. 13-16.

Bullinger, Hermann; Nowak, Jürgen (1998): Soziale Netzwerkarbeit. Eine Einführung. Freiburg i. Brsg.

Cohn, Ruth C. (1993): Es geht ums Anteilnehmen. 3. Auflage, Freiburg.

Dombois, Rainer (1999): Der schwierige Abschied vom Normalarbeitsverhältnis. In: Aus Politik und Zeitgeschichte, B 37/99, S. 13-20.

Evers, Adalbert; Olk, Thomas (1996): Wohlfahrtspluralismus. Vom Wohlfahrtsstaat zur Wohlfahrtsgesellschaft. Opladen.

Freire, Paulo (1970): Pädagogik der Unterdrückten. Bildung als Praxis der Freiheit. Reinbek bei Hamburg.

Galuske, Michael (1998): Jugend ohne Arbeit. Das Dilemma der Jugendberufshilfe. In: Zeitschrift für Erziehungswissenschaft, 1. Jg., Heft 4/1998, S. 535-560.

Giddens, Anthony (1996): Risiko, Vertrauen und Reflexivität. In: Beck, Ulrich; Giddens, Anthony; Lash, Scott: Reflexive Modernisierung. Frankfurt a.m., S. 316-337.

Helsper, Werner (1996): Pädagogisches Handeln in den Antinomien der Moderne. In: Krüger; Helsper (Hrsg.): Einführung in die Grundbegriffe und Grundfragen der Erziehungswissenschaft. Opladen, S. 15-34.

Herriger, Norbert (1995): Empowerment - oder: Wie Menschen Regie über ihr Leben gewinnen. In: Sozialmagazin, 20.Jg, 1995, H.3, S. 34-40.

Herwig-Lempp, Johannes (1997): Ist Sozialarbeit überhaupt ein Beruf? Beitrag zu einer eigentlich überflüssigen Diskussion. In: Sozialmagazin, 22. Jg. 1997, Heft 2, S. 16-26.

Keupp, Heiner (2000): Die Suche nach Qualität Sozialer Arbeit im Spannungsfeld von Markt, Staat und Bürgergesellschaft. In: König, Joachim; Oerthel, Christian; Puch, Hans-Joachim: Qualitätsmanagement und Informationstechnologien im Sozialmarkt. Starnberg, S. 27-50.

Keupp, Heiner (1998): Von der fürsorglichen Belagerung zum Empowerment. Perspektiven einer demokratischen Wohlfahrtsgesellschaft. In: Rundbrief Gemeindepsychologie, Bd. 4, H. 1, S. 20-37.

Krafeld, Franz Josef (2000): Die überflüssige Jugend der Arbeitsgesellschaft. Eine Herausforderung an die Pädagogik. Opladen.

Meinhold, Marianne (1997): Qualitätssicherung und Qualitätsmanagement in der Sozialen Arbeit. Einführung und Arbeitshilfen. 2. Auflage, Freiburg i. Brsg..

Messner, Dirk (1997): Netzwerktheorien. Die Suche nach Ursachen und Auswegen aus der Krise staatlicher Steuerungsunfähigkeit. In: Altvater, Elmar; Brunnengräber, Achim; Haake, Markus; Walk, Heike (Hrsg.): Vernetzt und verstrickt. Nicht-Regierungsorganisationen als gesellschaftliche Produktivkraft. Münster, S. 27-64.

Messner, Dirk (1994): Fallstricke und Grenzen der Netzwerksteuerung. In: PROKLA 97, Zeitschrift für kritische Sozialwissenschaft, Jg. 24/Nr.4, S. 563-596.

Müller-Lottes, Anne (1998): Warum nicht mit Spaß? Kreative Methoden in der Beratung, Kassel.

Negt, Oskar (1998): Lernen in einer Welt gesellschaftlicher Umbrüche. In: Dieckmann, H.; Schachtsieck B. (Hrsg.): Lernkonzepte im Wandel. Die Zukunft der Bildung. Stuttgart, S. 21-44.

Negt, Oskar (1997): Kindheit und Schule in einer Welt der Umbrüche. Göttingen.

Neumann, F. Lothar; Schaper Klaus (1998): Die Sozialordnung der Bundesrepublik Deutschland. 4. Auflage, Frankfurt a.M./New York.

Notz, Gisela (1998): Die neuen Freiwilligen. Das Ehrenamt - Eine Antwort auf die Krise? Neu-Ulm.

Olk, Thomas; Rauschenbach Thomas; Sachße, Christoph (1995): Von der Wertgemeinschaft zum Dienstleistungsunternehmen. Oder: über die Schwierigkeit, Solidarität zu organisieren. Eine einführende Skizze. In: Olk, Thomas; Rauschenbach

Thomas; Sachße, Christoph (Hrsg.): Von der Wertgemeinschaft zum Dienstleistungsunternehmen. Frankfurt, S. 11-33.

Puch, Hans-Joachim (2000): Soziale Arbeit im Aufbruch: Auf dem Weg zu einer neuen Professionalität? In: König, Joachim; Oerthel, Christian; Puch, Hans-Joachim: Qualitätsmanagement und Informationstechnologien im Sozialmarkt. Starnberg, S.51-65.

Puch, Hans-Joachim (1994): Organisationen im Sozialbereich. Eine Einführung für soziale Berufe. Freiburg i. Brsg..

Reinhold, Gerd; Pollak, Guido; Heim, Helmut (1999): Pädagogik-Lexikon. München, S.421.

Rogers, Carl R. (1983): Therapeut und Klient. Grundlagen der Gesprächspsychotherapie. Frankfurt a.M.

Rußmann, Ralph (2001): Institutionelle Vernetzung. Ein Modell zukunftsfähiger Kooperation für pädagogische Einrichtungen? Marburg (unv. Diplomarbeit).

Seibel, Wolfgang (1994): Funktionaler Dilettantismus. Erfolgreich scheiternde Organisationen im 'Dritten Sektor' zwischen Markt und Staat. 2. Auflage, Baden-Baden.

Sennett, Richard (1998): Der flexible Mensch. Die Kultur des neuen Kapitalismus. Berlin.

Stark, Wolfgang (1996): Empowerment. Neue Handlungskompetenzen in der psychosozialen Praxis. Freiburg i. Brsg..

Stauber, Barbara; Walther, Andreas (1995): Nur Flausen im Kopf: Berufs- und Lebensentscheidungen von Mädchen und Jungen als Frage regionaler Optionen. Bielefeld.

Stimmer, Franz (2000): Lexikon der Sozialpädagogik und der Sozialarbeit. 4. Auflage, München/Wien/Oldenburg.

Tippelt, Rudolf (2000): Stichwort: Wandel pädagogischer Institutionen. In: Zeitschrift für Erziehungswissenschaft, 3. Jg., Heft 1/2000, S. 7-20.

Treibel, Annette (1997): Einführung in soziologische Theorien der Gegenwart. 4. Auflage, Opladen.

Weber, Susanne (2000): Fördern und Entwickeln. Institutionelle Veränderungsstrategien und normalisierendes Wissen. In: Zeitschrift für Erziehungswissenschaft, Heft 3, 2000, S. 411-428.

Wendt, Peter-Ulrich (2000): Netzwerk Jugendförderung, Jugend- und Jugendsozialarbeit: Sind Synergien möglich? In: Wendt, Peter-Ulrich; Perik, Muzaffer; Neumann, Ulf; Schmidt, Wilhelm (Hrsg.): Managementkonzepte in der modernen Jugendarbeit. Marburg, S. 193-205.

Wendt, Wolf Rainer (1996): Zivilgesellschaft und soziales Handeln: bürgerschaftliches Engagement in eigenen und gemeinschaftlichen Belangen. Freiburg i. Brsg.

Zahn, Horst-Dieter (1997): Neue Förderstrukturen für Landesprogramme - Steuerungsaufgaben des Landes. In: Landesjugendamt Hessen (Hrsg.): Jugendberufshilfe - Attraktiv und Preiswert? Neue Steuerung in der Jugendberufshilfe. Entwicklung von Qualitätsstandards als Antwort auf Markt- und Wettbewerbsstrategien. Wiesbaden.

Zech, Rainer (1997): Effizienz lernen in Non-Profit-Organisationen des Bildungsbereichs. In: Zech, Rainer (Hrsg.): Pädagogische Antworten auf gesellschaftliche Modernisierungsanforderungen. Heilbrunn, S. 22-62.

Hanjo Schild
Vom Verbund zur Vernetzung:
Zur Geschichte und den aktuellen Herausforderungen institutioneller Vernetzung in der Jugendberufshilfe

Forderungen nach Kooperation und Vernetzung in der Jugendhilfe und speziell in der Jugendberufshilfe sind nichts Neues: seit zwanzig Jahren wird über Einmischung, Verbundsysteme, Kooperation und Koordination gesprochen, der Maßnahmedschungel und mangelnde individuelle Integrationswege beklagt und immer wieder über neue Programme und Initiativen versucht, die berufliche Integration der jungen Menschen zu erleichtern. Die gesetzlichen Rahmenbedingungen sind gegeben, es existiert eine Vielfalt an Kooperationsempfehlungen und Vereinbarungen zur Zusammenarbeit der verschiedenen Stellen und nicht zuletzt schafft die Europäische Förderpolitik Rahmenbedingungen, die lokalen Kooperationsbemühungen Rückenwind verleihen. Es existieren eine ganze Reihe vorzeigbarer Kooperationsprojekte, die zeigen, wie es funktionieren kann. Und dennoch ist man von einer flächendeckenden Verbreitung effektiver Kooperationsbeziehungen ebenso weit entfernt wie von einer spürbaren Verbesserung der Integrationsprozesse für die Jugendlichen. Das deutet darauf hin, dass nicht nur im Bereich der verbindlichen Kooperation im lokalen Umfeld, sondern insgesamt im Bereich der beruflichen und sozialen Integration junger Menschen Handlungsbedarf besteht. Stichworte dabei sind: Herstellung von Transparenz im Maßnahmedschungel, Individualisierung und Flexibilisierung der Integrationswege, Öffnung und Verbreiterung der Lernorte und der Lernkulturen.

1. So viel Kooperation wie nötig, aber so wenig Kooperation wie nötig

Vernetzung in der Jugendberufshilfe ist vielschichtig. Das liegt vor allem an der komplexen Aufgabenstellung der Jugendberufshilfe: sie organisiert den Übergang an der ersten Schwelle, von der Schule in den Beruf bzw. in die Berufsausbildung, ebenso wie an der zweiten Schwelle, von der Berufsausbildung in Beschäftigung. Zur Jugendberufshilfe gehören demnach

„alle Beratungs- und Betreuungsangebote im Übergang von der Schule in den Beruf (inkl. der Arbeit mit SchülerInnen), berufsvorbereitende Bildungsmaßnahmen, sozialpädagogisch orientierte Berufsausbildung, sozialpädagogisch begleitete Beschäftigungs- und Qualifizierungsprojekte sowie die arbeitsweltorientierte Jugendsozialarbeit" (Fülbier 1996).

Hinzu kommen die institutionelle Eingebundenheit und eine Vielzahl an Verantwortlichkeiten (Schule, Berufsschule, Betrieb / Wirtschaft, Arbeitsamt, Jugend- und Sozialamt), die schwierige Rolle, die Jugendhilfe an sich in der Gesellschaft hat, und die unbeantwortete Frage, was bedeutet überhaupt Vernetzung und Kooperation in einer immer stärker auch im sozialen Bereich wettbewerblich organisierten Gesellschaft? Konkurrenz und Kooperation sind zwei Seiten einer Medaille. Verbünde, Kooperationen und Vernetzung sind in der Jugendberufshilfe aber auch nichts neues; sie haben fast schon eine Tradition. Allerdings ist es bislang nicht gelungen, flächendeckende Kooperationen und Vernetzung herzustellen, geschweige denn, entsprechende Qualitätsanforderungen und –standards festzulegen. Insbesondere hinsichtlich der konkreten Unterstützungssysteme für die Betroffenen und Adressaten gibt es nach wie vor offensichtlich einen Handlungsbedarf, der allen existierenden „Strategien" und der vielfältigen Praxis zum Trotz nicht gelöst ist. Symptomatisch scheint die Einschätzung der bundesdeutschen Situation im europäischen Vergleich, wie sie von zwei Experten wie Christoph Ehmann (Bildungspolitiker) und Jürgen Walter (IG Chemie-Vorstandsmitglied) vorgenommen wird:

„Solche regionalen Beratungszentren in Großbritannien und „missions locales" in Frankreich sind kleine Einheiten, die vermitteln, Verbindungen herstellen, Hilfestellungen geben und die vor allem bei Rückfragen oder nach einem Scheitern erneut zur Verfügung stehen. In Deutschland hingegen werden die ritualisierten Kämpfe und Nichtkommunikationen zwischen Lehrern und Sozialarbeitern, zwischen Sozialbehörden und Bildungsbehörden, zwischen Arbeitsämtern und dem Rest der Welt gepflegt. Die Verteidigung der jeweiligen *claims* hat massive ökonomische Gründe: die Arbeitsverwaltung zahlt im Benachteiligtenprogramm andere Kopfsätze als die Jugendbehörden in den Programmen der Jugendberufshilfe und die Schulverwaltung bei Berufsfachschulen, auch wenn sich im Kern alle an die gleiche Klientel wenden: Jugendliche ohne Ausbildungsplatz" (Ehmann; Walter 2000).

Der folgende Beitrag will diesen Themen nachgehen. Dabei soll auch der Gefahr begegnet werden, Kooperation und Vernetzung zum Selbstzweck zu erheben.

2. Als wäre es gestern gewesen - Einmischung, Verbund, Kooperation, Vernetzung

Mit dem Entstehen der Jugendarbeitslosigkeit ab dem Jahr 1973 in der alten Bundesrepublik Deutschland und der damit einher gehenden Entwicklung von Gegenstrategien in Form von Maßnahmen und Förderprogrammen wuchs ab Anfang der 80-er Jahre die fachliche Einsicht, dass eine stärkere regionale und lokale/kommunale Koordination in der Angebotsstruktur gewährleistet werden müsste und es entstand nach und nach auch die ökonomische Notwendigkeit einer Abstimmung der eingesetzten Mittel und Ressourcen. Das weit gehend unkoordinierte Nebeneinanderent- und -bestehen der Förderinstrumente nach der Systematik des damaligen Jugendwohlfahrtsgesetzes (JWG) (heute Kinder- und Jugendhilfegesetz / SGB VIII), des Arbeitsförderungsgesetzes (AFG) (heute SGB III), des Bundessozialhilfegesetzes (BSHG) sowie unterschiedlicher Sonder- und Landesprogramme und schulischer Regelungen und darauf basierender Maßnahmen legten eine „Harmonisierung" nahe.

Mit dem Entstehen einer breiten Trägerlandschaft, seien es nun (Berufs-) Bildungs- oder Jugendhilfeträger, schien eine Abstimmung geboten, um Doppelstrukturen, aber auch unnötige Konkurrenz in einem nach wie vor weit gehend korporatistisch organisierten System zu vermeiden. Unter Korporatismus im sozialen Sektor versteht man den Aushandlungsprozess und das Zusammenwirken zwischen staatlichen, hoheitlichen Trägern und den frei gemeinnützigen Trägern bei der Vergabe und Beauftragung von Diensten und Aufgaben (Münder 2000).

Nicht zuletzt sind die so genannten „Maßnahmekarrieren" (Petzold; Schlegel 1983) zu erwähnen, die in dieser Zeit erstmals „produziert" wurden: Jugendliche durchliefen verschiedene Maßnahmen nacheinander, ohne dass ein nachhaltiger Integrationseffekt in den Arbeitsmarkt erzielt worden wäre. Der Regelschule folgte eine schulische Berufsvorbereitungsmaßnahme, dieser gegebenenfalls eine weitere, diesmal von Seiten der Arbeitsverwaltung finanzierte Berufsvorbereitungsmaßnahme, worauf sich eine außerbetriebliche Berufsausbildung im Rahmen des damaligen, in der Verantwortung des Bundesbildungsministeriums liegenden Sonder-"Benachteiligtenprogramms" (BMBW 1987), dass später in das AFG integriert wurde, anschloss. Am Ende, als der Übergang von der Berufsausbildung in die Beschäftigung erfolgen sollte, stand die so genannte „Zweite Schwelle", an der ein großer Teil der jungen Menschen scheiterte. Entsprechend drastisch fiel das Urteil der Experten aus:

„Für die Jugendlichen selbst bedeutet dieser Verschiebebahnhof von einer Maßnahme zur anderen die Zerstörung auch der letzten Berufswünsche"(Petzold; Schlegel 1983: 121).

Forderungen nach einer „Poolfinanzierung" wurden laut (und sind bis heute nicht verhallt). Die „Einmischungsstrategie" in der Jugendhilfe wurde geboren und fand später (1990) als Einmischungsauftrag der Jugendhilfe Eingang in das neue Kinder- und Jugendhilfegesetz (SGB III). Die Einmischungsstrategie proklamierte im Zusammenhang von Arbeitslosigkeit und Jugendberufsnot, die

„Abgrenzung und die Wahrung von Eigenständigkeit der Jugendhilfe aufzugeben und stattdessen sich einzumischen und auseinander zusetzen" (Kern; Mielenz; Schneider 1981: 228).

Es wurden Strategien entwickelt, die die berufliche Integration junger Menschen an den räumlichen und wirtschaftlichen Strukturen des Gemeinwesens orientierten und zu deren Verbesserung beitragen sollten. Berufsausbildung und Qualifizierung wurde also nicht (mehr) als rein pädagogische Veranstaltung betrachtet, sondern als Teil einer (sozial-)räumlichen und wirtschaftlichen Entwicklung von Stadtteilen, Regionen oder strukturschwachen Gebieten.

„Entscheidend für eine solche Entwicklung wird allerdings sein, dass Jugendhilfe ihre „Berührungsängste" mit ökonomischen, bau- und stadtpolitischen Bereichen überwindet und sich unmittelbar in Wirtschaftspolitik, Arbeitsmarkt, Stadtentwicklung und Sanierung einbringt" (ebd.).

„Verbundsysteme" waren eine praktische Antwort auf die offensichtlich verfahrene Situation, wobei in der praktischen Ausgestaltung unterschiedliche Strategien verfolgt und unterschiedliche Praxismodelle entwickelt wurden. Es wurden vertikale und horizontale Verbundsysteme, sowie trägerinterne und externe Verbünde entwickelt, informelle, integrale, qualitative, additive und moralische Verbünde unterschieden etc.. Allen war gemeinsam, Synergie herstellen zu wollen und den „Maßnahmedschungel", in dem immer mehr Jugendliche verschwanden, zu lichten, indem eine planmäßige, koordinierte Zusammenarbeit organisiert werden sollte. Dabei war die Begriffsverwirrung, die in der Verbunddiskussion dominierte, symptomatisch für die allgemeine Unübersichtlichkeit des Arbeitsfeldes.

„Die Diskussion und Definitionsansätze zum Begriff „Verbundsystem" haben zu keiner einheitlichen Festlegung geführt. Andererseits haben sich in den verschiedenen Bereichen der Jugendsozialarbeit Begrifflichkeiten des Verbunddenkens eingebürgert: So wird in der Berufsbildung von „Ausbildungsverbünden" gesprochen oder in der Heimerziehung steht das Verbundsystem als fester Begriff für den Zusammenhang von Außenwohngruppen und kleinen Wohngruppen mit sozialpädagogischen Beratungsstellen" (Kretschmer; Schild; Schürmann 1991).

Allerdings wurde von verschiedener Seite auch versucht, diese Verwirrung zu beheben. So wurde von der „Projektgruppe Sozialpädagogisch orientierte Berufsausbildung" versucht, eine Begriffsabgrenzung vorzunehmen (Projektgruppe o.J: 5 ff). Besonders hervorzuheben ist in diesem Zusammenhang der Beitrag von Roland Matzdorf (Matzdorf o.J.: 11 ff), der im Übrigen seine Überlegungen als damaliger Geschäftsführer der Ruhrwerkstatt Oberhausen auch in die Praxis umzusetzen versuchte (Projektgruppe o.J.: 32ff). Er legte eine begriffliche Abstufung zwischen verschiedenen Verbundsystemen vor und forderte angesichts der Unverbundenheit vieler Projekte vor Ort verbesserte Kommunikation und Zusammenarbeit, mehr Abstimmung und politische Lobbyarbeit. Dabei war der Grundgedanke eines qualitativen Verbundsystems der effektive Einsatz vorhandener und die Erschließung neuer Ressourcen im lokalen Zusammenhang. Die koordinierende Funktion des Verbundes sollte alle beteiligten Seiten, die Träger und die politischen Instanzen

(Verwaltungen, Parteien, Kammern, Arbeitgeber- und Arbeitnehmerverbände, Bürgermeister und Wohlfahrtsverbände) zusammenführen. Es können und sollen an dieser Stelle nicht alle Definitionsversuche wieder gegeben werden. Im Grunde lagen die diversen Strategien zwischen den beiden Polen „Trägerorientierung" und „TeilnehmerInnenorientierung".

„Weitere Versuche, Verbundsysteme zu definieren, sind darüber hinaus in dem Begriffspaar horizontale und vertikale Verbünde zu erkennen, das sich in seiner Träger- bzw. Teilnehmerbezogenheit unterscheidet: Träger stimmen ihre Angebote ab, indem sie einen Verbund horizontal bilden, während Verbünde die berufliche Laufbahn der Jugendlichen auf eine sinnvolle Abstimmung von Maßnahmen bringen sollen" (Kretschmer; Schild; Schürmann 1991).

Besonders hervorzuheben ist der Versuch des damaligen Bundesministeriums für Frauen und Jugend (heute Bundesministerium für Familie, Senioren, Frauen und Jugend), über die Formulierung einer zwischen 1988 und 1992 aufgelegten Modellversuchsreihe im Rahmen des Bundesjugendplans (heute des Kinder- und Jugendplans des Bundes) unter dem Fördertitel Arbeitsweltbezogene Jugendsozialarbeit Praxismodelle heraus zu arbeiten, die Antworten auf effektive Verbundsysteme und -strukturen liefern sollten.

„Dadurch entstehen zunehmend optimal in die bestehenden Rahmenbedingungen eingepasste Verbundinseln, die beinahe zwangsläufig zu sich wechselseitig komplettierenden Verbünden qualitativer Art zusammenwachsen. Die Rahmenbedingungen hierfür immer günstiger zu gestalten, bleibt gleichzeitig Aufgabe der Politik auf allen (föderalen) Entscheidungsebenen" (Schneevoigt 1991).

Diese optimistische Annahme des seinerzeit mitverantwortlichen Mitarbeiters des Jugendministeriums, Norbert Schneevoigt, der die Modellphase konzeptionell vorbereitet und begleitet hat, ließ sich schon in ihrer Umsetzungsphase und auch danach, wie später zu zeigen sein wird, nicht halten. Allerdings lieferte sie durchaus Aufschluss über einzelne funktionierende und effektive Wege der Kooperation, die jedoch heterogene, kaum vergleichbare „Inseln" blieben. Die Forderung nach Schaffung günstiger Rahmenbedingungen durch die Politik blieb aber nicht gänzlich ungehört. In den letzten zehn Jahren wurden, beginnend mit dem SGB VIII im Jahre 1990 die sozialgesetzlichen Regelungen dahingehend geändert, dass eine Abstimmung und Zusammenarbeit der verschiedenen Leistungsträger, aber auch anderer Akteure dem Grunde nach verpflichtend zu erfolgen hat. Dabei hatte die Jugendhilfe durchaus eine Initiativfunktion. Einer der Initiatoren der Reform des Jugendhilferechts, Warnfried Dettling, damaliger Abteilungsleiter Kinder und Jugend im Bundesjugendministerium sprach in diesem Zusammenhang von einer „fragmentierten Jugendpolitik", die den arbeitslosen Jugendlichen an verschiedene Ämter und Institutionen wie das Arbeitsamt, das Jugendamt oder das Sozialamt verweist, während dabei unklar bleibt, dass

„diese verschiedenen „Defizite" junger Menschen gemeinsame Wurzeln haben und nach integrierten Lösungsansätzen verlangen" (Dettling 1991).

Dettling empfahl daher eine „Jugendhilfe, bei der Arbeitsamt, Jugendamt, Sozialamt, Handwerkskammern und Gewerkschaften zu einer konzertierten Aktion, zu einem inhaltlichen und organisatorischen Verbund" zusammenkommen (ebd.). Diese Erkenntnis fand sich auch in den verschiedenen Gesetzesnovellierungen wieder. Es sollen an dieser Stelle nicht alle sozialgesetzlichen Regelungen aufgeführt werden, die zur Zusammenarbeit und Kooperation verpflichten bzw. diese anregen und fordern (BBJ Servis; Münder 2000). Dennoch seien die wichtigsten genannt: Im Kinder- und Jugendhilfegesetz (KJHG), Sozialgesetzbuch (SGB) VIII ist im §13 („Jugendsozialarbeit"), Absatz 4 von der „Abstimmung der Angebote mit den Maßnahmen der Schulverwaltung, der Bundesanstalt für Arbeit, der Träger betrieblicher und außerbetrieblicher Ausbildung und Beschäftigung" die Rede; darüber hinaus haben die Träger öffentlicher Jugendhilfe nach § 81 SGB III („Zusammenarbeit mit anderen Stellen und öffentlichen Einrichtungen") mit anderen Stellen und öffentlichen Einrichtungen, deren Tätigkeit sich auf die Lebenssituation junger Menschen und ihrer Familien auswirkt, zusammenzuwirken (so u.a. auch mit Schule, Einrichtungen und Stellen der beruflichen Aus- und Weiterbildung, Bundesanstalt für Arbeit, Trägern anderer Sozialleistungen ...).

Im 1997 verabschiedeten Sozialgesetzbuch (SGB) III („Arbeitsförderung") wird im § 9 (3) die Zusammenarbeit der Arbeitsverwaltung mit den Beteiligten des örtlichen Arbeitsmarktes (Arbeitgeber- / Arbeitnehmerorganisationen, Kammern, berufsständische Organisationen, öffentliche Verwaltungen) hinsichtlich Planung und Abstimmung geregelt; darüber hinaus ist in § 370 (Aufgaben der Bundesanstalt), Absatz 4 festgelegt, dass die Arbeitsämter die Zusammenarbeit mit Kreisen und Gemeinden, insbesondere zur Abstimmung des Einsatzes arbeitsmarkt- und strukturpolitischer Maßnahmen in Verwaltungsvereinbarungen regeln können.

Im Bundessozialhilfegesetz (BSHG) § 18 (2) und § 19 (4) ist die Zusammenarbeit der Träger der Sozialhilfe mit den Dienststellen der Bundesanstalt für Arbeit, „gegebenenfalls" auch den Trägern der Jugendhilfe und anderen auf diesem Gebiet tätigen Stellen verankert; sie sollen insbesondere bei der Schaffung und Erhaltung von Arbeitsgelegenheiten zusammenwirken. Im Sozialgesetzbuch (SGB) X („Verwaltungsverfahren, Schutz der Sozialdaten, Zusammenarbeit der Leistungsträger und ihre Beziehungen zu Dritten") ist im § 86 und § 95 (1) die Zusammenarbeit der Leistungsträger besonders geregelt und hervorgehoben. Das „Gesetz zur Verbesserung der Zusammenarbeit von Arbeitsämtern und Trägern der Sozialhilfe" vom 20. November 2000 schließlich regelt zwei Gesetzesänderungen bzw. -ergänzungen in SGB III und BSHG, die das Zusammenwirken von Arbeitsamt und Sozialamt erleichtern sollen und die die Rechtsgrundlage zur Durchführung von Modellvorhaben zur Verbesserung der Zusammenarbeit der beiden Ämter liefern.

„Viele der geförderten Arbeitsämter und Sozialhilfeträger werden eine gemeinsame Anlaufstelle einrichten...Die Anlaufstellen wollen Antragstellung, Beratung, Vermittlung und Eingliederungshilfen „unter einem Dach" oder „aus einer Hand" anbieten" (Sozialpolitische Umschau 2001).

Begleitet wurde die Neuregelung der gesetzlichen Grundlagen zur verbesserten Kooperation der für die berufliche Integration junger Menschen zuständigen Stellen von diversen Absichtserklärungen, Rahmenvereinbarungen und Empfehlungen unterschiedlichster Partner zumeist auf bilateraler Ebene. Einige Beispiele, ohne Anspruch auf Vollständigkeit, denn auf Länder- und insbesondere auf kommunaler Ebene existiert eine Vielzahl an verschiedensten Abkommen, sollen hier genannt werden; es sind – von ihrer überregionalen Bedeutung her - die wichtigsten:

- Bereits1982 wurden erste Empfehlungen zur besseren Zusammenarbeit zwischen Bundesanstalt für Arbeit (BA) und der Arbeitsgemeinschaft für Jugendhilfe (AGJ) veröffentlicht;
- 1986 folgten die Empfehlungen zwischen der Bundesanstalt für Arbeit und dem Deutschen Städte- und Landkreistag zum gleichen Thema;
- 1995 wurden die Vereinbarungen BA und AGJ aus dem Jahr 1982 aktualisiert;
- 1996 veröffentlichte die Bund-Länder-Konferenz für Bildungsplanung und Forschungsförderung Empfehlungen zu innovativen Maßnahmen zur Verbesserung der Situation lern- und leistungsschwächerer Jugendlicher in der beruflichen Bildung, in denen Koordination und Kooperation einen zentralen Stellenwert einnahmen;
- 1998 folgte von Seiten der BA der Leitfaden für Sozialhilfeträger und Arbeitsämter zur beruflichen Eingliederung Arbeitsloser;
- 1999 entwickelte das von der Bundesregierung initiierte Bündnis für Arbeit, Ausbildung und Wettbewerbsfähigkeit „Leitlinien zur Weiterentwicklung der Konzepte zur Förderung benachteiligter Jugendlicher und junger Erwachsener", in denen eine kooperative Förderung und ein abgestimmter Ressourceneinsatz auf lokaler und regionaler Ebene gefordert wird;
- im Jahr 2000 schließlich wurden wiederum von der Bundesanstalt für Arbeit die „Empfehlungen zur Zusammenarbeit der Arbeitsämter mit den Kommunen bei der beruflichen und sozialen Integration junger Menschen" vorgelegt. Hier heißt es:

„Die berufliche und soziale Integration junger Menschen erfordert die Mitarbeit aller Partner: Arbeitsamt, Öffentliche Jugendhilfe, Sozialamt, Schulamt, Amt für Wirtschaftsförderung, Amt für Beschäftigungsförderung, Industrie- und Handelskammer, Handwerkskammer, Innungen, Arbeitgeberverbände und Gewerkschaften, Freie Träger der Jugendhilfe und der Sozial- und Bildungsarbeit, Ausländerbehörden. Die angestrebte regionale Kooperation wird nur erfolgreich sein, wenn diese Partner vor Ort in die Arbeit einbezogen werden" (IBV: 2000).

Angesichts der Fülle an bestehenden Kooperationsvereinbarungen sollen hier nur zwei der wichtigsten Vereinbarungen in aller Kürze vorgestellt werden: die der Bundesanstalt für Arbeit mit der AGJ und die Empfehlungen zur Zusammenarbeit mit den Kommunen. Insbesondere die Empfehlungen der Bundesanstalt für Arbeit und der Arbeitsgemeinschaft für Jugendhilfe aus dem Jahr 1995 hatten auf Grund des besonderen Stellenwertes der beiden verantwortlichen Institutionen ein hohes Gewicht. Die Empfehlungen „orientieren auf eine gemeinsame Zielsetzung und die Koordinierung der Angebote speziell zwischen der Jugendhilfe und der Arbeitsverwaltung und empfehlen u.a.,

„Planungen rechtzeitig ab(zu)stimmen, relevante Informationen aus(zu)tauschen, spezielle Maßnahmen durch kooperative Formen und Beteiligungen (zu) ergänzen und Möglichkeiten zur Verbesserung der Zusammenarbeit (zu) nutzen" (Forum Jugendhilfe 95 sowie Dienstblatt-Runderlass 1995).

Im Einzelnen ist vorgesehen:

- die Institutionalisierung kontinuierlicher örtlicher/regionaler Verbundsysteme i.S. fester Arbeitskreise unter Federführung des Jugendamtes gemäß der §§ 13, 78, 79 KJHG,
- ein jährlicher Bericht zur Situations- und Bedarfsanalyse sowie der Austausch von Informationsmaterial,
- die konzeptionelle Entwicklung der Jugendberufshilfe sowie die Initiierung modellhafter Ausbildungs- und Beschäftigungsprojekte unter Beteiligung der Wirtschaft und freier Träger,
- die Koordinierung der Angebote der Jugendberufshilfe und der örtlichen/regionalen Beratungsdienste,
- die Kooperation mit der Berufsschule,
- die Beteiligung von Betrieben und Einbeziehung der Organisationen der Wirtschaft,
- eine Öffentlichkeitsarbeit, die schwer erreichbare Zielgruppen anspricht und die Ziele der Zusammenarbeit verdeutlicht. (Miersch; Schild 1999).

In den Empfehlungen Arbeitsverwaltung - Kommunen werden ähnliche Aufgaben definiert (IBV 2000):

- Einrichtung einer Anlaufstelle „Ausbildung und Arbeit für Jugendliche";
- Schaffung gemeinsamer Arbeitskreise und Verbünde;
- Erarbeitung eines lokalen Berufsbildungsberichts;
- Entwicklung individueller Eingliederungs- und Förderpläne für die und mit den betroffenen Jugendlichen;
- Gemeinsame Planung und Steuerung von Maßnahmen, insbesondere für besondere Zielgruppen (Alleinerziehende, Ausländische Jugendliche, Spätaussiedler);
- Sicherstellung einer Aufsuchenden Sozialarbeit;
- Verabredung besonderer örtlicher Vereinbarungen.

3. Entwicklungsstand: Von der Theorie zur praktischen Umsetzung

Betrachtet man die Entwicklungen der letzten zwanzig Jahre, aber auch der jüngsten Zeit im Bereich der beruflichen Integration junger Menschen unter dem Blickwinkel aufeinander bezogener integrierter politisch-finanzieller, organisatorisch-inhaltlicher und fachlicher Konzeptionen und Strukturen kann als Fazit festgehalten werden: eine bundesweite flächendeckende Struktur von kooperativen Abstimmungssystemen ist zurzeit nicht in Sicht, im Gegenteil bleiben einzelne Versuche der Vernetzung und Kooperation eher die Ausnahme. Daran ändern auch die dargestellten entsprechend modifizierten Gesetzesgrundlagen oder die unterschiedlichen Empfehlungen und Vereinbarungen auf Bundesebene nichts.

Hinzu kommt, dass unter Kooperation und Vernetzung häufig bilaterale und kleinteilige Vereinbarungen und Zusammenarbeit verstanden werden, komplexere Formen der Kooperation oder auch der Vernetzung - unterschiedliche, wenn auch verwandte Dinge - ohnehin selten anzutreffen sind.

„Wann sprechen wir von einem Netzwerk und wann von einer Kooperation? Ein Netzwerk ist ein Forum, in dem die Akteure, die als Repräsentanten ihrer Organisation... oder als Einzelperson auftreten und zumeist auf informeller Ebene miteinander kommunizieren. Alle Akteure eint ein gemeinsames Handlungsproblem (in unserem Fall die Jugendarbeitslosigkeit), das sie aus unterschiedlichen, jedoch wechselseitig abhängigen Interessen in einem nicht hierarchischen Raum gleichberechtigt bearbeiten wollen. Eine Kooperation ist eine verbindlich zwischen zwei oder mehreren Akteuren eingegangene institutionalisierte Zusammenarbeit, in der ein Projekt oder eine Maßnahme mit dem Ziel, den Jugendlichen die Zugänge zu Arbeit und Beruf zu ermöglichen, gemeinsam durchgeführt wird" (Sänger 2000).

Folgt man dieser Definition kann es im Rahmen *institutionalisierter* Zusammenarbeit im Feld der beruflichen Integration junger Menschen ohnehin nur auf eine möglichst effektive Kooperation ankommen. Definiert man Kooperation also als systematisch betriebene Zusammenarbeit *aller* wesentlichen Akteure der Jugendberufshilfe eines bestimmten Sozialraums zur Schaffung abgestimmter Angebote zur beruflichen Integration benachteiligter Jugendlicher sowie der aktiven Abstimmung, Steuerung und Gestaltung einer lokalen Jugendberufspolitik, muß man feststellen, dass noch einiges an Entwicklungsarbeit zu leisten sein wird. Immerhin ist jedoch durch die „Renaissance" der Sozialraumorientierung in der Jugend(berufs-)hilfe die Chance einer Belebung und Dynamisierung vernetzter Hilfeformen gegeben. Die Initiierung des Programms „Entwicklung und Chancen junger Menschen in sozialen Brennpunkten" durch das Bundesministerium für Familie, Senioren, Frauen und Jugend und die Verknüpfung der Programmelemente mit dem Förderkonzept „Soziale Stadt" birgt neue Chancen für eine weitere Profilierung und Verbreitung vernetzter sozialer Arbeit. Dabei sollte und kann durchaus an den bereits vorliegenden Erfahrungen unterschiedlicher Praxismodelle angeknüpft werden. Aus der Praxis der bisher entwickelten Projekte und Modelle zur Umsetzung lokaler Kooperationsvorhaben lassen sich verschiedene Organisationsformen herausfiltern. Es finden sich Kooperationen

- zum Datenaustausch
- zur Beratung und Begleitung der Zielgruppen
- zur besseren Zusammenarbeit mit der Wirtschaft
- oder mit der Berufsschule
- zur qualitativen und quantitativen Abstimmung der Angebote und Maßnahmen vor Ort
- zum (Informations-) Austausch der an der beruflichen Integration unmittelbar beteiligten Personen (Ausbilder, Meister, Lehrer, Sozialpädagogen) oder der mittelbar beteiligten Personen (Multiplikatoren, Projektleiter, VertreterInnen von Institutionen etc.).

Mischformen all dieser Kooperationstypen sind eher die Regel als Ausnahme. Als Prototypen vermischter Kooperationsformen können die in diesem Band dargestellten Youthstart Network Projekte aus Hessen bezeichnet werden, die - ihren jeweiligen lokalen Rahmenbedingungen folgend – gezielte und komplexe Vernetzung organisiert haben. Folgt man den wesentlichen Ergebnissen eines Gutachtens und hier insbesondere der „best-practice-research", das die BBJ Servis gGmbH im Auftrag des Bundesministeriums für Bildung und Forschung im Jahr 2000 zum Zusammenwirken der verschiedenen Stellen (BBJ Servis gGmbH; Münder 2000) erstellt hat, können folgende wesentlichen Ergebnisse festgehalten werden:

- es wird der Befund bestätigt, dass funktionierende Kooperations-, Vernetzungs- und Verbundstrukturen die Ausnahme sind;
- dort wo Kooperationsstrukturen bestehen, führen sie zu einer spürbaren Verbesserung der Situation;
- die Kooperation mit Schule und Wirtschaft wird vernachlässigt; es dominieren Kooperationsbezüge zwischen Jugendamt, Sozialamt und Arbeitsamt sowie mit und zwischen freien Trägern der Jugendhilfe und der (Berufs-)Bildungsarbeit;
- eine Kooperation mit Stadt- oder Regionalplanung / Strukturpolitik findet man so gut wie nicht;
- eine Abstimmung des Finanzmitteleinsatzes, geschweige denn eine Poolfinanzierung findet nicht statt;
- auch wenn die gesetzlichen Grundlagen im Grunde ausreichend formuliert sind, fehlen für zentrale verbindliche Anlauf- und Beratungsstellen aus Sicht der Jugendhilfe klare gesetzliche Regelungen;
- Kooperation bedeutet in den seltensten Fällen auch Partizipation der Adressaten; insofern ist eine soziale Koproduktion unter Berücksichtigung der Belange der Betroffenen zumindest erschwert.

Aus den verschiedenen existierenden Praxismodellen (ebd.) lassen sich einige grundlegende Anforderungen an effektive Kooperationsvorhaben heraus filtern:

- es sollen klare Zielsetzungen und Aufgabenstellungen bei möglichst breitem, auch arbeitsteiligen Betätigungsfeld und ein umfassender Informationsaustausch angestrebt werden;
- die Form der Kooperation sollte in einer transparenten Struktur festgelegt werden (Lenkung, Arbeitskreise, Anlaufstellen für die Jugendlichen);
- es sollte der Initiator und der Motor, der die Steuerung übernimmt, festgelegt sein und eine Rollenteilung stattfinden;
- es muss ein klares Organisationsmodell für die Steuerung existieren, als externe neutrale Einrichtung oder als zusammengelegte öffentliche Verwaltung;
- es sollen möglichst alle relevanten Partner einbezogen werden, insbesondere auch die Schulen / Berufsschulen und die Wirtschaft, die bislang häufig noch außen vor stehen;
- Kooperation muss den Beteiligten (der Jugendberufshilfe, den beteiligten Stellen, der Region, der Stadt, der Wirtschaft, den Jugendlichen) Vorteile bringen, muss sich lohnen;
- die Entwicklung und der Aufbau der Kooperationsbeziehungen erfordert viel Energie und muss als mehrjähriger Prozess organisiert sein, der zudem einen entsprechenden personellen und zeitlichen Aufwand erfordert;
- die potenziellen Trägerkonkurrenzen und absehbare Streitigkeiten zwischen den beteiligten Verwaltungen dürfen den Kooperationsprozess nicht blockieren und müssen offen gelegt werden;
- die Partizipation der Betroffenen soll sicher gestellt werden;
- die Aktivitäten sollen sich sowohl auf die einzelnen Jugendlichen beziehen als auch auf die Maßnahmen und Angebote;
- der Gedanke der Poolfinanzierung sollte nicht aufgegeben werden, auch wenn es hierzu bislang keine Praxisbeispiele gibt.

4. Schrecken ist genug verbreitet, Hilfe sei nun eingeleitet (Faust)

Jugendarbeitslosigkeit ist trotz aller „regulären" Kooperations- und anderer Bemühungen im Bereich der beruflichen Integration junger Menschen - man denke nur an das Sofortprogramm „Jugend mit Zukunft" (JumP) der Bundesregierung - nach wie vor unverantwortlich hoch und scheint von daher trotz der Vielzahl und Vielfalt der Maßnahmen und Angebote eher qualitativer Natur zu sein. Einzelne regionale Disparitäten insbesondere in den neuen

Bundesländern sind dabei die Ausnahme von der Regel. Vieles deutet eher auf das Problem der Zielgruppenerreichung und der Attraktivität der angebotenen Fördermaßnahmen hin sowie auf eine mangelnde „Passgenauigkeit" im beruflichen Berufseinmündungsprozess.

Die Frage, was Regel und was Ausnahme ist im System der beruflichen Integration junger Menschen verschwimmt dabei zunehmend. In einer Analyse des Berufsbildungsberichts 1997 kommt Frank Braun vom Deutschen Jugendinstitut zu dem Ergebnis, das von den zwei Dritteln eines Altersjahrgangs, die nach wie vor das Berufsausbildungssystem durchlaufen (wollen), lediglich noch 60 %, also drei von Fünfen im Rahmen einer traditionellen betrieblich-schulischen (dualen) Ausbildung oder einer vollzeitschulischen Ausbildung in das Ausbildungssystem einmünden und 40 % in so genannte Ergänzungsangeboten (Berufsvorbereitung, außerbetriebliche Ausbildung, Sonderprogramme, sonstige „Verwahr"maßnahmen) (Braun 1999). Ganz zu schweigen von der „Staatsquote", die mittlerweile den diversen Förderprogrammen insbesondere zur Förderung der (betrieblichen) Berufsausbildung aus öffentlichen Mitteln zu Grunde liegen. Es fehlt dem gesamten Berufsintegrationssystem an Transparenz und Koordination und es kommt zu konkurrierenden Programmen, Instrumenten und auch Zielgruppen. Die Folge sind Ausbildungen und Qualifizierungen erster und zweiter (und dritter) Klasse mit unterschiedlicher finanzieller Ausstattung und unterschiedlicher Bezahlung der TeilnehmerInnen. In der weiteren Folge bilden sich unterschiedliche Qualitäten der Anbieter und Träger, der Maßnahmen an sich und der verschiedenen Lernorte heraus. Der Lernort Betrieb wird zum knappen Gut und ist zum Teil nur über Praktika erreichbar. Folge ist, dass sich die betroffenen Jugendlichen in erheblichem Maße dem System entziehen und verweigern.

„Besonders benachteiligte Jugendliche entwickeln auf Grund anhaltender Misserfolge zunehmend Schwellenängste, die deutlich werden bei der Kontaktaufnahme zu Beratungs- und Betreuungsdiensten, beim Ansprechen zur Teilnahme auf Maßnahmen mit konkreten fachlichen und theoretischen Anforderungen sowie bestimmten Verpflichtungen.... Sie entziehen sich Bildungsangeboten und verfestigen Verhaltensmuster (Überlebensstrategien), die einer eigenverantwortlichen Teilhabe am Arbeits- und Berufsleben entgegenstehen.... Selbst für Experten in diesem Arbeitsbereich ist eine wenig überschaubare und wenig transparente Angebotspalette entstanden" (IBV 2000).

Folgerichtig entstehen auf lokaler Ebene mannigfaltige Versuche, Licht in das Dickicht der Maßnahmen zu bringen, Beratung und Orientierung zu geben und auch ordnend in die Strukturen einzugreifen. So werden zum Beispiel – willkürlich ausgewählt und in Hessen bleibend (siehe Youthstart Network) – in Wiesbaden oder Offenbach von der Kommune und z.T. gemeinsam mit dem Arbeitsamt Agenturen beauftragt, den Berufseinmündungsprozess zu unterstützen und zu lenken, das Land Hessen wandelt seine Beratungsstellen für arbeitslose Jugendliche in Leitstellen um und schafft daneben kommunale Fachstellen, die koordinierend und steuernd tätig werden sollen, die Stadt Frankfurt veröffentlicht ein „Frankfurter Dschungelbuch", einen Wegweiser durch Angebote und Maßnahmen der Jugendberufshilfe. Die Liste könnte unendlich fortgesetzt werden, Transparenz würde sich darüber nicht herstellen. Das zeigt, dass das System der beruflichen Integration an sich veränderungsbedürftig ist. Drei zentrale Themenbereiche bzw. Reformen sind aus Sicht vieler Experten (Brülle; Schulze-Böing 2000; Schild 2000) anzugehen:

1. es ist eine Brücke zwischen Regel und Ausnahme zu bauen
2. es ist eine Flurbereinigung des Maßnahme- und Förderdschungels durchzuführen
3. es ist eine lokale/regionale Koordination und Vernetzung sicher zu stellen.

    1. Es muss eine Brücke zwischen Regel und Ausnahme gebaut werden. Das Versagen des „normalen" Systems, insbesondere in den neuen Bundesländern und die stetig wachsenden Anforderungen an dasselbe einerseits und das aufgebaute und entwickelte Know-How und die Ausstattung bei den verschiedensten Trägern der Maßnahmen (berufs- und sozialpädagogischer Natur) andererseits legen den Schluss nahe, dass es zu einer konsequenten Lernorterweiterung kommen muß, in dem Betriebe, Berufsschule und außerbetriebliche Einrichtungen Lernortverbünde errichten, die alle Jugendlichen, die sich beruflicher Qualifizierung befinden, in unterschiedlichem Tempo durchlaufen. Zugleich würde eine solche „Pluralisierung" der Lernorte (auch unter Berücksichtigung weiterer Lernorte und -arten wie Auslandsaufenthalte, Seminare, Projekte, Freiwilligendienste etc.) einen breiteren Kompetenzerwerb ermöglichen, sowie zu einer Entstigmatisierung der „Benachteiligten" führen, da es nur noch ein Regelsystem mit unterschiedlichen Gewichtungen gäbe.

    2. Es ist eine „Flurbereinigung" des Maßnahme- und Förderdschungels durchzuführen. Die „problematische Überdifferenzierung von Programmen und Maßnahmetypen und eine absolut unproduktive Zersplitterung von Zuständigkeiten, Ressorts und Programmphilosophien" (Brülle; Schulze-Böing: 2000) führen zu Steuerungsblockaden und zur Desorientierung von Jugendlichen. Die Angebotsseite muss daher radikal gelichtet und vereinfacht werden und zugleich für besondere Problemlagen individuelle Wege und Lösungen zulassen; die „Dutzendware" von der Stange mit Namen Arbeitsamtmaßnahme im 12-er, 24-er, 36-er, etc. Paket gehört beendet. Das heißt, es muß eine Differenzierung der Bildungsangebote auf einer einheitlichen Folie geben. Transparenz in den Maßnahmen und eine Festlegung deren jeweiligen Wertes sollte das Ziel sein. Als Modell könnte ein modulares, bausteinartiges System dienen, das Wahl- und Pflichtbausteine kennt und entsprechende Validierungen und Zertifizierungen vorsieht, die in einem Qualifizierungsspaß dokumentiert werden. Dabei sollte auch die starre zeitliche Regelung

von zwei, drei oder dreieinhalb Jahren für eine Regelausbildung aufgegeben werden, zugunsten einer offenen, etwa fünfjährigen Bildungszeit, die im Rahmen des systematisch entwickelten Bausteinsystems, die zu einheitlichen Abschlüssen führt, durchlaufen wird und die die Grundlagen für ein lebenslanges Lernen legt. Begleitende Lotsen- und Beratungssysteme (analog zur Studienberatung für StudentInnen) sind zur Umsetzung unabdingbar. Um nicht missverstanden zu werden: es geht nicht um eine vorbehaltlose Individualisierung, auch kollektive Lernprozesse müssen initiiert werden und haben ihren (sozial-) pädagogischen Wert, zur Vermittlung von Teamfähigkeit, aber auch von Solidarität. Es geht auch nicht um eine künstliche zeitliche Streckung der Berufsbildung, wer zügig lernt, sollte belohnt werden. Letztendlich geht es vor allem um eine Flexibilisierung und Entbürokratisierung in der Organisierung der Angebote, bei gleichzeitiger Berücksichtigung der Bildungsinteressen der Adressaten aber auch der Qualifikationsbedarfe der Wirtschaft.

3. Es ist eine lokale/regionale Koordination und Vernetzung sicher zu stellen. Das heißt, die Angebotsstruktur im lokalen Rahmen muss koordiniert und gelenkt werden. Dabei ist sicherzustellen, dass eine verantwortliche, koordinierende Stelle festgelegt wird und als ein Motor fungiert. Die gesetzlichen Grundlagen für entsprechende Kooperationen sind, wie erwähnt, sowohl in den vorgenannten Leistungsgesetzen gegeben (wenn auch nicht verbindlich genug formuliert), als auch durch die Rahmenvereinbarungen und Empfehlungen untersetzt. Es kommt jetzt darauf an, es nicht beim Empfehlungscharakter zu belassen, sondern zu einer flächendeckenden Umsetzung zu gelangen. Es stellt sich dabei die Frage, wer die Rolle des Motors und verantwortlichen Koordinators übernimmt, das Arbeitsamt oder das Jugendamt. In einer Befragung aller deutschen Jugendämter wurde mit 73 % aller Nennungen als größtes Jugendproblem zwar die Jugendarbeitslosigkeit genannt. Dem gegenüber steht der durch die Kommunen zur Verfügung gestellte (Mittel-) Einsatz zur Bekämpfung der Jugendarbeitslosigkeit.

In einer (Zwischen-)Auswertung der Umsetzung der Empfehlungen Bundesanstalt für Arbeit - AGJ kommen die Landesarbeitsämter beispielsweise zu dem Ergebnis, dass sich die Jugendämter weit gehend ihrer Verantwortung entziehen und diese den Arbeitsverwaltungen zuschieben.

„Während nach den Berichten der Landesarbeitsämter die Herstellung persönlicher Kontakte wesentlich dazu beigetragen hat, die Zusammenarbeit erheblich zu verbessern, ist in einigen Bezirken die Bereitschaft der Jugendämter an einer Zusammenarbeit mit den Arbeitsämtern eher zurückhaltend zu beurteilen. Dort liegt die Gewichtung der Prioritäten der Jugendämter auf anderen Gebieten, z.B. der Sucht- und Gewaltprävention, kulturelle Freizeitangebote u.a.. Angesichts der prekären Haushaltslage der Kommunen und Landkreise steht bei diesen Jugendämtern häufig eine weitere finanzielle Entlastung durch Maßnahmen der Bundesanstalt für Arbeit im Vordergrund. Nicht selten ist zu beobachten, dass die Jugendämter die Personenkreise, die der personenbezogenen Jugendhilfe zuzuordnen sind, den Arbeitsämtern zuleiten, um kostenträchtige Jugendhilfeeinrichtungen zu umgehen" (Bundesanstalt für Arbeit 1997).

Diese Tendenz ist mit der Auflage des Sofortprogramms der Bundesregierung JumP eher manifestiert worden; insbesondere Artikel 11 des Sofortprogramms („Soziale Betreuung...") wird auf kommunaler Ebene intensiv genutzt, um im Grunde originäre Aufgaben der Jugendhilfe („Aufsuchende, mobile Jugendarbeit") kostenseitig auf die Arbeitsverwaltung „abzuschieben".

5. Last but not least: Europa

Nun kann nicht behauptet werden, dass die Jugendberufshilfepolitik allein nationalstaatlich oder durch benachbarte Fachgebiete (Arbeitsmarktpolitik, Sozialpolitik, Berufsbildungspolitik) bestimmt wäre. Die Politikformulierung und Struktursetzung erfolgt lange nicht mehr allein in einem abgestimmten Prozess zwischen nationalstaatlicher Ebene (Bund) und Ländern und Kommunen, sondern wird zunehmend auch durch die Europäische Ebene (mit-) bestimmt. Davon betroffen sind immer mehr Politikbereiche, insbesondere die Beschäftigungspolitik, zunehmend auch die Bildungspolitik, weniger (noch?) die Jugendpolitik, wobei stets als Grundprinzip gilt: die Europäische Union regelt die allgemeinen Rahmenbedingungen und die Umsetzung erfolgt in den Mitgliedsstaaten bzw. in den Regionen sowie auf der kommunalen, lokalen Ebene.

Beredtes Beispiel hierfür ist die Europäische Beschäftigungsstrategie, für die seit Abschluss des Amsterdamer EU-Vertrages die Europäische Kommission ausdrücklich rahmensetzende Kompetenzen erhalten hat. Die Beschäftigungspolitischen Leitlinien geben unter den vier Säulen Beschäftigungsfähigkeit, Unternehmensgeist, Anpassungsfähigkeit und Gleichberechtigung der Geschlechter die Strategien vor und die Mitgliedstaaten haben diese in so genannten Nationalen Aktionsplänen zu untersetzen und zu konkretisieren. Grundsätzlich ist dabei die Zielgruppe der Jugendlichen besonders zu berücksichtigen, wobei zu gewährleisten ist, dass kein junger Mensch länger als ein halbes Jahr arbeitslos sein darf, ohne dass ihm ein entsprechendes berufliches Integrationsangebot gemacht wurde. Zur Umsetzung ihrer Strategien haben die politischen Institutionen der Europäischen Union für die Beschäftigungspolitik auch den Stellenwert der Vernetzung und Kooperation sowie des lokalen Raums erkannt. Zur Illustration seien hier einige wenige Beispiele aufgeführt:

Neben den bereits seit 1997 existierenden Territorialen Beschäftigungspakten (Europäische Kommission 1999) ist die Strategie der Kommission, die Beschäftigung vor Ort zu fördern und die lokale Dimension für die europäische Beschäftigungsstrategie fruchtbar zu machen, besonders zu nennen (Europäische Kommission 2000: 196). Sie basiert auf der bereits in den Beschäftigungspolitischen Leitlinien für das Jahr 2000 hervorgehobenen Strategie,

„der besonderen Rolle und der besonderen Verantwortung der lokalen und regionalen Organe, der übrigen Partner auf regionaler und lokaler Ebene sowie der Sozialpartner in stärkerem Maße Rechnung zu tragen" (ebd.).

Das Konzept der lokalen Entwicklungs- und Beschäftigungsinitiativen sieht kommunale Beschäftigungsbündnisse vor; dabei soll insbesondere untersucht werden,

„wie die Akteure auf örtlicher Ebene - einschließlich der kommunalen Gebietskörperschaften, der Unternehmen, des 'Dritten Systems' sowie der Solidarwirtschaft oder des gemeinnützigen Sektors, der Sozialpartner und der staatlichen Arbeitsvermittlungsstellen - aber auch die Akteure auf höheren Ebenen....den Prozess der Arbeitsplatzschaffung/-erhaltung auf lokaler Ebene unterstützen können" (ebd.).

Im Anhang zu der Mitteilung heißt es schließlich unter dem Stichwort 'Partnerschaft':

„Nach einem bedeutsamen Paradigmenwechsel bei Entwicklungsfragen gilt Beschäftigungspolitik nicht mehr nur als Angelegenheit von politischen Entscheidungsträgern und Wirtschaftsakteuren, sondern als Anliegen der Gesellschaft insgesamt. Darum ist eine sinnvollere Koordinierung nicht nur bei örtlichen Akteuren erforderlich, sondern auch zwischen institutionellen Ebenen. Als grundlegende Voraussetzung für erfolgreiche Strategien der örtlichen Beschäftigungsentwicklung muss daher das Bemühen angesehen werden, lokale Partnerschaften zu gründen, in denen sich alle maßgeblichen Kräfte eines Bereichs zusammenfinden" (ebd.).

Die jüngste in diesem Zusammenhang relevante Kommissionsmitteilung über die Durchführung innovativer Maßnahmen nach Artikel 6 der ESF-Verordnung sieht vor, vorrangig lokale Beschäftigungsstrategien zu fördern, wobei lokale Aktionspläne für Beschäftigung, und die Einbeziehung der Beschäftigungsdimension in sämtliche lokale Politiken Priorität haben. Gefördert werden u.a. Netze für die Zusammenarbeit und den Erfahrungsaustausch, Studien und auch Demonstrationsprojekte (Kommission der Europäischen Gemeinschaft KOM 894).

Es muss aber vor allem die neue Gemeinschaftsinitiative (GI) EQUAL genannt werden. Im Rahmen des neuen Förderzeitraums 2000-2006 sollen sektorale und regionale Entwicklungspartnerschaften gefördert werden, die insbesondere zu einer Strukturverbesserung führen. In den beschäftigungspolitischen Leitlinienentwürfen für die Gemeinschaftsinitiativen ist als Gemeinsamkeit für förderfähige Maßnahmen beispielsweise festgelegt, dass der Aufbau regionaler Partnerschaften zu forcieren ist; diese sollen neben Gebietskörperschaften auch die Wirtschafts- und Sozialpartner, Nichtregierungsorganisationen und Arbeitsämter, Einrichtungen der Wirtschaftsförderung sowie der Aus- und Weiterbildung einschließen (Kommission der Europäischen Gemeinschaft: Abl. C127). Die Erfahrungen, die mit den früheren Gemeinschaftsinitiativen (Adapt, Employment) in der Vergangenheit gemacht wurden, belegen nachdrücklich, dass ohne regionale Kooperation und Vernetzung die Wirkung der eingesetzten Mittel und der Maßnahmen verpuffen (Kohlmeyer u.a.: o.J.).

Diese Erkenntnis war auch eine der zentralen Ergebnisse einer Auswertungstagung zu den Gemeinschaftsinitiativen bis 1999 im Land Brandenburg. Danach geht die Initiative zur Kooperation

„in der Regel von der lokalen bzw. regionalen Ebene aus und bezieht möglichst viele öffentliche, private wie gemeinnützige Akteure vor Ort im Sinne einer längerfristigen regionalen Entwicklungskoalition ein.... Die regionale Netzwerkbildung sollte nicht sich selbst überlassen werden. Eine Koordinierung der Eigeninteressen aller an der Entwicklung Beteiligten ist unumgänglich. ... Entscheidend ist dann natürlich die Frage, wer diese Vorgänge regional moderiert, coacht und führt. Hier wurde der Begriff 'Intermediäre' geprägt. Für die Intermediären (Kooperationsmanager) ergibt sich folgendes Anforderungsprofil:

- Erstellung von Analysen und Recherchen;

- Kommunikation zwischen den Partnern fördern, um weitere Vernetzungen zu ermöglichen;

- Kooperationen und Partizipation unterstützen;

- Zugang zu Informationen erleichtern;

- Lernen und Kompetenzentwicklung unterstützen" (Herms 2000).

Die Reihe der strategischen Ansätze zur Förderung des lokalen Raums und der Vernetzung nicht nur im Bereich der Beschäftigungspolitik durch die EU ließen sich beliebig fortsetzen, insbesondere wenn man weitere Bereiche der Europäischen Förderpolitiken, etwa die Regionalpolitik, aber auch die Bildungs-/Berufsbildungspolitik untersuchte (vgl. auch Forschungsstelle o.J.). Die Beschäftigungspolitik wurde an dieser Stelle jedoch deshalb herangezogen, weil die Europäische Union bis dato – sieht man einmal von dem Aktionsprogramm JUGEND, das im Wesentlichen ein Instrument zur Förderung der Jugendmobilität ist, ab - auf eine eigenständige Jugendpolitik weitgehend verzichtet hat. Dies liegt an dem Umstand, dass Jugendpolitik – ganz im Sinne der Subsidiarität – Aufgabe der Nationalstaaten bzw. – wie in Deutschland – der Länder und insbesondere der Kommunen ist. Ausnahmen, die auch eigenständige jugendpolitische Aktivitäten der Europäischen Union belegen, beweisen eher die Regel und sind dann in verwandten Politikbereichen zu finden. So spielt das Thema Jugend als Teil der Sozialpolitik im Zusammenhang mit der Bekämpfung sozialer Ausgrenzung seit dem Gipfel von Lissabon eine wachsende Rolle. Auch hier liegt die Gestaltung der Rahmenbedingungen zukünftig auf europäischer Ebene, die Umsetzung erfolgt auf nationaler und insbesondere lokaler Ebene. Schließlich sind aber darüber hinaus im „originären" Jugendbereich zukünftig verstärkte Initiativen auf europäischer Ebene zu erwarten: die für „Jugend" zuständige Generaldirektion Bildung und Kultur legt im Herbst 2001 ein europäisches Weißbuch „Jugend" vor, das die gemeinsamen Strategien und Aktionsfelder der Europäischen Union und der Mitgliedsstaaten formuliert. Dabei wird es auch um die Verantwortung bei der lokalen Umsetzung gehen.

6. Resümee

Resümierend kann festgestellt werden, dass der Anspruch auf eine umfassende Kooperation (und Vernetzung ?), wie sie sowohl von der EU-Kommission als auch zum Beispiel in den Empfehlungen Bundesanstalt für Arbeit - Kommunen formuliert sind, zwar grundsätzlich richtig ist, der Königsweg zu ihrer Umsetzung jedoch nicht existiert. Zu viel hängt von lokalen Rahmenbedingungen und jeweiligen Akteuren ab. Die Existenz vieler gelungener Kooperationsvorhaben beweist deren Notwendigkeit, ein Ausbau „in die Fläche" ist unabdingbar. Daher sollte zukünftig klarer geregelt sein, wer zum einen die Initiative und die Steuerung wahrnimmt (als kommunale Aufgabe, oder als Aufgabe der Arbeitsverwaltung), wer die strategische Planung verantwortet und ob diese verantwortliche Stelle sich entsprechende „intermediäre", neutrale Unterstützung sichert; zum anderen sollte die Koordination sowohl vertikal als auch horizontal organisiert sein. Letztlich wäre es von strategischem, aber auch pragmatischem Vorteil, wenn ein entsprechendes „Harmonisierungsgesetz", wie es für das BSHG und das SGB III erlassen wurde, auch die Jugendhilfe erfassen würde.

Schließlich sind weitere Dinge von Belang, die an dieser Stelle nicht weiter verfolgt werden konnten: seit fast zwanzig Jahren existiert im Bereich der Jugendberufshilfe die Forderung nach einer Poolfinanzierung, ohne konkretes Ergebnis. Die Unterscheidung zwischen Stadt und Land und ihre unterschiedlichen Rahmenbedingungen ist längst überfällig. Schließlich müssen dringend Konzepte entwickelt werden, die die Belange der Adressaten stärker berücksichtigen: dabei geht es nicht um „platte" Beteiligungskonzepte im Sinne einer „paternalistischen" Stellvertreter- oder Anwaltsfunktion, sondern um gangbare Strategien der Partizipation und der Selbstorganisation. Nicht *für* die jungen Menschen sind Integrationsstrategien zu entwickeln, sondern *mit* und *von* ihnen. Die professionellen Helfer haben dabei als „Koproduzenten des Sozialen" Hilfe, Beratung und Unterstützung zu leisten.

Literatur

BBJ Servis gGmbH, Münder, Johannes (2000): Zusammenwirken von Jugend- und Bildungs-/Berufsbildungspolitik zur Förderung der sozialen und beruflichen Integration benachteiligter Jugendlicher. In: Schriftenreihe der Bund-Länder-Kommission für Bildungsplanung und Forschungsförderung, Heft 86, o.O.

BBJ Consult (Hrsg.) (2000): Strukturwandel und seine Folgen für den sozialen Sektor. BBJ - Materialien Nr.12. Berlin.

BMBW (Hrsg.) (1987): Sozialpädagogisch orientierte Berufsausbildung. Handreichungen für die Ausbildungspraxis im Benachteiligtenprogramm. Bonn.

Braun, Frank (1999) zitiert nach: Gerhard Endres: Nur drei von fünf Jugendlichen beginnen ihren Berufseinstieg im Betrieb. Frankfurter Rundschau vom 25.2.1999.

Brülle, Heiner; Schulze-Böing, Mathias (2000): Vom Maßnahmedschungel zum integrierten Förderprogramm für Beruf und Zukunft. In: Senatsverwaltung für Arbeit, Soziales und Frauen (Hrsg.): Ende der Ausbildung - Übergang wohin? Schriftenreihe Arbeitsmarktpolitik Nr. 41, Berlin.

Bundesanstalt für Arbeit (1997): Informationsunterlage für die Sitzung des Vorstandsausschusses für Planungs-, Rechts- und Verwaltungsfragen am 3.7.97, Punkt 11 der Tagungsordnung Empfehlungen zum Zusammenwirken BA-AGJ.

Dettling, Warnfried (1991): Jugendhilfe in Deutschland. Entwicklungen – Probleme – Perspektiven. In: BBJ (Hrsg.): Arbeitsbuch Kinder- und Jugendhilfegesetz (KJHG). BBJ Consult Materialien 7. Berlin. S. 82.

Dienstblatt – Runderlass der Bundesanstalt für Arbeit Nr. 63/95: Empfehlungen der BA und der Arbeitsgemeinschaft für Jugendhilfe für die Zusammenarbeit der Dienststellen der Bundesanstalt für Arbeit und Trägern der Jugendhilfe.

Ehmann, Christoph; Walter, Jürgen (2000): Programme mit und ohne Perspektive. In: Frankfurter Rundschau vom 23.3.2000.

Europäische Kommission (1999): Leitfaden für die territorialen Beschäftigungspakte 2000-2006. SEC (99) 1933.

Forschungsstelle für Berufsbildung, Arbeitsmarkt und Evaluation (o.J.): Qualitätsentwicklung in der beruflichen Bildung durch lokale Netzwerke, Bd. 23.

Forum Jugendhilfe (2/95): Empfehlungen der BA und der Arbeitsgemeinschaft für Jugendhilfe für die Zusammenarbeit der Dienststellen der Bundesanstalt für Arbeit und Trägern der Jugendhilfe.

Fülbier, Paul (1996): Jugendsozialarbeit. In: Kreft, Dieter / Mielenz, Ingrid: Wörterbuch Soziale Arbeit, Weinheim und Basel, 4.Auflage.

Herms, Brigitte (2000): Willst Du mit mir gehen? - Regionale und transnationale Kooperationen in den Gemeinschaftsinitiativen. In: brandaktuell 4/2000.

IBV - Informationsreihe der Bundesanstalt für Arbeit: Nr.17 vom 26.4.2000.

Kern, Achim; Mielenz, Ingrid; Schneider, Manfred (1981): Jugendhilfe und berufliche Bildung – Was kann Jugendhilfe gegen Jugendarbeitslosigkeit tun? In: Neue Praxis 3/81.

Kohlmeyer, Klaus; Mauruszat, Regine; Seyfried, Erwin (o.J.): Lokale und regionale Netzwerke in der Arbeitsförderung. Forschungsstelle für Berufsbildung, Arbeitsmarkt und Evaluation, Bd. 24, Berlin.

Kommission der Europäischen Gemeinschaften (2000): Die Beschäftigung vor Ort fördern – Eine lokale Dimension für die europäische Beschäftigungsstrategie. Kom (2000)196.

Kommission der Europäischen Gemeinschaft (2000): Mitteilung zur Festlegung der Leitlinien für die Gemeinschaftsinitiative EQUAL, ABl. C 127.

Kommission der Europäischen Gemeinschaften (2001): Mitteilung über die Durchführung von innovativen Maßnahmen nach Artikel 6 der Verordnung des Europäischen Sozialfonds. KOM (2000) 894.

Kretschmer, Susanne; Schild, Hanjo; Schürmann, Ewald (1991): Verbundsysteme in der Jugendsozialarbeit. In: BBJ Consult Info Nr. 25 / 26. I/II-91.

Matzdorf, Roland (o.J.): Qualitative Verbundsysteme – Utopie oder Realität ? In: Projektgruppe sozialpädagogisch orientierte Berufsausbildung (o.J.). S.11 ff.

Miersch, Paloma; Schild, Hanjo (1999): Regionale Kooperationen zur beruflichen Integration von Jugendlichen. In: BBJ Consult Info Nr. 57, Ausgabe II / 99.

Münder, Johannes (2000): Strukturwandel in Deutschland durch Europa und seine Folgen. In: BBJ Consult Materialien 12, Berlin.

Petzold, Hans-Joachim; Schlegel, Wolfgang (1983): Qual ohne Wahl – Jugend zwischen Schule und Beruf; Frankfurt am Main. S.121 ff.

Projektgruppe sozialpädagogisch orientierte Berufsbildung (Hrsg.) (o.J.): Verbundsysteme in der beruflichen Bildung; Heidelberg.

Sänger, Ralph (2000): Netzwerke in der Jugendberufshilfe – Mut zum Risiko. In: BBJ Servis gGmbH (Hrsg.): Zugänge zu Arbeit und Beruf, Berlin.

Schild, Hanjo (2000): Partizipation und Chancengleichheit zugewanderter Jugendlicher. In: BAG JAW (Hrsg.) Jugend-Beruf-Gesellschaft, Heft 3.

Schneevoigt, Norbert (1991): Verbundsysteme. In: Kretschmer u.a. (1991), a.a.O. S.13.

Sozialpolitische Umschau (2001): Zusammenarbeit zwischen Arbeits- & Sozialämtern, Nr.6.

Nicole Benthin, Rita Hockerts
Regionale Netzwerke im ländlichen Raum: Das Projekt Youthstart Network

Während der vorhergehende Beitrag von Hanjo Schild die Diskussions- und Entwicklungslinien der Vernetzung von Hilfen zur sozialen und beruflichen Integration für benachteiligte Jugendliche auf der Bundesebene und der Ebene der Europäischen Union beschrieb, wird im folgenden Beitrag das Projekt Network im Mittelpunkt stehen. Network wurde 1998 bis 2000 im Auftrag des Hessischen Sozialministeriums vom Landesjugendamt Hessen durchgeführt und mit Mitteln der Europäischen Union im Rahmen der Gemeinschaftsinitiativen Beschäftigung Youthstart kofinanziert. Die Gesamtkosten betrugen rund 750.000,- Euro.

Ein Schwerpunkt des Projekts Network lag in der Erprobung von Vernetzung möglichst aller Akteure im Übergang Schule – Beruf mit dem Ziel der Optimierung der Integration in den Ausbildungs- und Arbeitsmarkt für benachteiligte Jugendliche. Ausgehend von den Erfahrungen der Projekte und Programme, die durch Landesmittel der Obersten Landesjugendbehörde zur Bekämpfung der Jugendarbeitslosigkeit umgesetzt wurden und werden, wird der folgenden Beitrag unter Einbeziehung der Darstellung zentraler rechtlicher Grundlagen des Kinder- und Jugendhilfegesetzes zunächst die Arbeitsbegriffe und Handlungsebenen der „Klient bezogenen" und der „institutionellen" Vernetzung entwickeln. Diesen Erfahrungen und Schlussfolgerungen wird eine Situationsbeschreibung gegenübergestellt, anhand derer die Zielsetzung der Vernetzung konkretisiert sowie die gewählten Mittel der Initiierung durch das Hessische Sozialministeriums kurz beschrieben werden. Die konkrete Umsetzung der örtlichen Vernetzungsprozesse in den ausgewählten Landkreisen Hersfeld-Rotenburg, Odenwaldkreis und Vogelsbergkreis wird im Kapitel III des vorliegenden Bandes aufgegriffen.

Einen weiteren Schwerpunkt des Projekts Network bildete die Entwicklung, Erprobung und Implementierung von Verfahren der *internen Evaluation* in Maßnahmen der beruflichen Integration für arbeitslose Jugendliche. Ausgehend von den hessischen Diskussionslinien in den Programmen der Jugendberufshilfe zu Fragen des Qualitätsmanagements wurden mit Network die Fort- und Ausbildung in Methoden der Selbstevaluation oder internen Evaluation als eine Antwort auf diese neuen Herausforderungen gesehen. Sie wird zunächst nur in ihren Grundzügen dargestellt, eine Befassung mit den Erfahrungen wird im Kapitel IV des vorliegenden Bandes ermöglicht.

Vernetzung – ein Begriff, der heute sofort auf die Ebene europäischer Vernetzung führt: und dies nicht nur, weil Network ein von der Europäischen Union unterstütztes Projekt war. Die Erfahrungen dieser Vernetzung mit den Partnern aus Dänemark, Irland, Großbritannien und Spanien sollen deshalb abschließend den „Blick über den deutschen Tellerrand" heben.

Europäische Gemeinschaftsinitiative Beschäftigung Youthstart Hessen - Network

Schaubild 1: *Implementierung von qualitätssteigernden Verfahren in lokalen und regionalen Maßnahmen für benachteiligte Jugendliche und Aufbau regionaler Netzwerke*

Teil A (1997/98-2000)

Zertifizierte Zusatzausbildungen in interner Evaluation beispielhaft mit insgesamt 32 Projekten

Zielgruppen: Fachkräfte der hessischen Jugendberufshilfe

Ziel: Qualitätsentwicklung und Qualitätsmanagement durch Implementierung von interner Evaluation (Selbstevaluation nach Heiner)

Angebote:

• **Multiplikatorenausbildung** zur Selbstevaluation mit 16 Projekten. (1997)1998 - 1999, 224 Std. theoretische Qualifizierung in Seminaren und weitere 196 Std. praktische Umsetzung unter Anleitung und wissenschaftlicher Beratung (2 Tage pro Projekt/Jahr)

• **Crash-Kurs** zur Selbstevaluation mit 16 Projekten 2000, 120 Std. theoretische Qualifizierung, 96 Std. praktische Umsetzung, unter Anleitung und wissenschaftlicher Beratung (4 Tage pro Projekt)

• **Hessenweiter AK Selbstevaluation, 1999-2000, 6 Treffen** Fortbildung, wissenschaftliche Beratung, Fach- und Erfahrungsaustausch

• **Veranstaltungen zum Transfer der Ergebnisse und Rezeption,** 1999-2000: 13 Fortbildungs- und Fachtage Hessen-, Bundes- und Europaweit

Teil B (1999-2000)

Aufbau regionaler Netzwerke der Jugendberufshilfe beispielhaft in 3 Landkreisen

Kooperationspartner: Jugendämter Landkreis Odenwald, Hersfeld-Rotenburg und Vogelsberg

Ziel: Entwicklung der Jugendberufshilfestruktur in der Region und Effektivierung von Maßnahmen durch sinnvolle Verknüpfungen

Angebote:

• **Förderung einer Koordinationsstelle** zum Aufbau regionaler Netzwerke in Höhe von 62.400 DM für 2 Jahre pro Landkreis

• **Bedarfsspezifische Fortbildungsangebote** für Mitarbeiterinnen und Mitarbeiter aus den regionalen Netzwerken (z.B. Assessment, Training sozialer Kompetenzen, Gesprächsführung und Moderationsmethoden, Präsentationsmethoden)

• **Wissenschaftliche Beratung/Begleitung** für insgesamt 32 Std. für 2 Jahre pro Landkreis

• **Vierteljährlicher Erfahrungsaustausch** und Auswertung

• **Veranstaltung zum Transfer der Ergebnisse und Rezeption,** 2000 Bundesweit

Teil C (1998-2000)

Transnationaler Austausch mit den europäischen Projektpartnern, Ziel: europäischer Vergleich und Good Practice

Angebote: transnationale Seminare, Workshops und Hospitationen in Großbritannien (1998), Dänemark (1999), Irland (1999), Hessen (1999) und Spanien (2000) zu Systemvergleich, Zielgruppenanalyse, Beratungsmethoden, neue konzeptionelle Ansätze in der Arbeit mit benachteiligten Jugendlichen im Übergang Schule-Beruf und Evaluation für 12 Teilnehmerinnen und Teilnehmer

1. Projektteil: Vernetzung von Maßnahmen der beruflichen Integration für benachteiligte Jugendliche

1.1 Entwicklungslinien der hessischen Jugendberufshilfe

Arbeit und Beruf sind die zentralen Instanzen, über die nach wie vor eine gelungene gesellschaftliche Integration junger Menschen definiert wird. Die entscheidenden Schritte zur Existenzsicherung sind für die Mehrzahl der Jugendlichen über den Weg Ausbildung, Berufsabschluss, Erwerbsleben sichergestellt.

Einen Einbruch in diesen biographischen Ablauf brachten in Deutschland nach 1945 erstmals die 70'er Jahre mit ihrer Massen- und dem damit verbunden rapiden Anstieg der Jugendarbeitslosigkeit. Dies veranlasste die politisch Verantwortlichen zu Gegenmaßnahmen: Förderprogramme wurden auf Bundes- und Landesebene in verschiedenen Bereichen eingerichtet. Ziele und Inhalte der Maßnahmen waren an den jeweiligen Ressorts (Arbeits- und Sozialverwaltung, Schule, Ausbildungssektor) ausgerichtet und scheinbar wenig aufeinander abgestimmt. Jugendberufshilfe fehlte eine klare politische Zuordnung. Damals noch von der Annahme ausgehend, Jugendarbeitslosigkeit sei vornehmlich ein konjunkturelles, d.h. ein mit arbeitsmarktpolitischen Regeln zu lösendes Problem, erwies sich, dass viele dieser Maßnahmen lediglich als Warteschleifen auf einen Ausbildungsplatz fungierten.[1] Durch die Förderung von Ausbildungsplätzen in der freien Wirtschaft und in überbetrieblichen Einrichtungen im Rahmen der Benachteiligtenprogramme des Bundes konnten Jugendliche die erste Schwelle zum Arbeitsmarkt - abgeschlossene Ausbildung - zwar noch nehmen, der Übergang ins Berufsleben, die sogenannte zweite Schwelle, auf Grund mangelnder Arbeitsplätze häufig nicht mehr. Da die Ursachen dieser Probleme aus jugendhilfepolitischer Sicht nicht zu beseitigen waren, wurden im Arbeitsfeld der Jugendhilfe Förderprogramme entwickelt, um die Folgen von Arbeitslosigkeit zu mildern.

In diesem Kontext wurde auch in Hessen das Programm „Beratung und Hilfe für junge Arbeitslose" als Modellprojekt 1979 eingerichtet.[2] Es setzte zunächst seine Akzente innerhalb traditioneller Handlungsmuster der Jugendhilfe: Mit Beratung und Betreuung sollte die Milderung von Folgeproblemen und die Bewältigung von psychischen und sozialen Konflikten arbeitsloser junger Menschen erreicht werden. Unter Beteiligung des Bundesministeriums für Bildung und Wissenschaft konnten im Rahmen des Modellversuchs zunächst 25 Beratungsstellen hessenweit in kommunaler, vornehmlich aber in

---

1 Achter Jugendbericht, Der Bundesminister für Jugend, Familie, Frauen und Gesundheit, Bonn 1990.
2 Es wurde als Landesprogramm "Hilfe und Beratung im Übergang Schule-Beruf fortgeführt.

freier Trägerschaft eingerichtet werden. Kennzeichnend für die Anfangsphase der Beratungsstellen war ein kaum strukturiertes Arbeitsfeld zwischen Jugend-, Sozial- und Arbeitsamt sowie Schulen und anderen Einrichtungen, die in diesem Bereich arbeiten und eine breit angelegte Trägerstruktur mit unterschiedlicher Einbindung.

Da es sich bei dem Programm im Ursprung um einen Modellversuch handelte, war die Möglichkeit impliziert, traditionelle Hilfen der Jugendarbeit zu überschreiten und innovative Methoden und Inhalte aufzunehmen. Einzelfallübergreifende und problembezogene Handlungsstrategien wurden entwickelt und es wurde erforscht, welche institutionellen Voraussetzungen sich dabei als praktikabel erweisen. In Zusammenarbeit mit Schulen wurden Seminare und Kurse durchgeführt, in Kooperation mit Arbeits-, Jugend- und Sozialämtern Beschäftigungs- und Qualifizierungsmaßnahmen angeregt und organisiert. Dort, wo keine anderen Träger zu finden waren, übernahmen die Beratungsstellen die Trägerschaft über Maßnahmen. Dies war besonders in ländlichen Regionen der Fall, in denen eine entsprechende Angebotsstruktur fehlte. Aufgrund unterschiedlicher inhaltlicher Ansätze und Kooperationsmöglichkeiten sowie aufgrund regionaler, finanzieller und personeller Möglichkeiten, entwickelten die Einrichtungen unterschiedliche Schwerpunkte. Gleichzeitig zeigte sich dieses Programm mit seinen Projekten flexibel genug, Angebotslücken zu schließen, auf spezielle Zielgruppen und deren besonderen Bedarf zu reagieren und sich in die regionalen Gegebenheiten einzufügen.

Was sich bezogen auf die speziellen Problemlagen von jungen Menschen als positiv darstellte: die Vielfalt der Angebote und Maßnahmen, nicht nur seitens der Jugendhilfe, entwickelte sich andererseits zu einem Problem, denn es entstand in den 80er Jahren eine bunte Maßnahmenlandschaft, in der die betroffenen Jugendlichen und nicht selten die „Profis" selbst den Überblick und die Orientierung verloren. Hinzu kam, dass die Bemühungen um Kooperationen zwischen den Maßnahmeträgern zwar vom Wunsch nach planerischem und ergebnisorientiertem Handeln angetrieben waren, Kooperation praktisch aber zu oft von Zufällen und persönlichen Faktoren abhängig war. Dies konnte zu einer gewissen Beliebigkeit führen, die regelhafte Kooperation manches mal eher verhinderte als begünstigte. Außerdem fehlte es an einer klaren Zuordnung in einen Verantwortungsbereich. Eine zielgerichtete Steuerung der Jugendberufshilfe und die Verknüpfung der verschiedenen Angebote zu einem gezielten und planvollen Handeln mit dem betroffenen jungen Menschen über die einzelne Maßnahme bzw. Einrichtung hinaus erfolgte kaum. Wer kennt in diesem Zusammenhang nicht das geflügelte Wort der „Maßnahmekarriere": der Einzelne durchläuft eine wahllos aneinandergereihte Maßnahmefolge, bei der nicht klar ist, was am Ende dabei herauskommen soll.

Die Verabschiedung des Kinder- und Jugendhilfegesetzes (KJHG) 1993 brachte hier einen ersten Fortschritt. Das Arbeitsfeld „Jugendberufshilfe" wurde dem Jugendressort verantwortlich zugeordnet: zum einen als Leistungsanbieter für die Zielgruppe ausgegrenzter und benachteiligter junger Menschen und zum anderen in der Gesamtverantwortung für alle Jugendlichen als korrigierende und beratende Instanz.[3]

Zwei Handlungsebenen wurden somit zentral für den systematischen Aufbau einer Grundstruktur der Jugendberufshilfe als Weg aus dem „Maßnahmendschungel": die Ebene der Klient bezogenen Vernetzung und die Ebene der Institutionellen Vernetzung.

1.1.1 Handlungsebene: Klient bezogene Vernetzung

Schaubild 2: Klient bezogene Vernetzung

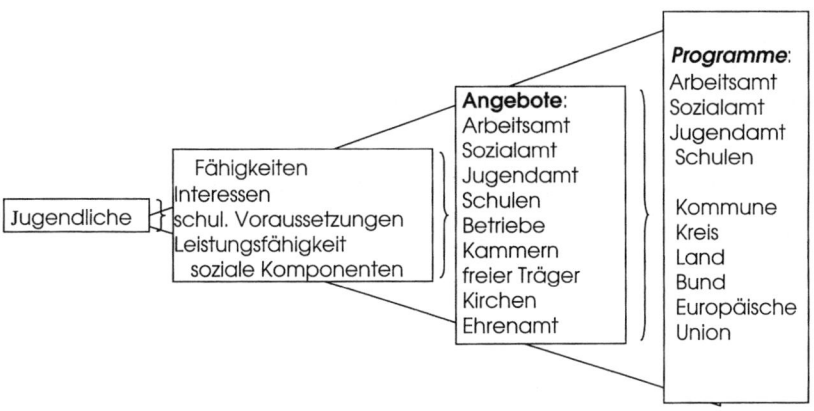

---

3   vgl. KJHG §§1, 75 und 9, in den §§11 und 13 sind die Aufgaben der Jugendhilfe beschrieben. In Bezug auf die Zielgruppe, Ziele und Inhalte der Angebote sowie deren Finanzierung sind auch die §§9 und §§27ff. (ambulante Erziehungshilfen) hinzuzuziehen. §13 KJHG benennt die außerbetriebliche Ausbildung als Leistung der Jugendhilfe, die entsprechenden Fördermaßnahmen, deren fachliche Betreuung und verwaltungsmäßige Abwicklung sind jedoch weder auf Bundes-, noch auf Landesebene den für Jugendhilfe zuständigen Ressorts zugeordnet.

Um Jugendlichen konkrete Hilfestellungen bei der Ausbildungs- und Arbeitsplatzsuche geben zu können, ist zum einen die Kenntnis der lokalen Wirtschaftsstruktur und der Steuerung ergänzender Maßnahmen, zum anderen eine mit dem einzelnen Jugendlichen durchgeführte Qualifizierungs- und Entwicklungsplanung notwendig. Im Rahmen einer Fachtagung 1995 der hessischen Jugendberufshilfeprojekte auf dem Jugendhof Dörnberg wurde ein wesentlicher Beitrag in der hessischen Fachdebatte zum Thema Kooperation und Koordination geleistet. Hier wurde in Diskussionen landesweit erstmalig inhaltlich-systematische Definitionen der Handlungsebenen Klient bezogene und Institutionelle Vernetzung erarbeitet – damals noch unter den Arbeitsbegriffen Kooperation und Koordination – die leitend für Network wurden (Landesjugendamt Hessen 1995).

Die klientbezogene Vernetzung geht von der betroffenen Person, der Jugendlichen, dem Jugendlichen, seinen/ihren Fähigkeiten, Interessen und Qualifikationen aus, die mittels beratender Gepräche herausgearbeitet und im Rahmen der Erstellung eines individuellen Qualifizierungs- oder Bildungshilfeplanes (Landesjugendamt 1995) mit den Angeboten oder Maßnahmen der verschiedenen Institutionen oder Anbieter (Betriebe) abgeglichen werden, um so den erfolgversprechendsten Förderungs- und Qualifizierungsverlauf festzulegen. Durch kooperatives Handeln mit anderen Bereichen, Institutionen, Maßnahmeträgern und Anbietern soll ein auf die Situation und Lebensplanung der jungen Menschen zugeschnittenes Förder- und Qualifizierungsangebot erstellt werden. Eine Kooperation von verschiedenen Partnern und Maßnahmeträger wird in einem Konzept integrierter Bildungshilfeplanung zwingend notwendig und die Erfahrungen der Träger der Jugendberufshilfen zeigten, dass Integrationsbemühungen dann erfolgreicher waren, wenn es gelang, in diesem Sinne Maßnahmen und soziale Dienste im lokalen und regionalen Zusammenhang zu vernetzen.

1.1.2 Handlungsebene: Institutionelle Vernetzung

Die Verlagerung der gesamtplanerischen Verantwortung auf die örtliche Ebene durch das Kinder- und Jugendhilfegesetz (KJHG) trug der Lebensweltorientierung der Jugendhilfe Rechnung und berücksichtigte die regionalen Gegebenheiten.[4] Aus dem gesetzlichen Auftrag des KJHG, Leistungen zur beruflichen Integration junger Menschen anzubieten, erwuchsen neue Aufgaben für die Träger der öffentlichen Jugendhilfe, denen sich die Kommunen zunächst mit sehr unterschiedlichem Engagement stellten. Das zöger-

---

4 Planungsverantwortung § 79 des Kinder- und Jugendhilfegesetzes (KJHG) und dem Auftrag an die Jugendhilfe, sich im Interesse der jungen Menschen in politische Entscheidungen einzumischen. § 1 KJHG *"Jeder junge Mensch hat das Recht auf Förderung seiner Entwicklung und auf Erziehung zu einer eigenverantwortlichen und gemeinschaftsfähigen Persönlichkeit."*

liche Herantasten eines großen Teils der Kommunen mag wohl damit zusammenhängen, dass man sich überfordert sah - finanziell und konzeptionell - mit einem Bereich, den man bisher vornehmlich in der Hauptverantwortung der Arbeitsämter wähnte. Das KJHG unterliegt dem Prinzip der Subsidiarität, so dass die *konkreten Angebote* der Jugendhilfe immer nachrangig zu Angeboten von Schule und Arbeitsverwaltung anzubieten sind. Dies wird immer dort der Fall sein, wo das Arbeitsamt mit seinen umfassenden Angeboten nicht auf die Anforderungen spezieller Zielgruppen eingehen kann. Nach Einschätzung der Bundesanstalt für Arbeit ist jedoch

„die Bereitschaft der Jugendämter an einer Zusammenarbeit mit den Arbeitsämtern eher zurückhaltend zu beurteilen. Dort liegt die Gewichtung der Prioritäten der Jugendämter auf anderen Gebieten, z.B. Suchtprävention, kulturelle Freizeitangebote u.a. Angesichts der prekären Haushaltslage der Kommunen und Landkreise steht bei diesen Jugendämtern häufig eine weitere finanzielle Entlastung durch Maßnahmen der Bundesanstalt für Arbeit im Vordergrund. Nicht selten ist zu beobachten, dass die Jugendämter die Personenkreise, die der berufsbezogenen Jugendhilfe zuzuordnen sind, den Arbeitsämtern zuleiten, um kostenträchtige Jugendhilfeeinrichtungen zu umgehen" (zit. nach BBJ 2/1999: 5).

Darüber hinaus besteht für den Träger der öffentlichen Jugendhilfe die Verpflichtung im Rahmen der aus §13 (4) i.V.m. §81 SGB VIII (KJHG) erwachsenen Kooperationspflicht diese im Sinne einer offensiven Handlungs- und Einmischungsstrategie zur Verwirklichung der Jugendhilfe als Querschnittsaufgabe nachzukommen.[5]

Die Herausforderung einer offensiven Wahrnehmung der gesamtplanerischen Abstimmung besteht nach Auffassung der Autorinnen grundsätzlich darin, bestehende Hilfsangebote unterschiedlicher Träger und Institutionen eines Sozialraums oder einer Region optimal hinsichtlich der Bedürfnisse der Jugendlichen des entsprechenden Sozialraums zu planen und umzusetzen, die Einhaltung bestimmter fachlicher Standards in der Arbeit zu gewährleisten und das Wissen, die Daten und Kenntnisse aus der Jugendhilfe zur quantitativen und qualitativen Situation der Jugendberufshilfe in gesamtplanerische Prozesse einzubringen. Dies würde auch die frühzeitige Identifizierung neuer Problemlagen, Zielgruppen oder Bedarfe ermöglichen. Institutionelle Vernetzung - die Etablierung von regelhaften – und einzelnen Personen unabhängigen Kommunikationsprozessen - wird für diesen Themenbereich der gesamtplanerischen Verantwortung als Grundvoraussetzung gesehen, um Abstimmung und Planung systemisch zu verankern. Durch die Transparenz von

---

5   Diese Bestimmung korrespondiert mit den §§18 (2) und 19 (4) BSHG, die auch die Sozialämter zu entsprechender Abstimmung von Angeboten für benachteiligte Jugendliche verpflichtet. Auch die Arbeitsämter sind seit Januar 1998 nach §9 (3) SGB III (AFRG) verpflichtet, mit den Beteiligten des örtlichen Arbeitsmarktes (Arbeitgeber, Kammern, berufsständische Organisationen, öffentlichen Verwaltungen) zusammenzuarbeiten und ihre Planung mit den Trägern von Maßnahmen der Arbeitsförderung abzustimmen. In diesem Zusammenhang sollen auch Eingliederungsbilanzen erstellt werden, die mit den Beteiligten des örtlichen Arbeitsmarktes erörtert werden sollen.

Angebotsstrukturen eines Sozialraums könnte individuelle Förderung besser im Baukastensystem aufeinander aufbauen. Der Hilfesuchende könnte somit bezogen auf den im individuellen Bildungshilfeplan ermittelten Qualifizierungsbedarf zielgerichteter geleitet werden. Die Maßnahmen und Angebote verschiedenster Anbieter würden so geplant, dass sie den örtlichen und finanziellen Möglichkeiten und den fachlichen Standards entsprechen und möglichst genau den regionalen Bedarf der entsprechenden Zielgruppen decken. Im Rahmen dieses Netzwerkes könnte - so eine weitere Annahme - passgenauer und effizienter gearbeitet werden, da weniger Reibungsverluste entstehen und eine größere Planungssicherheit sowohl in bezug auf den hilfesuchenden jungen Menschen als auch für die durchführende Einrichtung geboten werden.

Schaubild 3: Institutionelle Vernetzung

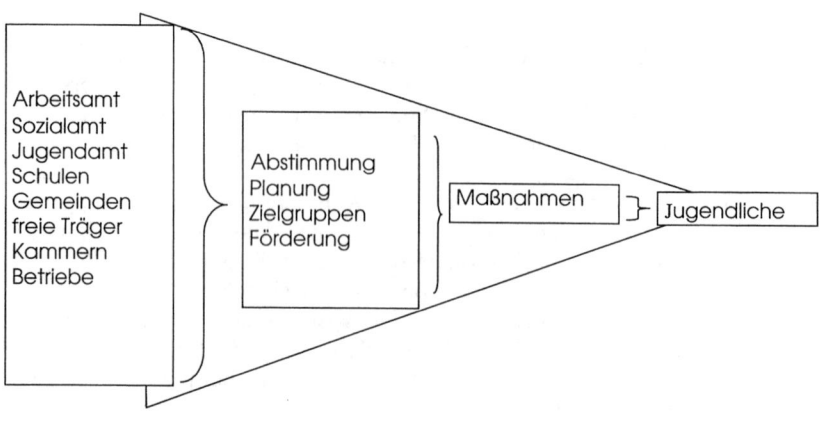

Die Begriffspaare „Klient bezogene" und „institutionelle Vernetzung" sind nur gedanklich voneinander zu trennen. Sie müssen als sich gegenseitig ergänzend und beeinflussend gedacht werden. Die Vision könnte man folgendermaßen zusammenfassen: das systematische Arbeiten mit dem individuellen Förderplan in kooperativen Klient bezogenem Vorgehen innerhalb eines Netzwerkes von Partnern mit spezifischen eigenen Profilen wird eingebettet in regelhafte, Institutionen bezogene und systematische Kommunikationsverfahren zur Abstimmung und Planung aller Akteure und Maßnahmen im Übergang Schule-Beruf für das Arbeitsfeld der Benachteiligtenförderung bezogen auf einen spezifischen Sozialraum. Institutionelle und Klient bezogene Vernetzung ergänzen sich somit, und das eine ist ohne das andere im Sinne einer zielgerichteten Hilfe für ausbildungs- und arbeitslose junge Menschen wenig nutzbringend. Mit dem Begriff institutionelle Vernetzung ist darüber hinaus auch die Vision verbunden, das qualitative und quantitative Wissen der Jugendhilfe zur Zielgruppe, ihren Veränderungen und Problemlagen durch die Einbindung der Jugendhilfeplanung insgesamt mittelfristig in die Sozialplanung, die Regionalentwicklung und die Wirtschaftsförderung eines Sozialraums einzubringen und der Wahrnehmung der Querschnittsaufgabe der Jugendhilfe offensiv nachzukommen.

1.2 Anspruch und Realität: Folgerungen und Zielkonkretisierung für Network

Bis heute sind Grenzen, Kompetenzen und Zuständigkeiten an vielen Orten immer noch nicht geklärt, wenn auch die These aufgestellt werden darf, dass die rechtlichen Grundlagen und Aufforderungen zur Abstimmung und Kooperation noch nie so gut waren wie heute.[6] Die Wahrnehmung einer offensiven Einmischungsstrategie des örtlichen Trägers der Jugendhilfe für eine gesamtplanerische Verantwortung aller Maßnahmen unterschiedlicher Verwaltungen im Arbeitsfeld der Benachteiligtenförderung/ Jugendsozialarbeit in Fragen der beruflichen Integration für benachteiligte Jugendliche eines Sozialraums war zum Zeitpunkt der Konzepterstellung von Network weit entfernt von einer flächendeckenden Umsetzung, obwohl seit 1995 die gemeinsam überarbeiteten Empfehlungen von der Arbeitsgemeinschaft für Jugendhilfe (AGJ)[7] und der Bundesanstalt für Arbeit vorlagen, die z.B. die Einrichtung regelhafter Arbeitskreise aller Beteiligten unter Federführung der Jugendämter zur planerischen Abstimmung anempfehlen (BBJ 2/1999: 46-48). Seit der Einführung des Programms Fachstellen Jugendberufshilfe durch das Hessische Sozialministerium im Sommer 2000 ist hier in Hessen deutliche Strukturverbesserung dieser gesamtplanerischen Aufgaben erfolgt.[8]

---

6   Inzwischen ist über §95 (1) i.V.m. §86 Sozialgesetzbuch (SGB) X hinaus in den Leistungsgesetzen die Verpflichtung zur Zusammenarbeit zwischen Arbeitsmarkt-, Sozial- und Jugendhilfepolitik geregelt.

7   die AGJ ist ein freiwilliger Zusammenschluss öffentlicher und freier örtlicher und überörtlicher Träger der Jugendhilfe.

8   Diese vom Land Hessen mit einer Festbetragsförderung von 100.000 DM für Personalkosten pro Jugendamtsbezirk geförderte Fachstelle bündelt nun Aufgaben operativer Klient bezogener Vernetzung im Rahmen individueller Förderplanarbeit und Aufgaben der strategischen institutionellen Vernetzung im Rahmen von Abstimmungen im Bereich der Benachteiligtenförderung. Das Programm Fachstellen Jugendberufshilfe lief erst am 01.08.2000 an

Zum Zeitpunkt der Konzeption von Network gab es für den Bereich der Klient bezogener Vernetzung und Kooperation insbesondere in städtischen Sozialräumen Hessens Erfahrungen, die im lokalen Bereich auch in Kreisen realisiert wurden. Auch gab es in städtischen Bezügen eher Jugendhilfeplanungsansätze, die der beruflichen Integration von benachteiligten Jugendlichen besonderes Augenmerk zukommen ließen. Ansätze von ressort- und trägerübergreifenden Arbeitskreisen zur planerischen Abstimmung *unter Federführung des Jugendamtes* waren nicht zu finden. Initiativen zu Arbeitskreisen und Abstimmungsprozessen gingen von freien Trägern aus und betrafen auch die Ebene der Bildung von Trägerverbänden. Auf der Ebene von Landkreisen sah die Situation von Vernetzung und Kooperation für das Arbeitsgebiet der Jugendberufshilfe insgesamt weniger entwickelt aus und deckte sich nach den fachlichen Einschätzungen des hessischen Jugendressorts zum Zeitpunkt der Konzepterstellung von Network 1996/97 immer noch im Grundsatz mit den Erkenntnissen einer bundesweiten Untersuchung durch das Deutsche Jugendinstitut aus dem Jahre 1995[9] (Braun in: BBJ 2/1999: 13ff). Eine gesamtplanerische jährliche Abstimmung oder Koordination der Planung von Maßnahmen durch die Initiative oder Federführung eines örtlichen öffentlichen Trägers der Jugendhilfe (Stadt- oder Kreisjugendamt) war zum damaligen Zeitpunkt auch in Hessen nicht strukturell verankert.

Aus der Gegenüberstellung von fachlichen Notwendigkeiten und der Situation wurde deutlich, dass konzeptionelle und finanzielle Unterstützung und Förderung der Gebietskörperschaften notwendig war, um der Vision einen Schritt näher zu kommen. Da sich die Situation in Landkreisen aus mehreren Gründen noch schwieriger gestaltet als in städtischen Sozialräumen (politische Zuständigkeiten, infrastrukturelle Bedingungen, Trägerlandschaft und gewachsenen geographischen Bezüge) und zum damaligen Zeitpunkt keine Erfahrungen bundesweit zu Vernetzungsprozessen in der Jugendberufshilfe im ländlichen Raum bestanden, wurde entschieden, die zusätzlichen Mittel der Europäischen Union zur Initiierung Klient bezogener und institutioneller Vernetzung in drei ausgewählten Landkreisen zu verwenden. Zuwendungsnehmer wurde der Kreisausschuss/das Jugendamt, um die gesamtplanerische Verantwortung des örtlichen Trägers der Jugendhilfe in der Frage der Verbesserung von Infrastrukturen der Hilfe für benachteiligte Jugendliche deutlich zu betonen. Die Beteiligung der Jugendhilfeplanung wurde in der Bewilligung festgeschrieben.

---

und den weiteren Entwicklungen darf mit Spannung entgegengesehen werden.

9   Obwohl in dieser Untersuchung immerhin 73% aller befragten Jugendamtsleiter der Bundesrepublik die Jugendarbeitslosigkeit als gravierendes Problem in der Jugendhilfe einschätzten, waren doch nur 5% der befragten Jugendämter in den Landkreise aktiv an einem lokalen oder regionalen Arbeitskreis für Jugendberufshilfen vertreten, wobei dies doch immerhin 12% der städtischen Jugendämter waren.

Die konzeptionelle Vorentscheidung, die Federführung und Koordination beim örtlichen Träger der Jugendhilfe anzusiedeln, basierte auf den Erfahrungen, die freie Träger, Institutionen und einzelne Verwaltungen auf diesem Feld gemacht hatten: kleine Netzwerke, in die verschiedene Aktions- und Entscheidungsebenen von Politik und Administration nicht eingebunden oder besser noch, Teil des Netzwerkes sind, blieben immer nur Anhängsel von tradierten Verwaltungsstrukturen und gingen nicht selten an ihnen zu Grunde. Auch wenn sie angetreten waren, diese zu verändern. In Anerkennung der gewachsenen Strukturen der Kooperation zwischen Jugendämtern und freien Trägern und auch in Anerkennung der fachlichen Arbeit dieser freien Träger wurde es den Landkreisen jedoch frei gestellt, die Aufgabe des Aufbaus des Netzwerks an einen erfahrenen lokalen freien Träger zu delegieren.[10]

Zielsetzungen von Network wurden aufgrund der begrifflichen und theoretischen Vorüberlegungen zu dem Begriffspaar Klient bezogene und institutionelle Vernetzung:

- Unterstützung des örtlichen öffentlichen Trägers beim Auf- bzw. Ausbau von Strukturen lokaler und regionaler Vernetzung für den Arbeitsbereich Übergang Schule-Beruf in der Benachteiligtenförderung. Federführung liegt beim Jugendamt, die Einbindung der Jugendhilfeplanung ist zu gewährleisten.

- Hierbei sollten auf der lokalen Ebene (Gemeinden/Standorte) Strukturen Klient bezogener Vernetzung aufgebaut werden. Ziele waren die Sensibilisierung und Aktivierung der lokalen Akteure im Übergang Schule-Beruf für die Belange der Benachteiligtenförderung. Die Situation vor Ort galt es zu analysieren und ggs. kooperative Maßnahmen zu entwickeln und umzusetzen.

- Gleichzeitig sollte auf regionaler Ebene institutionelle Vernetzung organisiert werden mit dem Ziel, einen Einstieg in gesamtplanerische Abstimmungsprozesse unter Federführung des örtlichen öffentlichen Trägers zu ermöglichen. Ziel war es somit auch, sich als öffentlicher Träger der Jugendhilfe auf der planerisch-steuernden Ebene offensiv einzumischen, die lokalen und regionalen Akteure Schule, Arbeitsamt, Sozialamt, Wirtschaft, Handwerk, Kammern für die Belange der Zielgruppe zu sensibilisieren und formale Netzwerke zu entwickeln, innerhalb derer die gesamtplanerische Abstimmung und Kooperation erfolgen kann.

Dieser Zielkatalog verweist auf mehrere begründete Annahmen. Sowohl durch optimierte Klienten bezogene lokale Vernetzung als durch eine regionale institutionelle planerische Abstimmung zwischen den Institutionen/Trägern und Netzwerkpartnern auf regionaler Ebene könnten die vorhan-

---

10 Von dieser Möglichkeit machten zunächst alle drei Landkreise Gebrauch, Hersfeld-Rotenburg holte die Koordinationsaufgabe aber nach rund zehn Monaten Laufzeit des Projekts wieder in die Personalhoheit des Jugendamtes zurück.

denen Ressourcen, Maßnahmen und Angebote optimaler auf die Bedürfnisse einer zunehmend heterogener werdenden Zielgruppe der Jugendberufshilfe angepasst werden. Die gesamtplanerische Abstimmung sollte dabei mittelfristig zu Synergieeffekten führen. Die Initiierung von regelhaften Strukturen des Informationsaustauschs (z.b. Schulabgangszahlen, Identifizierung der Zielgruppe) und die Anbindung an die Jugendhilfeplanung des Kreises sind hierzu sinnvolle Mittel. Aufsuchende Arbeit und das Zugehen auf abgetauchte Jugendliche kann dazu führen, dass kurz- und mittelfristig der Anteil unversorgter Jugendlicher zunimmt, das bessere Ineinandergreifen der Abläufe sollte jedoch mittelfristig dazu führen, dass die Anzahl unversorgter Jugendlicher abnimmt.[11] Die Initiierung von Arbeitskreisen, Runden Tischen oder Foren als Mittel der Vernetzung, die aktivierende Beteiligung der verantwortlichen Akteure vor Ort, sowie die Entwicklung von Planungsregeln und Absprachen zwischen den Akteuren werden als angemessene Mittel erachtet, formale Strukturen zu schaffen, die über den Tag der Beendigung von Network hinaus nachhaltig wirken könnten oder zumindest Erfahrungswerte über mögliche Organisationsformen von Vernetzung erbracht hätten. Die Entwicklung einer vernetzten Struktur sollte zwar vom überörtlichen Träger der Jugendhilfe (Sozialministerium) angeregt und mit Mitteln der Europäischen Union gefördert werden, die Arbeit des Auf- und Ausbaus, sowie der Koordination des entstehenden Netzwerkes waren jedoch im Sinne der gesamtplanerischen Verantwortung des örtlichen öffentlichen Trägers der Jugendhilfe (Jugendamt) vor Ort umzusetzen. Aufgabe der Koordination war es nicht, primär zusätzliche Ausbildungsplätze zu akquirieren, sondern die Akteure und Verantwortlichen koordiniert „an den Tisch" zu bekommen, die Situation im Kreis zu analysieren, Formen aktiver Problemlösung mit den verantwortlichen Akteuren zu erarbeiten und möglichst umzusetzen. Wenn dabei auch zusätzliche Ausbildungsplätze herauskamen, um so besser. Letztlich war es die örtliche Ebene, die im Rahmen der Zielvorgaben die Konkretisierung ihrer Prioritäten und Zielsetzung vornehmen musste. Dabei sollte die Sensibilisierung für die Belange der Zielgruppe der individuell und sozial benachteiligten Jugendlichen auch dazu beitragen, dass Versorgungslücken oder nicht angemessenen Förderstrukturen aufgedeckt würden und somit auch fachliche und politische Debatten angeregt würden, mittels welcher regional und lokal abgestimmter Angebotsformen und Maßnahmen die Integration dieser Jugendlichen besser unterstützt werden kann.

---

11 Die Intensivierung der Zusammenarbeit, durch z.B. aufsuchende Arbeitsformen im Rahmen der lokalen Netzwerke führt zunächst immer dazu, dass die Zahl der unversorgten Jugendlichen zunimmt, einfach weil die "Dunkelziffer" nicht gemeldeter oder abgetauchter Jugendlicher abnimmt. Nach einer Einschätzung des Landesarbeitsamtes Hessen 2001 geht man hier von einer Abweichung zwischen Mikrozensus und offizieller Arbeitsamtstatistik um 25% aus.

Optionale Auswahlkriterien für Vorgespräche mit Landkreisen waren:

- Es bestand eine überdurchschnittliche Belastung bei der Jugendarbeitslosigkeit.
- Es bestanden konzeptionelle Vorarbeiten hinsichtlich der Idee der Vernetzung von Jugendberufshilfeprojekten im Kreis.
- Es bestanden Projekte oder waren in Planung, die der Klient bezogenen Vernetzung und/oder der planerischen Koordination und Abstimmung von Maßnahmen von unterschiedlichen Trägern konzeptionell größere Bedeutung zukommen lassen wollten.
- Es waren bereits von Seiten der Landkreise Initiativen und Maßnahmen zur Milderung der Berufsnot Jugendlicher und junger Menschen auf unterschiedlichen Ebenen erfolgt. Ein Engagement des Kreises im Bereich der Arbeitsmarkt- und Beschäftigungsförderungspolitik konnte somit vorausgesetzt werden (z.B. kreiseigene Beschäftigungsgesellschaften oder Koordinationsfunktionen für kreiseigene Arbeitsmarktpolitik).

Mit Bewilligung des Projekts Network durch die Europäische Union wurden mit Aufnahme der Projekttätigkeiten ab Januar 1998 erste Vorgespräche mit unterschiedlichen Landkreisen geführt. Nach einer notwendig gewordenen Klärungsphase[12] konnten die Landkreise Hersfeld-Rotenburg, Odenwaldkreis und Vogelsbergskreis zum Januar 1999 – leider ein Jahr später als geplant - in die Förderung aufgenommen werden.

Die ausgewählten Landkreise zeichnen sich alle durch eine relativ hohe Arbeitslosenquote im allgemeinen und durch eine insgesamt hohe Belastung der Zielgruppe der unter 25- jährigen im besonderen aus.[13] Ähnlichkeiten haben die drei Landkreise in ihrer ländlichen Siedlungs-, Verkehrs- und Beschäftigungsstruktur, mit mehrheitlich klein- und mittelständiger Wirtschaftsstruktur sowie Zuwachsraten im Beschäftigungsbereich alleinig im Dienstleistungssektor. Wenige Großunternehmen, diese jedoch dann Global Players, prägen in allen drei Landkreisen die Struktur des Arbeitsmarktes. In diesem Sinne wurden die europäischen Mittel in strukturschwache Regionen geleitet. Große Unterschiede bestehen in der Größe der Landkreise, so ist der Odenwaldkreis der kleinste, der Vogelsbergkreis dagegen der zweitgrößte Flächenkreis in Hessen.

---

12 Aufgrund von Organisationsveränderungen beim überörtlichen Träger der Jugendhilfe in Hessen ging die Projektleitung zum Oktober 1998 auf das Landesjugendamt Hessen über. Der bisher eingeschränkte Fortgang des Projekts führte notwendigerweise zu einem Änderungsantrag aufgrund deutlicher Änderungen des Finanzierungs- und Kostenplans.

13 Im Landkreis Hersfeld-Rotenburg lag die jährliche durchschnittliche Arbeitslosenquote der unter 25-jährigen zwischen 14.0% (1995) und 12,7% (1999), analog Vogelsbergkreis: 13,6% (1995), 12,8 (1999); Odenwaldkreis: 13,2% (1995), 12,0 (1999). Diese Quoten lag über der durchschnittlichen Arbeitslosenquote (Zahlen aus Veröffentlichungen des Landesarbeitsamtes).

Die Fördersumme von 62.400,00 DM pro Landkreis für zwei Jahre wurde als Festbetrag für Honorarmittel gewährt und konnte in dieser Höhe nur initiierenden Charakter haben.[14] Die Kreisjugendämter erhielten zusätzlich im Rahmen des Projekts weitere Unterstützungsmöglichkeiten in Form von wissenschaftlicher Beratung, strukturiertem Erfahrungsaustausch und Fortbildungen, die allen Netzwerkpartner offen standen.[15]

2. Projektteil Interne Evaluation

Die Frage nach der Effizienz und Effektivität von Maßnahmen zur beruflichen Integration im Rahmen der Qualitätsdebatte in den Sozialverwaltungen gab ebenfalls wichtige Impulse zur konzeptionellen Schwerpunktsetzung in Network.

Die Träger der hessischen Jugendberufshilfe aus dem Jugendressort sind häufig in der Situation, von unterschiedlichen Ressorts Fördermittel zu erhalten (z.B. Sozialamt, Arbeitsamt, Kreis oder Kommune, Land (Jugendministerium, Kultusministerium, Wirtschaftsministerium), Europäische Union), die alle berechtigte aber auch z.t. sich gegenseitig ausschließende Zielvorgaben

---

14 Eine Aufstockung der Gelder durch den Landkreise stand frei, dies konnte jedoch aufgrund haushaltspolitischer Vorgaben nur in Hersfeld-Rotenburg in größerem Umfang erfolgen.

15 Hier sind an erster Stelle zu nennen die wissenschaftliche Beratung durch Professorinnen und Professoren, namentlich Dr. Susanne Weber von der Philipps- Universität Marburg für den Landkreis Vogelsberg, Prof. Gert Strasser von der Evangelischen Fachhochschule Darmstadt für den Landkreis Hersfeld-Rotenburg sowie Prof. Elke Schimpf ebenfalls von der Evangelischen Fachhochschule Darmstadt für den Odenwaldkreis. Durch den von der Gesamtprojektleitung Landesjugendamt organisierten vierteljährlich stattfindenden Erfahrungsaustausch zwischen den beteiligten Landkreisen, der allen Partnern der entstehenden Netzwerke offen stand, wurde das Lernen voneinander unterstützt und durch den Vergleich die Sicht auf die "eigenen Verhältnisse zuhause" systematisiert. Auch die regelmäßigen Redaktionstreffen für die vorliegende Aufsatzsammlung bildeten einen wichtigen Baustein für die kritische Reflexion, für die Diskussion von Begrifflichkeiten und der Entwicklung unterschiedlicher Netzwerkbegrifflichkeiten. Eher praktisch ausgerichtete Unterstützung erhielten die für die Kreise tätigen Koordinatorinnen und Koordinatoren durch Fortbildungen, die wiederum für alle Partner des Netzwerks offen standen. Der Idee gemeinsamer Fortbildung der Netzwerkpartnern liegt die Überzeugung zugrunde, dass abseits des täglichen Arbeitsalltags oder sporadischer telefonischer Kontakte gemachte gemeinsame Lernerfahrungen in einer Fortbildung auch netzwerkbildenden und gruppenfestigenden Charakter haben können. So wurden sowohl Themen von übergreifendem Interesse in gemeinsamen Veranstaltungen Teilnehmerinnen und Teilnehmer aus allen Landkreisen und von unterschiedlichen Netzwerkpartnern angeboten (z.B. Assessment-Center, Training sozialer Kompetenzen) als auch auf die regionalspezifischen Interessen und Bedarfe in Form von vor-Ort- Seminaren eingegangen (z.B. Moderationsmethoden und Einführung in Selbstevaluation). Abgerundet wurde das Angebot durch die Möglichkeiten der transnationalen Zusammenarbeit mit den europäischen Projektpartnern.

und unterschiedliche Antrags- und Verwendungsnachweisführung haben. So waren die Träger der hessischen Jugendberufshilfeprogramme des Jugendministeriums im Vergleich mit Trägern offener Jugendarbeit bereits Mitte der 90'er Jahre gezwungen, sich mit Grundlagen der Qualitätsdebatte und der Wirksamkeitsabschätzung inhaltlich auseinander zusetzen. So beschäftigten sich die selbstorganisierten Fachausschüsse der Träger mit theoretischen Grundlagen (z.b. DIN ISO, Zertifizierung, Erfolgskontrolle). Seit 1995 nahm insbesondere der Druck örtlicher Arbeitsämter zu, „die Effizienz (der) Qualifizierungsmaßnahme... nachzuweisen".[16] Mit Zunahme der gestiegenen Anforderung eines Qualitätsnachweises von anderen Geldgebern, insbesondere Arbeitsämter und Sozialämter, wurde innerhalb der Landesprogramme der Jugendberufshilfen eine fachliche Debatte zu jugendhilfespezifischen Qualitätsstandards und zu jugendhilfeangemessenem Formen des Qualitätsmanagements angestoßen, die als Zwischenergebnis einen detaillierten Leistungskatalog bisheriger Angebote und ihrer jeweiligen Zielsetzungen erbrachte („Positionspapier").[17] Hier wurden auch die Daten und Fakten für die Erstellung der Netzwerkkonzeption der zweiten Förderperiode 1998-2000 geliefert.

In diesem „Positionspapier" wurden nicht nur die nachweislich beschreibbare Veränderung der Zielgruppen und die Zunahme der Heterogenität der Zielgruppen und ihrer Problemlagen deutlich, sondern auch der hohe Anteil kooperierender und abstimmender Arbeiten. Deutlich wurden auch die gestiegenen Anforderungen von Geldgebern, die Qualität und Ergebnisse von Maßnahmen nachzuweisen. Diese Anforderungen bezogen sich auf ein höheres Maß an professionellem Vorgehen in der Planung und Durchführung von Maßnahmen und Fragen einer kontinuierlichen Ergebniskontrolle.

2.1 Anspruch und Realität: Folgerungen und Zielkonkretisierung für Network

Die Ansprüche auf Ergebnis- und Qualitätsnachweis auf Seiten der Geldgeber korrespondierten mit dem professionellen Selbstverständnis vieler Projekte, die schon immer sehr intensiv nach den Folgen und Ergebnissen ihrer Arbeit gefragt hatten, dies aber bisher eher unsystematisch und sporadisch mit wenig abgesicherten Methoden zu bewerkstelligen versuchten. Es zeigte sich eine methodische Überforderung: dass Ergebnisse sozialpädagogischen Handelns messbar, weil beobachtbar und beschreibbar sind – dies konnten die Kolleginnen und Kollegen noch nachvollziehen – mit welchen alltags-

---

16 So erhielt z.B. ein freier Träger der Jugendberufshilfe die Aufforderung des örtlichen Arbeitsamtes, "die Effizienz Ihrer Qualifizierungsmaßnahme innerhalb der nächsten 6 Wochen nachzuweisen".

17 Dieses Positionspapier wurde im Rahmen der 1. Förderperiode Youthstart (Co-Train) 1995-1997 entwickelt.

tauglichen Methoden und Verfahren sie den erhöhten Anforderungen nach Nachweis von Ergebnissen und Qualität aber nachkommen sollten, war weitgehend unklar. Nachdem mit dem oben genannten Positionspapier ein Leistungskatalog beispielhafter Zielformulierungen unterschiedlicher Maßnahmen und differenzierte Zielgruppenbeschreibungen vorlag, war folgerichtig die nächste Aufgabe, Verfahren zu entwickeln, mittels derer die Erreichung oder Nicht-Erreichung bestimmter definierter Ziele und fachlicher Standards messbar werden würde.

Als Konsequenz aus diesen Bedingungen wurde entschieden, einen Teil der Projektgelder für die Entwicklung der benötigten methodischen Kompetenzen zur internen Evaluation zu verwenden. Network beruht dabei auf dem Konzept der Selbstevaluation nach Heiner (Heiner 1988: 7), die ebenfalls die Selbstevaluation als Mittel der Qualitätsentwicklung, der Qualitätssicherung und angemessene Methode systematischer Ergebniskontrolle ansieht. Dabei wurde angenommen, dass die regelhafte Implementierung selbstevaluativer Verfahren einen Beitrag zur Professionalisierung der Jugendsozialarbeit leistet, denn mittels dieser Methoden kann die Qualität der Arbeit basierend auf dem Prinzip der freiwilligen Selbstkontrolle überprüft und direkte Verbesserungen der Praxis sozialer Arbeit vor Ort erreicht werden. Da Evaluation als Anwendung sozialwissenschaftlich-empirischer Verfahren der systematischen Datenerhebung und Datenauswertung handwerkliches und theoretisches Wissen voraussetzt und gleichzeitig klar war, dass die Entwicklung, Erprobung und Implementierung von Verfahren interner Evaluation nur unter aktiver Beteiligung der pädagogischen Fachkräfte realisierbar ist, wurde entschieden, Multiplikatorinnen und Multiplikatoren auszubilden, die ihr Wissen an ihre Mitarbeiterinnen und Mitarbeiter in ihren Einrichtungen weitergeben könnten und die einzuleitenden Prozesses selbstgesteuerter interner Evaluation koordinieren und umsetzen könnten. Im Vordergrund stand die Idee, zusammen mit den Teams der entsendenden Einrichtungen konkrete interne Selbstevaluationen durchzuführen (Selbstevaluation des Teams).

In der Folge wurde ein Curriculum für eine berufsbegleitende vom Hessischen Sozialministerium zertifizierten Zusatzausbildung in Selbstevaluation entwickelt[18] und in den Jahren 1998-1999 mit 16 hessischen Projekten der Jugendberufshilfen durchgeführt.[19] Es erfolgte eine Überarbeitung und im

---

18   Mit insgesamt 224 Stunden theoretischer und 196 praktischer Qualifizierung. Didaktischer Ansatz war das "forschende Lernen". Im Abstand von ca. sechs bis acht Wochen kam die Gruppe immer für zwei bis drei Tage Seminar zusammen, in denen theoretische Grundlagen der Evaluationsforschung vermittelt wurden, praktische Übungen zur Entwicklung eigener Evaluationsprojekte absolviert wurden und regelhaft über den Fortgang, Probleme und mögliche Lösungswege der Evaluationsprojekte berichtet wurde (kollegiale und wissenschaftliche Beratung).

19   Darunter befanden sich Qualifizierungs- und Beschäftigungsprojekte, Beratungsstellen und Mädchenwerkstätten/-treffs.

Jahr 2000 wurde ein einjähriger Crash-Kurs[20] mit weiteren 17 Projekten freier und öffentliche Träger von Maßnahmen der Jugendberufshilfe aufgelegt. Die wissenschaftliche Beratung der Evaluationsprojekte vor Ort erfolgte durch die Projektleitung des Landesjugendamtes und einen Mitarbeiter der Firma Inbas gGmbH.[21] Die Kosten für dieses Komplettangebot wurden durch Network gedeckt[22], so dass keine weiteren Teilnehmergebühren erhoben werden mussten. Dies sollte gewährleisten, dass auch kleine und finanziell häufig weniger gut ausgestattete freie Träger teilnehmen konnten.

Darüber hinaus wurde 1999 ein hessenweiter Arbeitskreis (AK) Selbstevaluation in der Jugendberufshilfe gegründet.[23] Er diente dazu, den im Ersten Durchgang ausgebildeten Kolleginnen und Kollegen ein Forum zur Weitergabe ihres Erfahrungswissens bereit zustellen, als auch für sie, wie für andere interessierte Fachkollegen und -kolleginnen ein Forum des Erfahrungsaustausch, der kollegialen Beratung, der zusätzlichen Fortbildung und der wissenschaftlichen Beratung zu bieten. Er stand auch den Teilnehmerinnen und Teilnehmern des Crash-Kurses und den Netzwerken in den Landkreisen offen. Die konkreten Ergebnisse und Erfahrungen dieses Projektteils Interne Evaluation und das Beispiel einer kleinen Datenerhebung und Auswertung bezogen auf den Projektteil Vernetzung im Landkreis Hersfeld-Rotenburg werden in Kapitel IV des vorliegenden Bandes dargestellt. An dieser Stelle soll zunächst nur das Curriculum der Ausbildung im Groben beschrieben werden.

Die Ausbildung orientierte sich an den konzeptionellen Grundlagen und Materialien des „Weiterbildungs- und Forschungsprojekts Selbstevaluation in der Kinder- und Jugendhilfe" der Universitäten Köln und Tübingen, das im Rahmen des Kinder- und Jugendplan des Bundes vom Bundesministerium für Familie, Senioren, Frauen und Jugend durchgeführt wurde.[24] Das Curriculum gliedert sich im Grundsatz entlang eines zeitlichen Ablaufschemas zur Evaluation. Themenblöcke waren:

---

20 Mit insgesamt 120 Stunden theoretischer Qualifizierung und weiteren 96 Stunden praktischer Umsetzung, wobei aufgrund der zeitlichen Beschränkung keine ausgeprägte Beteiligung der Teams umgesetzt werden konnte.

21 Der Umfang betrug für den ersten Durchgang vier Tage in zwei Jahren, für den zweiten Durchgang vier Tage in einem Jahr. Die Beratung wurde durchgeführt von Nicole Benthin,, Soziologin, Schwerpunkt empirische Sozialforschung und Evaluation und Ralph Kersten, Lehrer, Schwerpunkt Erwachsenenbildung und Methoden des Qualitätsmanagements.

22 Nur die Fahrtkosten und die Lohnfortzahlung für die TeilnehmerInnen während der Seminare mussten von den entsendenden Einrichtungen übernommen werden.

23 Er hat sich bis zum Ende des Projekts im Dezember 2000 insgesamt sechs mal getroffen und wird im Rahmen der Begleitung der Landesprogramme des Jugendressorts fortgeführt.

24 Hier lagen seit Januar 1996 die Reihe QS-Info und die Reihe QS: Materialien zur Qualitätssicherung in der Kinder- und Jugendhilfe veröffentlicht vor und konnte genutzt werden. Zusätzlich wurden weitere Lehrmaterialien durch die Projektleitung des Landesjugendamtes für die einzelnen Seminare erarbeitet.

- Grundlagen, Voraussetzungen und Vorbereitung einer Selbstevaluation: hier wurde ein Gesamtüberblick unterschiedlicher Ansätze und Forschungstraditionen im Bereich der Evaluationsforschung vermittelt, das Konzept der Selbstevaluation detailliert beschrieben und eingeordnet, Begrifflichkeiten und Abgrenzungen vorgenommen, verschiedene Ablaufschemata zur Evaluation dargestellt und Standards der Evaluationsforschung thematisiert.

- Planung einer Selbstevaluation: hier standen die Entwicklung eines Evaluationskonzepts im Vordergrund. (Präzisierung des Untersuchungsgegenstandes und der Untersuchungsfragestellung, Motive und Ziele der Selbstevaluation, Praxisziel der Selbstevaluation (was soll hinterher besser sein, wie?). Außerdem wurden Moderationsmethoden vermittelt, mit deren Hilfe Mitarbeiterinnen und Mitarbeiter bei der Entwicklung der Fragestellung und der Benennung von Indikatoren und Bewertungskriterien beteiligten werden können (responsive Evaluation).

- Techniken empirischer Sozialforschung: Neben der Vermittlung theoretischer Grundlagen (was ist messbar?) standen Techniken der Designerstellung (Untersuchungspläne) und der Erstellung von Datenerhebungsinstrumenten (Befragung, Beobachtung, Textanalyse) im Vordergrund. Hier wurden die methodischen Grundlagen verschiedener Datenerhebungsmethoden sowie deren praktische Umsetzung vermittelt.

- Berichtserstellung, Handlungsplanung und Präsentation der Ergebnisse: Hier standen im Vordergrund die Berichtslegung über das Evaluationsprojekt (Nachvollziehbarkeit) und die aus den gefundenen Ergebnissen abgeleiteten Interpretationen und Handlungsempfehlungen. Da im Rahmen der Multiplikatorenausbildung ein hoher Beteiligungsgrad der Teams erwünscht war, wurden den Multiplikatoren auch die Grundlagen der visualisierten Präsentation von (Zwischen-) Ergebnissen und der moderierten Gesprächsführung vermittelt, damit die Transparenz des Prozesses gegenüber den Mitarbeitern besser gewährleistet werden konnte.

3. Transnationale Zusammenarbeit

Projekte im Rahmen der Gemeinschaftsinitiativen müssen als Bewilligungskriterium transnational Partnerschaften aufbauen und gemeinsame Arbeitsprogramme erarbeiten und abarbeiten. Das Ziel transnationaler Partnerschaften ist im allgemeinen der Austausch innovativer Konzepte auf fachlicher Ebene zur Optimierung und Vergrößerung des Nutzens von gegenseitigen Lernerfahrungen der europäischen Partnerprojekte. Dabei steht auch die Vernetzung und die Aufnahme von Kontakten zu vergleichbaren Trägern oder Projekten in Europa im Mittelpunkt. Diese können Kernzelle für weitergehende europäische Kooperationsformen sein. Üblicherweise sind die Organisationsformen zunächst transnationale Steuerungsgruppen.[25] Hier können die beteiligten europäischen Partnerprojekte in Repräsentanz der jeweiligen Projektleitungen ein Arbeitsgremium finden, das über die Kontaktknüpfung und den fachlichen Austausch innovativer Konzepte hinaus, die Plattform darstellt, Austausch- oder Seminarprogramme für die Fachkräfte und/oder Jugendlichen und/oder gemeinsame Produkte zu organisieren. Im Falle des hessischen Projekts Network waren die Partner:

- Das National Institute for Guidance and Education, Irland, Dublin, ein dem Bildungsministerium nachgeordnetes Institut, das Fortbildungen und Curricularentwicklung für formale Ausbildungsgänge und Zusatzausbildungen entwickelt, durchführt und begleitet.

- Der Landsforbundet af Voksen-og Ungdomsundervisere (LVU: Lehrergewerkschaft), Kopenhagen, Dänemark in Zusammenarbeit mit dem VUB (Fortbildungsinstitut für Lehrer). Hier war die dänische Lehrergewerkschaft Projektträger, Projektstandort war die Kleinstadt Skanderborg in Zusammenarbeit von Produktionsschule und anderen formalen schulischen Ausbildungsträgern der Region.

- Das Instituto Para La Formación, Großkommune Madrid, Spanien kümmert sich um Berufsorientierung, -vorbereitung und -ausbildung.

- Das Institute of Career Guidance, Stourbridge, Großbritannien, ist ein Berufsverband der Berufsberater Englands. Die Berufsberatung war einst Teil des öffentlichen-staatlichen Arbeitsamtes. Diese Aufgaben wurden jedoch 1995 privatisiert.

Die Partnerprojekte hatten alle die Aufgabenstellung, Vernetzung im Bereich der Hilfen zur beruflichen Integration für sozial Benachteiligte zu entwickeln.

---

25 Die Treffen fanden im Schnitt drei bis vier mal in den Jahren 1998 und 1999 statt und wurden abwechselnd von allen Partnern organisiert und in den Partnerländern durchgeführt. Irland übernahm freundlicherweise die Protokollführung (Arbeitssprache Englisch), den Vorsitz der jeweiligen Treffen übernahmen die Dänen, die dies in Kooperation mit den jeweiligen gastgebenden Partnern der Treffen und der durchgeführten transnationalen Seminare sehr gut bewältigten. Themen der Treffen der Steuerungsgruppe waren: - Beschreibung und Vergleich der Zielgruppen und der Problemkonstellationen; -Beschreibung und Vergleich der formalen Bildungssysteme; - Beschreibung und Vergleich innovativer Konzepte der Berufsorientierung und -vorbereitung für benachteiligte Jugendliche; - Begriffe der Vernetzung: lokal, regional, europäisch; - Benötigte Kompetenzprofile für die Arbeit in Netzwerken; - Good Practice: Beispiele und Voraussetzungen "guter" Netzwerkarbeit; - Organisatorische Fragen des vereinbarten Arbeitsprogramms: Seminarthemen und Durchführung der transnationalen Seminare/workplacements; - Entwicklung eines gemeinsamen zweibändigen transnationalen Handbuchs in englischer, deutscher und spanischer Sprache zur Verbreitung der Ergebnisse. Die Treffen der Steuerungsgruppe wurden von Tony Watts vom National Institute for Careers Education and Counselling (UK) wissenschaftlich begleitet und hinsichtlich Gemeinsamkeiten und Unterschieden der Partnerprojekte ausgewertet.

Dennoch hatten die Partner unterschiedliche Schwerpunkte. So stand in Dänemark im Vordergrund ein Netzwerk der Berater unterschiedlicher Einrichtungen in der Region Skanderborg aufzubauen mit dem Ziel, die Klienten bezogene Vernetzung und Kooperation zu verbessern. In Großbritannien wurden neue Zugangsformen und Methodiken in die Berufsberatung entwickelt und eingeführt, die der Zielgruppe benachteiligter Jugendlicher besser gerecht werden.[26] Die irischen Kollegen legten ihren Schwerpunkt auf die Entwicklung formal anerkannter, durch Universitäten durchgeführter Zusatzausbildungen für Jugendarbeiter, um methodisch und didaktisch besser mit der Zielgruppe arbeiten zu können. Die spanischen Kollegen nutzten die Gelder zur Finanzierung von Maßnahmen für Jugendliche und für die Vernetzung und Fortbildung unterschiedlicher freier und öffentlicher Träger der Jugendberufshilfen in der Großkommune Madrid.

In den thematischen Sitzungen der Steuerungsgruppe wurde eine überaus hohe Übereinstimmung der Zielgruppen und ihrer Problemkonstellationen festgestellt. Der Vergleich der formalen Bildungssysteme zeigte, dass die dänischen Kollegen über ein sehr flexibles Ausbildungssystem verfügen, in dem Querein- und -ausstiege gut möglich sind und welches vom Grundverständnis die Bildung des Individuums in den Mittelpunkt rückt. Es zeigte sich auch, dass das dänische System nicht nur besonders gut finanziell ausgestattet ist, sondern auch die individuelle und an den Stärken der Jugendlichen ansetzende Förderung traditionell am stärksten betont. Auch besteht hier eine lange Erfahrung im systematisch-methodischem Handeln und in der Aufgabenstellung der Evaluation sozialpädagogischer Praxis. Zum Themenbereich der Vernetzung wurde übereinstimmend die besondere Bedeutung eines koordinierten und abgestimmten Vorgehens unterschiedlicher Dienste und Systeme festgestellt.[27] Auch wurde eine hohe Übereinstimmung in der Einschätzung benötigter Kompetenzen der Mitarbeiterinnen und Mitarbeiter in Netzwerken erarbeitet.[28]

Die Lernerfahrungen aus der Arbeit der europäischen Partnerprojekte, aus den Treffen der Steuerungsgruppe sowie aus den transnationalen Seminaren wurden in einem zweibändigen transnationalen Handbuch aufbereitet und der hessischen Fachöffentlichkeit kostenlos zugänglich gemacht.[29]

---

26 Die zum Teil schwierigen Zielgruppen (at risk) und die damit notwendigen Methodiken der Beratung (z.B. Gruppeangebote, Seminare zur Berufsfindung) gehörten vor der Privatisierung der Berufsberatung, die bis 1995 Teil des öffentlichen Arbeitsamtes/Berufsberatung gewesen war, nicht zum traditionellen Aufgabenprofil.

27 Im Vergleich zum hessischen Projekt hatte die Partnerprojekte in dieser Frage jedoch stärker ihren Focus auf der Klient bezogene Vernetzung, während die Frage strategisch-planerischer institutioneller Vernetzung insbesondere bei den dänischen Kollegen erst zum Ende der Projektlaufzeit stärker in den Focus geriet.

28 Hier sind insbesondere Kommunikationsfähigkeit und Teamfähigkeit genauso zentral, wie die Kenntnis der Zielgruppen, der Arbeitsmarktlage, arbeitsmarktpolitischer Fördermöglichkeiten oder die Fähigkeit, einen Kontakt zum Jugendlichen und Vertrauen herstellen zu können.

29 Der erste Band richtet sich primär an Entscheidungsträger und Multiplikatoren. Er be-

Während der Laufzeit des Projekts fanden mehrere transnationale Seminare in allen beteiligten Ländern statt.[30] Diese wurden jeweils ergänzt durch workplacements, die den Teilnehmern ermöglichten, die Arbeit der Projektpartner vor Ort in der Praxis kennen zu lernen. Im Rahmen der Auswertung dieser Seminare machten TeilnehmerInnen und Projektleitungen folgende sinngemäßen Aussagen: Die Problemlagen benachteiligter Jugendlicher sind in allen beteiligten europäischen Partner in Kern dieselben! In allen Partnerländern gibt es Gegenden der Deprivation (soziale Brennpunkte), Armut von Kindern und Jugendlichen ist gegenwärtig, wenn auch in reicheren Ländern wie Dänemark und Deutschland in andere Ausprägung als im Großraum Madrid. Dabei drohen Jugendliche mit negativen Lernerfahrungen im formalen Bildungssystem und aus sozial schwierigen Verhältnissen eher abzurutschen (Wohnungslosigkeit, Kriminalität, Drogen).

Es besteht eine hohe Übereinstimmung darin, dass die Zielgruppe der benachteiligten Jugendlichen nach einem methodischen Herangehen verlangt, der in Deutschland als adressatenorientiert bezeichnet wird (client centred approach). Dabei wird die Kooperation unterschiedlicher Dienste und Hilfen und das reibungslose Ineinandergreifen von Hilfeketten für mehrfach benachteiligten Jugendlichen immer zentraler und es zeigt sich, dass je besser die Hilfeketten für den einzelnen Jugendlichen organisiert und abgestimmt sind, desto weniger tauchen ab und fallen heraus.

In allen Partnerländern nimmt das Interesse der Politik und Geldgeber an Evaluation zu, auch bei der Europäischen Union. So wird systematische Evaluation immer mehr zur professionellen Notwendigkeit. In diesem Kontext wurde diskutiert, ob Evaluation freiwillig oder zwingend sein soll. Die Einschätzung hierzu hängt offensichtlich ab von den nationalen Strukturen (Förderungsanteile) und Traditionen (politisch: zentralistisch/föderalistisch, Fremdkontrolle/freiwillige Selbstkontrolle).

---

schreibt die einzelnen europäischen Partnerprojekte im Überblick und bereitet die zentralen Learning Points der Treffen der Steuerungsgruppe basierend auf den Evaluation Reports von Tony Watts auf. Im Zentrum des zweiten Bandes, der sich stärker an die Praktiker der Jugendsozialarbeit wendet, werden vor allem die länderspezifischen Ergebnisse und Erfahrungen in Form unterschiedlicher Artikel zum Themengebiet der Integration benachteiligter Jugendlicher in den Arbeitsmarkt veröffentlicht. Der Druck erfolgte durch ein spanisches Jugendhilfeprojekt (Druckwerkstatt). Insbesondere durch das hohe Engagement des spanischen Projektpartners, der zusätzliche Sponsoringmittel akquirieren konnten und für die Drucklegung und Versendung federführend war, konnte die Übersetzung in drei Sprachen realisiert werden, damit ein möglichst hoher Verbreitungsgrad gegeben ist.

30 1998 in Großbritannien, 1999 in Irland, Dänemark und Hessen, 2000 in Spanien. Themenstellungen der Seminare waren der Austausch neuer Methodiken und Didaktiken für die Beratung und Begleitung der Zielgruppe benachteiligter Jugendlicher sowie Methoden und Traditionen der Evaluation von Programmen oder Maßnahmen. Die Mehrheit der Seminare für die Fachkräfte wurde aus zeitlichen Effizienzgründen kombiniert mit den Steuerungstreffen durchgeführt.

Grundsätzlich fördert transnationale Zusammenarbeit den europäischen Vernetzungsgedanken und hilft bei vielen Dingen: Organisation von Austauschprogrammen und Anregung für die Entwicklung neuer Ideen, Konzepte und Instrumente. Dabei hat sich die didaktische Umsetzung der Kombination von Seminaren und workplacements als lohnend gezeigt, um einen sehr konkreten und praktischen Einblick in methodische Ansätze und Traditionen der Partner zu bekommen und interkulturelles Lernen zu praktizieren. Damit werden nicht nur die Realität und Vielfalt europäischer Kultur für jeden Einzelnen positiv erlebbar, sondern es tritt auch eine Sensibilisierung und Bewusstwerdung ein, dass wir Teil des europäischen – und darüber hinaus weltweiten Netzwerks sind. Dass hierbei der Kontakt von Menschen im Mittelpunkt des Seins steht, mag zum Abschluss eine kleine Beobachtung am Rande des ersten transnationalen Seminars 1998 in Blackpool veranschaulichen, die mit einem Schmunzeln aufgefasst werden möchte. Während des zweitägigen Seminars war die nationaltypische Einhaltung von Essenszeiten (Spanien nicht vor 21.00 h) und der „nationale Tisch" beim Essen die Regel. Nach dem anschließenden zweitägigem workplacement war der „nationalitätengemischte Tisch" die Regel und Dinner war um 19.00 h. Aber die Iren kamen, wie sich im Verlauf weiterer Seminare herausstellte „wie immer zu spät" und die Deutschen warteten „recht ungeduldig". Das Netzwerk – so alt wie die Geschichte des Lernens und der sozialen Beziehungen der Menschheit. Ah ja: Gemeinsames Vorsingen „nationalen" Liedguts (Hänschen klein) soll es am Abschlussabend im Birmingham dann auch noch gegeben haben...

Literatur

BBJ Consult Info Nr. 2 (1999): Regionale Kooperationen zur beruflichen Integration von Jugendlichen, Berlin.

Bundesminister für Jugend, Familie, Frauen und Gesundheit (1990) (Hrsg.): Achter Jugendbericht, Bonn.

Braun, Frank (1999): Innovation und Kooperation, Thesen zur Bedeutung von lokaler Kooperation für die Verstetigung, Übertragung oder Verallgemeinerung von Modellversuchen zur beruflichen Integration von benachteiligten Jugendlichen. In: BBJ Consult Info Nr. 2, Berlin, S. 13-16.

Heiner, Maja (1988): Von der forschungsorientierten zur praxisorientierten Selbstevaluation. In: dies. (Hrsg.): Selbstevaluation in der Sozialen Arbeit, Fallbeispiele zur Dokumentation und Reflexion beruflichen Handelns, Freiburg, S. 7-40.

Heiner, Maja (1994) (Hrsg.): Selbstevaluation als Qualifizierung in der Sozialen Arbeit, Fallstudien aus der Praxis, Freiburg.

Heiner, Maja (1996) (Hrsg.): Qualitätsentwicklung durch Evaluation, Freiburg.

Landesjugendamt Hessen, (1995) (Hrsg.): Tagungsreader Vernetzung und Kooperation, Wiesbaden.

Heiner Brülle
Wege zur Berufsbildung für Alle - Kommunale Strategien einer aktiven Berufsbildungspolitik für Benachteiligte

Vorbemerkung

Der folgende Beitrag versucht anhand noch sehr frischer persönlicher Erfahrungen mit einem komplexen kommunalen Handlungsprojekt zur Bekämpfung der Jugendarbeitslosigkeit ein spezifisches Vernetzungsmodell in der Jugendberufshilfe heraus zu arbeiten. Der/die geneigte LeserIn möge es verzeihen, dass angesichts dieser Aufgabe und des begrenzten Textbudgets es nicht möglich war, das gesamte Projekt und seine Verfahrensweisen darzustellen. Ich habe deshalb versucht, die Anforderungen und gefundenen Lösungen der lokalen Vernetzung im Handlungsfeld der Jugendberufshilfe entlang des einzelfallbezogenen Leistungsprozesses zu veranschaulichen, andere wichtige Vernetzungsebenen konnten deshalb nur sehr ausschnitthaft thematisiert werden. Die im Folgenden dargestellte Projektstrategie und die entwickelten Lösungen sind m.E. in ländlichen Räumen ebenso realisierbar wie in einer Großstadt.

1. Bilanz prekärer Bildungsprozesse, struktureller Veränderungen der Erwerbsarbeit und hilflose Reaktionen segmentierter Hilfesysteme - Jugendhilfe- und Sozialberichterstattung

Der Bedarf an kommunale Jugendhilfe- und Sozialhilfeleistungen korrespondiert zunehmend mit prekären oder misslungenen Integrationsprozessen in berufliche Bildung und Erwerbsarbeit. Eine selbstständige Lebensführung und die damit in der Regel verbundene Integration in Erwerbsarbeit ist heute ohne eine ausreichende Schulbildung und eine abgeschlossene berufliche Bildung auch für junge Menschen kaum noch möglich. Die Ziele der bundesstaatlich verfasster Sozialleistungssysteme, die die Auftragslage der kommunalen Sozialpolitik festlegen, verweisen auf Erwerbsarbeit als Quelle eigenständiger Reproduktion. Im Bundessozialhilfegesetz (BSHG) benennt der §18 BSHG die Lohnarbeit als Kern des Nachrangs- und Selbsthilfeprinzips des BSHG. „Jeder Hilfesuchende muß seine Arbeitskraft zur Beschaffung des Lebensunterhaltes für sich und seine unterhaltsberechtigten Angehörigen einsetzen" (BSHG § 18 Abs.1). Wie das BSHG setzt auch das SGB VIII seine Meßlatte für die soziale Integration und selbständige Lebensführung an einer Eingliederung in das Erwerbsleben an. Im SGB VIII § 13 Abs. 1 wird die Kommune als örtlicher Jugendhilfeträger beauftragt, für benachteiligten jungen Menschen Hilfen bereitzustellen, „... die ihre schulische und berufliche Ausbildung, Eingliederung in die Arbeitswelt und ihre soziale Integration fördern." In § 13 Abs. 2 wird der Auftrag konkretisiert: nachrangig zu anderen Kostenträgern sollen

„... geeignete sozialpädagogisch begleitete Ausbildungs- und Beschäftigungsmaßnahmen angeboten werden, die den Fähigkeiten und dem Entwicklungsstand dieser jungen Menschen Rechnung tragen."

Die kommunale Jugendhilfe- und Sozialpolitik der Landeshauptstadt Wiesbaden hat diesen wichtigen Förderbereich schon vor der o.g. Kodifizierung im SGB VIII entwickelt und seit 1984 auf Basis der §§ 5 und 6 des damaligen JWG für junge Menschen, die Hilfen zur Erziehung oder Hilfen zur Entwicklung einer eigenständigen Lebensführung benötigen und ohne diese Hilfen keine erfolgreiche Berufseinmündung erreichen, außerbetriebliche Berufsausbildung in besonderen Einrichtungen der Jugendhilfe gewährt.

Ebenso wurden zunächst im Rahmen eines Modellversuches des Bundesbildungsministeriums seit 1977 an Sonder-, Haupt- und Gesamtschulen Schulsozialarbeitsprojekte installiert, die in einem dreistufigem Ansatz (1) in allen Klassen ab dem 8. Schuljahr mit Unterrichtsprojekten und Seminaren die berufliche Orientierung und den Übergang Schule-Beruf unterstützt, (2) für benachteiligte SchülerInnen über Gruppenarbeit u.a. den Übergang Schule-Beruf intensiv vorbereitet und begleitet und (3) einzelne SchülerInnen besondere Hilfen im Rahmen von casework und Familienarbeit in Kooperation mit den sozialen Diensten im Stadtteil intensiv unterstützt Auch die Sozialhilfe bietet seit 1984 für arbeits- und ausbildungslose Leistungsberechtigte unter 25 Jahren neben einem beruflichen Eingliederungs- und Orientierungsjahr in außerbetrieblichen Ausbildungseinrichtungen auch außerbetriebliche Berufsausbildung an.[1]

Obwohl in Wiesbaden neben den vielfältigen klassischen Angeboten der Arbeitsverwaltung und der schulischen Berufsvorbereitungsmaßnahmen dieses relativ entwickelte kommunale Angebot der Sozial- und Jugendberufshilfe existiert, bleibt Jugendarbeitslosigkeit und Jugendberufsnot auch hier eingravierendes soziales Problem. 1997 lag die Zahl der angebotenen Berufsausbildungsplätze im dualen System 8,8% unter dem Wert von 1990; die Zahl der unter-18jährigen BerufsschülerInnen ohne Ausbildungsvertrag

---

1   Vergleiche zur Wiesbadener Praxis im Einzelnen Brülle/Schleimer 1994 und Amt für Soziale Arbeit 1996 und 1997.

betrug 868, ferner waren 493 junge Menschen zwischen 18 und unter 21 Jahren arbeitslos gemeldet. Zusätzlich befanden sich 323 junge Menschen unter 21 Jahren in berufsvorbereitenden Maßnahmen der Arbeitsverwaltung oder der Berufsschulen, denen mehr oder weniger Warteschleifencharakter zugeschrieben werden musste. Insgesamt errechnete eine Potenzialanalyse zur jugendlichen Ausbildungsnot eine Zahl von 1.684 jungen Menschen unter 21 Jahren, deren berufliche Integration bisher ohne Arbeits- oder Ausbildungsplatz als gescheitert angesehen werden musste. Hochgerechnet auf die geschätzte Zahl der potenziellen NachfragerInnen nach Arbeit- oder Ausbildungsplätze zwischen 16 und unter 21 Jahren betrug die Quote der NichteinmünderInnen 21%. Diese Quote war seit 1990 um fast 100% angestiegen, obwohl die Zahl der potenziellen BewerberInnen um einen Ausbildungsplatz in diesem Zeitraum nahezu konstant geblieben ist (Landeshauptstadt Wiesbaden 1998). In dem relativ ausgeglichenen Arbeitsmarkt des Rhein-Main-Gebietes und speziell in Wiesbaden mit stabilen Beschäftigungsstrukturen insbesondere im Dienstleistungssektor, führen geringe oder fehlende schulische Bildungsabschlüsse verbunden mit fehlender Berufsausbildung zu einer sehr prekären Erwerbsbiographie oder sogar zu dauerhaften Erwerbsausschluss. 1997 sind fast 55% der Arbeitslosen in Wiesbaden ohne eine abgeschlossene Berufsausbildung, während nur 15% der sozialversicherungspflichtigen Beschäftigten über keine Berufsausbildung verfügen.[2]

Die hier erfolgte Dokumentation der Daten und Fakten zur Jugendberufsnot darf nicht suggerieren, dass diese Daten systematisch und integriert vorliegen oder gar von den zuständigen Institutionen in einer gebrauchsfähigen Form vorgehalten werden. Vielmehr ist die Fragmentierung der Zuständigkeiten, die fehlende Vernetzung der Systeme bzw. die fehlenden Schnittstellenarrangements Teil des Problems der Jugendberufsbildung; die Bestandsaufnahme und kontinuierliche Fortschreibung einer validen Datengrundlage der Übergänge im Feld Schule-Beruf muß als wichtiger Startpunkt vernetzter Strukturen der Jugendberufshilfe gesehen werden. Die staatlichen Systeme allgemeinbildende Schule, berufliche Schule, Arbeitsvermittlung und Berufsberatung haben ebenso wenig systematische Kooperationsstrukturen und abgestimmte Schnittstellen geschaffen wie die Kammern der ausbildenden Wirtschaft oder die nachrangigen kommunalen Hilfesysteme. Insbesondere in der Förderlandschaft für benachteiligte Jugendliche herrscht

„...eine problematische Überdifferenzierung von Programmen und Maßnahmetypen und eine Zersplitterung von Zuständigkeiten, Ressorts und Programmphilosophien. Im Ergebnis führt dies nicht nur zu Steuerungsblockaden bei Trägern und Verwaltungen, sondern auch zur Desorientierung der Jugendlichen in einem immer unübersichtlicheren Maßnahmendschungel" (Brülle u.a. 1998, vgl. auch Schild, Kapitel I).

---

2   Quellen: Arbeitslose nach ausgewählten Strukturmerkmalen September 1997, Hauptamt Wiesbaden und Landeshauptstadt Wiesbaden Statistische Berichte 4/1997.

Viele benachteiligte Jugendliche befinden sich in teilweise wenig zielgerichteten Maßnahmekarrieren, die wegen fehlender Schnittstellen und nicht vorhandener institutioneller Passung der einzelnen Förderprogramme eher einer Logik des Misslingens folgen.

Die neugewählte Wiesbadener Stadtverordnetenversammlung beauftragte 1997 die Wirtschafts- und Sozialverwaltung angesichts dieser Situation mit einer detaillierten Analyse der Jugendarbeitslosigkeit und Jugendberufsnot und mit der Entwicklung eines Maßnahmeprogramms, welches jedem/r arbeits- und ausbildungslosen Jugendlichen eine Beschäftigungsgelegenheit garantiert.

2. Der Anfang: Ein integrierter und verbindlicher Zielbildungsprozess und eine lösungsorientierte Budgetierung – Jugendhilfe- und Sozialplanung

Die mit der Entwicklung des Programms beauftragten Ämter für Wirtschaft und für Soziale Arbeit (Sachgebiet Hilfe zur Arbeit und Ausbildung und die Jugendhilfe- und Sozialplanung) entschlossen sich angesichts der o.g. Analyse des Handlungsfeldes zu einer kooperativen und modularen Entwicklung eines kommunalen Handlungsprogramms zur Bekämpfung der Jugendarbeitslosigkeit. In differenzierten Workshops und Arbeitsgruppen wurden alle Akteursgruppen des Ausbildungs- und Arbeitsmarktes in Wiesbaden (ausgewählte Haupt- und Berufsschulen, das Staatliche Schulamt, die Arbeitsverwaltung mit Berufsberatung und Arbeitsvermittlung, die Industrie- und Handelskammer, die Kreishandwerkerschaft, der DGB, ausgewählte Träger der Jugendberufshilfe und der örtliche Arbeitskreis Träger der Jugendberufshilfe, die kommunalen Ämter für Wahlen, Statistik und Stadtforschung und für Personal und Organisation) beteiligt. In einem ersten Schritt der Projektentwicklung wurde auf Basis der Wiesbadener Leitlinien kommunaler Beschäftigungspolitik (Amt für Soziale Arbeit 1997) folgender Rahmen für das kommunale Handlungsprogramm abgesteckt:

- Schulische Bildung und berufliche Ausbildung haben Vorrang vor Beschäftigung.
- Beschäftigungsangebote sollen immer mit Bildungsangeboten verknüpft sein.
- Die beruflichen Bildungs- und Beschäftigungsangebote sind markt- und wirtschaftsnah zu gestalten.
- Allen arbeits- und ausbildungslosen jungen Menschen unter 21 Jahren, die über keine oder nur geringe Schulabschlüsse (in der Regel max. Hauptschulabschluss) verfügen, soll ein verbindliches Integrationsangebot gemacht werden.

Diese Programmatik wurde im Namen des kommunalen Handlungsprogramms „Wege zur Berufsbildung für Alle" dokumentiert. Die Stadtverordnetenversammlung beschloss das Programm im März 1998. Das Projektdesign beinhaltet folgende „zentrale Anforderungen an die zu entwickelnden Programmbausteine:

- ihre Anbindung an vorhandene Strukturen und Akteursnetze wie die Arbeitsverwaltung, Schulen und Schulsozialarbeit, Jugendhilfe in den Stadtteilen, Betriebe und Kammern sowie die in Wiesbaden aktiven Träger der Jugendberufshilfe;
- die Bausteine sollen integrativ zu den vorhandenen Strukturen und Akteure entwickelt werden und Synergieeffekte durch Kooperation und Vernetzung freisetzen;
- die Bausteine sind wirtschafts- und betriebsorientiert darzustellen und individuell an die Voraussetzungen und Möglichkeiten der arbeitslosen jungen Menschen anzupassen;
- die vielfältige Kompetenz und Praxis der Wiesbadener Träger der Jugendberufshilfe muß integriert werden" (Landeshauptstadt Wiesbaden 1998).

Schaubild 1: Wege zur Berufsbildung für Alle

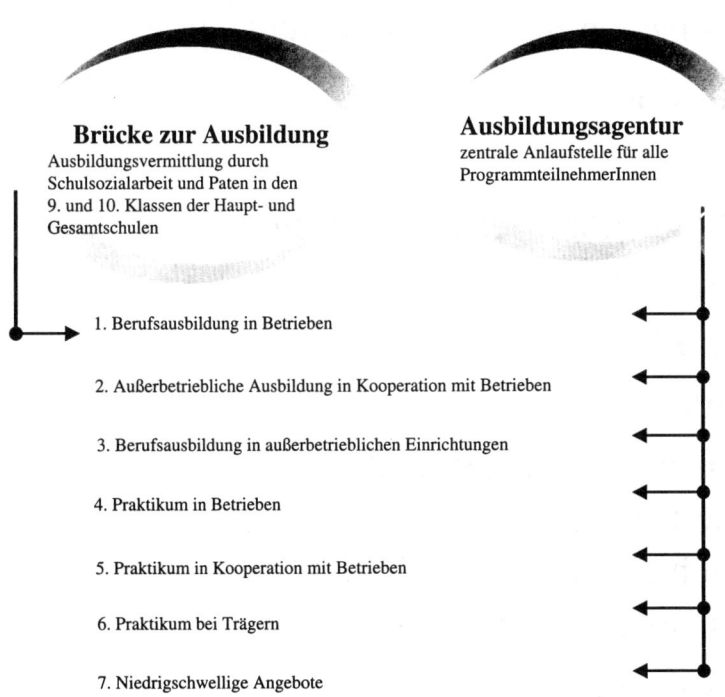

Brücke zur Ausbildung
Ausbildungsvermittlung durch
Schulsozialarbeit und Paten in den
9. und 10. Klassen der Haupt- und
Gesamtschulen

Ausbildungsagentur
zentrale Anlaufstelle für alle
ProgrammteilnehmerInnen

1. Berufsausbildung in Betrieben

2. Außerbetriebliche Ausbildung in Kooperation mit Betrieben

3. Berufsausbildung in außerbetrieblichen Einrichtungen

4. Praktikum in Betrieben

5. Praktikum in Kooperation mit Betrieben

6. Praktikum bei Trägern

7. Niedrigschwellige Angebote

Die Strukturen und Standards der im Schaubild 1 dargestellten Programmbausteine wurden in kleinen Arbeitsgruppen oder auf Workshops mit den wesentlichen Akteuren im Handlungsfeld entwickelt und abgestimmt. Außer bei der außerbetrieblichen Berufsausbildung werden keine jährlichen Platzzahlen vereinbart, vielmehr werden mit den Trägern der Jugendberufshilfe neben Leistungsstandards und Kosten pro Leistung Korridore über die minimale bzw. maximale TeilnehmerInnenzahl vereinbart. Um diese offene Konzeption umzusetzen ist eine ebenso offene Verfügbarkeit des finanziellen Budgets notwendig; das Projekt „Wege zur Berufsbildung für Alle" verfügt über ein festes Ausgabenbudget, welches den Zuschussbedarf des Projektes begrenzt. Alle weiteren üblichen Festlegungen z.b. nach Einnahmen aus Drittmitteln, Personal-, Zuschuss- oder Sachkosten fehlen und können sogar unterjährig verändert werden Die strategische Projektsteuerung berichtet jährlich über geplante und realisierte Ausgaben und Einnahmen. Auf der Ebene der operativen Projektsteuerung findet arbeitsteilig das kontinuierliche Haushalts- und Leistungscontrolling statt.

Schaubild 2: Aufgaben der Ausbildungsagentur

Zentrale Anlaufstelle zur individuellen Berufswegeplanung

- Erfassen
- Beraten
- individuellen Berufsintegrationsplan erarbeiten
- Vermitteln
- Begleiten
- Planen, Entwickeln und Bereitstellen von Beschäftigungs-, Ausbildungs- und Qualifizierungsangeboten
- Dokumentation

Die Ausbildungsagentur der Landeshauptstadt Wiesbaden GmbH ist gemäß Kooperationsvertrag für die im Schaubild 2 aufgeführten Leistungen verantwortlich, deren Art und Qualitätsstandards in einer Leistungsbeschreibung und einem „Unterstützungskonzept" geregelt sind. Zusätzlich werden jährliche besondere Leistungsziele vereinbart und der Finanzbedarf wird ebenfalls jährlich über einen von der Landeshauptstadt Wiesbaden zu genehmigenden Wirtschaftsplan einvernehmlich geklärt und zur Verfügung gestellt. Mit Hilfe der Analysen der KollegInnen der Abteilung Statistik im Amt für Wahlen, Statistik und Stadtforschung konnte die primäre Zielgruppe des Handlungsprogramms auch quantitativ für 1998 wie folgt eingegrenzt werden:

- BerufsschülerInnen ohne Ausbildungsvertrag unter 18 Jahren, die bereits das 10. Schulbesuchsjahr in Vollzeitklassen absolviert haben: 460
- Arbeitslosgemeldete 18- bis unter 21-Jährige: 493

Für diese primäre Zielgruppe von damals voraussichtlich 953 jungen Menschen wurde eine Dienstleistungsorganisation entwickelt, die sich von klassischen Jugendberufshilfeangeboten deutlich unterscheidet. Zentrales Merkmal ist die nachfrageorientierte Programmentwicklung und Steuerung. Während klassische Projekte wie das legendäre „501-Programm" aus Berlin primär angebotsorientiert verfahren, d.h. für eine eingegrenzte Zielgruppe ein spezifisches Set an Maßnahmen entwickeln und anschließend die Maßnahmen und ihre Belegung primär angebotsorientiert zu steuern, erfolgt die Wiesbadener Steuerung nachfrage- oder besser bedarfsorientiert. D.h. auf Basis der oben genannten. Zielgruppendefinition werden von der städtischen Statistikabteilung gemeinsam mit der Jugendhilfeplanung die Quantitäten der primären Zielgruppe jährlich geschätzt und deren Erreichung durch die Ausbildungsagentur vorgegeben. Neben der Quote der erreichten Jugendlichen sind evtl. selektive Wirkungen von besonderem Interesse, in den vierteljährlichen Leistungsberichten wird deshalb jeweils der relative Erreichungsgrad hinsichtlich der Merkmale Deutsch/Nicht-deutsch, Geschlecht, ohne bzw. mit Schulabschluss und die Zugehörigkeit zu den Klientelgruppen der Arbeitsverwaltung, der Berufsschulen und der Sozialhilfe dokumentiert. Erfolgskriterium im Leistungsprozess ist es, möglichst alle jungen Menschen aus der eindeutig definierten Zielgruppe zu erreichen, mit ihnen geeignete Integrationsangebote zu nutzen und ihre Einmündung in berufliche Ausbildung zu begleiten. Die klassische Praxisfalle, primär die wenigen vorhandenen Angebote zu füllen also angebotsorientiert vorzugehen, kann auf diese Weise vermieden werden.

BauHaus Werkstätten Wiesbaden GmbH als Gesellschafter

Bildungswerk der Hessischen Wirtschaft e.V. als Gesellschafter

Ausbildungsagentur der Landeshauptstadt Wiesbaden GmbH

4 Beraterinnen und Berater, davon eine Fachkraft als Agenturleiterin
1 Fachkraft für Qualifikationsentwicklung in Betrieben
2 Verwaltungskräfte, Geschäftsführung

Landeshauptstadt Wiesbaden Amt für Wirtschaft und Liegenschaften

1 MitarbeiterIn (u. a. operative Programmsteuerung, Mittelbewirtschaftung, Betriebsakquise

Landeshauptstadt Wiesbaden Amt für Soziale Arbeit Fachstelle Jugendberufshilfe

1 MitarbeiterIn (u.a. Operative Programmsteuerung, Maßnahmeentwicklung mit Trägern)

3. Die Konsequenz: Wirkungsorientierung und AdressatInnenorientierung als Prinzipien der vernetzten Dienstleistungsproduktion – Den Maßnahmedschungel durch integrierte Leistungsketten vermeiden

Die Fachkräfte der Ausbildungsagentur verstehen sich als „LotsInnen" ihrer AdressatInnen im Prozess der Eingliederung in das Erwerbsleben. Dies bedeutet, dass die BeraterInnen den gesamten beruflichen Bildungsprozess von der ersten Kontaktaufnahme bis zur erfolgreichen Aufnahme einer Ausbildung oder einer betrieblichen Beschäftigung mitgestalten und dass die jungen Menschen über den gesamten Zeitraum in der Regel von der gleichen Fachkraft begleitet werden.[3]

Da die Ausbildungsagentur den Auftrag hat, jeden arbeits- und ausbildungslosen jungen Mensch zu erfassen, seinen beruflichen Integrationsweg gemeinsam mit ihm zu planen und zu begleiten, erforderliche Hilfen und Maßnahmen gemeinsam mit den zuständigen Stellen oder aus dem eigenen Portofolio zu vermitteln und seine berufliche Einmündung zu dokumentieren, war die Entwicklung einer Datenbank, die diesen Dienstleistungsprozess abbildet und dokumentiert ein wesentlicher Umsetzungsschritt.

Die Fachkräfte der Ausbildungsagentur müssen ihre Aufgabe nicht darin sehen, ihre AdressatInnen in Maßnahmen zu vermitteln, für die sie zuständig sind, sondern können theoretisch ihre/n AdressatIn die Hilfen individuell zur Verfügung stellen, die diese gebrauchen. In der Praxis findet diese Konzeption zwar immer wieder ihre Grenzen dadurch, dass völlig individualisierte Maßnahmen kaum zeitnah umsetzbar sind oder dass bestimmte Lehrgänge oder Maßnahmen vorübergehend ausgebucht oder nicht verfügbar sind, trotz dieser Einschränkungen und den nicht unerheblichen Schwierigkeiten der Fachkräfte sich auf diese offene Arbeitform einzustellen, wird dieses Prinzip erfolgreich realisiert. Als besonders hilfreich hat sich herausgestellt, dass insbesondere mit den Maßnahmebausteinen „Praktikum bei Trägern in Verbund mit Betrieben" und den niederschwelligen Angeboten „START" und Mäk'm (Mädchen können mehr) recht offen konzipierte Angebote zum Einstieg in den Integrationsprozess zur Verfügung stehen. Der verbindlich abzuschließende Berufsintegrationsplan ist das Herzstück des Unterstützungsprozesses der Ausbildungsagentur, dieser Plan sichert die Erfolgsorientierung der einzelnen Integrationsschritte und steuert den Hilfeprozess. Durch die Verfügbarkeit von außerbetrieblichen Ausbildungsplätzen (zum Teil in Kooperation mit Betrieben) in vielfältigen Branchen und Berufsbildern kann das bloße Fehlen eines geeigneten Ausbildungsplatzes auf dem allgemeinen Ausbildungsmarkt sogar kompensiert werden. Zur Umsetzung dieser Integrationspläne und zur möglichst vollständigen Dokumentation der Integ-

---

3 Diese und die folgenden Ausführungen beziehen sich auf das Unterstützungskonzept der Ausbildungsagentur der Landeshauptstadt Wiesbaden GmbH mit Stand April 2001.

rationsverläufe gibt es einen regelmäßigen auch auf Einzelfälle bezogenen fachlichen Austausch mit den KollegInnen der Berufsberatung und der Arbeitsvermittlung, der kommunalen Fachstelle Jugendberufshilfe/Hilfe zur Arbeit und Ausbildung, den beruflichen Schulen und der Brücke zur Ausbildung/Schulsozialarbeit. Die Ausbildungsagentur verantwortet und koordiniert damit den vertikalen Integrationsprozess wie er im Schaubild 4 abgebildet ist.

Der horizontale Planungs- und Steuerungsprozess wird im Amt für Soziale Arbeit von der Fachstelle Jugendberufshilfe/Hilfe zur Arbeit und Ausbildung und der Jugendhilfe- und Sozialplanung koordiniert. Wesentliche Rückkopplungsebenen mit dem lokalen Akteursnetz bilden der Arbeitskreis Träger der Jugendberufshilfe (TeilnehmerInnen: alle freien Träger der Jugendberufshilfe, Industrie- und Handelskammer, Kreishandwerkerschaft, Berufsberatung und Arbeitsvermittlung des Arbeitsamtes, VertreterInnen der beruflichen Schulen, Amt für Soziale Arbeit mit Fachstelle Jugendberufshilfe/Hilfe zur Arbeit und Ausbildung, Schulsozialarbeit, Jugendhilfe- und Sozialplanung), eine Arbeitsgruppe und regelmäßige Berichte im Jugendhilfeausschuss und insbesondere themenbezogene Arbeitsgruppen oder Workshops.

Schaubild 4: Horizontale und vertikale Integration des Programms „Wege zur Berufsbildung für Alle" (vgl. MASQT 2000: 19)

Vertikale Integration des Einzelfalls	Horizontale Integration der Eingliederungsmaßnahmen			
Erfassung und Beratung	Bedarfsanalyse: Zahl + Struktur der Zielgruppen, z.B. Arbeitslose, BerufsschülerInnen ohne Ausb.-Vertrag, SozialhilfeempfängeInnen, AusbildungsabbrecherInnen	Arbeitsmarktanalyse + Analyse der Jugendberufshilfeangebote, z.B. • Zahl + Struktur der angebotenen Ausbildungsplätze, • Arbeitsplatzstruktur • Angebote Jugendberufshilfe • Angebote des Arbeitsamtes	Strategische Zielvereinbarung und regionale Koordination zwischen Kostenträgern, Leistungsanbietern und sonstigen Ausbildungsmarktakteuren	Planung, Finanzierung und Steuerung der Leistungen im Feld der Jugendberufshilfe	Controlling, diskursive Erstellung und Kommunikation der Ergebnisberichte, Evaluation der Wirkungen und Auswirkungen der Leistungen
Assessment/Diagnose				
Eingliederungsplanung • Zielvereinbarung • Vereinbarung von Umsetzungsschritten				
Case Management • Leistungen 1-N • Monitoring • Beendugung/Auswertung • Prüfung der Nachhaltigkeit				

4. Kontinuierliches Monitoring und diskursives Controlling als Grundlagen kooperativer Steuerung - Geschäftsstatistik und Jugendhilfe- und Sozialplanung

Der sehr offene, hoch kooperativ und lösungsorientiert angelegte Leistungsprozess der Ausbildungsagentur und ihrer Kooperationspartner und Kostenträger erfordert ein transparentes und exaktes Controllingverfahren und Berichtswesen. In dem Programm „Wege zur Berufsbildung für Alle" haben sich folgende Strukturen und Verfahrensweisen als erfolgreich herausgestellt:

- Klare Definitionen des personenbezogenen sozialen Dienstleistungsprozesses und seiner output-Ebenen (vgl. zum Konzept Brülle/Reis 1998).
- Die erfasste Zielgruppe und die Dienstleistungen der Agentur werden in der Datenbank, die den gesamten Unterstützungsprozess der Agentur begleitet dokumentiert.
- Die soziale Struktur der erfassten Zielgruppe wird abgebildet und mit der statistisch festgelegten Zielgruppe hinsichtlich von Merkmalen selektiver Repräsentanz verglichen.
- Die Prozessqualität wird z.B. durch Indikatoren wie „Wahrnehmungsquote der Termine zur Erstberatung und der Folgeberatungen" ausgewertet.
- Die vermittelten Leistungen und Maßnahmen werden exakt hinsichtlich ihres Verlaufs und hinsichtlich der sozialen Merkmale der TeilnehmerInnen dargestellt; ebenso werden die zuweisenden und aufnehmenden Kooperationspartner dokumentiert.
- Der Unterstützungsbedarf und die Einschätzung der Leistungsfähigkeit wird hinsichtlich folgender Merkmale kategorisiert: ausbildungsfähig, mit geringer Unterstützung ausbildungsfähig, mit großer Unterstützung ausbildungsfähig, noch nicht ausbildungsfähig, auf Dauer nicht ausbildungsfähig, zur Zeit nicht beschäftigungsfähig.
- Die Erfolgsbeurteilung erfolgt über eine Betrachtung der Wirkung, d.h. der Einmündung in Ausbildung oder Erwerbsarbeit (siehe Schaubild 5).[4] Eine Überprüfung der Nachhaltigkeit der Einmündung erfolgt 4 Monate nach dem Ausscheiden der AdressatInnen aus dem Unterstützungsprozess und wird in der Datenbank entsprechend ausgewiesen.
- Die kommunale Fachstelle Jugendberufshilfe erhält neben den Datenbankauswertungen der Agentur von den von ihr beauftragten Maßnah-

---

4 Bis zum 1.01.01 konnte der weitere Verlauf der TeilnehmerInnen von Arbeitsamtsmaßnahmen nicht immer exakt ermittelt werden, deshalb wurde aufgrund der starken Nutzung der außerbetrieblichen Ausbildung im 1. Sofortprogramm des BMA tendenziell eine erfolgreiche Einmündung unterstellt.

meträgern individuelle Entwicklungsberichte und kann so über Effektivität und zukünftigen Bedarf für die einzelnen Maßnahmen entscheiden.
- Die Auswertung der Datenbank erfolgt durch die Abteilung Statistik des kommunalen Amtes für Wahlen, Statistik und Stadtforschung als externe Stelle. Hier wird das Material monatlich für interne Steuerungszwecke aufbereitet und vierteljährlich öffentlich präsentiert.
- Die kommunale Steuerung des Gesamtprogramms „Wege zur Berufsbildung für Alle" veröffentlicht jährliche Auswertungsberichte an die Stadtverordnetenversammlung in der Ergebnisse und Wirkungen dokumentiert werden, die Mittelverwendung ausgewiesen wird und Folgeplanungen für die neuen Haushaltsjahre zur Genehmigung vorgelegt werden. Auf diese Art und Weise hat das Programm eine hohe Transparenz und eine große Zustimmung nicht nur im politischen Raum sondern auch bei der heimischen Wirtschaft und in der Öffentlichkeit erzielt.

Neben diesen vielfältigen Controllingebenen und Berichten besteht ein wesentlicher Verwendungszusammenhang darin, diskursiv in Teams und Arbeitsgruppen des Akteursnetzes die Prozesse und Strukturen des lokalen Arbeits- und Ausbildungsmarktes zu beleuchten und kooperativ und kontinuierlich Verbesserungsstrategien zur konzipieren und umzusetzen. Ergebnisse dieses Verbesserungsprozesses in den ersten beiden Programmjahren sind z.B. die Ausweitung der Schulsozialarbeitsprojekte auf fast alle Hauptschulen und –schulzweigen, die Ausweitung der Zielgruppe auf die 22 bis unter 25-Jährigen Arbeitslosen ohne berufliche Ausbildung in gemeinsamer Trägerschaft mit der Arbeitsverwaltung ab dem 1.04.01, die Verstärkung von Strategien der betrieblichen Teilqualifizierung möglichst mit zertifizierten Modulen oder die Einrichtung eines mit streetworking Konzepten arbeitenden sehr niederschwelligen Angebotes „START-mobil".

Neben der direkten Verwendung der Monitoringdaten für Controlling, Steuerung und Aufgabenkritik dienen sie vertiefenden evaluativen Analysen. So hat die Kommunalstatistik eine rückblickende Analyse der Betreuungs- und Einmündungsverläufe der TeilnehmerInnen der Ausbildungsagentur vorgenommen. Als Ergebnis konnten fünf Verlaufstypen identifiziert werden, die unterschiedliche Verlaufsmuster in Beziehung setzen zu Merkmalen der Eingangsqualifikation der Jugendlichen (insbesondere ohne oder mit Hauptschulabschluss) und zur Erfolgsquote der beruflichen Einmündung. Diese Erkenntnisse unterstützen die BeraterInnen z.B. bei Identifizierung erfolgreicher oder besonders riskanter Integrationsstrategien für einzelne Zielgruppen (Amt für Wahlen, Statistik und Stadtforschung 2000).

Erfolgreiche Beendigung	98/99	Geschäftsjahr 99/00	Summe
Jugendliche mit erfolgreicher Einmündung	448	392	840
v. H. Beendigungen	64,6 %	62,8 %	63,8 %
darunter			
betriebliche Ausbildung	143	106	249
außerbetriebliche Ausbildung	77	66	143
v. H. erfolgreiche Beendigungen	49 %	43,9 %	46,7 %
betriebliche Beschäftigung	125	84	209
v. H. erfolgreiche Beendigungen	27,9 %	21,4 %	23,8 %
weitere vollschulische Ausbildung	33	41	74
Zurück in Maßnahme Arbeitsamt/Sofortprogr.	70	95	165
(incl. außerbetriebliche Ausbildung)			
v. H. erfolgreiche Beendigung	15,6 %	24,2 %	19,6 %

Sonstige Beendigungen			
Jugendliche mit sonstigen Beendigungen	245	232	477
v. H. Beendigungen	35,4 %	37,2 %	36,2 %
davon:			
stehen zur Zeit dem Arbeitsmarkt nicht zur Verfügung (Mutterschutz, Erziehungsarbeit, Wehr- Zivildienst, langfristige Krankheit, keine Arbeitserlaubnis)	41	38	79
v. H. sonstige Beendigungen	16,7 %	16,4 %	16,6 %
Abbrüche, Verbleib unbekannt	202	194	396
v. H. sonstige Beendigungen	82,5 %	83,6 %	83,0 %

5. Fazit und Ausblick: Integration und Vernetzung der AdressatInnen-bezogenen Leistungsprozesse

Reflektiert man die Erfolgsbedingungen des Wiesbadener Handlungsprogramms „Wege zur Berufsbildung für Alle" unter dem Leitthema Vernetzung im Feld der Jugendberufshilfe, so möchte ich insbesondere die Vernetzung der „vertikalen Leistungsprozesse" im Übergang Schule-Beruf, herausstellen. Der vertikale Leistungsprozess beschreibt die einzelfallbezogene Leistungskette aus Erfassung und Beratung, Diagnose oder Assessment, Eingliederungsplanung und Fallmanagement (siehe Schaubild 4). Vertikale Vernetzung oder in diesem Falle vertikale Integration bezieht die Ressourcen und Leistungen unterschiedlicher Institutionen und Akteure direkt auf die Bedarfe ihrer AdressatInnen. Voraussetzung ist die gemeinsame Definition von Zielen und Leistungsstandards sowie eine verbindliche Prozessdokumentation; am praktikabelsten erscheint es mir, wenn eine Stelle[5] diesen vertikalen Leistungsprozess einer klar definierten Zielgruppe begleitet. Die zuständigen Kostenträger übernehmen die Finanzierung bestimmter Teilleistungen gemäß dem Eingliederungsplan auf der Basis der gemeinsam entwickelten Ziele und Standards und vergeben diese Teilleistungen an Träger der Jugendberufshilfe. Die für die vertikale Integration zuständige Stelle begleitet den gesamten Eingliederungsprozess und führt bei Problemen ein vorher zwischen den Beteiligten vereinbartes Clearingverfahren herbei. Die Steuerung und die bedarfsgerechte Flexibilität der so erzeugten Leistungskette wird umso besser, um so mehr die Budgets für die Finanzierung der Teilleistungen als Pool zur Verfügung stehen, aber auch segmentierte Einzelfonds z.B. der Arbeitsverwaltung für die Trainingsmaßnahme oder der Sozialhilfe für einen Sprachkursus können entsprechend einzelfallbezogen gesteuert werden. Die FallmanagerInnen müssen in diesem Falle bei den zuständigen Kostenträgern für jeden Einzelfall und für jede Eingliederungsmaßnahme individuell die erforderlichen Kostenübernahmezusicherungen einwerben und koordinieren. Die übliche offene oder verdeckte Konkurrenz der einzelnen Träger kann dann vermieden werden, wenn die mit der vertikalen Integration beauftragte Stelle nicht gleichzeitig als Maßnahmeträger tätig ist und so der Vorwurf vermieden wird, dass sie sich selbst mit Aufträgen versorgt. Auf der Basis dieser integrierten Leistungskette kann dann die horizontale Vernetzung erfolgen (siehe Schaubild 4), deren Aufgabe die einzelfallübergreifende fachliche Planung und Koordinierung in der Region darstellt. Folgende Bausteine erscheinen mir hier von besonderer Bedeutung zu sein: Die gemeinsame

---

5 In unserem Falle ist es die gemeinsam von Jugend- und Sozialhilfe sowie seit dem 1.4.01 vom Arbeitsamt beauftragte Ausbildungsagentur, an anderen Orten kann dies auch ein Verbund von Trägern oder die Fachstelle Jugendberufshilfe oder die Arbeitsverwaltung selbst sein.

kontinuierliche Bedarfs- und Bestandsanalyse, gemeinsam entwickelte strategische Ziele und deren Operationalisierung, verbindliche und transparente Verfahrensweisen der Kostenträgern sowie der Leistungsanbieter, gemeinsam geplante Budgets und transparente Steuerungsformen und ein gemeinsam entwickeltes Controlling und Berichtswesen. Da diese Verbindlichkeit jeden Partner in seiner Handlungsfreiheit tendenziell einschränkt, ist es dringend notwendig, dass alle Leistungen und Erfolge nur gemeinsam „vermarktet" werden. Auch die verbindliche Kodifizierung unter einem gemeinsamen Projektnamen möglichst mit einem gemeinsam verantworteten Budget erhöht Tragfähigkeit und Flexibilität eines solchen Netzwerkes. Die „Empfehlungen zur Zusammenarbeit der Arbeitsämter mit den Kommunen bei der beruflichen und sozialen Integration junger Menschen", die die Bundesanstalt für Arbeit, der Deutsche Städtetag und der Landkreistag im Jahr 2000 veröffentlicht haben, bilden m. E. eine gute Grundlage zum Einstieg in verbindliche Kooperationsvereinbarungen zumindest auf der Ebene der Kostenträger. Weitere Kooperationsbeziehung insbesondere mit den freien Trägern der Jugendhilfe, den Maßnahmeträgern der Arbeitsverwaltung und den beruflichen Schulen können auch auf der Ebene des Landkreises über die örtlichen Fachstellen „Jugendberufshilfe" und über Arbeitsgemeinschaften nach §78 SGB VIII zum Arbeitsbereich Jugendberufshilfe auch formal implementiert werden.

Wesentliche Erfolgsbedingung ist die grundsätzliche Bereitschaft der Beteiligten ihre fachlichen Segmentierungen zugunsten eines integrierten von den Bedürfnissen der AdressatInnen geleitetes Eingliederungsplanungs- und Fallmanagementverfahrens zu überwinden. Diese Bereitschaft steht jedoch häufig nicht am Anfang der Kooperationsbeziehungen, deshalb empfehle ich in Regionen mit geringen konkreten Kooperationserfahrungen zunächst mit einer Vernetzung der horizontalen maßnahmebezogenen Strategien zu beginnen. Verbindliche Vereinbarungen zur Erstellung eines regionalen Berufsbildungsberichtes oder eines regionalen Handlungsprogramms zur Abstimmung der einzelnen Fachplanungen im Feld der Jugendberufshilfe können erste positive Vernetzungsergebnisse darstellen.

Literatur

Amt für Soziale Arbeit (1996): Bericht über die Beschäftigungsmaßnahmen der Wiesbadener Jugendwerkstatt. Landeshauptstadt Wiesbaden Sozialdezernat.

Amt für Soziale Arbeit (1997): Maßnahmen der Beschäftigungsförderung des Amtes für Soziale Arbeit. Landeshauptstadt Wiesbaden Sozialdezernat.

Amt für Wahlen, Statistik und Stadtforschung (2000): Wege zur Berufsbildung für Alle. Bildungsverläufe von betreuten Jugendlichen. In: Statistische Berichte 3/2000. Wiesbaden. S. 1–31.

Brülle/Eibelshäuser/Schulze-Böing/Ratz/Weg (1998): Vom Maßnahmedschungel zum integrierten Förderprogramm für Beruf und Zukunft in Hessen. Sechs Thesen für ein Anforderungsprofil an künftige Landesprogramme zur beruflichen Bildung in Hessen. SPD-Bezirk Hessen-Süd Frankfurt/Main.

Brülle/Reis (1998): Qualität in der Sozialen Arbeit. In: Archiv für Wissenschaft und Praxis der sozialen Arbeit. Doppelheft 4/98 und 1/99 S. 286–291.

Brülle/Schleimer (1994): Programmierung und Steuerung kommunaler Beschäftigungspolitik in Verantwortung der kommunalen Sozialverwaltung. In: Schulze-Böing/Johrendt: Wirkungen kommunaler Beschäftigungsprogramme. Basel S. 41–63.

Landeshauptstadt Wiesbaden (1998): Wege zur Berufsbildung für Alle. Bekämpfung der Jugendarbeitslosigkeit in Wiesbaden. Bericht an die Stadtverordnetenversammlung. Wiesbaden.

MASQT (2000): Pilotprojekt „Integrierte Hilfe zur Arbeit. Wege aus der Sozialhilfe. Zwischenergebnisse der wissenschaftlichen Begleitung. Ministerium für Arbeit und Soziales, Qualifikation und Technologie des Landes Nordrhein-Westfalen. Düsseldorf.

Alle Veröffentlichungen der Landeshauptstadt Wiesbaden sind beim Autor erhältlich.

Annette Allendorf, Christiane Becker-Ott
Perspektiven für junge Frauen im ländlichen Raum: Vernetzen im Arbeitskreis Mädchenarbeit

1. Einleitung

Wozu brauchen wir eine Vernetzung für Mädchen in der Jugendberufshilfe? Wer ist die Zielgruppe? Wie spricht man sie an? Mädchenförderung wendet sich besonders an benachteiligte, soll jedoch alle anderen weiblichen Jugendlichen nicht ausschließen. Die Zielgruppe weist unterschiedliche Biografien, Kompetenzen und Bedürfnisse auf. Ein wesentlicher Aspekt der Benachteiligungen, die Jugendliche erfahren, sind strukturelle Schwierigkeiten und Probleme, denen insbesondere Mädchen ausgesetzt sind. Der folgende Beitrag soll darstellen, inwiefern geschlechtsspezifische Aspekte für die Jugendberufshilfe auch hinsichtlich der rechtlichen Regelungen relevant sind und warum nach wie vor ein großer Bedarf an mädchengerechten Angeboten der Jugendberufshilfe besteht. Dabei werden exemplarisch die hierfür relevanten Ergebnisse der Jugendhilfeplanung im Vogelsbergkreis in Hessen dargestellt. Vor dem Hintergrund der Erkenntnisse dieser Jugendhilfeplanung entstand im Vogelsbergkreis der „Arbeitskreis Mädchen", dessen Entwicklung und Arbeitsinhalte als Beispiele für mädchengerechte Vernetzungsansätze in der Jugendberufshilfe beschrieben werden. Abschließend werden anhand der genannten theoretischen Bezüge und praktischen Erfahrungen Forderungen und Kriterien für die Gestaltung geschlechtssensibler Vernetzungsprozesse formuliert.

2. Mädchen als Zielgruppe von Jugendhilfe und Jugendberufshilfe: Rechtliche Vorgaben und praktische Umsetzung

Rechtliche Grundlagen

Die Benennung von Mädchen als Zielgruppe von Jugendhilfe ergibt sich aus der Beschäftigung mit dem Kinder- Jugendhilfegesetz (KJHG). Dort finden sich in § 9 Abs. 3 KJHG sowie § 74 Abs. 3 KJHG Hinweise, wie mit den Belangen von Mädchen und jungen Frauen umzugehen ist.

Der § 9 Abs. 3 KJHG legt zunächst fest, dass bei der Ausgestaltung der Leistungen und der Erfüllung der Aufgaben die unterschiedlichen Lebenslagen von Mädchen und jungen Frauen zu berücksichtigen sind, Benachteiligung abzubauen und die Gleichberechtigung von Frauen und Männern zu fördern ist. Dieser Programmansatz benennt ausdrücklich Mädchen und ihre Lebenslagen. Es fehlt jedoch ein Hinweis, wie diese Rechte einzufordern sind. Neben dem § 9 Abs. 3 gibt es im § 74 Abs. 3 KJHG noch eine weitere Ausführung zum Thema Mädchen:

„[...] (2) soweit von der freien Jugendhilfe Einrichtungen, Dienste und Veranstaltungen geschaffen werden, um die Gewährung von Leistungen nach diesem Buch zu ermöglichen, kann die Förderung von der Bereitschaft abhängig gemacht werden, diese Einrichtungen, Dienste und Veranstaltungen nach Maßgabe der Jugendhilfeplanung und unter Beachtung der in § 9 genannten Grundsätze anzubieten [...]".

Hieraus ergibt sich unseres Erachtens eine, wenn auch zögerliche, Verpflichtung der öffentlichen Träger zur Förderung der Gleichberechtigung.

Jugendhilfeplanung im Vogelsbergkreis

Der Prozess der Jugendhilfeplanung im Vogelsbergkreis fand von 1996-1999 unter Mitwirkung der freien Träger der Jugendhilfe, der Jugendverbände und MitarbeiterInnen des Jugendamtes in einer rund eineinhalbjährigen Planungsphase statt. Mittels einer Umfrage und zweier zielgruppenspezifischer Jugendbefragungen wurde demonstriert, dass Jugendhilfe in erster Linie an den Interessen und Bedürfnissen von Kindern und Jugendlichen auszurichten ist. Der gesamte Jugendhilfeprozess teilte sich in vier Bereiche auf. Die Planung begann mit einer Schwachstellenanalyse und daraus resultierenden Schwerpunktsetzungen, der eigentlichen Bedarfsermittlung sowie der Planung der Maßnahmen am Ende des Planungsprozesses.

Begleitet wurde die Jugendhilfeplanung von wissenschaftlichen MitarbeiterInnen des Frankfurter Instituts für Sozialarbeit und Sozialpädagogik e.V. (ISS). Sie befragten in Einrichtungen der Jugendhilfe und Jugendberufshilfe die MitarbeiterInnen zu Schwierigkeiten und möglichen Lösungsstrategien in ihrem jeweiligen Aufgabengebiet. Die Frauenbeauftragte beteiligte sich frühzeitig am Planungsprozess und vertrat die Interessen von Mädchen und jungen Frauen. Sehr schnell wurde deutlich, dass es auch im Vogelsbergkreis geschlechtsspezifische Besonderheiten und Benachteiligungen für Mädchen und junge Frauen gibt. Ebenso schnell wurde klar, dass zur Interessenvertretung von Mädchen und jungen Frauen breite Bündnisse nötig sind.

Die Rolle der Frauenbeauftragten im Planungsprozess

Verschiedene PartnerInnen an einen Tisch zu bringen, Kräfte zu bündeln und somit Synergieeffekte zu nutzen, war und ist die originäre Aufgabe von Frauenbeauftragten. Nicht selten gewährleisten sie mädchenspezifische Angebote, obgleich Mädchenarbeit vom Grundsatz her Bestandteil der Jugendhilfe ist. Es ist wichtig die Rolle der Frauenbeauftragten frühzeitig zu klären. Sie macht Thema, Zielgruppe und Bedarf sichtbar und führt anhand von Aktionen, Projekten vor, wie geeignete Maßnahmen zur Verbesserung der Situation von Mädchen und Frauen aussehen könnten. Das Angebot und die Durchführung mädchenspezifischer Arbeit ist und bleibt jedoch die Aufgabe der Jugendhilfe.

Ergebnisse und Maßnahmen der Jugendhilfeplanung

In der Praxis zeigten die Jugendhilfeplanungsergebnisse im Vogelsbergkreis einen großen Handlungsbedarf im Bereich geschlechtsspezifischer Jugendhilfe und Jugendberufshilfe. Im Folgenden werden exemplarisch die mädchenspezifisch relevanten Ergebnisse der Jugendhilfeplanung im Vogelsbergkreis zusammengefasst. Als Kernpunkte erwiesen sich:

- Unterrepräsentanz von Mädchen und jungen Frauen innerhalb der Jugendhilfe und der Jugendberufshilfe;
- berufliche Zukunftsperspektiven und berufliche Situation junger MigrantInnen im Vogelsbergkreis;
- Bildungsabschlüsse;
- Berufswünsche und Berufswahlverhalten.

2.1 Unterrepräsentanz von Mädchen und jungen Frauen innerhalb der Angebote der Jugendhilfe und der Jugendberufshilfe

Die kreisweite Studie ergab eine Unterrepräsentanz von Mädchen als Zielgruppe in nahezu sämtlichen öffentlichen Angeboten. Die Entwicklung und Förderung geschlechtsspezifischer Ansätze und Angebote im Kreis fehlten nahezu völlig. Ansätze mädchenspezifischer Arbeit gab es lediglich in drei örtlichen Jugendpflegen des Landkreises. Zum Zeitpunkt der Erhebung gab es keine Einrichtung, die den Vorgaben der §§ 9 und 74 KJHG und der darin erörterten Thematik und Aufgabenstellung Folge leisteten. Es ist daher nicht verwunderlich, dass das ISS in seinem Abschlussbericht die „Notwendigkeit erheblicher Anstrengungen und Vertiefung von Maßnahmen" zur Verbesserung der mädchenspezifischen Förderung konstatierte.

2.2 Berufliche Zukunftsperspektiven von Mädchen und berufliche Situation junger MigrantInnen im Vogelsbergkreis

Die berufliche Perspektive liegt für viele Mädchen, die im Vogelsbergkreis leben, außerhalb des Landkreises und erfordert entsprechende Maßnahmen, wie das ISS in seinem Abschlussbericht feststellt:

„[...] insbesondere Mädchen sollten gezielt auch auf eine Außenorientierung vorbereitet werden, da die berufliche Perspektive für viele außerhalb des Landkreises liegen dürfte. Dies beinhaltet eine frühzeitige Qualifizierung in Selbstmanagement-Techniken" (Kilb/Jehn 1998: B4 10).

Eine Erklärung hierfür liefern Familie und soziales Umfeld. Diese üben großen Einfluss auf die Berufswahl der Mädchen aus mit der Folge, dass viele Mädchen ihre Berufswünsche nicht realisieren, wenn dies mit einem Verlassen des Elternhauses und der gewohnten Umgebung einher geht. Den Jugendbefragungen zufolge erhalten männliche Jugendliche meist über private, informelle Vermittlungen an ihrem Wohnort einen Ausbildungs- und Arbeitsplatz, Mädchen hingegen mehrheitlich über Stellen wie Schule (18%), Arbeitsamt (3%) oder Zeitung (11,5%). Mädchen tendieren vor dem Hintergrund ihres sehr viel schwierigeren Zugangs zu Ausbildungsplätzen eher dazu, eine weiterführende Schule zu besuchen, was häufig einer Parksituation gleichkommt. Es wurde festgestellt, dass Mädchen ihre berufliche Zukunft schlechter einschätzen als männliche Jugendliche gleichen Alters. Nicht in Deutschland geborene Mädchen schätzen ihre berufliche Situation besser ein als in Deutschland geborene. Einschränkend wird angemerkt, dass ein hoher Anteil der jungen Aussiedler Innen (49,5%), Ausländerjugendlichen (36,1%) und der Mädchen (31,5%) angaben, keine Einschätzung vornehmen zu können (Kilb/Jehn 1998: B4 20). Besondere Schwierigkeiten bei der Umsetzung ergeben sich für Mädchen und junge Frauen nicht-deutscher Herkunft. Dies umfasst die Problematik rassistischer Vorurteile, das Aufeinandertreffen unterschiedlicher Erziehungsziele und Lebensentwürfe. Die kulturelle Vielfalt, auch im ländlichen Raum, führt zu einer Vielzahl unterschiedlicher Frauen(vor)bilder für Mädchen. Dies bietet einerseits Chancen, aber auch vielfältige Verwirrungen für Mädchen und junge Frauen.

2.3 Bildungsabschlüsse junger Frauen

„Die Bildungsabschlüsse junger Männer sind gravierend schlechter im Vergleich zur weiblichen Altersgruppe". Trotzdem finden eher junge Männer als junge Frauen einen Ausbildungsplatz", so ein Ergebnis der Jugendhilfestudie im Vogelsbergkreis (Kilb/Jehn 1998: B4 20). 685 SchülerInnen aus 14 Schulen beteiligten sich an einer Befragung zum Thema berufliche Perspektive. Die befragten Jugendlichen waren mehrheitlich (57%) männlich, davon waren 105 eingewanderte deutscher Nationalität und 61 nicht-deutscher Herkunft. Die Befragung machte deutlich, dass sich männliche Jugendliche weitaus häufiger im unteren Bildungsbereich wiederfinden. Bei den jungen Männern erwarten 5,1% eine Beendigung der Schule ohne Abschluss, bei den jungen Frauen 3,1%. Letztere streben auch eher höhere Abschlüsse wie Realschulabschluss (24%) an, männliche Jugendliche eher einen Hauptschulabschluss (49,9%) (Kilb/Jehn 1998: B4 19).

2.4 Berufswünsche und Berufswahlverhalten

Die Ergebnisse der kreisweiten Studie zeigen, dass die gewünschten Berufe bei den jungen Männern sehr stark im handwerklichen Bereich liegen, bei den Mädchen im kaufmännischen, gesundheitlichen und sozialen Bereich (Kilb/Jehn 1998: B4 20). Theoretisch sollten Mädchen heute „alle Möglichkeiten" offen stehen, in der Praxis konzentriert sich das Berufswahlverhalten allerdings nach wie vor auf die sogenannten „klassischen Frauenberufe". Aus einer Palette von ungefähr 400 Berufen, wovon 300 Berufsbilder für Mädchen als gut geeignet gelten, wählen Mädchen auch heute noch lediglich ca. 15 aus. Was aber ist mit den anderen 285 Möglichkeiten und vor allem mit Berufen, die Aufstiegschancen versprechen? Wie kommt es zu dieser Fokussierung auf wenige Ausbildungsplätze?

Mädchen und Jungen durchlaufen unterschiedliche Sozialisationsprozesse. Erfahrene PädagogInnen, AusbilderInnen und LehrerInnen berichten, ein Desinteresse an handwerklichen/technischen Tätigkeiten trete oft erst mit Beginn der Pubertät ein, wenn von Mädchen „rollenentsprechendes Verhalten" erwartet wird. Feministische Forscherinnen untermauern dies und fordern dazu auf, frühzeitig, d.h. im Alter von ca. 8 - 10 Jahren, das Interesse für Technik und Naturwissenschaften zu fördern (vgl. Hess. Ministerium für Umwelt, Energie, Jugend, Familie und Gesundheit 1997: 69). Eine Pädagogin eines hessischen Mädchenprojekts beschreibt ihre Beobachtungen wie folgt:

„Wir haben das auch schon erlebt, dass Mädchen eine ganze Zeit lang sehr gezielt einen beruflichen Weg verfolgt haben und sehr motiviert waren. Dann kommt die emotionale Sintflut: Sie lebt vielleicht in einer völlig desolaten Familie und dann erscheint der erste Märchenprinz, der ihnen Gott weiß was verspricht, und alles, was sie sich vorher hart erarbeitet haben, wird erst mal im hintersten Kämmerchen versteckt und ist weg. Und das ist widersprüchlich und brüchig. Und ich sehe das schon als sehr massives, auch geschlechtsbedingtes Problem, was halt Jungs in der Form einfach nicht haben" (Hess. Ministerium für Umwelt, Energie, Jugend, Familie und Gesundheit 1997: 69f.).

Die Konzentration auf nur wenige Ausbildungsberufe ändern auch bundesweite Aktionen und Aufrufe wie „Mädchen sollen zum Hammer greifen! Bundesministerin Bergmann will frauentypische Berufswahl aufweichen" nicht. In den Richtlinien des „100.000-Jobs-Programm" der Bundesregierung von 1999 hieß es, junge Frauen seien entsprechend bei der Ausbildungsvergabe zu berücksichtigen. Frauenministerin Bergmann forderte dazu auf, die Hälfte aller Ausbildungsplätze für Mädchen zur Verfügung zu stellen. Betriebe oder Projekte, die Frauen in Männerberufen ausbilden, können besondere Fördermittel beantragen. Ob so die frauenspezifische Berufswahl wesentlich beeinflusst werden kann, erscheint zweifelhaft, da die Auswertungen von Programmen wie „Mädchen in Männerberufe" in der Vergangenheit eher ernüchternd ausfielen. Als Schwachpunkt dieser an sich begrüßenswerten Initiativen stellte sich heraus, dass junge Frauen zwar in Ausbildungen kamen, aber nach Beendigung der Ausbildungszeit in der Regel keine Weiterbeschäftigung fanden. Nicht selten handelte es sich um Arbeitsbereiche, die für Männer aufgrund mangelnder beruflicher Aufstiegsperspektiven ohnehin nicht sehr attraktiv waren. Dies trifft auch auf die vom Land Hessen 1996 geförderten Ausbildungsplätze für Jugendliche, die auf dem ersten Arbeitsmarkt keine Stelle gefunden haben, zu. In 14 unterschiedlichen Projekten wurden nur 6,5% dieser Ausbildungsplätze in den sogenannten Männerberufen mit Mädchen besetzt (Hess. Ministerium für Umwelt, Energie, Jugend, Familie und Gesundheit 1997: 236).

Nicht zuletzt setzt die individuelle Entscheidung für einen „Männerberuf" ein gehöriges Maß an Mut und Selbstvertrauen voraus. Es bleibt also bei der Bilanz, dass das von der Fachöffentlichkeit geforderte Ziel der Erweiterung des Berufswahlspektrums für Mädchen und junge Frauen eindeutig verfehlt wurde. Daher erscheint es notwendig, langfristig das sogenannte klassische Berufswahlverhalten in Form von Berufs-Lebensorientierungskursen, wie z.B. vom Frauenamt des Vogelsbergkreises durchgeführt, zu verändern bzw. zu erweitern.

3. Mädchen - eine besonders benachteiligte Gruppe?

Die Definition des Begriffs „sozial benachteiligt", wie sie im § 13 KJHG benannt ist, erscheint den AutorInnen nicht zufriedenstellend. Nachgewiesen wurde, dass prinzipiell alle Mädchen und Frauen auf dem Arbeitsmarkt, unabhängig von Bildung und sozialer Herkunft, strukturell benachteiligt sind. Jugendberufshilfe muss daher allen Mädchen und jungen Frauen offen stehen.

3.1 Gründe für schlechte Startchancen

Die Erfahrung zeigt aber, dass SchülerInnen mit gering qualifizierenden Abschlüssen wie z.b. Haupt- und Sonderschulabschlüssen bei der anschließenden Ausbildungssuche besonders benachteiligt sind. Als Kriterien für soziale Benachteiligung gelten u.a. Faktoren wie die Situation der Herkunftsfamilie, Wohnsituation oder die Situation als MigrantIn. Die Auswirkungen der Benachteiligung seitens der Herkunftsfamilie, insbesondere wenn es sich um ein Leben am Existenzminimum handelt, sind für die Mädchen weitreichend. Mögliche Ursachen der Armut sind häufig langjährige Arbeitslosigkeit der Eltern, Sozialhilfebezug, zunehmender menschlicher und finanzieller Rückzug der Väter und mit sozialem Abstieg verbundene Trennungen von Familien. Eine Benachteiligung liegt ferner vor, wenn eine Wohnung im sogenannten „sozialen Brennpunkt" liegt. Die dort oft beengten Wohnverhältnisse lassen den Mädchen kaum Raum für ihre eigenen Bedürfnisse: Abgrenzung und ein Lernen in Ruhe ist dann zu Hause kaum möglich, ein Nachlassen der schulischen Leistungen häufig die Folge. Die Situation als MigrantIn bringt für die Mädchen noch weitere Schwierigkeiten. Integrations- und Anpassungsprobleme innerhalb unterschiedlicher Kulturen und Sprachprobleme erschweren die Orientierung. Mitunter müssen die Mädchen heftige innerfamiliäre Konflikte austragen, um eine ihnen entsprechende Berufswahl durchzusetzen. MigrantInnen bleibt häufig die Erfahrung eines beruflichen und folglich auch sozialen Abstiegs in ihrer neuen Heimat nicht erspart. Ihre Bildungsabschlüsse sind in der Regel nicht auf das hiesige Bildungssystem übertragbar, so dass eine Nachqualifizierung in Form berufsvorbereitender Maßnahmen notwendig wird (Hess. Ministerium für Umwelt, Energie, Jugend, Familie und Gesundheit 1997: 66).

3.2 Möglichkeiten des Ausgleichs

In Bezug auf die betriebliche Ausbildung ist es notwendig, für eine qualifizierte Vermittlung und pädagogische Unterstützung von Betrieben und jungen Frauen zu sorgen. Innovative Projekte, die der Berufsvorbereitung oder aber der Qualifizierung dienen, sind zu fördern. Dabei bietet sich an, die Zusammenarbeit mit Schulen, Arbeitsverwaltung und Wirtschaftsverbänden zu intensivieren und zielgruppenspezifische Sondermaßnahmen bezüglich weiblicher Jugendlicher im Übergangsbereich Schule, Ausbildung und Beruf zu schaffen und zu koordinieren.

4. Mädchen in der Jugendhilfe – örtliche Strukturen im Vogelsbergkreis

4.1 Verbesserung der Situation von Mädchen und jungen Frauen in der Jugendberufshilfe

Aus den Leitlinien des Gutachtens, die im Prozess der Jugendhilfeplanung im Vogelsbergkreis entwickelt wurden, geht die Notwendigkeit organisatorischer Neuüberlegungen in der Jugendhilfe und der Jugendberufshilfe hervor. Voraussetzung hierzu ist die Kooperation und Koordination der einzelnen Einrichtungen und Dienste sowie die Schaffung von sozialen Netzwerken im Jugendhilfebereich unter Berücksichtigung mädchenspezifischer Aspekte. Die bisher vorhandenen Verbindungen und Kooperationen erscheinen verbesserungsbedürftig. Die MitarbeiterInnen des ISS geben hier konkrete Empfehlungen:

„Da diese Aufgabe unter Querschnittsaspekten zu sehen ist, kommen ihr Strukturierungsprinzipien für sämtliche Angebote zu. Es sollte deshalb auch überlegt werden, eine Arbeitsgemeinschaft nach § 78 KJHG für den Bereich „Mädchenarbeit" zu gründen, die in einer 1. Arbeitsphase Leitlinien für die Arbeit mit Mädchen und jungen Frauen erarbeitet" (Kilb/Jehn 1998: B5 37).

Die Verfasser der Jugendhilfestudie empfehlen ausdrücklich, im Bereich der Kinder- und Jugendhilfe Angebote für Mädchen und Jungen unter Einbeziehung der Frauenbeauftragten gezielt zu fördern.

4.2 Förderstrukturen, Kooperation und Vernetzung am Beispiel des Arbeitskreises Mädchen

Das Frauenamt des Vogelsbergkreises richtete bereits Anfang 1998 den „Arbeitskreis Mädchen" ein. Es handelt sich um ein regelmäßiges Forum für Fachfrauen und -männer sowie Interessierte, die in der Mädchenarbeit tätig sind. Die Notwendigkeit zur Installation eines solchen Arbeitskreises wurde aufgrund der Ergebnisse der örtlichen Jugendhilfeplanung bestätigt.
Der „Arbeitskreis Mädchen" im Vogelsbergkreis führte zunächst eine Bestandsaufnahme durch. Anhand eines detaillierten Fragebogens des Frauenamtes wurden u.a. Fragen nach Konzeptionen, Zielgruppe, Selbstverständnis, Räumlichkeiten, Etat usw. gestellt. Überraschend war, dass es im Vogelsbergkreis eine Reihe engagiert arbeitender PädagogInnen gibt. Sie arbeiten jedoch in der Regel vereinzelt vor Ort. Ein Netzwerk bestand bislang nicht. Die Arbeitstreffen des neu eingerichteten Arbeitskreises dienten zu-

nächst der Zielbeschreibung und der Entwicklung eines gemeinsamen Leit-
bildes der Mädchenarbeit. Zur breiteren Bekanntmachung des Arbeitskreises
und zur intensiven Auseinandersetzung mit aktuellen Fragestellungen wurde
im November 2000 eine Tagung zur Vernetzung der Mädchenarbeit im
Landkreis durchgeführt, deren Ergebnisse weiter unten genauer dargestellt
werden.

Der „Arbeitskreis Mädchen" nahm die progressive Empfehlung des ISS
ernst und beantragte 1999 die förmliche Anerkennung als Arbeitsgemeinschaft nach § 78 KJHG. Doch nach wie vor tun sich Institutionen der Jugendarbeit und der Jugendhilfe in der Praxis schwer hinsichtlich einer notwendigen Umorientierung in der Geschlechterfrage. Dies gilt auch für die Frage der
Anerkennung als Arbeitsgemeinschaft, wie sie das KJHG vorgibt. Daher
blieb es auch im Vogelsbergkreis vorerst nur bei der Form eines mädchenspezifischen Arbeitskreises ohne förmliche Anerkennung mit allen verbundenen Nachteilen. Worin unterscheiden sich Arbeitskreis und Arbeitsgemeinschaft? Im Frankfurter Kommentar zum § 78 KJHG wird hierzu ausgeführt:

„Die Arbeitsgemeinschaften der örtlichen Träger werden ihre inhaltliche Bedeutung (§ 78
Satz 2 geplante Maßnahmen aufeinander abzustimmen und sich gegenseitig zu ergänzen)
vor allem im Kontext des § 80 Abs. 3 (Beteiligung anerkannter freier Träger an der Jugendhilfeplanung) entwickeln. Über diese sachbezogene Verzahnung ergibt sich dann auch
ein indirektes Mitwirkungsrecht lediglich geförderter freier Träger an den Inhal-
ten/Festlegungen der Jugendhilfeplanung ihrer Region" (Wallner 1996: 38).

Die Gründung einer Arbeitsgemeinschaft mit Satzung bzw. Geschäftsord-
nung ist im Vergleich zum Arbeitskreis mit weitreichenden Kompetenzen
ausgestattet. Mädchenarbeitskreise sind in der Regel eher fachlich orientiert
und vernetzen die Fachleute nur weniger Bereiche der Jugendhilfe. Politische
Interessenvertretung von Mädchen gehört bislang kaum zu den Aufgaben und
Zielen, die Mädchenarbeitskreise verfolgen. Diese „Lobbyarbeit" erscheint
den Autorinnen jedoch notwendig. Die Erfahrung zeigt, dass das Problem
von Mädchenförderung nicht auf der operativen, sondern auf der Steuerungsebene liegt. Dies beweist z.B. die Auflösung des Frauenamtes im Vogelsbergkreis 2001 eindrucksvoll. Die Ausdehnung in den mädchenpolitischen
Bereich muss langfristig dazu führen, mehr Fachkräfte und PolitikerInnen für
dieses Thema und dessen Umsetzung zu gewinnen. Dies setzt intensive Gre-
mienarbeit und Einflussnahme auf kommunalpolitischer Ebene voraus.

Die Anerkennung als Arbeitsgemeinschaft gemäß § 78 KJHG traf im
Vogelsbergkreis auf große Widerstände seitens des Jugendamtes und einiger
freier Träger der Jugendhilfe. Es liegt die Vermutung nahe, dass eine förmliche Arbeitsgemeinschaft, die sich die Förderung von Mädchen zu eigen
macht, nicht unbedingt erwünscht ist. Möglicherweise wollten die Träger der
Jugendhilfeeinrichtungen nichts von ihren finanziellen Ressourcen sowie von
ihrem Einfluss abgeben.

5. Die Zukunft der Mädchenförderung im Vogelsbergkreis

Wie kann die Umsetzung und Weiterentwicklung einer mädchenfördernden Jugendberufshilfe im Vogelsbergkreis im Interesse von Mädchen und jungen Frauen in Zukunft aussehen?

5.1 Chancen der Vernetzung

Eine an den tatsächlichen Bedürfnissen der Mädchen ausgerichtete Berufshilfe und eine intensive Vernetzung verbessern die Integration von Mädchen auf dem Arbeitsmarkt. Die Vernetzung soll zu einer Arbeitsteilung nach den jeweiligen Möglichkeiten und Kompetenzen führen sowie unnötige Konkurrenzen verhindern. Auch im Zuge der Diskussionen um Qualitätssicherung und Qualitätsstandards in der sozialen Arbeit wurde das Thema Vernetzung als wichtiges Thema erkannt.

Eine bereichsübergreifende Vernetzung von Maßnahmen auf fachlicher, politischer und struktureller Ebene ist nötig, um Mädchenförderung zum selbstverständlichen Bestandteil der Jugendhilfe und Jugendberufshilfe zu machen. Einen Ansatz hierzu bot im Herbst 2000 die Tagung „Neue Mädchen - andere Mädchenarbeit? Vernetzung der Mädchenarbeit im Vogelsbergkreis". Die Tagung wurde vom Frauenamt des Kreises zusammen mit dem „Arbeitskreis Mädchen" veranstaltet. Sie knüpfte direkt an die Zukunftskonferenz an, die im Vogelsbergkreis im Rahmen des EU-Programms „YouthStartNetwork" zur institutionellen Vernetzung in der Jugendberufshilfe durchgeführt wurde, und kam damit der Forderung nach einer stärkeren regionalen inhaltlichen und fokussierten Zusammenarbeit nach.

An der Veranstaltung nahmen SchülerInnen und Auszubildende, PraktikerInnen aus dem Feld der Mädchenarbeit und VertreterInnen aus Schulen, Jugend-, Sozial- und Arbeitsämtern sowie weiteren Institutionen auf unterschiedlichen Ebenen der Mädchenarbeit und der Jugendhilfe teil. Gearbeitet wurde nach dem Verfahren des Open Space (vgl. Weber, Kapitel IV) in mehreren Arbeitsgruppen mit Themenfeldern wie „Mädchen und Berufsausbildung", „Mädchen und Sucht" oder „Mädchen und Jugendhilfeplanung" (Allendorf/Becker-Ott 2000).

5.2 Entwicklung und aktuelle Tendenzen

Die Beiträge und Diskussionen behandelten die Entwicklungen und aktuellen Tendenzen in der Mädchenarbeit und das Verhältnis von mädchenpädagogischer Praxis und Politik. Schwerpunkte bildeten dabei Lebensentwürfe und Lebensbewältigung junger Frauen sowie Berufswahl und Vereinbarkeitsmodelle. Dabei wurde die herausragende Bedeutung der beruflichen Ausbildung und Erwerbstätigkeit für die Lebensplanung und Lebensrealität von jungen Frauen deutlich. Hierbei wurden die weitreichenden Auswirkungen der strukturellen Benachteiligung im Bereich der Berufsbildung und Berufsausübung für die individuellen Biografien von Mädchen und Frauen sichtbar. Daher bezogen sich die abschließend formulierten Forderungen der einzelnen Arbeitsgruppen stark auf umfassende Maßnahmen gegen die berufliche Benachteiligung von Mädchen und jungen Frauen, die sich auch auf andere ländliche Regionen übertragen lassen. Gefordert wurden:

- mädchenspezifische Beratungsangebote und Berufsvorbereitungen zur Förderung bewusster Berufsentscheidungen,
- die Einrichtung einer Beratungs-Hotline,
- umfassendere Ausbildungsangebote,
- mehr niedrigschwellige Angebote für besonders benachteiligte Mädchen,
- Selbstbehauptungskurse,
- verbesserte Infrastrukturen im Landkreis,
- Möglichkeiten für langfristige pädagogische Begleitungen,
- frühzeitige Elternarbeit
- und nicht zuletzt Fortbildungen zur geschlechtsspezifischen Sensibilisierung für MultiplikatorInnen.

Eine weitere durchgängige Forderung bestand nach besserer Zusammenarbeit zwischen der sozialpädagogischen Praxis, der öffentlichen Verwaltung, regionalen Organisationen und Unternehmen mit dem Wunsch nach einem höheren Problembewusstsein und stärkerer Unterstützung für mädchenspezifische Belange durch die politischen EntscheidungsträgerInnen. Eine Chancengleichheit in der Berufsausbildung, Berufsausübung und Lebensgestaltung für Mädchen und junge Frauen bedarf „Engagement auf allen Seiten und vor allem engagierte Ämter", wie es eine Teilnehmerin der Tagung ausdrückte. Mit diesem Problem beschäftigte sich insbesondere die Arbeitsgruppe „Zukunft des Frauenamtes". Ein Beschluss des Landrats des Vogelsbergkreises führte am 31. Januar 2001 zur Schließung des Vogelsberger Frauenamtes. Das Frauenamt stellte eine wichtige institutionelle Koordinationsstelle der frauen- und mädchenpolitischen Entwicklung im Vogelsbergkreis dar. Für die Anstrengungen in Bezug auf eine mädchengerechte Vernetzung der Jugendhilfe und Jugendberufshilfe im Vogelsbergkreis bedeutet der Verlust einer solchen Fach- und Vernetzungsstelle einen gravierenden Rückschritt.

5.3 Auswirkungen reaktionärer Tendenzen in der Gleichstellungspolitik

Die Auflösung des Frauenamtes im Vogelsbergkreis ist stellvertretend für die generelle reaktionäre gesellschaftspolitische Bewegung. Auch anderorts werden Frauenbüros, Frauenberatungsstellen aufgelöst oder in andere Ämter „integriert" und verlieren somit ihre Eigenständigkeit und die Möglichkeit eigenständiger politischer Einflussnahme. Ein unverzichtbares Forum für Regionalpolitik und Regionalkultur, das wertvolle politische und strukturelle Arbeit in der Region leistet, entfällt. Die aktuelle politische Maxime heißt oft: „Familienpolitik statt trennender Frauenpolitik". Zur Rechtfertigung der heutigen Richtungsdebatte dient die derzeit aktuelle „Gender Mainstreaming"-Diskussion, die die explizite Frauenförderung als zweitrangig ansieht.

Der nachlassende öffentliche Druck in Sachen Frauenförderung lässt auch den Bedarf an gezielter Mädchenförderung als weniger wichtig erscheinen. Mädchenförderung wird in Zukunft einen noch längeren Atem brauchen.

6. Resümee

In der mädchenpolitischen Bilanz des Landes Hessen wird festgestellt, dass die Geschichte der hessischen Mädchenprojekte in der Jugendberufshilfe zweierlei zeigt:

„Solange Mädchen und junge Frauen bei der Ausbildung und im späteren Erwerbsleben benachteiligt sind, bedürfen sie gezielter Hilfs- und Unterstützungsangebote. Die Mädchenarbeit hat hierfür richtungsweisende Ansätze entwickelt" (Hess. Ministerium für Umwelt, Energie, Jugend, Familie und Gesundheit 1997: 165).

Solange die Arbeit mit und für Mädchen nicht integraler Bestandteil der Jugendberufshilfe ist, bedürfen die Ansätze mädchengerechter Jugendberufshilfe, insbesondere auch die eigenständigen Mädchenprojekte, einer weiteren gezielten ideellen und materiellen Förderung. Zur Umsetzung einer mädchenfördernden Perspektive bei der Vernetzung der Jugendberufshilfe sollten folgende Leitlinien und praktischen Instrumente berücksichtigt werden:

- Ermittlung von „Good Practices" in der Gleichstellungspolitik im Bereich der Jugendberufshilfe;
- Implementierung der geschlechtsspezifischen Perspektive auf allen Ebenen und in allen Phasen von Entscheidungsprozessen und Maßnahmen;
- striktes Vorgehen gegenüber geschlechtsspezifischer Diskriminierung und sexueller Belästigung;

- Berücksichtigung der spezifischen lebenszeitlichen Entwicklungen der Betroffenen;
- Beteiligung und Konsultation von Gleichstellungseinrichtungen und -beauftragten u.a. durch Stellungnahmen und Empfehlungen;
- Entwicklung von Visionen und Strategien gegen eine Fortsetzung der Diskriminierung im Arbeitsleben durch die Jugendberufshilfe.

Praktische Hilfsmittel dafür sind z.b.:

- Erstellung von Indikatoren sowie Datenerhebungen und die Messung von Fortschritten hinsichtlich klar definierter Ziele;
- Prüfung und Bewertung der geschlechtsspezifischen Relevanz und Auswirkungen einzelner Schritte und umfassender Vorhaben;
- Bewusstseinsbildung, z.b. durch Seminare, Einladung von ExpertInnen und Trainings für alle Beteiligten.

Anliegen einer mädchenfördernden Jugendberufshilfe muss es sein, deutlich zu machen, welche Angebote Mädchen und jungen Frauen Hilfe, Unterstützung und Qualifizierung in ihrer Lebensplanung geben. Sie trägt damit durch den „Blickwinkel der Zweigeschlechtlichkeit", der die mädchenspezifischen Interessen wahrnimmt und vertritt, zu einer grundlegenden Qualifizierung der Jugendberufshilfe insgesamt bei.

7. Literatur

Allendorf, Annette; Becker-Ott, Christiane (Hrsg.) (2000): Dokumentation der Fachtagung „Neue Mädchen - andere Mädchenarbeit? Vernetzung der Mädchenarbeit im Vogelsbergkreis", Lauterbach.

Hessisches Ministerium für Umwelt, Energie, Jugend, Familie und Gesundheit (Hrsg.) (1996): Mädchenpolitische Bilanz. Mädchenprojekte und Mädchenangebote der hessischen Jugendberufshilfe. Wiesbaden.

Kilb, Rainer; Jehn, Otto (Hrsg.) (1998): Jugendhilfeplan-Expertise im Auftrag des Vogelsbergkreises. Frankfurt: ISS Aktuell.

Rosa-Luxemburg-Institut (2001): Was ist Gender Mainstreaming? http://kaneda.iguw.tuwien.ac.at/~rli/Seiten/3welt/3W_basic.htm#Mainstreaming

Wallner, Claudia (1996): Handbuch Mädchen im Blick. Hannover: Niedersächsisches Frauenministerium.

Bodo Kester
Innovation in der Zusammenarbeit pädagogischer Einrichtungen: der Trägerverbund

Der folgende Beitrag beschreibt ausgehend von aktuellen restriktiven Tendenzen in der Jugendhilfe die stabilisierenden Ressourcen von Trägerverbünden, gibt Hinweise zu Problemen und Möglichkeiten ihrer Arbeitsorganisation und spiegelt diese Ausführungen im Beispiel der Lauterbacher Beratungsstelle B:24.

In der langen Geschichte sozialpädagogischer Modeströmungen rangieren die Begriffe Kooperation und Vernetzung an besonders aktueller Stelle. Kaum noch jemand wagt es, nicht in irgendeiner Weise vernetzt zu sein - und das, obwohl Fragen der Konkurrenz und Pfründesicherung angesichts geringer werdender finanzieller Möglichkeiten unter den Anbietern von Leistungen der Jugendhilfe eine wachsende Rolle spielen und diese Entwicklung von öffentlichen Trägern durchaus begrüßt wird. Aber gerade in diesem Kontext können neue Formen der Zusammenarbeit in den Feldern der Jugendhilfe von Nutzen sein, indem sie auch kleineren freien Trägern Chancen und Handlungsspielräume eröffnen, die sonst eher nur Großorganisationen vorbehalten sind. In strukturschwachen Regionen dürfte eine Optimierung des Jugendhilfeangebotes ohne trägerübergreifende Kooperation kaum noch möglich sein. Trägerverbünden ist der Vernetzungsgedanke immanent; Begriffe wie Kooperation, Information und Abstimmung für ihre Arbeit konstitutiv. Sie können daher gerade in schwierigen Zeiten wichtige Beiträge zu einer regional ausgerichteten und fachlich guten Jugendberufshilfe leisten.

1. Chancen von Verbünden freier Träger unter den Bedingungen von Kommunalisierung und finanzieller Restriktion

Die zuerst vor allem in der Fachdiskussion befürwortete Kommunalisierung von Aufgaben der Jugendhilfe ist mittlerweile von der Politik in vollem Umfang aufgenommen worden. Dabei kam es jedoch zu einer Umdeutung der Inhalte: Während es zunächst um die Verbesserung der Leistungen von Jugendhilfe im Gefolge von Regionalisierung und Organisationsverkleinerung ging, wurde sehr bald der Kostengesichtspunkt unter dem fachlichen Deckmantel in den Mittelpunkt der Überlegungen gestellt. Kommunalisierung in Hessen bedeutet auch, dass durch den Abbau von Aufsichts- und Steuerungsfunktionen auf Landesebene der Region die Möglichkeit gegeben wird, eigene, nicht zuletzt kostensenkende Fachstandards vorzugeben und Jugendhilfe nach eigenem Geschmack im Stil der Kleinstaaterei des 19. Jahrhunderts zu betreiben. So wurde kürzlich konsequenterweise das hessische Landesjugendamt gegen die Voten der Wohlfahrtsverbände, des Landesjugendhilfeausschusses und der überwiegenden Mehrheit der Experten aufgelöst und seine Funktionen weitgehend ungeregelt an die Städte und Landkreise übergeben.

Die so geschwächte Jugendhilfe trifft hier auf eine finanziell gebeutelte, personell oft unterbesetzte und fachlich zunächst überforderte Jugendamtsebene, die ihre neue Machtfülle noch nicht so recht zu nutzen weiß. Diese ist jedoch im Verhältnis zu den freien Trägern enorm: Die örtlichen öffentlichen Jugendhilfeträger verhandeln mit den ansässigen Trägern die Entgelte, nehmen die wesentlichen Funktionen der Fachaufsicht wahr, erteilen im Delegationsverfahren faktisch die Betriebserlaubnis und sind oft der wichtigste Nutzer der Leistungen. Ein kalter Wind weht der freien Jugendhilfe entgegen. Von den Leistungsanbietern wird erwartet, dass sie bei preisgünstigsten Angeboten wirtschaftlich stabil sind, hohe Serviceleistungen gegenüber den öffentlichen Trägern erbringen und trotz reduzierter Rahmenbedingungen eine fachlich möglichst hohe Qualität bieten.

Trägerverbünde können in diesem Szenario Vorteile bieten. Die ihnen mögliche Bündelung von Ressourcen ermöglicht in der Tat eine höhere wirtschaftliche Stabilität und kostensparende Synergieeffekte durch die gemeinsame Nutzung bestehender Strukturen und Leistungen. Vor allem jedoch können Trägerverbünde starke und standfeste Partner im regionalen Beziehungsgeflecht der Jugendhilfe sein und die Aushandlungsprozesse, die hier künftig auch in sehr grundlegenden Fragen zu führen sind, als Interessenwahrer der betroffenen jungen Menschen mitgestalten und durchhalten.

2. Die Ressourcen des Trägerverbundes

Die Ressourcenbündelung der Verbundpartner bildet eine tragfähige Plattform für die Etablierung von Diensten und Einrichtungen gerade in der Startphase, in der es nicht zuletzt auf einen langen Atem in fachlicher wie finanzieller Hinsicht ankommt. Im folgenden lassen sich mehrere Vorzüge von Trägerverbünden erkennen:

2.1 Anwachsen wirtschaftlicher Stärke

Bei den Bemühungen, die Partner aus Stadt und Kreis ins Boot zu holen, hat es sich im Fall der Wiedereröffnung der noch zu beschreibenden Lauterbacher Beratungsstelle B:24 als außerordentlich starkes Argument erwiesen, dass von

Seiten des Trägerverbundes Eigenmittel in das Projekt eingebracht wurden. Es wurde positiv und anerkennend vermerkt, dass hier freie Träger nicht nur weinerlich nach öffentlichen Leistungen riefen, sondern auch selbst bereit und in der Lage waren, jährlich namhafte Beträge zum Betrieb der Beratungsstelle aufzubringen. Es war in der Folge leichter möglich, einen Finanzierungsmix aus unterschiedlichen Quellen aufzubauen, der auch sicherstellte, dass der Ausfall eines Finanziers nicht den sofortigen Tod des Projektes zur Folge haben musste.

Diese Erfahrungen können sicher verallgemeinert werden. Die vereinte Wirtschaftskraft eines Trägerverbundes kann zudem finanzielle Engpässe, wie sie im Gefolge öffentlicher Finanzierung immer wieder auftreten, eher überbrücken, als es einem Träger allein möglich wäre und somit den Betrieb des Projektes in Krisenzeiten abfedern und in ruhigeren Bahnen halten.

2.2 Bündelung fachlicher Kompetenz

Die Unterschiedlichkeit der Verbundpartner zeigt sich bereits bei der Planung und Konzipierung des gemeinsamen Projektes. Erfahrungen, Kompetenzen und Schwerpunktbildungen der Partner in ihrem eigenen Arbeitsfeld fließen als je eigene Sichtweisen und Akzentuierungen in die Diskussion ein und ermöglichen eine ebenso spannende wie ertragreiche und mehrdimensionale Konzeptentwicklung und Projektplanung. Diese fachliche Vielfalt führt zu sinnvollen Arbeitsteilungen und Verantwortungszuweisungen auf der Leitungsebene und schafft einen Pool an Erfahrungen und Wissen, der immer wieder abgerufen und eingesetzt werden kann.

2.3 Stärkung des organisatorischen Backgrounds

Dies gilt in ähnlicher Weise für die organisatorischen Möglichkeiten, die zum Betrieb des Projektes zur Verfügung stehen. Wenn es möglich ist, die sozialpädagogischen Mitarbeiter von nicht direkt klientenbezogener Verwaltungs- und Organisationsarbeit freizustellen, so fördert dies in der Regel die Qualität der pädagogischen Arbeit und schafft zusätzliche Zeitkontingente für die Arbeit mit den jungen Menschen.

Der bestehende Verwaltungsapparat der Verbundpartner in Form von spezifischem Know-How und materieller Ausstattung kann im Rahmen einer sinnvollen Arbeitsteilung kostenbewusst und effektiv eingesetzt werden. Die von Projekten immer wieder beklagte Vernachlässigung verwalterischer Funktionen durch die Vorgaben der öffentlichen Förderung, die in der Folge zu dann wiederum von öffentlicher Seite kritisierten Schwächen bei Dokumentation und Mittelnachweis führen, kann im Trägerverbund in gewissem Umfang ausgeglichen werden.

2.4 Verbesserung der fachpolitischen Arbeit

Die Etablierung eines neuen Projektes und die Bearbeitung dabei in der Regel bestehender Vorbehalte, Missverständnisse und Fragen in der regionalen Öffentlichkeit machen von Anfang an eine intensive fachpolitische Arbeit erforderlich. Es gilt, die Akteure an einen Tisch zu bringen, die Bedarfe zu diskutieren und zu formulieren und die Leistungen der projektierten Dienste zu kommunizieren. Parallel dazu werden die zuständigen politischen Gremien bei Stadt und Kreis zu kontaktieren und in die Diskussion einzubeziehen sein. Auch hierbei erweist sich die Verbundstruktur von Vorteil. Durch den Zusammenschluss mehrerer in der Region bereits bekannter und etablierter Träger entsteht in jedem Fall ein Verhandlungspartner von Gewicht und Seriosität, der weniger leicht ignorierbar ist, als dies bei einer einzelnen Organisation der Fall wäre. Gebündelt werden auch die bestehenden Kontakte im fachlichen und politischen Raum und im Bezug zu Öffentlichkeitsmedien. Schließlich kann auch der in der Regel erhebliche Arbeitsaufwand auf mehrere Schultern verteilt und leichter bewältigt werden.

2.5 Integration der Leistungsangebote der Verbundpartner

Die bestehenden Angebote der einzelnen Träger kommen dem Verbundprojekt zugute und verbreitern und stärken dessen Leistungspräsens. Dies ist gerade innerhalb der Jugendberufshilfe von Bedeutung, wo gelegentlich von außenstehenden Stellen mangelnde Effizienz unterstellt wird. Im Fall der Lauterbacher Beratungsstelle B:24 unterlegte der Trägerverbund das Angebot an die arbeits- und ausbildungsplatzsuchenden Jugendlichen in der Beratungsstelle von Anfang an mit konkreten Vermittlungsmöglichkeiten: zu Plätzen in der Ausbildung von benachteiligten Jugendlichen, zu differenzierten Formen der Berufsvorbereitung und nicht zuletzt zu einer Fülle bereits bestehender Vernetzungen mit anderen Stellen, mit deren Hilfe individuelle Förderungspläne erstellt und umgesetzt werden konnten. Erfolge in Form konkreter Vermittlungsergebnisse konnten so schon in einem frühen Projektstadium nachgewiesen werden. Für die Verbundpartner selbst war dies ebenfalls von Vorteil: die Arbeit ihres gemeinsamen Projektes erhöhte auch die Nachfrage nach ihren eigenen Leistungsangeboten und verbreiterte den Zugang zu ihren Hilfen.

2.6 Regionale Verortung des Verbundprojektes

Die bestehenden Kontakte und Beziehungen der Verbundpartner im regionalen Gefüge sind Startrampe für die Einbindung des Projektes in die vorhandenen Strukturen, schaffen Kontakte und erleichtern das oft mühsame Orientieren und Suchen nach Ansprechpartnern, Arbeitsgemeinschaften und wichtigen Adressen.

3. Arbeitsorganisation im Trägerverbund

Auch im Verbund ist die Etablierung und das Betreiben von Projekten ein arbeitsintensives Unterfangen und für die betroffenen Mitarbeiter der Verbundpartner in der Regel zusätzliche Arbeit. Damit der Spaß dabei nicht verloren geht, muß über die Organisation der gemeinsamen Arbeit schon im Vorfeld nachgedacht werden.

3.1 Ausgleich der Partnerinteressen

Die Mitglieder im Trägerverbund arbeiten nicht interessenneutral zusammen, sondern verfolgen mit ihrem Engagement durchaus berechtigte eigene Ziele. Werden diese Eigeninteressen jedoch nicht hinterfragt und offengelegt, wirken sie unterschwellig und führen unweigerlich zu Konflikten innerhalb der Zusammenarbeit. Die jeweiligen Interessen müssen in einem diskursiven Prozess veröffentlicht und auf ihre Projektkompatibilität untersucht werden. Dieser Abstimmungsprozess muss am Anfang der Zusammenarbeit stehen, da er die Beziehungen der Partner zueinander vorstrukturiert und in der Folge zu einer sinnvollen Arbeitsteilung beiträgt, in der jeder Partner seine spezifischen Ressourcen einbringt.

3.2 Entwicklung der Rechtsform

Von grundlegender Wichtigkeit ist auch die Klärung der Rechtsform der Verbundträgerschaft. Hierfür sind juristische Fachkenntnisse erforderlich. Grundsätzlich bieten sich die Formen des eingetragenen Vereins, der gemeinnützigen GmbH und einer eher informell abgestimmten Zusammenarbeit an, die wiederum Beziehungen zur Gesellschaft bürgerlichen Rechts aufweist.

Im Falle der Lauterbacher Beratungsstelle wurde die letztere Variante gewählt, die die Zusammenarbeit der Partner in einem differenzierten Gesellschaftervertrag regelt und die Formen der Entscheidungsfindung beschreibt. Gegen die anderen Möglichkeiten sprach vor allem der wesentlich höhere und auch kostenintensivere formale Aufwand. Allerdings soll die Rechtsform zu einem späteren Zeitpunkt überprüft werden. Die gute Zusammenarbeit der Partner hat bisher einen Test ihrer Tragfähigkeit in ernsteren Konfliktfällen noch nicht erforderlich gemacht.

3.3 Organisation der gemeinsamen Arbeit

Die Entwicklung und Strukturierung der Zusammenarbeit im Trägerverbund basiert auf gleichberechtigter Einflussmöglichkeit aller Partner in einem gemeinsamen Entscheidungsforum, dem vorbereitend zugearbeitet werden kann. Bestimmte Funktionen verantwortlich aufzuteilen dürfte sinnvoll sein: Sprecherfunktion nach außen, Fachaufsicht, finanzielle Abwicklung und Personalverwaltung. Die gemeinsame konzeptionelle Fortschreibung kann nur in enger Zusammenarbeit mit den Mitarbeiterinnen und Mitarbeitern erfolgen und sollte eine zentrale Bedeutung haben. Die Lauterbacher Beratungsstelle hat gute Erfahrungen mit der engen Einbeziehung der Mitarbeiter in Entscheidungsfindungsprozesse des Verbundes gemacht.

Für die meist in der Leitungsebene angesiedelten Mitarbeiterinnen und Mitarbeiter der einzelnen Verbundpartner, die zur Arbeit im Verbundprojekt abgestellt sind und es entwickeln und betreiben, ergeben sich einige Probleme, mit denen ihre Arbeitgeber sie nicht allein lassen sollten. Sie benötigen Sicherheit und Unterstützung hinsichtlich der ihnen jeweils eingeräumten Entscheidungskompetenzen, hinsichtlich des ihnen zur Verfügung gestellten Zeitkontingentes, hinsichtlich des zusätzlichen Arbeits- und Erwartungsdruckes, unter dem sie stehen und nicht zuletzt hinsichtlich gelegentlich drohender Loyalitätskonflikte, mit denen die Arbeit zwischen und auf mehreren Stühlen immer wieder einmal belastet ist.

3.4 Mitgestaltung der regionalen Vernetzung

Auch die Einbindung des Projektes in bestehende oder erst zu schaffende Kommunikationsstränge und Kooperationen ist eine zentrale und existenzsichernde Aufgabe für den Trägerverbund, wenn er den jungen Menschen sinnvolle Hilfe anbieten will. Jugendberufshilfe liegt im Schnittstellenbereich unterschiedlichster Arbeitsfelder der Jugend- und Sozialhilfe, der Arbeitsverwaltung, der Wirtschaftsförderung, von Handel, Handwerk und Industrie und ist auf bestmögliche Kommunikation und Zusammenarbeit angewiesen. Auf diese Zusammenhänge geht vor allem Harald Finke in seinem Beitrag „Regionalentwicklung in Public Private Partnerships für berufliche Perspektiven Jugendlicher" ein (vgl. Finke, Kapitel II).

Im Vogelsbergkreis hat sich in letzter Zeit neben den teilweise schon länger bestehenden Foren der Jugendhilfe (Arbeitsgemeinschaft freier Träger der Jugendhilfe seit 1993, Arbeitsgemeinschaft nach § 78 SGB VIII seit 2000) und wiederzubelebenden Planungsgruppen der regionalen Jugendhilfeplanung ein Beziehungsgeflecht entwickelt, das die Berufsberatung des Arbeitsamtes und die kommunale Wirtschaftsförderungsgesellschaft ebenso einbezieht wie Jugend- und Sozialamt. Die Verbindungen zur heimischen Wirtschaft und ihren Verbänden sind allerdings noch ausbaufähig.

Das vom Trägerverbund im Auftrag des Vogelsbergkreises und des Landes Hessen durchgeführte Vernetzungsprojekt Youthstart Network hat die Kooperation der Partner in der Jugendberufshilfe zusätzlich problematisiert, angestoßen und verbessert. Sein Abschluss darf jedoch kein Ende der Vernetzungsbemühungen sein, sondern muß in die Strukturen der Fachstelle für Jugendberufshilfe überführt werden.

4. Die Lauterbacher Beratungsstelle für arbeitslose Jugendliche – ein Praxisbeispiel

Nachdem schon mehrfach auf das Verbundprojekt „B:24 - Beratungsstelle für Schüler und arbeitslose Jugendliche" hingewiesen wurde, soll im folgenden kurz auf deren Entwicklung als gemeinsames Projekt dreier Jugendhilfeträger in einer ländlichen Region eingegangen werden. Dabei blickt die mittlerweile zum operativen Teil der Fachstelle für Jugendberufshilfe im Vogelsbergkreis gewordene Lauterbacher Beratungsstelle auf eine wechselvolle Geschichte zurück, in deren Verlauf Notwendigkeit und Erfolg von Kooperation und regionaler Vernetzung deutlich werden.

Die ursprünglich seit den achtziger Jahren von einem freien Träger ohne regionale Verortung betriebene Beratungsstelle für arbeitslose Jugendliche war von Beginn an nur wenig in die Vogelsberger Sozialszene eingebunden und fand weder bei Bevölkerung noch dem öffentlichen Jugendhilfeträger die verdiente Anerkennung und Unterstützung. Vielmehr schien es, dass die Problematik des Klientel auf die Einrichtung übertragen wurde und das randständige Image der Beratungsstelle zu deren wachsender Ausgrenzung führte.

Die hier tätigen Sozialpädagogen waren auch infolge der mangelnden Unterstützung durch den überregional ausgerichteten Träger mit der Bündelung von sozialpädagogischen, verwalterischen, wirtschaftlichen und fachpolitischen Aufgaben überfordert. Während sich einerseits die Möglichkeiten der Landesfinanzierung und spitzenverbandlichen Förderung sukzessive verschlechterten, waren andererseits regionale Förderstrukturen kaum aufzubauen. Die zwangsläufige Fokussierung auf Fragen des wirtschaftlichen Überlebens führte zur Vernachlässigung fachlicher Inhalte und konzeptioneller Innovation trotz erheblicher Anstrengungen des sozialpädagogischen Teams. Mitte der neunziger Jahre musste die Beratungsstelle geschlossen werden. Es schien, dass das hier vorgehaltene Angebot an Jugendberufshilfe der Region verloren gehen würde. Diese bedrückende Entwicklung traf jedoch gleichzeitig auf neue Strömungen in der regionalen Jugendhilfelandschaft. Nach Jahren einer eher an Jugendarbeit orientierten Haltung des öffentlichen Trägers und des isolierten Nebeneinanders der ansässigen freien Träger kam es zu ersten regionalen Vernetzungsbestrebungen.

Die freien Träger der Jugendhilfe im Vogelsbergkreis schlossen sich 1993 zu einer Arbeitsgemeinschaft zusammen und begannen, sich gegenseitig wahrzunehmen und miteinander erste vorsichtige Kontakte aufzunehmen. Ein wesentliches Ziel war von Anfang an auch, die Kommunikation zum Jugendamt zu verbessern, sich gemeinsam ein besseres Gehör zu verschaffen und die regionale Jugendhilfelandschaft in Kooperation mit Jugendamt und kommunaler Politik zu modernisieren. Innerhalb dieser vom öffentlichen Träger zunächst reserviert, bald jedoch wohlwollend und interessiert begleiteten Entwicklung wurde über die Schließung der Beratungsstelle diskutiert und im Interesse der betroffenen jungen Menschen nach Lösungen gesucht.

Es war offensichtlich, dass ein Träger allein das mit einer Neueröffnung der Beratungsstelle verbundene Maß an Arbeitsbelastung und wirtschaftlichem Risiko nicht verkraften konnte. Aber gemeinsam schien es möglich: der Trägerverbund „Lebens- und Berufshilfe Vogelsberg" nahm im Jahr 1996 Gestalt an. Die drei beteiligten Träger Gemeinnützige Schottener Reha-Einrichtungen gGmbH, Hilfe für das verlassene Kind e.V. und NEUE ARBEIT Vogelsberg gGmbH hatten - und dies mag eine gewisse Voraussetzung sein - unter verschiedenen Gesichtspunkten Erfahrungen in der Jugendberufshilfe gesammelt: als stationäre Einrichtungen der Hilfe zur Erziehung mit Angeboten jugendhilfefinanzierter Berufsausbildung, als Träger überbetrieblicher Ausbildungsmaßnahmen für „benachteiligte" Jugendliche, als Betreiber von Werkstätten für Behinderte oder als regionaler Anbieter von Maßnahmen zur beruflichen Integration von Arbeitslosen.

Die Bündelung von Ressourcen und Arbeitskraft äußerte sich in der Entwicklung einer modernisierten Konzeption der Arbeit, eines Finanzierungskonzeptes unter Einbezug nicht unerheblicher Eigenmittel und einer erfolgreichen fachpolitischen Arbeit in der Region. Sehr bald wurde der Trägerverbund als ernstzunehmender Partner akzeptiert. Es gelang, aus Eigenmitteln und Fördermitteln von Stadt, Kreis und Land einen tragfähigen Finanzierungsmix zu komponieren und die Beratungsstelle unter neuem Namen und neuer fachlicher Ausrichtung im April 1996 wieder zu eröffnen. Eine gemeinsame regionale Verantwortlichkeit für Jugendberufshilfe wurde formuliert und umgesetzt. Auf dieser Basis konnte auch die im Gefolge der Neustrukturierung der hessischen Landesförderung der Jugendberufshilfe wiederum eingetretene Existenzbedrohung bewältigt werden.

Im Jahr 2000 stellte das Land Hessen die bisherige direkte Förderung der Träger von Beratungsstellen und Werkstattprojekten auf eine pauschale Förderung der Kommunen um, die in ihrem Bereich eine Fachstelle für Jugendberufshilfe betreiben wollten. Diese Fachstelle besteht aus einem strategischen (planenden und koordinierenden) und einem operationalen (die jugendlichen Ratsuchenden betreuenden) Teil, wobei nur letzterer an freie Träger delegierbar ist. Die Ausstattungsvorgaben sind aus dem alten Programm unverändert übernommen worden, wobei die Landesförderung angehoben wurde. Allerdings bedingt das Konzept einen Ressourcenverlust für die konkrete Arbeit mit den jungen Menschen.

Indem die Beratungsstelle als operativer Teil der regionalen Fachstelle für Jugendberufshilfe im Vogelsbergkreis in ein neugestaltetes Kreiskonzept eingefügt wurde und dort in neue Kooperationen eingebunden ist, umfasst die ursprüngliche Vernetzung von drei freien Jugendhilfeträgern mittlerweile auch die regionale Wirtschaftsförderungsgesellschaft Vogelsberg Consult GmbH mit der Koordinierungsstelle für regionale Arbeitsmarktpolitik, das Jugendamt und die politischen Gremien des Kreises, die diese Entwicklung mitgewollt und mitgestaltet haben.

Der Bedarf an den Leistungen der Beratungsstelle bei Berufsorientierung, Bewerbungstraining, Ausbildungsplatzstabilisierung und Lebensberatung ist jedenfalls beachtlich. So haben im Zeitraum November 1998 bis Oktober 1999 immerhin 1.908 junge Menschen die Beratungsstelle aufgesucht, um das Hilfsspektrum abzurufen. Der Trägerverbund plant, mittelfristig an 3 Standorten präsent zu sein.

Irgendwie doch eine kleine Vogelsberger Erfolgsstory ...

Literatur

Eichler, Andreas (2000): Strategische Allianzen im Non-profit-Bereich: Gefahr oder Chance? In: Dahme, Hans-Jürgen; Wohlfahrt, Norbert (Hrsg.): Netzwerkökonomie im Wohlfahrtsstaat. Wettbewerb im Sozial- und Gesundheitssektor, Berlin.

Messner, Dirk (1994): Fallstricke und Grenzen der Netzwerksteuerung. In: PROKLA. Zeitschrift für kritische Sozialwissenschaft, Heft 97, 24. Jg., Nr. 4, S. 563 – 596.

Harald Finke
Regionalentwicklung in Public Private Partnership für berufliche Perspektiven Jugendlicher

1. Einleitung

Aufgrund der Jugendarbeitslosigkeit sowie der Knappheit an Lehrstellen wurde im Vogelsbergkreis Ende der 90er Jahre der Prozess regionaler Integration auf das Gebiet der Jugendberufshilfe erweitert. Der folgende Beitrag stellt am Beispiel einer konkreten Region (vgl. Stockmann, Kapitel III) vor, welche Strukturen und Verfahren des Regionalmanagements für die berufliche Integration Jugendlicher eingesetzt werden können. Die Meilensteine des „Vogelsberger Weges" werden in prozessualer Perspektive nach gezeichnet. Die Handlungsbedingungen sind durch Charakteristika dieses ländlichen Raumes und durch Regionalentwicklung in Public Private Partnership (PPP) gegeben. Handlungsstrategie sowie Arbeitsschwerpunkte zur Verbesserung der beruflichen Perspektiven Jugendlicher stehen im Mittelpunkt des Beitrages. Die erreichten messbaren Ergebnisse schließen den Beitrag ab.

2. Vogelsbergkreis, ländlicher Raum

Der Vogelsbergkreis ist überschaubar. Die 119.000 VogelsbergerInnen leben um Europas größtes erloschenes Vulkanmassiv herum in Siedlungszentren, die bis zu 14.000 EinwohnerInnen zählen. Ihre Wege sind größtenteils talwärts ausgerichtet und führen eben nicht über den Vulkan. Die sozioökonomischen Beziehungen werden in fünf Sub-Regionen gepflegt, die tendenziell am Rande des Kreisgebietes liegen. Die traditionellen und auch heute produktiven Wirtschaftsbeziehungen sind daher zum großen Teil *über* die Kreisgrenzen gerichtet. Charakteristisch ist die hohe AuspendlerInnenquote von 40 Prozent der Beschäftigten. Sie ist eine Folge der dispersen Siedlungsstruktur und zeigt gleichzeitig, dass die Mobilität der Vogelsberger Beschäftigten neben ihrer fachlichen Qualifikation die zweite entscheidende Eintrittskarte für den Arbeitsmarkt ist.[1]

---

1 Ein weiterer Indikator für die Bedeutung der Mobilität im VBK ist die Kfz-Dichte. Sie ist mit 1,29 Menschen pro Fahrzeug die höchste Hessens (Meldung in den Lokalzeitungen am 13.06.01).

Die besondere Problematik für Jugendliche besteht genau darin, „das zweite Ticket" zu lösen. Ihre Mobilität ist eingeschränkter als die der Erwachsenen. Für berufliche Perspektiven, die ein eigenständiges Erwerbseinkommen versprechen, brauchen Jugendliche im ländlichen Raum *erreichbare* Ausbildungs- oder Qualifizierungsplätze in ausreichender Anzahl. Diese Bedingung zum Berufseinstieg war seit Mitte der 90er Jahre im VBK – ebenso wie in vielen anderen Regionen – nicht mehr gegeben. Mit der Entscheidung, die Schaffung zusätzlicher Ausbildungplätze zum Handlungsfeld der Regionalentwicklung zu machen, wurde ein spezifischer Weg eingeschlagen. Er findet im Youthstart Projekt und der damit verbundenen Hinwendung zur Jugendberufshilfe seine Fortsetzung (vgl. Stockmann, Kapitel III).

3. Regionalentwicklung, der Weg im Vogelsbergkreis

Regionalentwicklung zielt auf die Stärkung strukturschwacher Regionen ab. Für wirtschaftliche Zielsetzungen heißt dies, dass vergleichsweise strukturschwache Regionen politisch gewollt und (von außen) finanziell gefördert aufholen bzw. im Vergleich zu wachstumsstarken Gegenden nicht weiter „abgehängt" werden sollen. Bezogen auf soziokulturelle Zielsetzungen bemühen sich RegionalentwicklerInnen um die Bildung einer regionalen Identität. Seit den 80er Jahren gibt es Ansätze, Regionalentwicklung „von unten", also durch AkteurInnen *aus* der Region und mittels regional verankerter Projekte zu gestalten (endogene Regionalentwicklung). Damit hat die regionale Ebene als Gestaltungsraum an Bedeutung gewonnen (Jasper, Schievelbein u.a. 1997: 13ff). Das Plus an Gestaltungsmöglichkeiten erfordert das Erlernen neuer Gestaltungskompetenzen (ebd.: 31ff), da Regionalentwicklung so unterschiedliche AkteurInnen wie Parteien, Kommunalverwaltungen, Wirtschaftsverbände, Gewerkschaften sowie privat getragene Interessengruppen und letztlich auch die privaten Haushalte berücksichtigen und einbeziehen muss. Der Bedarf an der Beteiligung Vieler bleibt nicht ohne Auswirkung auf die regionalen Abstimmungs- und Planungsprozesse sowie die vor Ort gegebenen Organisationsstrukturen:

„Dabei werden auch verschiedene Handlungsebenen (kleinräumige lokale Projekte und regionale Entwicklungsvorhaben) und unterschiedlichste, traditionell streng voneinander getrennte Handlungsfelder miteinander in Verbindung gebracht. Eben dieser inhaltlich und organisatorische Brückenschlag scheint ein weiteres wichtiges Merkmal zu sein: Es wird der Tendenz zur Fragmentierung entgegengearbeitet" (Selle 1996: 244).

Die sich mit Regionalentwicklung befassenden Institutionen und Organisationen werden zunehmend zu Mittlerinstanzen (ebd.: 240). Im Vogelsberg wurde eine regionale Mittlerinstanz als Public Private Partnership (PPP) etabliert. Unter PPP versteht man die prozessorientierte Zusammenarbeit von AkteurInnen aus dem öffentlichem und privatem Sektor mit der Absicht, komplementäre Ziele zu erreichen und Synergiepotenziale zu erschließen. Dabei bleibt die Identität und Verantwortung der AkteurInnen intakt. Die Zusammenarbeit ist (gesellschafts-)vertraglich geregelt. Die Vogelsberger PPP geht auf das europäische LEADER-Programm zurück, das auf die Entwicklung strukturschwacher ländlicher Räume zielte. Es versprach den AkteurInnen vor Ort verlorene Zuschüsse für innovative Regionalentwicklungsprojekte.[2]

Die entscheidende organisatorische Bedingung war, dass die Mittel nur nach *Abstimmung der Projekte in der Region und durch die AkteurInnen der Region* verwendet werden durften. Damit „verordnete" die EU einen partizipativen Ansatz. Die Anforderungen an die Organisation wurden im VBK durch Gründung einer Kapitalgesellschaft umgesetzt, deren Aufsichtsrat durch VertreterInnen von 18 regionalen Interessengruppen[3] besetzt war und der damit das regionale Entwicklungsforum des VBK bildete. Das Forum bewertete die Projektvorschläge mit einem speziellen Priorisierungsverfahren und begab sich damit in einen Prozess gemeinsamer Zieldiskussion und Entscheidungsfindung. Dieser Prozess wurde von der Regionalentwicklungsgesellschaft moderiert. Jeder neue Projektantrag war und ist gleichzeitig ein neuer Input für den regionalen Brückenbau. Jüngster Schritt im Organisationsentwicklungsprozess ist der Einstieg der Privatwirtschaft in Form von Kapital, das sie an der Regionalentwicklungsgesellschaft hält. Auch dies ist ein Beispiel für die Aktivierung endogenen Potenziales.[4]

---

2 Kommunale Projektträger investierten in Infrastrukturprojekte, Unternehmen bewarben sich um Investitionszuschüsse und im sozio-kulturellen Bereich entstanden Kulturprojekte.

3 Die Mitglieder vertreten den Kreisausschuss, die Städte und Gemeinden, die demokratischen politischen Parteien, Frauen, Industrie, Handel, Handwerk, Gastronomie, Landwirtschaft, Gewerkschaften, private Bildungsträger, Naturschutzverbände, Kulturinitiativen sowie das damalige Amt für Regionalentwicklung, Landschaftspflege und Landwirtschaft.

4 Die Gesellschaft heißt Vogelsberg Consult – Gesellschaft für Regionalentwicklung und Wirtschaftsförderung mbH. Sie entstand durch Fusion der Regionalentwicklungs- und der Wirtschaftsförderungsgesellschaft des Kreises.

4. Ausbildungsförderung, Strategie ihrer Integration in die Regionalentwicklung

Ein Teil der AkteurInnen im regionalen Entwicklungsforum befasste sich intensiv mit dem gegebenen Problemdruck überdurchschnittlich hoher Jugendarbeitslosigkeit[5] sowie Lehrstellenknappheit. Mit Unterstützung durch die Regionalentwicklungsgesellschaft wurde dieser im Netzwerk thematisiert. Es gelang, Konsens über die Notwendigkeit *zusätzlichen* Handelns herzustellen. Damit beginnt der Brückenschlag von der Regionalentwicklung zur Jugendberufshilfe. Zeitgleich eröffnete ein Hessisches Förderprogramm die Möglichkeit, für die zusätzliche Aufgabe eine Koordinierungsstelle einzurichten. Die Verbesserung der beruflichen Perspektiven Jugendlicher konnte auf einer Ausgangslage aufbauen, die so zusammenzufassen ist:

- Den regionalen AkteurInnen ist es vertraut, sich neuen Themen zuzuwenden. Was nach Selle (1996) ein Wirken gegen die Fragmentierung ist, lässt sich positiv ausdrücken als die Übernahme von Mitverantwortung für einen Bereich, in dem regionales Entwicklungspotenzial zu identifizieren ist. Jugendliche ohne Arbeit oder ohne Lehrstelle bedeuten brachliegendes Entwicklungspotenzial.
- Die Arbeit kann kooperativ und unter Einbeziehung der jeweiligen Stärken und Informationen der NetzwerkpartnerInnen stattfinden.
- Die im Forum vertretenen Institutionen bieten einen direkten Kontakt in die lokalen Arbeits- und Ausbildungsmärkte.
- Für ortsnahe Ausbildungsprojekte können Angebot und Nachfrage auf lokaler Ebene schnell geprüft und verknüpft werden. Damit akzeptieren Ausbildungsprojekte die eingeschränkte Mobilität Jugendlicher.
- Mit der Projektförderung im Rahmen des LEADER-Programms wurde Erfahrung in der Kommunikation mit Unternehmen erworben. Mit Ausbildungsunternehmen und solchen, die es werden könnten, sind Argumentationslinien erprobt, die das Interesse an zusätzlicher Ausbildung fördern.

Um die zusätzliche Initiative der Regionalentwicklungsgesellschaft zum Abbau der Jugendarbeitslosigkeit von Beginn an zu profilieren, richtete sie für diesen Bereich die „Koordinierungsstelle für regionale Arbeitsmarktpolitik" (KORA) ein. Wie konnte die partnerschaftliche Organisationsstruktur für die Integration des zusätzlichen Arbeitsgebietes genutzt und weiter entwickelt werden? Zu

---

5   In den einschlägigen Statistiken liegt der VBK im Mittelfeld aller bundesdeutschen Landkreise, einzig die Jugendarbeitslosigkeit ist überdurchschnittlich hoch. Bei der Entwicklung des Beschäftigungsvolumens 1992 bis 1997, den regionalen Arbeitslosenquoten 1998, Entwicklung der Arbeitslosigkeit 1996 bis 1998 sowie der Frauenarbeitslosigkeit 1998 liegt der Vogelsbergkreis im Mittelfeld einer Rangliste, die sechs Klassen umfasst (Koller, Schwengler 2000: 17ff).

diesem Zeitpunkt waren entscheidende PartnerInnen für dieses Arbeitsgebiet, wie beispielsweise das Arbeitsamt oder allgemeinbildende sowie Berufsschulen noch nicht „im Boot". Diese galt es zu gewinnen.

Die Initiierung kooperativen Handelns im Ausbildungsbereich entspricht den von Schimpf genannten Erfolgsfaktoren für den Aufbau von Netzwerken (vgl. Schimpf, Kapitel III). Der anfängliche Diskussionsprozess, der von einem arbeitsmarktorientierten Beratungsgremium unterstützt wurde, klärte die Zielrichtungen „Investition in die Fachkräfte von morgen" sowie „einzelbetriebliche Orientierung". Die dritte der Komponenten, „messbar handeln", ist das Element, mit dem zusätzliche NetzwerkpartnerInnen gewonnen werden konnten.

4.1 Strategie, investive Komponenten

Da es Institutionen gibt, die sich mit dem *Abbau des Bestandes* an arbeitslosen Jugendlichen befassen (Arbeitsamt, Sozialamt, Bildungsträger), kann die Perspektive der Regionalentwicklung prozessual und mittelfristig angelegt werden. Die Schaffung zusätzlicher Ausbildungsplätze ergänzt etabliertes Handeln und trägt mittelfristig zum Abbau der Jugendarbeitslosigkeit bei. Damit rückt der Ausbildungsmarkt in den Mittelpunkt regionaler Strategien. Die Wahrscheinlichkeit, nicht in den Arbeitsmarkt einzumünden ist für Jugendliche mit Berufsausbildung weitaus geringer als für Jugendliche ohne anerkannte Ausbildung (vgl. Brülle, Kapitel II). Der zweite investive Aspekt an der Entscheidung, die zusätzliche Overhead-Arbeitskapazität in den Ausbildungsbereich zu investieren war es, mit der Ausbildungsförderung an der Sicherung des regionalen Fachkräftenachwuchses mitzuwirken.

Auf regionaler Ebene wurden bereits Erfahrungen mit Netzwerkstrategien in der beruflichen Weiterbildung gesammelt und ausgewertet. Man sah die Bedeutung beruflicher Bildung für regionale Entwicklung. Zweitens beobachtete man den Trend zu marktbezogenen und wettbewerbsorientierten Effizienzkriterien, an denen sich die Qualifizierungserfolge messen lassen sollen (Kühnlein 2000: 263). Beide Aspekte können auch für die berufliche Erstausbildung gelten. Ausbildung erhöht das Potenzial regionaler Wertschöpfung.

4.2 Strategie, einzelbetriebliche Orientierung

Der ganze Ausbildungsmarkt ist als PPP organisiert. Er bildet die *Relation* von privatwirtschaftlicher und öffentlicher Ausbildungstätigkeit ab. Dies gilt sowohl innerhalb des Ausbildungsverhältnisses (Duales System) wie auch sektoral (betriebliche Ausbildung, vollschulische Ausbildung, außerbetriebliche Ausbildung). Die Angebotskrise auf dem betrieblichen Ausbildungsmarkt seit

Mitte der 90er Jahre hat die Ausbildungskosten zunehmend auf die öffentlichen Haushalte verlagert (Kühnlein 2000: 252ff). Die Ausbildungsförderung im VBK räumt der betrieblichen Ausbildung das Primat ein und will damit noch mehr privates Kapital für die Berufsausbildung Jugendlicher mobilisieren. Benachteiligte Jugendliche hatten (so die Erfahrung) und haben (so die Überzeugung) Erfolg in der Ausbildung im Dualen System. Aus diesem Grund kommt dem Projektfeld „Wirtschaftsförderung" auch in Bezug auf die Verbesserung der beruflichen Perspektiven benachteiligter Jugendlicher eine besondere Bedeutung zu.

4.3 Strategie, messbar handeln

Für die Erschließung des neuen Handlungsfeldes hat sich der Beginn mit einem Projekt, dessen Erfolg messbar ist, bewährt. Der zählbare Erfolg öffnet die Tür, die Zugang zu den Überlegungen und Vorhaben der etablierten PartnerInnen bietet. Das ist die Voraussetzung für Mitwirkung, die auf Partnerschaft basiert. Folglich akquirierte die KORA als erste Aktivität Mittel aus dem Landesbenachteiligtenprogramm für sechs zusätzliche Ausbildungsplätze, gewann einen etablierten Bildungsträger, der die Ausbildungsverantwortung übernahm, recherchierte zusätzliche Praktikumstellen in geeigneten Unternehmen, wählte geeignete Jugendliche aus und begleitete sie bis zum Abschluss der Ausbildungsverträge.[6]

Der Prototyp schafft Vertrauen. Aus Sicht der Partner ist die Zeit für Zusammenarbeit, die Geld kostet, nun eine auf Erfahrung begründete Investition. Damit ist eine wesentliche Bedingung für funktionierende Koordination erfüllt: Die PartnerInnen haben ein Interesse daran, Information weiterzugeben, wenn sie sehen, dass ein Produkt daraus wird. Das Ergebnis brachte allen Beteiligten Vorteile. Ein Bildungsträger sicherte einen Arbeitsplatz in seinem Haus, die Berufsberatung des Arbeitsamtes hatte sechs Benachteiligte zusätzlich vermittelt, die Berufsschulen hatten eine stärkere Besetzung der Fachklassen und eine Entlastung der vollschulischen Angebote, die zur Ausbildungsreife führen sollen, die Betriebe erwirtschaften zusätzliche direkte Erträge, die spätestens im zweiten Lehrjahr die zusätzlichen Aufwendungen überwiegen. Darüber hinaus sichern sie ihren Fachkräftenachwuchs.

---

6   Vor dem Hintergrund der dünnen Besiedelung ländlicher Räume ist die Zahl von sechs zusätzlichen Ausbildungsplätzen durchaus bemerkenswert. Die Zahl von 19 (12 männlich, 7 weiblich) „unversorgten Jugendlichen" im VBK zum Ende des Ausbildungsjahres 1999/2000 (Arbeitsamt Giessen 2000: Tab. 9) mag dies belegen (vgl. 5. Unterm Strich). Die Bereitschaft, sich auf kleine Einheiten einzulassen, gilt auch für den Arbeitsmarkt. Beispielsweise ist die Ansiedlung oder gar der Konkurs eines 20-Mann-Frau Betriebes in der dispersen Siedlungsstruktur des VBK sowohl statistisch signifikant wie auch sozial relevant.

4.4 Kooperation, verstetigt in drei Projektfeldern

Die weitere Entwicklung der Zusammenarbeit im Hinblick auf PPP mit den neuen PartnerInnen bedarf der Verstetigung der Zusammenarbeit. Die KORA organisiert sie durch Einzelprojekte, die sie auf drei Feldern entwickelt und umsetzt. Die drei Projektfelder umfassen den gesamten Ausbildungsmarkt, denn sie werden vom Ausbildungsmarkt hergeleitet. Der Markt wird von BewerberInnen (Projektfeld Berufsorientierung) einerseits und den AnbieterInnen von Ausbildungsplätzen (Projektfeld Wirtschaftsförderung) andererseits gebildet. Drittens eröffnet die Lücke zwischen BewerberInnen und Stellenangebot das Feld „Förderung benachteiligter Jugendlicher". Die Intensität der Zusammenarbeit mit den ProjektpartnerInnen variiert mit dem jeweiligen Projektfeld.

Projektfeld Förderung benachteiligter Jugendlicher

In 2000 war ein vorsichtig geschätzter Anteil von 20 Prozent des Jahrgangs an jugendlichen BerufseinsteigerInnen (300 von 1.500) auf besondere Hilfe angewiesen.[7] Die KORA zählt sie alle zur Zielgruppe benachteiligter Jugendlicher.[8] Für sie wurden zusätzliche Ausbildungsplätze durch Projektmittel als überbetriebliche Ausbildungsplätze oder im Dualen System geschaffen. In diesem Feld ist die Kooperation mit Bildungsträgern relevant. Entscheidend für die Verbesserung der Chancen benachteiligter Jugendlicher im Wettbewerb um betriebliche Ausbildungsplätze ist die Schaffung von Kontaktmöglichkeiten. Gerade die, die auf dem Papier schwache Referenzen vorlegen, brauchen die Chance, sich in der Praxis und im direkten Kontakt zu beweisen. Die Überschaubarkeit des ländlichen Raumes bietet dafür eine spezifische Chance, denn „Maßnahmekarrieren" und anhaltende Jugendarbeitslosigkeit sind im ländlichen Raum tendenziell nicht anonym. Dieser Umstand sorgt für eine hohe Akzeptanz für das Anliegen, zusätzliche Jugendliche in Ausbildung zu begleiten. Für Entwicklung und Umsetzung von Ausbildungsprojekten kann diese Chance ausgebaut werden. Orientiert man das Projekt an den Wegen der Jugendlichen, so wird die Region untergliedert in lokale Handlungsräume. In diesen Sub-Regionen ist das Kriterium der Erreichbarkeit von Ausbildungsplätzen erfüllt. Geht die Stellenakquise in einer Sub-Region einher mit Auswahl von BewerberInnen aus diesem lokalen Raum und werden PartnerInnen integriert, die mit diesem Raum vertraut sind, so ist das ein Weg, der zu zusätzlichen Ausbildungsplätzen führt.[9]

---

7   Eigene Berechnung (Vgl. Brülle, Kapitel II).
8   Die Zielgruppe ist wegen der regionalen Perspektive weiter gefasst als die gesetzliche Abgrenzung. Ausbildungsförderung in regionaler Verantwortung braucht nicht zu warten, bis ausbildungssuchende Jugendliche als benachteiligt eingestuft werden.
9   Erprobt im Rahmen der „Aktion 5 vor 12" (vgl. Stockmann Kapitel III). Die Auswahl des

Projektfeld Berufsorientierung

Die Berufswünsche Jugendlicher sind statistisch gesehen nicht sehr einfallsreich. Sie sind geschlechtsspezifisch und werden von der Berufsberatung der Bundesanstalt für Arbeit gemessen. Fast 58 Prozent der Bewerberinnen verteilen sich auf die Hitliste der zehn am meisten gewünschten Berufe bei Mädchen. Der entsprechende Wert bei den Bewerbern beträgt 44 Prozent (ibv 2000: 5269). Vor dem Hintergrund von Ausbildungsberufen, die im VBK angeboten werden, macht die Erweiterung des Berufswahlverhaltens für beide Geschlechter Sinn (vgl. Allendorf/Becker-Ott, Kapitel II). Im Handlungsfeld Berufsorientierung werden deshalb vermehrt biografisch frühzeitig Erfahrungsräume geschaffen, damit Jugendliche aus der Vielfalt des Ausbildungsangebots gezielter wählen. Die Aktivitäten in diesem Projektfeld eröffnen die Zusammenarbeit mit allgemeinbildenden Schulen, den Schulen für Lernhilfe sowie den Berufsschulen. Die Ergebnisse in diesem Projektfeld mögen eine passendere *Verteilung* von Jugendlichen auf Betriebe bringen und im besten Fall senken sie die Quote abgebrochener Ausbildungsverhältnisse, die 1999 bundesweit bei 23,5 Prozent lag (ibv 2001: 1415). Jedoch bringt die Förderung der Berufsorientierung Jugendlicher kaum einen zusätzlichen Ausbildungsplatz. Dafür ist das folgende Feld verantwortlich.

Projektfeld Wirtschaftsförderung

In diesem Projektfeld werden die Beziehungen zu Einzelunternehmen und zu ihren Verbänden verstetigt wie auch zu den diversen öffentlichen Händen, die die Ausbildungtätigkeit von Unternehmen subventionieren. Wenn Unternehmen nicht ausbilden, tun sie das aus vielfältigen betriebswirtschaftlichen Gründen, aber nicht, weil sie Ausbildung generell ablehnen. Kein Unternehmen riskiert die Schönheit seiner Bilanz, um einen allgemeinen Bedarf zu decken. Es kommt darauf an, die Betriebe zu identifizieren, die „eher-nicht" bzw. „eher nicht noch einmal" ausbilden wollen. Sie könnten als „Grenzbetriebe des Ausbildungsmarktes" bezeichnet werden. Wenn für diese Betriebe tragfähige Lösungen angeboten werden, sind sie verlässliche Partner. Lösungen können in branchenspezifischer Information über Fördermittel bei zusätzlicher Ausbildung bestehen.

Schließlich wird durch die Integration der Ausbildungsförderung in die Regionalentwicklung ein bedeutsames Synergiepotenzial erschlossen: UnternehmerInnen kommen zur Regionalentwicklungsgesellschaft, um sich durch den Förderdschungel bei Erweiterungsinvestitionen geleiten zu lassen. Diese Unternehmen sind es, die oftmals daraufhin auch zusätzlichen Personalbedarf

---

Ortes folgte den Ergebnisse der Jugendhilfeplanung.

verzeichnen. Wenn die Versorgung mit zusätzlichem Geld gelang, besteht eine hohe Gesprächsbereitschaft über Ausbildungsfragen.

Zusammenfassend ist festzustellen, dass Ausbildungsförderung als integraler Bestandteil der Regionalentwicklung im Vogelsbergkreis akzeptiert wird. Jedoch ist die für PPP erforderliche Intensität der Kooperationsbeziehungen noch nicht erreicht. Mit folgenden Zwischenergebnissen kann auf eine vertraglich vereinbarte Partnerschaft hingearbeitet werden, für die Brülle (Kapitel II) detaillierte Anregungen gibt.

5. Unterm Strich

Seit ihrem Bestehen zwischen Dezember 1997 und dem Ende des Ausbildungsjahres 2000 verbucht die KORA ca. 80 Ausbildungsplätze, an deren Schaffung sie beteiligt war. Davon wurde gut die Hälfte von benachteiligten Jugendlichen besetzt. Die Verteilung der zusätzlichen Ausbildungsplätze auf das Duale System liegt bei 60 Prozent. Der Rest entfällt auf Ausbildung im Verbund und auf außerbetriebliche Ausbildung.

Im Ausbildungsjahr 2000 trug die KORA mit der Beteiligung an 20 zusätzlichen Ausbildungsplätzen zum kreisweit registrierten Plus von 28 angebotenen Lehrstellen bei. Der Vergleich mit dem wirtschaftsstarken Bundesland Hessen und mit dem Bundesgebiet zeigt, dass diese gerade mal zweistelligen Zahlen als durchaus positiv zu verbuchen sind, wenn als Kriterium das Wachstum an angebotenen betrieblichen Ausbildungsplätzen herangezogen wird. Zum Stichtag 30.09.2000 steigerte die Vogelsberger Wirtschaft ihr Stellenangebot um 3,9% (28 Stellen), während im Landesdurchschnitt 1,3% (530 Stellen) und im Bund -0,6% zu verzeichnen waren (www.arbeitsamt.de). Die Steigerung der Angebotszahlen setzte sich im Wachstum der *abgeschlossenen* Ausbildungsverhältnisse fort. Der VBK weist die höchste Ausbildungsdichte der mittelhessischen Landkreise auf (IHK Giessen-Friedberg 2001: 22).

Das hier dokumentierte Ergebnis ist eine Leistung aller AkteurInnen im Vogelsberger Ausbildungsmarkt. Der Brückenbau von Regionalentwicklung zur Jugendberufshilfe kann einen signifikanten Beitrag leisten. Gemeinsame Problemsicht und gegenseitige Akzeptanz bilden die Brückenpfeiler. Auf- und Ausbau dieser Akzeptanz ist sind Kernaufgaben der Ausbildungsförderung, wenn sie in stabilen partnerschaftlichen Verhältnissen agieren will.

Literatur

Arbeitsamt Gießen (2000): Berufsberatungsstatistik. Jahresbericht 1999/2000. Gießen.

ibv (2000): Ausbildungsmarkt 1999/2000. Ergebnisse, Einschätzungen, Folgerungen aus Sicht der Ausbildungsvermittlung, 1. Oktober 1999 bis 30. September 2000, Reihe: Informationen für die Beratungs- und Vermittlungsdienste, Heft 52 vom 27.12. 2000, Bundesanstalt für Arbeit, Nürnberg.

ibv (2001): Ausbildungsabbruch. Situation und Handlungsstrategien, Reihe: Informationen für die Beratungs- und Vermittlungsdienste, Heft 22 vom 30.05.2001, Bundesanstalt für Arbeit, Nürnberg.

IHK Giessen-Friedberg (2001): Der Vogelsbergkreis ist bei der Ausbildungsplatzdichte in Mittelhessen Spitze. In: Wirtschaft. Magazin der IHK Giessen-Friedberg, hg. v. IHK Giessen-Friedberg, Heft 5, Giessen.

Jasper, Ulrich; Schievelbein, Claudia u.a. (1997): Leitfaden zur Regionalentwicklung, hg. v. Arbeitsgemeinschaft bäuerlicher Landwirtschaft – Bauernblatt e.V., Rheda-Wiedenbrück.

Koller, Martin; Schwengler, Barbara (2000): Struktur und Entwicklung von Arbeitsmarkt und Einkommen in den Regionen, Reihe: Beiträge zur Arbeitsmarkt- und Berufsforschung, Nr. 232, hg. v. Institut für Arbeitsmarkt- und Berufsforschung der Bundesanstalt für Arbeit, Nürnberg.

Kühnlein, Gertrud (2000): Netzwerkstrategien in der beruflichen Bildung. In: Dahme, Hans-Jürgen; Wohlfahrt, Norbert (Hrsg.): Netzwerkökonomie im Wohlfahrtsstaat. Wettbewerb im Sozial- und Gesundheitssektor, Berlin, S. 249–265.

Selle, Klaus (1996): Kooperation im intermediären Bereich. Anmerkungen zum Wandel im Planungsverständnis. In: Evers, Adalbert; Olk, Thomas (Hrsg.): Wohlfahrtspluralismus. Vom Wohlfahrtsstaat zur Wohlfahrtsgesellschaft, Opladen, S. 236–256.

Martina Baumert, Christiane Brechlin
Die Entwicklung regionaler Netzwerke im Landkreis Hersfeld-Rotenburg

1. Einleitung

Der folgende Bericht beschäftigt sich mit der Umsetzung der "Gemeinschafts-initiative Beschäftigung Youthstart Network" im Landkreis Hersfeld-Rotenburg. Die Konzeption und die daraus resultierende praktische Verfahrensweise wurde im Landkreis Hersfeld-Rotenburg auf zwei unterschiedlichen Ebenen mit ungefähr gleicher Gewichtung umgesetzt:

- Auf der "operativen Ebene" in lokalen Standorten war die zu leistende Arbeit vorwiegend praxisorientiert ausgerichtet und bezog sich fast ausschließlich auf die Bedürfnisse und Ideen des einzelnen lokalen Standortes – Stadt bzw. Gemeinde. In drei Städten wurden Ausbildungsforen gegründet, deren vorrangige Aufgabe die Verbesserung der Zusammenarbeit zwischen Institutionen im Übergang von der Schule in den Beruf war. Wichtigste Partner waren die ortsansässigen Schulen und die am Standort vertretene Wirtschaft. Als weitere Kooperationspartner konnten die Bürgermeister der Städte bzw. Gemeinden als Bindeglied zwischen den beiden Ebenen, die JugendarbeiterInnen vor Ort, Ehrenamtliche und Kirchenvertreter gewonnen werden.

153

- Auf der strategisch-steuernden Ebene wurde ein Gremium gebildet, der Projektbeirat, der die Begleitung der lokalen Standorte und die konzeptionelle Steuerung des Gesamtprojektes im Kreisgebiet übernahm. Entscheidend für die Effektivität des Projektbeirates war seine Zusammensetzung, die fast ausschließlich aus Leitungspersonen bestand.[1]

Um zum einen die Implementierung eines dauerhaften und selbstorganisierten Netzwerkes nachvollziehbar und belegbar zu machen und darüber hinaus den Weg der Vernetzung als Instrument zur Situationsverbesserung für "benachteiligte" Jugendliche im Übergang Schule-Beruf als sinnvoll und zweckmäßig begründbar zu machen, wurde das Projekt mit der Methode der Selbstevaluation retrospektiv bewertet (vgl. Benthin/Baumert, Kapitel IV).

Bei der Ist-Stands-Ermittlung im März 1999 wurde zum Einen deutlich, wie wenig die ortsansässigen Institutionen miteinander verzahnt waren und wie entscheidend die Bedeutung einzelner engagierter Personen für das Gelingen oder Nicht-Gelingen eines reibungslosen Übergangs Schule-Beruf, vor allem für "benachteiligte" Jugendliche war. Zum Anderen zeigte sich, wie wichtig das direkte Engagement von Leitungspersonen gerade in den Anfängen der Kooperationsentwicklung zwischen den unterschiedlichen Institutionen in den Foren für das Gelingen der ersten Schritte ist. So ist z.B. mit großer Sicherheit davon auszugehen, dass ohne den politischen Willen des Kreises und ohne das persönliche Engagement der Ersten Kreisbeigeordneten eine Umsetzung des Projektes nicht möglich gewesen wäre.

2. Ausgangsbedingungen zu Beginn des Projektes

2.1 Der Landkreis Hersfeld-Rotenburg

Zu Projektbeginn Anfang 1999 ist der Landkreis Hersfeld-Rotenburg durch eine durchwachsene Sozialraumstruktur gekennzeichnet, die sowohl positive als auch negative Merkmale aufweist. Zu den positiven Merkmalen gehören z.B.:

- niedrige Trennungs- und Scheidungsquote,
- unproblematische Siedlungsstruktur (Indikatoren für Siedlungsstruktur sind u.a. die Bevölkerungsdichte und der ländliche Charakter),
- niedrige Kriminalitätsbelastung[2]

---

1 Erste Kreisbeigeordnete (Jugend- und Sozialdezernentin) als Vorsitzende, Jugend- und Sozialamtsleitung, Jugendhilfeplanung, DGB Vorsitzender, Vorsitzender Kreishandwerkerschaft, Geschäftsführer IHK (gleichzeitig Strukturentwicklungsgesellschaft), Staatliches Schulamt, Arbeitsamtsleitung, Jugendwerkstatt und die Bürgermeister der Standorte.
2 Im Landkreis Hersfeld-Rotenburg wurden 1998 insgesamt 7.273 Straftaten verübt, daraus

Auf der Negativseite sind besonders im Zusammenhang mit dem Ausbau der Jugendberufshilfe zu nennen:

- eine hohe Arbeitslosenquote[3] vor allem bei Jugendlichen und jungen Erwachsenen und
- eine hohe Sozialhilfedichte.[4]

Wird ein Zusammenhang zwischen Arbeitslosenquote und Sozialhilfedichte hergestellt zeigt sich, wie gravierend positive oder negative Veränderungen auf dem regionalen Arbeitsmarkt in ihrer Auswirkung auf die gesamte soziale Situation sind. Dies unterstreicht die Wichtigkeit und Notwendigkeit genau in diesem Bereich – Verbesserung der Situation besonders für "benachteiligte" Jugendliche im Übergang Schule-Beruf, mit Auswirkungen auf den regionalen Arbeitsmarkt – unterstützend einzugreifen.

2.1.1 Strukturdaten des Landkreises Hersfeld-Rotenburg

- Einwohner: 131.131 (31.12.2000)
- Fläche: 1.097 km^2
- vier Städte: Bad Hersfeld, Bebra, Rotenburg, Heringen (zwischen 8.442 und 31.047 Einwohnern)
- 16 Gemeinden: Alheim, Breitenbach a.h., Cornberg, Friedewald, Hauneck, Haunetal, Hohenroda, Kirchheim, Ludwigsau, Nentershausen, Neuenstein, Niederaula, Philippsthal, Ronshausen, Schenklengsfeld und Wildeck (1.822 bis 5.941 Einwohnern)
- 48 Schulen: 32 Grundschulen, neun Gesamtschulen, zwei berufliche Schulen, drei Schulen für Lernhilfen, eine verbundene Haupt- u. Realschule, eine Schule für praktisch Bildbare
- Schüler: 19.077 (01.01.00)
- Bildungsträger: 17 (Hersfeld 12, Bebra, Rotenburg, Heringen 5)
- Erwerbstätige: (Versicherungspflichtige) 38.514 (01.04.1999)

---

ergab sich eine Quote von 5,5 Straftaten pro 100 Einwohner. Im Vergleich zu Hessen wurde in diesem Jahr eine Quote von 7,4 und im gesamten Bundesgebiet sogar eine von 7,9 ermittelt (Sozialraumanalyse Teil I: 10/99).

3 Im Landkreis Hersfeld-Rotenburg war im Jahr 1998 eine Arbeitslosenquote von 13,7 % zu verzeichnen. Das Bundesgebiet wies in diesem Jahr eine Quote von 12,7 % auf und das Land Hessen sogar nur eine Quote von 10,5 %. Die Quote der 15-20 jährigen lag bei 10,4 % und die der 20 - 25 jährigen sogar bei 14,2 %, somit lag der Landkreis deutlich über dem Bundes- und Landesmittel (Sozialraumanalyse Teil I : 10/99).

4 Zwar ergaben sich im Vergleich vom 31.01.1999 mit dem Landkreis Hersfeld-Rotenburg mit 3,8 %, dem Land Hessen mit 4,2 % und dem gesamten Bundesgebiet mit 3,5 % keine großen Unterschiede, untersucht man aber einzelne Städte im Landkreis z.B. Bad Hersfeld mit 6,6 % und Bebra mit 4,9 % wird eine überproportional hohe Sozialhilfedichte deutlich. Ca. 1/10 der Sozialhilfeempfänger sind zwischen 18 und 25 (Sozialraumanalyse Teil I: 10/99).

Davon:

- 41,7 % Dienstleistungen und Sonstige
- 32,2 % Verarbeitendes Gewerbe, Bergbau und Energie
- 15,2 % Handel
- 9,9 % Baugewerbe
- 1,0 % Landwirtschaft

Wirtschaftsstruktur:

- Bergbau (Kali & Salz)
- Industrie: z.b. Elektronik, Feinmechanik, Optik, Maschinenbau, Chemische Industrie, Kunststoffverarbeitung
- Verarbeitendes Gewerbe (Handwerk): z.b. Kfz-Zulieferer, Textilproduktion, Metallverarbeitung

Neue Dienstleistungsbereiche:

- Logistikunternehmen: z.b. German Parcel, System Gut, Schenker
- Distributionsunternehmen: z.b. Libri, Amazon.de, Spar, Ihr Platz
- Gesundheitswesen: z.b. Reha/Kur: Herz- u. Kreislaufzentrum
- Tourismus: z.b. Meirotels-Gruppe: Handball-WM der Frauen 1998 und 1999, drei Feriendörfer, Touristik-Service Waldhessen

2.1.2 Arbeitsmarktdaten im Arbeitsamtsbezirk Bad Hersfeld

Vorbemerkung:
Die folgenden Daten sind den vorliegenden offiziellen Veröffentlichungen des Arbeitsamtes Bad Hersfeld aus 1999 entnommen. Als zusätzliche Quelle diente, die im Rahmen der Jugendhilfeplanung in 1999 erstellte Sozialraumanalyse Teil I, deren Datenerfassung sich ausschließlich auf den Landkreis Hersfeld-Rotenburg bezieht.

Sozialversicherungspflichtige Beschäftigte

Beschäftigte	Hersfeld-Rotenburg
Insgesamt	38.509
Frauenerwerbsquote	23,4 %
Jugendlichenerwerbsquote	34,1 %
Ausländererwerbsquote	21,1 %

Regionale Struktur der Arbeitslosigkeit

insgesamt	Frauen	Teilzeit	Ausländer	Schwerbe-hinderte	55 Jahre und älter	*unter 25 Jahre*
6.907	45,5 %	11,0 %	8,6 %	6,9 %	21,9 %	*12,7 %*

Berufsausbildungsstellen u. Bewerber

Ausbildungsstellen		Bewerber	
Gemeldet seit Beginn des Berichtsjahres	Unbesetzt am Ende des Berichtsmonats	gemeldet seit Beginn des Berichtsjahres	noch nicht vermittelt am Ende des Berichtsmonats.
513	370	1.176 (davon 599 weiblich)	924 (davon 461 weiblich)

Jahresvergleich Ausbildungsstellen im Arbeitsamtsbezirk

Jahr	Neu abgeschlossene Ausbildungsverträge	Dem Arbeitsamt gemeldete Ausbildungsstellen	beim Arbeitsamt gemeldete Bewerber	Auszubildende (sozialversicherungspflichtig) insgesamt
1991	2.006	1.897	1.816	5.066
1993	1.615	1.658	1.554	4.719
1995	1.556	1.498	1.863	4.443
1997	1.364	1.434	1.962	4.463
1999	1.550	1.600	2.470	2.651

Schulentlassene im Arbeitsamtsbezirk insgesamt

1990	2.615
2000	2.853
2001	2.932
2002	3.014
2003	3.073

2.1.3 Bestehende und zu erwartende Problembereiche der Jugendberufshilfe

Aus den Tabellen und der bis 1999 bekannten Situation im Landkreis Hersfeld-Rotenburg, nämlich die hohe Arbeitslosigkeit und der Mehrbedarf an Ausbildungsplätzen ergeben sich unterschiedliche Problemstellungen:

Steigender Ausbildungsplatzmangel und mehr Schulabgänger

Standen in den Jahren bis 1993 noch mehr gemeldete Ausbildungsstellen zur Verfügung als offiziell Lehrstellenbewerber vorhanden waren, so hat seit 1994 eine gegenläufige Entwicklung eingesetzt. 1997 konnten bereits ca. 500 jungen Menschen keine Ausbildungsstellen mehr vermittelt werden, da die Nachfrage das Angebot in dieser Größenordnung überstiegen hat. Nach statistischen Prognosen wird diese "Schere" bis zum Jahr 2006 bzw. 2010 noch weiter auseinander gehen. Sicher und ablesbar an der Geburtenrate ist, dass die Zahl der Schulabgänger zunehmen wird. Verfolgt man das Angebot der Ausbildungsplätze über einige Jahre zurück, wird auch hier deutlich, wie stark rückläufig die Zahl der zur Verfügung stehenden Ausbildungsplätze ist.

Fehlende Ausbildungsplätze werden zum Teil durch ein größeres Angebot an außerbetrieblichen Maßnahmen (Berufsorientierung, Berufsvorbereitung, Berufseingliederung, Berufsausbildung usw.) ausgeglichen. Durch diesen neuen Markt als Erwerbsquelle hat sich im Landkreis Hersfeld-Rotenburg ein inzwischen kaum zu überschauender Bildungs- und Maßnahmeträger-"Markt" entwickelt. Für den öffentlichen Träger der Jugendhilfe (das Jugendamt) ist die inhaltliche, fachlich-methodische Arbeit der Bildungs- und Maßnahmeträger nur wenig transparent. Lediglich zu zwei Trägern, dem V.I.A. e.V.[5] und der Jugendwerkstatt e.V. bestand eine kontinuierliche Kommunikation. Zu allen anderen Trägern gab es, wenn überhaupt, nur am Rande Kontakt. Dies lag unter anderem daran, dass das Feld der Jugendberufshilfe erst seit Mitte des Jahres 1997, bedingt durch die zu diesem Zeitpunkt überproportional hohe Jugendarbeitslosigkeit und den großen Ausbildungsplatzmangel, als jugendpolitischer Schwerpunkt beim öffentlichen Träger der Jugendhilfe im Jugendamt verankert wurde.

In der Zeit vorher waren zwar differenzierte Angebote im Bereich Jugendberufshilfe entwickelt, jedoch ausschließlich seminaristisch und nicht flächendeckend. Die eigentliche Arbeit übernahm der V.I.A. e.V., der jedoch nicht in der Lage sein konnte für einen Gesamtüberblick zu sorgen, da diese Aufgabe in der Korrelation mit den anderen Trägern zu Unstimmigkeiten im Sinne eines Konkurrenzkampfes geführt hätte. Die einzig mögliche Institution, die sowohl Kooperationspartner sein kann als auch für Koordination, "Marktüberblick" und Einführung von Jugendberufshilfestandards Sorge tragen kann, ist, qua Neutralität und Planungsauftrag (§80 KJHG), das Jugendamt.

Wachsende Zahl der "Benachteiligten"[6]

Schule gerät im Feld der Jugendberufshilfe durch die wachsende Anzahl der Schüler/innen an ihre Grenzen. Die Zahl derer, die im Übergang Schule-Beruf besonderer Unterstützung bedürfen, ist innerhalb der Schule kaum mehr zu bewältigen. Dies wurde unter anderem auch in der Sozialraumanalyse des Landkreises und in einem Praxisforschungsprojekt der Evangelischen Fachhochschule Darmstadt zu Effektivität und Akzeptanz von Integrationsangeboten für jugendliche Spätaussiedler[7] deutlich.

---

5   Der kreiseigene Beschäftigungsförderungsverein des Landkreises Hersfeld-Rotenburg. Vorsitzende ist die Erste Kreisbeigeordnete (Jugend- und Sozialdezernentin).

6   Jugendliche, die nicht auf dem ersten Ausbildungsmarkt vermittelbar sind – besonders Aussiedlerjugendliche.

7   Inhalt dieses Praxisforschungsprojektes ist u.a. neben dem Aufbau von Kooperationsstrukturen, der Initiierung von Bildungsveranstaltungen auch die Begleitung der jugendlichen Spätaussiedler in der Phase der beruflichen Orientierung. Zeitrahmen für dieses Projekt: Auftaktveranstaltung Juni 1998 bis Mai 2001. (Nähere Informationen unter: http://www.aussiedler-integration.de).

Der Personenkreis, der im Übergang Schule-Beruf zusätzliche Unterstützung benötigt umfasst SchülerInnen der Schulzweige Hauptschule, BVJ, BGJ und darüber hinaus sogar der Berufsfachschulen und der Realschulen. Dieser Personenkreis ist im Gesamtprojekt gemeint, wenn von benachteiligten Jugendlichen (nicht nur im Sinne von KJHG §13) die Rede ist. Der Sonderschulbereich ist weniger problembehaftet, da es hier ausreichende Anschlussfördermöglichkeiten[8] gibt.

Ländliche Struktur und "Lange Wege"

Jugendliche, die im Übergang Schule-Beruf Unterstützung benötigen, müssen sich durch ein nur schwer zu überschauendes Feld an bestehenden Maßnahmen und Bildungsangeboten durcharbeiten. Das gelingt ihnen ohne fachliche Unterstützung nur selten. Meistens stellen sie fest, dass ihre Hilfebedürfnisse nicht erfüllt werden können, da individuelle Hilfsinstrumente[9] nicht existieren. Erschwerend kommen die für den ländlichen Raum typischen Probleme hinzu, z.B. ein lückenhafter ÖPNV.

Der durch den schwachen Arbeitsmarkt bestimmten Perspektivlosigkeit haben besonders "benachteiligte" Jugendliche aus dem ländlichen Raum wenig entgegen zu setzen. Sie verfügen weder über ausreichende Mobilität, die notwendig wäre, um sich außerhalb der Region zu orientieren, noch über ausreichende Hartnäckigkeit, sich gegenüber besser sozialisierten Jugendlichen durch zu setzen. Eine Folge davon ist, dass Frustration und Resignation der Betroffenen noch weiter zunehmen. Um dem entgegen zu wirken, wäre eine zentrale Steuerungsstelle mit dezentraler Struktur (ein Netzwerk), ein geeignetes Instrument. Durch die dezentrale Struktur ist die lokale Bedarfs- und Bedürfnisermittlung sichergestellt und die Nutzung des lokal-spezifischen Fachwissens bleibt gewahrt. Mit Hilfe der zentralen Steuerungsstelle können lokale Angebote koordiniert und regionale Strukturen weiterentwickelt und vertieft werden.

Grauzone der nicht erfassten Jugendlichen

Durch eine zu Beginn des Jahres 1999 vom Arbeitsamt neu eingerichteten Stelle "Streetwork"[10] für aufsuchende Jugendsozialarbeit, die ein niederschwelliges

---

8   Sonderschüler fallen unter die Förderung im so genannten REHA-Bereich. Für diesen Personenkreis, der sonst auf dem Arbeitsmarkt völlig chancenlos wäre, hat das Arbeitsamt spezielle Förderprogramme. Ohne diese Programme wäre ein Einstieg in die Berufs- und Arbeitswelt nahezu unmöglich.

9   Z.B. eine Anlauf- und Beratungsstelle, die nicht die typischen Schwellenängste aufkommen lässt, wie große Institutionen (Jugendamt oder Arbeitsamt), die offen ist für alle im Rahmen der Jugendberufshilfe rat- und hilfesuchenden Jugendlichen.

10 Jugendliche werden in ihrem Wohnumfeld angesprochen, um durch diesen "aufsuchenden Erstkontakt" eine individuelle Hilfestellung zu erarbeiten. Schlagworte sind: Information – Beratung – Begleitung. Im weitergehenden Angebot ist ein Bewerbercafé, das sowohl als Treffpunkt als auch als Infostelle dient. Das Café wird zusätzlich zum "Streetworker" von

Angebot bereit hält, wurden Jugendliche erreicht, die bisher kaum oder gar nicht in Gesamtstatistiken erschienen. Erfahrungswerte des "Streetworkers" in dessen Aufgabenfeld, das sich vom Aufsuchen der Jugendlichen in ihrem Wohnumfeld, über deren Information und Beratung, bis hin zur Begleitung und Betreuung im Bereich Praktikum und Ausbildung erstreckt, lassen erwarten, dass die Zahl derer, die bislang statistisch überhaupt noch nicht erfasst sind, steigen wird. Damit würde ein Bereich der Jugendberufshilfe für "benachteiligte" Jugendliche als zusätzliches Arbeitsfeld an Bedeutung gewinnen, der bisher nur wenig beachtet wurde und für den keine ausreichenden personellen und finanziellen Ressourcen zur Verfügung stehen.

2.1.4 Zusammenfassung

An der Zusammenstellung der benannten und erläuterten Probleme

- steigender Ausbildungsplatzmangel und mehr Schulabgänger,
- unüberschaubare Bildungsträger-Landschaft,
- wachsende Zahl der "Benachteiligten",
- ländliche Struktur und "Lange Wege",
- Grauzone der nicht erfassten Jugendlichen

wird die eigentliche Brisanz der Situation deutlich. Werden nicht in naher Zukunft geeignete Hilfsmechanismen gefunden bzw. entwickelt, so ist wahrscheinlich mit einer Problemeskalation innerhalb des Sozialgefüges zu rechnen. Einige solcher Hilfsmechanismen sind im Landkreis bereits entwickelt und angesiedelt, jedoch bei weitem nicht ausreichend. Die Ausgangslage und Ist-Standsbeschreibung der Hilfsmechanismen, vor der Implementierung des Netzwerkes, ist in der Situations- und Angebotsanalyse der Jugendberufshilfe im folgenden Kapitel näher erläutert.

2.2 Situations- und Angebotsanalyse der Jugendberufshilfe (01/99)

In diesem Abschnitt werden sowohl die Situation als auch das hiesige Angebot im Feld der Jugendberufshilfe, also auch der "Stand der Vernetzung" zu Beginn des Projektes Youthstart Network, beschrieben. Diese Analyse ist nicht vollständig, da es innerhalb des Jugendamtes keine Ressourcen gab eine solche Analyse durchzuführen. Außerdem blieb bzw. bleibt zu klären, in welchen Zuständigkeitsbereich diese sehr komplexe interdisziplinäre Aufgabe einer vollständigen Analyse fällt. Arbeits-, Schul- und Jugendhilfeverwaltung wären Institutionen, die am sinnvollsten gemeinsam diese Aufgabe bewältigen könnten.

Studenten der FH Fulda (TPS-Sozialwesen) betreut.

2.2.1 Ergebnisse

Die zum Teil sehr vage Beschreibung der Bildungs- und Maßnahmeträger und deren inhaltliche Arbeit, spiegelt den tatsächlichen Einblick des öffentlichen Trägers der Jugendhilfe wieder. Nachfolgend ist eine auszugsweise Liste der Maßnahmen- und Bildungsträger im Landkreis Hersfeld. Auf zwei Träger die Jugendwerkstatt und der V.I.A e.V. wird etwas näher eingegangen, da sie die einzigen waren, die von Anfang an mit dem Jugendamt und dem Projekt Youthstart Network kooperierten.

Die Jugendwerkstatt

Durch die Initiative der ehemaligen Beratungsstelle "Alte Schmiede" wurde der Verein Jugendwerkstatt e.V., Bad Hersfeld 1982 gegründet. Die Jugendwerkstatt e.V. hat drei Projekte zur Beschäftigung von benachteiligten Jugendlichen eingerichtet. Hier sind mittlerweile insgesamt ca. 30 Plätze in den Bereichen Ökologie, Recycling sowie Hauswirtschaft und Gesundheit entstanden, in denen junge Menschen von insgesamt acht Fachkräften angeleitet und sozialpädagogisch betreut werden. Die Jugendwerkstatt wird zusätzlich zu Landes- und Arbeitsamtsförderung mit Mitteln aus dem Kreishaushalt unterstützt.

Der V.I.A. e.V.

Der V.I.A. e.V. (Verein zur Integration von Arbeitskräften) ist der Beschäftigungsförderungsverein des Landkreises Hersfeld-Rotenburg. In verschiedenen Abteilungen vereint der V.I.A. e.V. als Träger unterschiedliche Maßnahmen unter einem Dach. Für die gesamte Koordination und den Finanzbereich sorgt die Geschäftsführung mit Unterstützung eines aus Fachleuten zusammengesetzten Vorstandes.
Zu den Abteilungen gehören u.a.:

- Die ViA – Vermittlung in Arbeit (Einarbeitungszuschüsse)
- Pro Job – Unterstützung bei Ausbildung im Verbund
- Kreisprogramm „Ausbildung statt Sozialhilfe"
- Maßnahmen der Arbeitsverwaltung (Start IV und BBE)
- EVA gGmbH – Ausbildung zum Raumausstatter
- Kooperationsprojekt mit Beruflichen Schulen (Start IV, Hotel und Gastronomie)
- Streetwork (aufsuchende Jugendsozialarbeit und Bewerbercafé)

- BJH - Berufs-Jugendhilfe gGmbH (Ausbildungsrestaurant und Schulsozialarbeit)
- IB – Internationaler Bund (AQJ und EBA Ziel 5b)
- Bildungszentrum Handel- und Dienstleistung e.V. (BBE, Förderlehrgang, Büro)
- ERFEGAU (u.a. Mechatroniker)
- EDV Bildungsinstitut der GBS (Informatikkaufmann/frau)
- BFW - Berufsfortbildungswerk
- Maßnahmen der Kreishandwerkerschaft
- Bildungswerk der DAG
- GFU
- Schulungsinstitut Werratal
- Sprache und Bildung GmbH
- Recycling Kaufhaus Rotenburg/ TBW
- VSB e.V. Bildungswerk der Nordhessischen Wirtschaft

Die „Ad Hoc Gruppe"

Durch die Initiative des Landkreises Hersfeld-Rotenburg und der Ersten Kreisbeigeordneten (Jugend- und Sozialdezernentin), wurde eine "Ad Hoc Gruppe", ein Gesprächskreis mit einem "festen Kern" (in etwa gleiche Besetzung) und nach Bedarf wechselnden beratenden Personen installiert. Sitzungen dieser "Ad Hoc Gruppe" wurde nur im Bedarfsfall und nicht in einem festgelegten Tagungsrhythmus einberufen. Häufig war Zugzwang einer Institution, vorwiegend der Beruflichen Schulen, der Grund für eine gemeinsame Sitzung. So fanden zum Beispiel Sitzungen bei der "Nicht-Versorgung" einer kompletten BVJ-Klasse statt (=weder die Möglichkeit die Schüler/innen in eine Maßnahme zu integrieren noch adäquate Ausbildungsplätze wenigstens für einige zu finden). Um diesen Jugendlichen den Einstieg in die Berufs- und Arbeitswelt doch noch zu ermöglichen, wurden in den Sitzungen der "Ad Hoc Gruppe", vor allem mit Unterstützung des Arbeitsamtes versucht noch geeignete Maßnahmen bzw. Fördermöglichkeiten zu finden oder neu einzurichten. Wie erfolgreich diese Vorhaben waren ist leider nicht mehr nachvollziehbar. Im Schaubild wird die Zusammensetzung der "Ad Hoc Gruppe" und der Status der Vernetzung zu Beginn des Projektes 1/99 erläutert.
Diese "Ad Hoc Gruppe" bildete in ihrer Grundform und Besetzung, jedoch mit wesentlich erweitertem Personenkreis die Grundlage für die Steuerungsgruppe, des für das Projekt eingerichteten Gremiums den Projektbeirat.

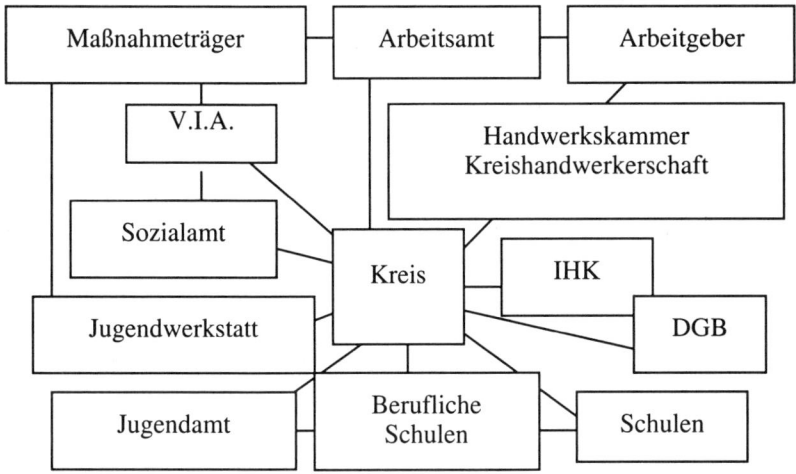

2.2.2 Zusammenfassung

Trägt man nochmals alle bisher genannten Faktoren zusammen[11] und stellt sie nebeneinander, mit dem Versuch einen Lösungsansatz für die Problematiken zu finden, ist die Quintessenz klar: Es fehlen zusätzliche Hilfeangebote. Betrachten wir die organisatorisch–verwaltungsrechtlichen Strukturen der Institutionen ist festzustellen, dass alle eine weitgehend eigenständige, d.h. nicht unmittelbar auf eine interinstitutionelle Kooperation angelegte Arbeitsform praktizieren. Sie können, müssen aber nicht, zur Lösung gesamtgesellschaftlicher Problemstellungen zusammenarbeiten. Und dennoch kommt es zu teilweise effektiven Kooperationen, der Entwicklung und Umsetzung neuer Ideen und Projekte, getragen vom Engagement Einzelner. So wichtig und hilfreich diese Initiativen für viele Jugendlichen auch sind, so anfällig sind sie gleichzeitig für Störungen, weil sie stark personengebunden sind. D.h., es gibt keine geeignete strukturelle Grundlage, die einen personenunabhängigen interinstitutionellen Austausch möglich macht, da personelle Ressourcen dafür bisher bei den Institutionen nicht eingeplant sind. Die Entwicklung einer Netzwerkstruktur mit einer koordinierenden Stelle für das Feld der Jugendberufshil-

---

11 - Steigender Ausbildungsplatzmangel
   - Schwer zu überschauender Bildungsträgermarkt
   - Wachsende Zahl der "Benachteiligten", nicht auf dem 1. Ausbildungsmarkt vermittelbar
   - Ländliche Struktur mit "Langen Wegen"
   - Größer werdende "Grauzone"
   - Fehlende Kooperation zu den Maßnahmeträgern

fe[12] im Landkreis Hersfeld-Rotenburg erklärt sich daher von allein. Die einzelnen Institutionen könnten die erforderlichen Koordinationsaufgaben und – erfordernisse in einer Koordinatorenstelle bündeln, ihre eigene Arbeitsbelastung dezimieren und eine strukturell abgesicherte Grundlage für den interinstitutionellen Austausch schaffen. Die folgende Projektumsetzung macht deutlich, wie die Netzwerkstruktur im Landkreis Hersfeld-Rotenburg implementiert wurde, um die Jugendberufshilfe effektiver und transparenter zu gestalten. Besondere Beachtung kommt dabei einer Struktur auf zwei Ebenen zu, so dass sowohl im operativen, als auch im strategisch-steuernden Bereich entsprechend wirksame Synergien für den Landkreis zu erzielen sind.

3. Projektumsetzung im Landkreis Hersfeld-Rotenburg

3.1 Die Konzeption

Die Konzeptionen für die regionale Ebene[13], als im Landkreis Hersfeld-Rotenburg, wurden von den beteiligten Landkreisen auf der Grundlage der regionalen Notwendigkeiten erarbeitet und umgesetzt. Das Projekt im Landkreis Hersfeld-Rotenburg wurde mit folgenden übergeordneten Zielen bzw. Schwerpunkten konzipiert:

▪ Implementierung eines kreisweiten Netzwerkes Jugendberufshilfe
▪ Entwicklung einer Kommunikation zwischen Akteuren der Jugendberufshilfe
▪ Auf- und Ausbau von Strukturen der Jugendberufshilfe im ländlichen Raum
▪ Initiierung von lokalen Foren an drei Standorten im Landkreis
▪ Optimierung des Bereiches Übergang Schule-Beruf
▪ Effektivere Vermittlung von jungen Menschen in Ausbildung

Die Steuerung bzw. Leitung des Projektes auf der regionalen Ebene war über die Koordinatorin sicherzustellen. Die Arbeit der Koordinatorin beinhaltete, den im Schaubild näher erläuterten Aufbau eines regionalen institutionellen Netzwerkes zur Verbesserung der Ausbildungs-, Beschäftigungs- und Qualifizierungssituation von „benachteiligten" Jugendlichen, bzw. zur Umsetzung der benannten Ziele und Schwerpunkte.

---

12 Die im Jahr 2000 vom Land Hessen eingerichteten Fachstellen für Jugendberufshilfe, sind von ihrem konzeptionellen Ansatz genau darauf ausgerichtet diese Aufgaben zu übernehmen.

13 Mit Ebenen sind "Arbeitsebenen" gemeint. Die transnationale und die überregionale Ebene mit transnationalen- und Landkreis- Partnern, sowie die Gesamtkonzeption und der übergeordneten Zusammenhang wird in (vgl. Benthin/Hockerts, Kapitel I) erläutert.

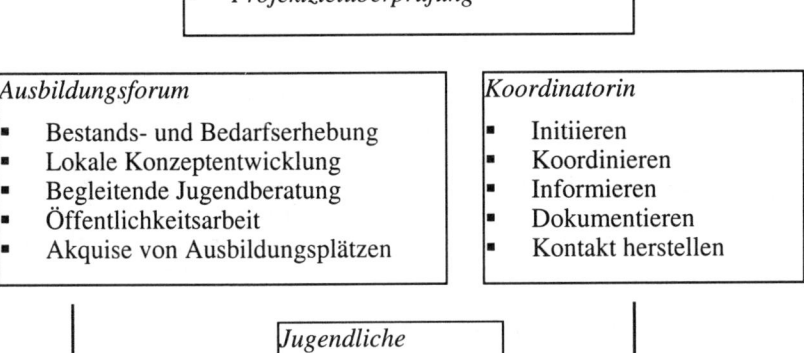

Zum Aufbau dieser Struktur sollte die Projektarbeit zunächst in zwei Arbeitsebenen unterteilt werden:

Die operative Ebene (Standorte der lokalen Foren)

Das für den Landkreis Hersfeld-Rotenburg geplante Netzwerk umfasste drei lokale Standorte bzw. Ausbildungsforen, in Rotenburg/F, Bebra und Wildeck/ Heringen, ggf. sollte im Jahr 2000 in der Kreisstadt Bad Hersfeld noch ein vierter Standort eingerichtet werden. Ein lokales Ausbildungsforum für Ausbildung, Beschäftigung und Qualifizierung setzte sich zusammen aus:

- dem Bürgermeister der entsprechenden Stadt,
- den zuständigen JugendarbeiterInnen,
- den ortsansässigen Betrieben bzw. deren RepräsentantInnen, (aus größeren Betrieben, die ausbilden, aber auch klein- und mittelständige Handwerksbetriebe, die interessiert waren oder motiviert werden konnten),
- den VertreterInnen der ortsansässigen Schulen,
- den regionalen VertreterInnen des Arbeitsamtes,
- der Handwerkskammer bzw. der Kreishandwerkerschaft,

165

- der Industrie- und Handelskammer,
- den KirchenvertreterInnen,
- interessierten Ehrenamtlichen,
- ElternbeiratsvertreterInnen,
- der Koordinatorin/ Projektleitung.

Im ersten Umsetzungsschritt hatte das lokale Forum die Aufgabe, die o.a. Akteure miteinander in Kontakt und Kommunikation zu bringen. Ziel des zweiten Schrittes war es, die Beteiligten für den Bereich Übergang Schule-Beruf von "benachteiligten" Jugendlichen zu sensibilisieren, um dann im dritten Schritt eine Bestands- und Bedarfserhebung anhand von z.t. vorbereiteten Arbeitspapieren zu erarbeiten. Mit diesen ermittelten Daten sollte dann regionalspezifisch weiter gearbeitet werden, um zum einen ein lokal umsetzbares Konzept zu erhalten und zum anderen einen genauen Überblick über die tatsächliche Anzahl und Betroffenheit für die eigentliche Problematik "benachteiligter" Jugendlicher im lokalen Standort zu schaffen.

Die strategisch-steuernde Ebene

Den drei lokalen Foren übergeordnet wurde der Projektbeirat, ein Gremium das nicht wie die einzelnen Foren konkrete inhaltliche Arbeit übernahm, sondern eher zur Vernetzung der gesamten Arbeit beitragen sollte. Außerdem versuchte der Beirat Möglichkeiten zu eruieren, die in den lokalen Foren entwickelten Konzepte finanziell und organisatorisch umzusetzen. Die Zusammensetzung des Projektbeirates musste daher deutlich auf der Leitungsebene angesiedelt werden. Den Vorsitz des Projektbeirates übernahm die Erste Kreisbeigeordnete (Jugend- und Sozialdezernentin). Alle anderen Mitglieder des Beirates der folgenden Institutionen hatten entsprechende Leitungsfunktionen und Entscheidungskompetenzen. Die weitere Zusammensetzung der Beteiligten sah wie folgt aus:

- die Bürgermeister aus den lokalen Foren,
- die Amtsleitung des Jugendamtes,
- die stellvertretende Amtsleitung des Sozialamtes,
- ein Vertreter des staatlichen Schulamtes,
- der Kreisvorsitzende des DGB,
- der Geschäftsführer des IHK Service Zentrums (gleichzeitig Strukturentwicklungsgesellschaft),
- ein Vertreter der Handwerkskammer/Kreishandwerkerschaft,
- der Geschäftsführer der Jugendwerkstatt,
- der stellvertretende Leiter des Arbeitsamtes,
- der Jugendhilfeplaner,
- der Koordinatorin/ Projektleitung,
- (später zusätzlich ein/e Vertreter/in des Jugendhilfeausschusses).

Diese besondere Zusammensetzung machte den Beirat arbeits- und beschlussfähig. Sollten also Entscheidungen notwendig werden, konnten diese qua Leitungsfunktion innerhalb der eigenen Institution beschleunigt und voran getrieben werden, um bis spätestens zur nächsten Beiratssitzung abschließend umgesetzt zu sein.

3.2 Die konkrete Projektumsetzung im Landkreis Hersfeld-Rotenburg

Nach der konzeptionellen Vorlaufphase von ca. einem viertel Jahr wurde im März 1999 eine, über das Arbeitsamt geförderte Koordinatorin bei dem Verein V.I.A. angestellt. Zur Unterstützung wurde der Koordinatorin eine, in der Region bekannte, mit den Gegebenheiten vertraute und in der Jugendberufshilfe erfahrene Mitarbeiterin des Jugendamtes mit dem Projekt betraut. Somit standen zu Anfang des Projektes ca. ein-eindrittel Personalstellen zur Verfügung. Im weiteren Verlauf zeigte sich (nach ca. acht Monaten), dass eine Einbindung der, mit der Umsetzung des Kreisprogramms „Ausbildung statt Sozialhilfe" beim Verein V.I.A. befassten Fachkraft notwendig war. Durch interne Aufgabenumstrukturierung umfasste das Projektteam bis zum Schluss dann drei Fachkräfte mit ca. ein-zweidrittel Personalstellen. Nach der personalen Besetzung folgte die praktische Umsetzung, die in einzelne Phasen unterteilt war:

Kontaktphase

Mit allen in der Konzeption genannten Personen[14] wurden Gespräche über die möglichen Inhalte, Aufgaben und Ziele des Projektes im Landkreis Hersfeld-Rotenburg geführt. Hierbei war vor allem wichtig, den Nutzen für die einzelnen Partner heraus zu stellen. Gleichzeitig wurde versucht, mit den Gesprächspartnern eine Rollendefinition zu erörtern. Der Rolle der einzelnen BürgermeisterInnen kam in diesem Zusammenhang ein besonderer Stellenwert zu. Sie sollten das Bindeglied in den lokalen Standorten Bebra, Rotenburg/Alheim und Heringen/Wildeck zur ortsansässigen Wirtschaft sein. Von der Vermutung ausgehend, dass die BürgermeisterInnen bereits über Kontakte zu Unternehmen verfügen bzw. in der Lage sind einzuschätzen, welcher Betrieb Interesse an den geplanten Vorhaben hat und bei welchem es eher negativ bewertet werden würde, kam ihnen diese Schlüsselrolle zu. Parallel dazu fand mit Unterstützung der Bürgermeister, der IHK und der Kreishandwerkerschaft eine Datenerhebung (Gewerbekartei) statt. Ziel war einen kompletten standortbezogen Überblick der einzelnen ortsansässigen Unternehmen zu erhalten.

---

14 Erste Kreisbeigeordnete (Jugend- und Sozialdezernentin), Jugend- und Sozialamt, Jugendhilfeplanung, DGB, Kreishandwerkerschaft, IHK (gleichzeitig Strukturentwicklungsgesellschaft), Staatliches Schulamt, Arbeitsamt, Jugendwerkstatt und die Bürgermeister der Standorte.

Gründungsphase:

Der Projektbeirat mit allen für den Landkreis relevanten Leitungspersonen im Übergang Schule-Beruf, wurde unter Vorsitz der Ersten Kreisbeigeordneten (Jugend- und Sozialdezernentin) gegründet. An zunächst drei Standorten entstanden mit Unterstützung der entsprechenden Städte/Gemeinden Ausbildungsforen. Hier war es wichtig möglichst viele ortsansässige Betriebe und Lehrer der Standortschulen zu gewinnen.

Arbeitsphase:

Aus den entstandenen Ausbildungsforen bildeten sich Arbeitsgruppen Schule und Betriebe mit ca. zehn engagierten Personen je Standort. Der Arbeitsschwerpunkt war durch die personale Besetzung der Arbeitsgruppen sichergestellt. Lehrer und Betriebsinhaber versuchten mit Unterstützung von Jugendarbeitern geeignete kleine Projekte, die den Übergang Schule-Beruf reibungsloser gestalten und noch näher erläutert werden, zu entwickeln.

Verselbständigungsphase:

Die Koordination und Verantwortung auf lokaler Ebene werden von den jeweiligen Bürgermeistern in Zusammenarbeit mit Jugendarbeit und Schulen übernommen. Nach Möglichkeit sollen schriftliche Vereinbarungen oder besser noch Kooperationsverträge geschlossen werden. Diese Neuverteilung der Aufgaben sollte möglichst detailliert aufgestellt sein, damit alle Beteiligten einschätzen können, welcher Arbeitsaufwand zu erwarten ist. Vor Eintritt in diese Phase war es jedoch notwendig nochmals die Ziele zu überprüfen und damit auch in Teilen zu erweitern, bzw. zu verändern.

3.2.1 Ziele des Projektes

Bei der Kontrollschleife wurden folgende entgültige Zielformulierungen gewählt:
- Implementierung eines kreisweiten Netzwerkes zur Jugendberufshilfe sowohl auf Steuerungs- Leitungseben, als auch auf operativer-lokaler Ebene (kreisweit mit dezentraler Struktur)
- Sensibilisierung aller im Übergang Schule – Beruf relevanten Akteure für „benachteiligte" Jugendliche
- Entwicklung einer besseren Kommunikation zwischen allen wichtigen Akteuren im Bereich Jugendberufshilfe (Themenkomplex: Jugendliche, Ausbildung und Arbeit)
- Auf- und Ausbau von Strukturen der Jugendberufshilfe im ländlichen Raum
- Initiierung von lokalen Ausbildungsforen an verschiedenen Standorten

im Landkreis, mit kreisweiter Ausdehnung zur Verdichtung der dezentralen Struktur
- Optimierung des gesamten Bereiches Übergang Schule - Beruf
- Effektivere, passgenauere Vermittlung von jungen Menschen in Ausbildung, bzw. Anpassung der Qualifizierungsmaßnahmen an reale Bedarfe
- Vermittlung von Methoden und Wissen im Bereich Jugendberufshilfe (Fortbildungen), besonders für Jugendarbeiter/innen

3.2.2 Umgesetzte Praxismodelle

Die benannten Praxismodelle sind nur eine Auswahl derer, die im Landkreis Hersfeld-Rotenburg umgesetzt wurden. Die Auswahl umfasst jedoch alle Projekte, die sich als besonders erfolgreich erwiesen und am geeignetsten auf andere Standorte zu übertragen sind.

Die lokale "Berufsmesse"

In Kooperation mit einer Schule, einigen der im Standort ansässigen Betrieben und dem Arbeitsamt wurde eine Berufsinformationsmesse entwickelt. Im ersten „Versuch" fanden sich elf Betriebe, die berufstypische Tätigkeiten sowie die Ausbildungsinhalte und die entsprechenden Zugangsvoraussetzungen an 60 Schüler/innen der Jahrgangsstufe H acht und ca. 20 Schüler/innen einer Schule für Lernhilfe vermittelten. Während eines sechs Stunden Schultages im Blockunterricht à zwei Schulstunden, konnten sich die Schüler/innen in Gruppen von sechs-acht Personen über drei Berufe informieren.
Damit nicht nur Theorie vermittelt wurde, brachten alle Betriebe Werkzeuge und Material zu Versuchszwecken für die Schüler/innen zum Einsatz. Diese praktische Erprobung umfasste beispielsweise Frisieren, Schminken, Binden von Blumensträußen, fachgerechtes Decken von Tischen, Löten von Wasserrohren, Hobeln von Stuhlbeinen, Zusammenbauen von Fenstern, Verkauf von Lebensmitteln und Dekorieren mit Schaufensterpuppen. Als zusätzliches Angebot war das Arbeitsamt mit der Berufberatung vertreten. In der Auswertung konnte eine durchweg positive Tendenz aller Beteiligten verzeichnet werden.

Das Modell "Türöffner"

Eine gemeinsame Lehrstellenakquise mit einem Mitglied einer Gemeindevertretung und der Berufsberatung des Arbeitsamtes, mit dem Ziel zusätzliche Ausbildungsplätze zu akquirieren. Das Mitglied der Gemeindevertretung agitierte hier als "Türöffner" und der Berufsberater informierte über die unterschiedlichen Fördermöglichkeiten des Arbeitsamtes. Ergebnis dieser Aktion (zwei mal ein halber Tag) waren sieben zusätzliche Ausbildungsplätze.

Die "Ferienpraktikumbörse"

Bei der "Ferienpraktikumbörse", die als Zielgruppe vor allem theoretisch schwachen SchülernInnen hatte, sollte SchülerInnen Gelegenheit gegeben werden sich in Betrieben praktisch zu beweisen, um so die Chance auf einen Ausbildungsplatz zu erhöhen. Die Umsetzung wurde, wie es der Name schon sagt für die Ferienzeit konzipiert. So war sicher gestellt, dass in der Hauptsache Jugendliche erreicht wurden, die tatsächlich auch ein Interesse an einem Ausbildungsplatz hatten, denn die Grundlage war Freiwilligkeit. Die Betreuung übernahm die Schulsozialarbeit und der Jugendhausleiter. Das Praktikum dauerte zwei-drei Wochen und diente auch der Erprobung der Schlüsselqualifikationen. Die Resonanz der Betriebe war durchweg positiv.

Das Kooperationsmodell Schule - Schule

Eine Kooperation zwischen einer Gesamtschule und einer beruflichen Schule im selben Ort. Die berufliche Schule stellte ihre Fachräume sowie Lehrpersonal zur Verfügung, um SchülerInnen der Jahrgangsstufe H acht einen Einblick in die Bereiche Holz, Metall, Ernährung/ Hauswirtschaft sowie EDV zu geben. Ziele waren das Kennenlernen verschiedener Ausbildungsgänge, ein besserer Übergang von der Gesamt- in die berufliche Schule, das Schaffen von Praxisnähe und das Erproben der persönlichen Fähigkeiten.

Betriebe in Schulprojektwochen

Im Rahmen einer Schulprojektwoche wurde für SchülerInnen der Jahrgangsstufe sieben eine Berufserkundung angeboten. Unterschiedliche Berufsbilder wurden von Schülern in Interviews in mehreren örtlichen Betrieben erarbeitet und anhand verschiedener Medien (Foto, Video, Plakate, Berichte) am "Tag der offenen Tür" präsentiert. Diese "Berufserkundung vor Ort" begeisterte die SchülerInnen. Auch das Publikum am "Tag der offenen Tür" zeigte großes Interesse an den Videos und den Plakaten.

3.2.3 Probleme bei der Umsetzung

Wie bei vielen experimentellen Projekten verlief auch die Umsetzung des Projektes Youthstart Network nicht reibungslos. Die bedeutsamsten Schwierigkeiten sollten hier benannt werden:

Verlagerung (Rückholung) der Koordination ins Jugendamt

Die Koordination wurde bei dem Beschäftigungsförderungsverein VIA e.V. des Landkreises angesiedelt. Da dieser Verein auch als Bildungsträger agiert und verschiedene Maßnahmen des Arbeitsamtes regelmäßig durchführt, entstand ein Missverhältnis zwischen den Bildungsträgern. Dieser Zustand war der Arbeit zwischen den Kooperationspartnern nicht zuträglich. Deshalb gab es nach acht Monaten eine interne Umstrukturierung, bei der die Koordination der zu Anfang nur unterstützenden Mitarbeiterin des Jugendamtes übertragen wurde. Die Projektleitung war somit im Jugendamt situiert und wurde von den Kooperationspartner im weitern Verlauf als neutrale Institution bewertet. Als zusätzliche Ursache für diesen Leitungswechsel kam hinzu, dass die regionale informelle Struktur (das „Wer kann mit Wem?" und „Wer mit Wem nicht?") einer Koordinatorin, die nicht aus dem Landkreis stammte nur schwer zugänglich war. Diese Kenntnisse sind jedoch eine Grundvoraussetzung in der erfolgreichen Umsetzung eines solchen Projektes, so dass bereits bei der Personalakquise derartige Faktoren stark zu berücksichtigen sind.

Motivation der Betriebe

Die Vertreter aus Handwerk, Handel, Industrie und Dienstleistung benötigten eine lange Zeit, um von der Wirksamkeit der Ausbildungsforen überzeugt zu werden. Statt am runden Tisch zu diskutieren, wollten diese sofort tätig werden und schnelle Erfolge sehen. Interessiert waren sie an einem Informationsabend über die Fördermöglichkeiten des Arbeitsamtes. Die einzelnen Foren waren bei dieser Thematik sehr gut besucht. Als es aber um die Umsetzung von Ideen in den Arbeitsgruppen ging, mussten viele Betriebe nochmals persönlich angesprochen werden. Es stellte sich als wichtig heraus, dass die Kontakte zu den Betriebsvertretern beständig gepflegt werden müssen, um deren kontinuierliche Mitarbeit zu sichern.

4. Resümee/Empfehlungen/Ausblick

4.1 Erfolg?...Erfolg!

Die Herausstellung der Erfolge bzw. deren Definition im Projekt gestaltet sich etwas schwierig, da sie recht unterschiedlich eingeordnet wurden. Im Projektbeirat, in den Foren und den Arbeitsgruppen gab es Diskussionen, was den *Erfolg* dieses Projekts ausmacht. Die Ansichten könnten unterschiedlicher nicht sein. Einige Beteiligte warten immer noch auf den Erfolg, der sich deutlich sichtbar in der Anzahl von vermittelten Ausbildungsplätzen niederschlagen sollte. Andere werten die vielen Sitzungen der verschiedenen Berufsgruppen und Institutionen zum Thema Ausbildung bereits als Erfolg. Bei einer Betrachtung lediglich auf quantifizierbare Erfolge, lässt sich dieser im Projekt eindeutig belegen. So sind in einer Gemeinde sieben neue Ausbildungsplätze durch die umgesetzte Kooperation Gemeinde - Arbeitsamt geschaffen worden. Einen ähnlichen Erfolg konnte die Zusammenarbeit mit dem Programm "Ausbildung statt Sozialhilfe" erreichen. Über vermittelte Praktika in 15 Betrieben konnten ebenfalls sieben zusätzliche Ausbildungsplätze besetzt werden.

In der Betrachtung des qualitativen Erfolgs, festzustellen am Zielerreichungsgrad der konzeptionellen Ziele, sind diese nahezu vollständig erreicht worden. Also ein grundlegender Erfolg, der deutlicher nicht sein könnte. Vernetzung von Institutionen und Personen, im Sinne von Kommunikation, die in dieser Art zuvor nicht existiert hat, ist im Landkreis umgesetzt. Ca. 290 Menschen aus dem Landkreis Hersfeld-Rotenburg haben sich für die Berufsvorbereitung junger Menschen und die regionalen Ausbildungsplatzsituation interessiert, engagiert und aktiv an den vielen Arbeitsgruppen und Aktionen beteiligt.

Für den Erfolg spricht ebenso, dass dieses Projekt auf beiden Ebenen – strategisch und operativ – umgesetzt worden ist. Auf beide Ebenen sind bereits Veränderungen zu beobachten und es ist davon auszugehen, dass dieser Prozess weiter voran schreiten wird. So wird sich z.B. der Projektbeirat in seiner Besetzung etwas ändern, um zukünftig ein Gremium zu haben, das sich mit allen Bereichen der Jugendberufshilfe im gesamten Landkreis beschäftigt.

4.2 Empfehlungen

Politischer Wille - Zugpferd

Um überhaupt eine Chance zu haben ein solches Projekt umzusetzen und Erfolge zu erzielen, wird eine politischer LeitungsfunktionärIn benötigt. Im Landkreis Hersfeld-Rotenburg war diese Rolle durch die erste Kreisbeigeordnete (Jugend- und Sozialdezernentin) besetzt. Wie auch schon in der Einleitung benannt, wäre eine Umsetzung mit Erfolg ohne sie nicht oder nur schwer möglich gewesen.

Projektleitung

Die Projektleitung sollte auf jeden Fall aus der Region stammen, über ein ausreichendes Maß an Vorbildung im Bereich der Jugendberufshilfe verfügen und mit allen Strukturen vertraut sein. (Leider gibt es keine „Eierlegende-Woll-Milch-Sau"). In diesem Zusammenhang noch zu nennen sind auch ausreichende Moderations- und Präsentationskompetenzen. Durch den notwendigen Zeitaufwand (acht Std. Arbeitstag ist zu kurz), wäre auch ein Team als Projektleitung denkbar. Damit wäre sicher gestellt, dass die Verantwortung auf mehreren Schultern lastet.

Vorgehensweise

Noch einige nützliche Tipps zur praktischen Umsetzung:

- Persönliche direkte Gespräche sind effizienter als viele Briefe.
- Populäre Vertreter aus Politik, Wirtschaft und Schule als Mittelsmänner/frauen bzw. Zugpferde einbinden (sind z.b. Bürgermeister in Verweigerungshaltung fehlt das Bindeglied zur Wirtschaft).
- Ziele (kurz-, mittel- und langfristig) für beide Ebenen klar und deutlich formulieren. Wirtschaft spricht ein anderes Deutsch als Pädagogen und Politiker anders als engagierte Bürger.
- Frustabladeplatz bieten, viel Zeit für „Meckerphasen" zu Beginn einplanen
- Frustenergie transformieren zu Aktionsenergie, oder „Pack den Stier bei den Hörnern", versuchen genau da anzufangen, wo das Problem ist.
- Planung und Durchführung konkreter Aktionen, klein Anfangen um möglichst schnell Erfolgserlebnisse zu produzieren.

4.3 Ausblick

Seit Ende des Projektes 12/00 befinden wir uns in einer Übergangsphase von der alleinigen Verantwortung der Projektleitung (Team) für alle anstehenden Aufgaben hin zu einer Übernahme der Aufgaben durch die Kooperationspartner. Die Verselbständigung der Foren und Arbeitsgruppen hat begonnen. An den bestehenden Forenstandorten Bebra, Rotenburg/Alheim und Heringen/Wildeck übernehmen die Städte/Gemeinden die Verwaltungsaufgaben, in Teilen die Organisation und die Moderation der Foren. Die Verwaltungsaufgaben und die planerischen Bereiche der Arbeitsgruppen übernehmen die jeweiligen Jugendarbeiter in Kooperation mit den Gesamtschulen. Die weitere Gesamtkoordination des Projekts wird durch die neu eingerichtete Fachstelle für Jugendberufshilfe wahrgenommen. Dies gelingt idealtypisch, da die Projektleitung des Projektes Youthstart Network und der strategische Bereich der Fachstelle Jugendberufshilfe durch dieselbe Person besetzt war bzw. ist. Der Weiterbestand des Projekts ist im Landkreis Hersfeld-Rotenburg damit gesichert.

Literatur

Sozialraumanalyse Teil I Landkreis Hersfeld-Rotenburg aus 10/99

Gert Straßer

Lernprozesse auf dem Weg zu einer regionalen Vernetzung - Anmerkungen zur wissenschaftlichen Begleitung im Landkreis Hersfeld-Rotenburg

Ziel dieses Beitrages ist es, die Form der regionalen Vernetzung von Angeboten zur Jugendberufshilfe im Landkreis Hersfeld-Rotenburg aus der Perspektive der wissenschaftlichen Begleitung einzuschätzen. In diesem Zusammenhang wird insbesondere den Fragen nachgegangen, wie sich die unterschiedlichen zeitlichen Ressourcen der Akteure auf die Netzwerkentwicklung auswirken, wie sich die Institutionalisierung auf die Netzwerkarbeit auswirkt, in welchem Verhältnis die Implementierung der Netzwerkstruktur zu allgemeinen, regionalplanerischen Aspekten steht und schließlich, wie es zur Rollenfindung, /-füllung der wissenschaftlichen Begleitung in diesem Prozess kam.

1. Kontextbedingungen

Das Youthstart Network Projekt Teil B im Landkreis Hersfeld-Rotenburg war, im Vergleich zu den Standorten Odenwaldkreis und Vogelsbergkreis, mit einer ABM-Vollzeitkraft und einer Mitarbeiterin des Jugendamtes, der kurz nach Projektstart die Aufgabe der Koordination übertragen wurde, personell vergleichsweise gut besetzt.[1] Zusätzlich positiv für den Projektstart und -verlauf wirkten sich die bereits vorhandenen unterschiedlichen Kooperationen, etwa zwischen der Gesamtschule Geistal mit lokalen Industrie- und Handwerksbetrieben in Bad Hersfeld und einige bereits laufende Jugendberufshilfeprojekte aus. Neben diesen Angeboten und Kooperationen gibt es eine größere Anzahl von Bildungsträgern[2], die ebenfalls im Bereich der Jugendberufshilfe aktiv sind. Insgesamt ist darum davon auszugehen, dass im Landkreis bereits ein Bewusstsein für die Notwendigkeit der Entwicklung spezifischer Angebotsstrukturen für benachteiligte Jugendliche vorhanden gewesen ist.

---

[1]   Im Odenwaldkreis wurde z.B. eine Mitarbeiterin des Jugendamtes und ein Mitarbeiter der Jugendwerkstatt e.V. stundenweise für die Tätigkeit abgeordnet, im Vogelsbergkreis wurde eine Koordinatorin mit acht Stunden wöchentlich auf Honorarbasis beschäftigt.

[2]   Es wurden in 2000 17 weitere Bildungsträger im Landkreis Hersfeld-Rotenburg gezählt.

2. „Top down", „Bottom up" oder beides gemischt? Fragen zur Konstituierung und Steuerung von Netzwerken

Die Frage, wie die Initiierung und Implementierung eines Netzwerkes zu Jugendberufshilfe erreicht wird und welcher Nutzen davon zu erwarten ist, wird unterschiedlich beantwortet. Hinsichtlich der Initiierung herrscht weitgehende Einigkeit darin, dass zunächst eine top-down orientierte Vorgehensweise mit einer späteren Ergänzung durch bottom-up Verfahren eine geeignete Vorgehensweise ist (vgl. Sänger 2000: 61f, Seyfried/Kohlmeyer/ Furth-Riedesser 1999: 41f und 69, Miersch/Schild 1999: 7). Was den zu erwartenden Nutzen betrifft, hängt von dem jeweiligen Netzwerkverständnis und den damit verbundenen Zielvorstellungen ab und wird darum höchst unterschiedlich bewertet. So ist nach Kohlmeyer/Mauruszat/Seyfried (2000: 59) ein Nutzen bereits in der „Verbesserung der Zusammenarbeit per se" zu sehen. Ähnlich argumentieren auch Seyfried/Kohlmeyer/Furth-Riedesser (1999: 14), wenn sie z.B. den Nutzen einer lokalen Vernetzung in der intensivierten Kommunikation zwischen den Akteuren sehen. Differenzierter gehen Sydow/Windeler (2000: 2f) diese Frage an, indem sie zunächst die unterschiedlichen Steuerungsebenen von Netzwerken beschreiben und daran spezifische Fragestellungen nach den Bedingungs- und Zusammenhangsfaktoren von Netzwerksteuerung knüpfen, aus denen sich dann der „Nutzen" ableiten lässt. In ihren Ausführungen wird deutlich, dass allein die top-down orientierte Schaffung von Voraussetzungen für die Netzwerkarbeit eine wichtige Voraussetzung aber keine Garantie für das Funktionieren des Netzwerkes ist, sich also nicht *vorab* ein Nutzen allein durch die Initiierung und Implementierung bestimmen lässt. Auch Kappelhoff (2000) weist in einem anderen Zusammenhang darauf hin, dass die objektiven strukturellen Rahmenbedingungen eben nicht unmittelbar handlungsleitend sein müssen, weil die individuellen Handlungslogiken der Netzwerkakteure sich nicht an strukturelle Vorgaben binden lassen. Bei der Betrachtung der Umsetzung von Youthstart Network im Landkreis Hersfeld-Rotenburg stellt sich darum die Frage, ob die Schaffung struktureller Bedingungen ausreicht, um sich mit dem Akteur der Jugendhilfe und lokalen und regionalen Akteuren wie Schule, Arbeitsamt, Wirtschaft, Bildungsträger etc. auf der planerisch und politisch-steuernden Ebene für die Belange der Zielgruppe so einzusetzen, dass die gewünschten Synergien entstehen und nachhaltig wirken. Oder anders gefragt: Können die Strukturen, die geschaffen wurden und am Laufen gehalten werden, von den Akteuren mit den ihnen zur Verfügung stehenden zeitlichen Ressourcen befriedigend bewältigt werden?

2.1 Zeitressourcen als Steuerungsvorteile im Netzwerk

Während die zwei hauptamtlichen Mitarbeiterinnen im Netzwerk-Projekt ihre Tätigkeit fast überwiegend auf die Netzwerkentwicklung ausrichten konnten, war die Zeit der anderen am Projekt beteiligten Akteure knapp bzw. wurde dafür von ihnen zusätzlich zu ihrer laufenden Arbeit Zeit zur Verfügung gestellt.[3] Einige davon sind in anderen regionalen und lokalen Projekten engagiert, so dass die Arbeit im Youthstart Network Projekt ein weiterer Punkt auf der Liste des zusätzlichen Engagement ist. Die Entscheidung, sich entweder innerhalb der beruflichen Tätigkeit im Netzwerkprojekt zu engagieren oder in diese Arbeit außerhalb der eigentlichen Tätigkeit einzusteigen, führte oft in eine Grauzone zwischen „noch Arbeit" und „schon Freizeitengagement". Besonders LehrerInnen (BerufsschullehrerInnen, HauptschullehrerInnen z.B.) konnten nicht genau sagen, ob die Mitarbeit im Rahmen ihres Dienstauftrages geschieht oder ob es für sie zusätzliche Arbeit ist. Im Vordergrund ihrer Entscheidung zur Mitarbeit stand die Auffassung, dass diese Arbeit eine sinnvolle Hilfe für „ihre SchülerInnen" sein kann.

Diese zufällige Beobachtung in Einzelgesprächen bestätigte sich durch eine von mir im März 2000 - kurz nach Projektstart - durchgeführte systematische Befragung unter den Akteuren der strategischen und operativen Ebene (Straßer 2000). Auf die Frage hinsichtlich ihrer Möglichkeiten zur Aktivierung zusätzlicher zeitlicher Ressourcen für das Projekt äußerten sie sich überwiegend pessimistisch.[4] In den meisten Fällen wurde die Teilnahme, z.B. an den Sitzungen und der Planung weiterer Aktivitäten von ihnen als zusätzliche Arbeit akzeptiert.[5]

Anknüpfend an die oben gestellte Frage, ob die Strukturen, die geschaffen wurden, befriedigend von den Akteuren mit den ihnen zur Verfügung stehenden Ressourcen bewältigt werden können, ist festzuhalten, dass für die Netzwerkakteure eine verbindliche Regelung der zeitlichen Ressourcen erforderlich ist, um in den geschaffenen Strukturen tragfähige und transparente Kooperationsformen entwickeln zu können. Diese Regelungen waren bisher nicht erkennbar. Nun ist das in der Anfangsphase der Netzwerkarbeit verständlich, weil zunächst Erfahrungen mit dem erforderlichen Aufwand gesammelt werden müssen, bevor es zu Regelungen für die beteiligten Akteure kommt. Das sollte aber nur eine Übergangszeit betreffen, denn unterschiedli-

---

3   Es handelt es sich hier um LehrerInnen, JugendpflegerInnen, BürgermeisterInnen, Handwerks- und IndustriemeisterInnen.

4   Die Befragung wurde durchgeführt, um einen Eindruck über die Zielvorstellungen der beteiligten Akteure zu bekommen. Die Ergebnisse dienten der internen Projektdiskussion, wurden also nicht veröffentlicht.

5   LehrerInnen äußerten sich sinngemäß z.B. so, dass sie die Mitarbeit im Projekt wichtig finden, es aber für sie zusätzliche Arbeit ist. Die befragten Bürgermeister machten deutlich, dass sie nur im Rahmen ihrer personellen Strukturierungsmöglichkeiten innerhalb des Amtes Ressourcen sehen, aber nicht zusätzlich bereitstellen können.

che Zeitbudgets können mittelfristig in der Netzwerkarbeit zu Dysfunktionalitäten führen. Mit dem Faktor Zeit lässt sich z.b. das Sammeln von Informationen, über spezifische Förderprogramme, geplante Veränderungen in den Förderrichtlinien etc. verbinden. „Informationen" sind ein Faktor in der Netzwerkarbeit über den Steuerungen möglich sind, indem sie gezielt gegeben oder zurückgehalten werden (Kappelhoff 2000). Wenn - wie das im Landkreis Hersfeld-Rotenburg der Fall ist – unterschiedliche Bildungsträger in Konkurrenz um Förderprogramme stehen, ist die Wahrscheinlichkeit hoch, dass es zu diesen Dysfunktionalitäten kommt, weil neben der transparenten Prozessplanung innerhalb des Netzwerkes zur Absicherung von Interessen und Ressourcen Vor- und Querverhandlungen zu erwarten sind, die Fakten schaffen.[6] Ob sie sich durch die Wahrnehmung der Planungsverantwortung / Steuerung des Netzwerkprojektes durch die Kommune lösen lassen ist fraglich, besonders wenn freie Trägern der Eindruck haben, dass durch diese Steuerung für sie Wettbewerbsnachteile entstehen.

2.2 Kritische Phasen in der Netzwerkbildung: Steuerungskompetenz, Institutionalisierung und Überinstitutionalisierung

Die Koordination von lokalen und regionalen Angeboten durch die Kommune soll eine personelle und zeitliche Kontinuität sicherstellen, politische und wirtschaftliche Unterstützung garantieren und Nachhaltigkeit gewährleisten (vgl. Schild, Kapitel II). Um diese Aufgaben im Rahmen einer netzwerkorientierten Arbeit leisten zu können, sind verschiedene Voraussetzungen erforderlich. Es sollten z.b. die Entscheidungswege innerhalb des Amtes und des Netzwerkes für alle Akteure transparent und aushandelbar sein. Allzu oft vermischen sich aber die Strukturen, werden hierarchische Einflüsse spürbar, Entscheidungen ohne Abstimmungen getroffen. Den unterschiedlichen Interessenlagen der Netzwerkakteure steht eine „Mikropolitik" (Bosetzky 1985) von Akteuren des Amtes gegenüber, welche wiederum ganz eigene Dynamiken entwickelt, die nicht primär mit den Zielen des Netzwerkes verbunden sein müssen.[7] Die im Kontext der Steuerung / Kooperation in Netzwerken entstehende Vermischung von Interessen ist eine immanente Gefahr für die Arbeitsfähigkeit des Netzwerkes, die sich nicht durch weitere Institutionalisierungen lösen lässt. Sie könnten eher das Gegenteil bewirken und zur Über-

---

6   Dieser Aspekt wird z.b. im Luhmannschen Verständnis eines autopoietischen Systems
      thematisiert. Danach organisiert sich das System (Netzwerk) selbst und spontan. Der äußere
      Einfluss auf das System, z.b. durch Steuerungsversuche, wird nur im Kontext der internen
      Systemkonstruktion bewertet und verarbeitet (vgl. Luhmann 1994).
7   Nach Bosetzky wird die Mikropolitik durch das Bemühen gekennzeichnet, die systemeigenen, materiellen und menschlichen Ressourcen zur Erreichung persönlicher Ziele, insbesondere des Aufstiegs im System selbst und in anderen Systemen zu verwenden, sowie zur
      Sicherung und Verbesserung der eigenen Existenzbedingungen (Bosetzky 1985: 170).

institutionalisierung führen. Auf mögliche Folgen davon weisen Kohlmeyer/Mauruszat/Seyfried (2000: 15) hin:

„Einen wesentlichen Aspekt für die Wahl angemessener innerer Strukturen stellt der Aufwand an Ressourcen dar, die durch die internen Organisationsformen in unterschiedlichem Ausmaß verbraucht werden. Ebenso wie in Märkten und Hierarchien verschlingt in Netzwerken die Koordination der Akteure Ressourcen (sogenannte Transaktionskosten). Bei Netzwerken handelt es sich insbesondere um Arbeitsaufwand, der von den teilnehmenden Akteuren erbracht wird für Teilnahme an Sitzungen, gegenseitigen Abstimmungen und Verhandlungen, Aufwand für Dokumentation von Absprachen und Übereinkünften etc.. Zu aufwendige und zu komplexe Strukturen können hier mit einem zu hohen Aufwand einhergehen, welcher die Mitwirkungsbereitschaft der Akteure und auch die Effizienz des Netzwerkes beeinträchtigen kann (Überinstitutionalisierung)."

Der angesprochene Eindruck der „Überinstitutionalisierung" ist danach ein potentieller Störfaktor, welcher besonders durch die unterschiedlichen zeitlichen Ressourcen der Akteure, die diese in die Arbeit einbringen können, an Bedeutung gewinnt. Es ist darum zu klären, durch welche *Strukturmerkmale* das Netzwerk definiert wird. In der sozialwissenschaftlichen Literatur wird die Bedeutung der Klärung von Strukturmerkmalen besonders im Hinblick auf die Frage der erfolgreichen Steuerung von Netzwerken hervorgehoben. So werden z.B. von Sydow/Windeler Kooperation, Vertrauen, Selbstverpflichtung, Verlässlichkeit und Verhandlung, sowie ein bestimmtes Vertragsrecht als Strukturmerkmale angeführt (Sydow/Windeler 2000: 11). Im Netzwerkprojekt wird die Steuerung durch Kooperationsverträge, regelhafte Rückmeldungen und die Einsicht in Maßnahmeplanungen geregelt. Ob diese Elemente in Konfliktsituationen ausreichen, ist abzuwarten. Konflikte haben in der Regel einen Vorlauf, der sich zunächst auf einer emotionalen Ebene manifestiert, d.h. nicht in einem offiziellen Kontext wie der Netzwerkarbeit direkt kommunizierbar ist. Als Beispiel lassen sich die in den Foren aufgetretenen Ressentiments unter den unterschiedlichen Akteuren nennen. Sie trugen dazu bei, dass sich Einzelne zurückzogen, ohne das die Gründe dafür genannt wurden. Auch die Fach- und Moderationskompetenz in der Koordination und Moderation stellte eine Herausforderung dar und führte teilweise zu Konflikten, die einige Zeit brauchten, bevor sie offen ausgetragen und damit bearbeitet werden konnten. Auf weitere Konfliktfelder in Netzwerkprojekten weist Sänger (2000: 57ff) ausdrücklich hin und schlägt in diesem Zusammenhang vor, eine externe Beratung und Begleitung am Anfang der Arbeit einzukaufen:

„der Einkauf Externer wird mit dem Hinweis auf notwendige Einsparungen häufig unterbunden und somit eine Chance vertan, zu Beginn der Netzwerkarbeit die richtigen Schritte einzuleiten."

Rückblickend auf den Anfangsprozess des Netzwerkbildung wäre diese Lösung sicher eine geeignete Form zur Implementierung von Grundstrukturen gewesen. Die Moderation hätte mit einer entsprechenden Fachkompetenz aus einer neutralen, d.h., von hierarchischen Strukturen unabhängigen Position heraus erfolgen können. Die Planungs- und Gesamtkoordination im Landesjugendamt erkannte dieses Defizit für den neuen Arbeitsbereich einer Netzwerkkoordination früh und trug entsprechend durch Fortbildungen (Moderation / Präsentation, Selbstevaluation) zur Unterstützung der Arbeit in den Projektstandorten bei. Dieses Angebot ist allerdings als begleitendes Angebot während der Laufzeit nur verzögert wirksam geworden und wird sich erst in der weiteren Arbeit bewähren müssen. Zukünftig wird, aufgrund der Zunahme von Netzwerkmodellen und Netzwerkarbeit in unterschiedlichen Bereichen der Sozialen Arbeit eine differenziertere und systematisierte Form des Konfliktmanagements in Netzwerken erforderlich sein, um einen höheren Grand an Professionalisierung und Standardisierung für diese spezielle Arbeitsform zu erreichen. Das bedeutet auch, dass ein eigenes, neues Anforderungsprofil für die Koordinatorinnen und Koordinatoren / Manager und Managerinnen zu entwickeln ist, denn die bisherigen Formen der Ausbildung von SozialpädagogInnen berücksichtigen nur teilweise und unsystematisch diese veränderten Erwartungen für den Bereich des Netzwerkmanagements in der Lehre (vgl. dazu auch Seyfried/Kohlmeyer/Furth-Riedesser 1999: 41).

2.3 Wie lässt sich Erfolg im Youthstart Network messen?

Ungeklärt ist der Umgang mit den „harten Erfolgsdaten", d.h., der Zahl der mehr vermittelten Jugendlichen durch das Projekt. Die Vermittlung unversorgter Jugendlicher ist nicht das primäre Ziel der Konzeption, sondern kann als mittelfristiges Ergebnis erwartet werden. Im Netzwerkprojekt ging und geht es vorrangig um die Einmischung in alle Kinder und Jugendlichen betreffenden Politikbereiche und darum, sich als Akteur der Jugendhilfe auf der planerischen und politisch-steuernden Ebene einzumischen (vgl. Benthin/Hockerts, Kapitel I).

In der Entwicklung regelhafter Strukturen der Kooperation und Vermittlung wird der Erfolg gesehen und erst in zweiter Linie in der Erhöhung der Vermittlungszahlen. Die unausgesprochene Spannung, die zwischen der nicht offen diskutierten Hoffnung auf eine Verbesserung der Situation für unversorgte Jugendliche und der Implementierung des Netzwerkgedankens lag, wurde besonders in der im März 2000 von mir durchgeführten Befragung deutlich. Die Zielvorstellungen der Akteure in der operativen und strategischen Ebene glichen sich in großen Teilen, waren aber unterschiedlich in ihrer Gewichtung. Während bei den VertreterInnen der strategischen Ebene ein Schwerpunkt im Vorantreiben der Vernetzung gesehen wurde, erwarteten die VertreterInnen der operativen zunächst die Vermittlung von Jugendlichen in Ausbildungsstellen (Straßer 2000: 3). Ob sich diese Diskrepanz in den Zielvorstellungen im Laufe des Projektes geglättet und damit ihre Spannung verloren hat, ist fraglich. Der Wunsch, Jugendlichen den Einstieg ins Arbeitsleben zu ermöglichen, wird bei jenen Akteuren besonders hoch sein, die über lange Zeit eine direkte Begleitung und Berührung mit ihnen haben, also den LehrerInnen, JugendarbeiterInnen, SozialpädagogInnen der Maßnahmeträger usw. Es sind m.E. die VertreterInnen der operativen Ebene, die mittel- und langfristig in den Foren und anderen Netzwerkbezügen von dem Konzept überzeugt bleiben müssen, auch wenn sie summativ, d.h., auf die Vermittlungszahlen Jugendlicher bezogen, zunächst keinen Erfolg sehen. Erfolgsmessung ist darum zwar bezogen auf die Sitzungsteilnahme der Akteure, die Häufigkeit der Berichterstattung in den Zeitungen oder die Zunahme des Diskutierens über die Netzwerkarbeit in der Öffentlichkeit etc. möglich, wenn allerdings als Erfolgsindikatoren die mittel- und langfristigen Vermittlungszahlen gewählt werden, sollte mit der Aussage über den Erfolg des Netzwerkprojektes gewartet werden, bis aktuelle Zahlen vorliegen.

2.4 Netzwerkentwicklung oder Sozialraumplanung?

Ein weiterer, nicht ganz neuer Aspekt des Netzwerkgedankens ist die Frage der Zusammenarbeit bei Planungsprozessen und der Einbindung in den Netzwerkzusammenhang von Institutionen und Akteuren, die nicht originär mit dem Bereich der Jugendberufshilfe befasst sind, z.B. der Regionalentwicklungsplanung, aber auch dem Jugendhilfeausschuss. Gerade unter dem oben angesprochenen Aspekt einer an Zeitressourcen orientierten Arbeit der verschiedenen Akteure ist in diesem Zusammenhang die Frage interessant, ob nicht vielleicht in einer breiter angelegten, *partizipativ ausgerichteten Regionalentwicklungsplanung / Sozialraumplanung* weitreichendere Perspektiven und eine nachhaltige Entwicklung erreicht werden können. Das scheint insbesondere deswegen sinnvoll, weil das Netzwerkprojekt nur ein Vernetzungsprojekt neben anderen ist.[8] Der Gedanke einer zusammenhängen Abstimmung der Planungen mit Betroffenen in einem regionalen Kontext gewinnt dadurch an Charme, dass die Entwicklung eines sozialen Netzwerkes auf einer breiteren Basis möglich wird und stärker, als es im Netzwerkprojekt angelegt ist, die lebensweltlichen Perspektiven der Betroffenen berücksichtigen kann. Allerdings erfordert ein solches Vorgehen eine Umkehrung der bisher häufig gepflegten Praxis, sich zunächst nach Fördertöpfen umzusehen, um dann das dazu passende Konzept zu formulieren.

---

8   Zum Beispiel wird ab März ein Vernetzungsprojekt aus Fördermitteln des Bundesministeriums des Innern zur Integration von Spätaussiedlern gefördert, dem Kreis stehen Projektmittel des Bundesministeriums für Familie, Senioren, Frauen und Jugend für die Förderung der Ehrenamtlichkeit im ländlichen Raum zur Verfügung und es können Mittel vom Bundesministerium für Bau-, Verkehr- und Wohnungswesen (Programm „Soziale Stadt"), sowie Mittel vom Bundesministerium für Bildung und Forschung (Programm „Lernende Regionen") akquiriert werden.

3. Gestalten oder begleiten? Welche Rolle spielte die wissenschaftliche Begleitung?

Die Einbindung der wissenschaftlichen Begleitung erfolgte, als die regelhaften Strukturen weitgehend feststanden.[9] Eine Diskussion mit der Option der Veränderung von Strukturmerkmalen des Projektes wäre vielleicht sinnvoll gewesen, war aber zu diesem Zeitpunkt nicht mehr möglich, denn es war der politische Wille des Kreises und des Landesjugendamtes die vorliegende Projektstruktur umzusetzen.[10]

Diese Voraussetzungen für die wissenschaftliche Begleitung erschwerten ein systematisches Herangehen an den Untersuchungsgegenstand, weil es sich nun nicht mehr um eine Prozessbegleitung mit der Option des steuernden Eingriffes handelte, sondern der Akzent stärker in der Prozessbegleitung zu sehen war. Dieser Bereich wurde aber durch die vom Landesjugendamt im Projektkonzept angelegten regelmäßigen, vierteljährlichen Treffen zum Erfahrungsaustausch abgedeckt. Dieser Erfahrungsaustausch war für die verantwortlichen ProjektmitarbeiterInnen ein fester Termin und hatte den Charakter einer Praxisreflexion. Sowohl die feststehende Struktur des Projektes als auch die begleitende Betreuung während des Projektverlaufes durch das Landesjugendamt führten zu einer unklaren Aufgaben- und Rollenvereinbarung und bestimmten die wissenschaftliche Begleitung, die sich darum an den aktuellen Themen und Dynamiken des Projektverlaufes orientierte.

Für zukünftige Formen der wissenschaftlichen Begleitung sind klare Absprachen und Regelungen von Zuständigkeiten erforderlich. Grundsätzlich ist darüber nachzudenken, ob nicht in Projekten dieser Größenordnung bereits in der konzeptionellen Phase die Kooperation mit einer wissenschaftlichen Beratung gesucht werden sollte, die dann auch die Phasen der Implementation, Evaluation und Konzeptmodifikation begleitet.

4. Fazit und Ausblick

Das am Projektstandort Hersfeld-Rotenburg durchgeführte Netzwerkprojekt erfuhr in der abschließenden Beurteilung durch beteiligte Akteure weitgehende Zustimmung. Sie bezog sich auf die Implementierung und schrittweise Verselbstständigung lokaler Foren, das Aufzeigen von bisher nicht berücksichtigten Kooperationsmöglichkeiten zwischen Schule, Berufsbildung, Jugendarbeit etc. und die Aktualisierung des Netzwerkgedankens im Bewusstsein von politischen Entscheidungsträgern. Das große Interesse und die akti-

---

9   Für die Laufzeit von zwei Jahren wurden insgesamt 64 Stunden pro Standort finanziert. Es handelte sich dabei um eine Verteilung auf jeweils vier Tagwerke zu acht Stunden pro Jahr.

10 Die Konzeption dieser Struktur war schließlich auch der Grund zur Aufnahme in die Network-Förderung des ESF-Programms.

ve Beteiligung der Sozialdezernentin an der Durch- und Umsetzung dieses Projektes hatte eine Sogwirkung auf weitere politische Entscheidungsträger, wie z.B. den Bürgermeistern aus den kooperierenden Städten, den VertreterInnen der Wirtschaft und der Arbeitsverwaltung. Dadurch wurden Kooperationsstrukturen geschaffen und neue Kommunikationswege eröffnet. Unterstützend schaffte die in Folge der Auflösung des Landesjugendamtes geschaffene Fachstelle für Jugendberufshilfe zusätzliche strukturelle Möglichkeiten, sich der Situation von benachteiligten Jugendlichen auf einer breiten Basis systematisch zu nähern. Allerdings ist damit nur ein Anfang gemacht. Es sind noch konzeptionelle Fragen offen, die im Zusammenhang dieses Beitrages angesprochen wurden und es wird noch zu klären sein, wie dieser Arbeitsbereich in eine Gesamtstruktur regionaler Entwicklungsplanung bzw. Sozialraumplanung mit der Formulierung von langfristigen Zielen, die über die aktuellen Netzwerkstrukturen hinausgehen, einzubeziehen ist. Künftig wird auch die Frage bedeutsam werden, wie und mit welchem Einsatz und Aufwand Veränderungen stattfinden, weil damit die Entscheidung über das Bereitstellen von Zeitressourcen verbunden ist. Ganz entscheidend für den Gesamtprozess ist m.E. aber die Frage der Einbindung von Betroffenen, die methodisch und partizipativ bisher nicht gelöst wurde. Wenn das zukünftig nicht gelingt, drohen die Interessen und Wege der Akteure auseinander zu gehen, denn Strukturen können nicht für Menschen verändert werden, sondern nur mit ihnen.

Literatur

Bosetzky, Horst; Heinrich, Peter (1985): Mensch und Organisation. Aspekte bürokratischer Sozialisation. Eine praxisorientierte Einführung in die Soziologie und Sozialpsychologie der Verwaltung. 3.Auflage, Köln.

Bullinger, Hermann; Nowak, Jürgen (1998): Soziale Netzwerkarbeit – Eine Einführung, Freiburg im Breisgau.

Kappelhoff, Peter (2000): Der Netzwerkansatz als konzeptueller Rahmen für eine Theorie interorganisationaler Netzwerke. In: Sydow, Jörg, Windeler, Arnold (Hrsg.), Steuerung von Netzwerken – Konzepte und Praktiken, Opladen/Wiesbaden.

Kohlmeyer, Klaus; Mauruszat, Regine; Seyfried, Erwin (2000): Lokale und regionale Netzwerke in der GI Beschäftigung – Diskussionspapier, Fachhochschule für Verwaltung und Rechtspflege Berlin, Forschungsstelle für Berufbildung, Arbeitsmarkt und Evaluation; Bd.24.

Luhmann, Niklas (1994): Die Wirtschaft der Gesellschaft, Frankfurt/Main.

Miersch, Paloma; Schild, Hanjo (1999): Regionale Kooperationen zur beruflichen Integration von Jugendlichen, BBJ-Consult Info II/1999.

Seyfried, Erwin; Kohlmeyer, Klaus; Furth-Riedesser, Rafael (1999): Qualitätsentwicklung in der beruflichen Bildung durch lokale Netzwerke. Eine Studie im Auftrag des CEDEFOP-Projektes Nr. 02.6058, Fachhochschule für Verwaltung und Rechtspflege Berlin, Forschungsstelle für Berufbildung, Arbeitsmarkt und Evaluation; Bd.23.

Straßer, Gert (2000): Ergebnisse der Evaluation im Projekt „Youthstart Network, Teil B, unveröffentlichtes Manuskript.

Sydow, Jörg; Windeler, Arnold (Hrsg.) (2000): Steuerung von Netzwerken – Konzepte und Praktiken, Opladen/Wiesbaden.

Sänger, Ralf (2000): Netzwerke in der Jugendberufshilfe – Mut zum Risiko. In: Entwicklungen und Chancen junger Menschen in sozialen Brennpunkten – Zugänge zu Arbeit und Beruf. Anregungen zur Kooperation in sozialen Brennpunkten, Berlin.

Angelika Stietz
Erfahrungen mit der Initiierung von lokalen Netzwerken der Jugendberufshilfe im Odenwaldkreis: Lernen aus Chancen und Risiken

1. Einleitung

Der Odenwaldkreis wurde als einer von drei Landkreisen in Hessen ausgewählt, die an dem Modellprojekt Network von Januar 1999 bis Dezember 2000 teilnehmen konnten. Network wurde im Rahmen von Youthstart (Gemeinschaftsinitiative Employment) von der europäischen Union gefördert.[1] Für unseren Landkreis bedeutete diese Unterstützung eine wirksame Hilfe bei der Vernetzung der Jugendberufshilfe. Schwierig war für uns lediglich das Verhältnis der Ziele zu den Ressourcen, die zur Verfügung standen. Das heißt, die anvisierten Ziele konnten mit diesen Mitteln allein nicht erreicht werden. Einsatz und Abstimmung der vom Landesjugendamt zur Verfügung gestellten Instrumente gestaltete sich schwierig, ebenso wie die Abstimmung zwischen der wissenschaftlichen Beratung und der Begleitung durch das Landesjugendamt. Aufgrund der hoch unterschiedlichen Ressourcensituation in den Landkreisen kann ein Vergleich in Bezug auf die Erreichung der Ergebnisse kaum gezogen werden. Allerdings bieten die unterschiedlichen Vorgehensweisen wertvolle Erfahrungen und Hinweise.

1.1 Bevölkerungsstruktur

Mit nur 99.406 Einwohnern, die sich auf eine Fläche von 624 qkm verteilen ist der Odenwaldkreis ein Flächenlandkreis und in die Kategorie „Ländlicher Raum" eingeordnet. Der Ausländeranteil beträgt 11 %. Es leben 30.527 Kinder und Jugendliche von 0 bis 27 Jahren im Odenwald. Der Ausländeranteil bei den Kindern und Jugendliche beträgt 16,9 %.[2]

---

1   Der Aufbau lokaler Vernetzung der Jugendberufshilfe konnte durch einen finanzielle Hilfe (32.000,-- DM im Jahr), durch Fortbildungsangebote und durch eine wissenschaftliche Beratung (4 mal im Jahr) unterstützt werden.

2   Zahlen vom 1.1.1999 (Quelle: Hessisches Statistisches Landesamt).

1.2 Wirtschafts- und Arbeitsmarktdaten

Der Odenwaldkreis liegt im Süden der Region Starkenburg, die seit 1997 eine sehr positive Wirtschafts- und Arbeitsmarktentwicklung auszeichnet. Durch die unzureichende Verkehrsanbindung haben die Menschen jedoch mit erheblichen Mobilitätsproblemen zu kämpfen. Die Beschäftigungsentwicklung ist durch den Strukturwandel von der verarbeitenden Industrie zum Dienstleistungsbereich geprägt. 52 % der ArbeitnehmerInnen sind noch immer im produzierenden Gewerbe beschäftigt, während ca. 47 % im Bereich Handel, Verkehr und Dienstleistung arbeiten. Da jedoch Beschäftigungszuwächse nur noch im Dienstleistungsbereich zu erwarten sind, könnte ein Abbau der Beschäftigung die Folge sein, wenn nicht eingegriffen wird. Am 30.06.1999 wurden im Odenwald 24.905 versicherungspflichtig Beschäftigte ArbeitnehmerInnen angegeben. Sie verteilen sich folgendermaßen:

Männer	Ausländer	In Land-Forstwirtschaft	Produz. Gewerbe	Handel/Verkehr	Dienst-leistung
56,8%	12,3%	0,6%	52,1%	17,8%	29,5%

(Quelle: IHK-Bezirk in Zahlen 30.6.1999)

Pendler: Während 3700 Personen in den Kreis einpendeln, müssen 11.500 auspendeln.

Arbeitslosigkeit im Odenwaldkreis

Arbeitslose		Quote		Jüngere unter 25		55 Jahre und älter		Frauen	
12/99	12/00	12/99	12/00	12/99	12/00	12/99	12/00	12/99	12/00
3592	3067	7,3 %	5,9%	374 9,9%	299 10,1%	762	656	1777	1548

(Quelle: Arbeitsamt Darmstadt, Basis: alle zivilen Erwerbspersonen)

Ausbildungsstellen

	1997	1998	1999	2000
Gemeldete Ausb.stellen	553	488	532	545
Gemeldete BewerberInnen	946	956	938	884
Differenz	393	468	406	339

(Quelle: Arbeitsamt Darmstadt)

Gesamtschülerzahlen im Odenwald

1995	1996	1997	1998	1999
10434	13857	14104	14371	14454

BerufsschülerInnen

	Gesamt	Anteil weiblich in %	Ohne Ausbildungsvertrag gesamt	Davon weiblich	Anteil weiblich in %
1997/98	1.382	35,4%	338	163	48,2%
1998/99	1.484	37,1%	317	161	50,8%
1999/00	1.556	38,2%	374	192	51,3%

(Quelle: Staatliches Schulamt)

Diese Tabellen zeigen, dass sich die Beschäftigungsentwicklung und die Ausbildungsstellensituation im Odenwaldkreis nicht einfach erklären lässt. Während die Arbeitslosenquote insgesamt zurück gegangen ist, muss die Berufsausbildungsstellen gemeldet wurden, bleiben viele Jugendliche ohne Ausbildungsplatz, da die Schülerzahlen sehr stark steigen. Der Verdrängungswettbewerb auf dem Ausbildungsmarkt wird immer stärker. Die VerliererInnen sind Mädchen und ausländische SchülerInnen, insbesondere solche ohne Hauptschulabschluss. Ca. 21 % der HauptschülerInnen haben im Jahr 2000 keinen Abschluss erreicht. Die starke Benachteiligung der Mädchen muß stärker berücksichtigt werden: Ihr Anteil an Jugendlichen ohne Ausbildungsvertrag stieg von 1998 48,2 % bis 2000 auf 51 % an.

1.3 Jugendberufshilfe im Odenwaldkreis: Akteure der Jugendberufshilfe und ihre Bedeutung

Die Jugendberufshilfe im Odenwaldkreis wurde im Wesentlichen durch die Maßnahmen und Aktivitäten der freien Träger bestimmt. Es gibt fünf Maßnahmeträger mit unterschiedlichen Schwerpunkten in verschiedenen Organisationsformen, die im Folgenden aufgezählt werden:

- **Jugendwerkstätten Odenwald e.V.** Erbach mit der Zielgruppe Jugendliche bis 27 und den Schwerpunkten: Berufsvorbereitende Maßnahmen in Schulen, Werkstätten, Fachstelle und europäische Kooperation. Ca. 67 Plätze.

- **Beschäftigung, Aus- und Weiterbildung**, GmbH, Michelstadt, Gemeinnützige Gesellschaft für Beschäftigung, Aus- und Weiterbildung Eigenbetrieb des Odenwaldkreises. Die BAW arbeitet sowohl mit Erwachsenen als auch mit jungen Menschen und hat die Schwerpunkte: Reha und Berufsausbildung in überbetrieblichen Werkstätten. Ca. 62 Plätze.

- **F + U Fortbildung und Umschulung**, GmbH, Michelstadt. Gemeinnützige Bildungseinrichtung für Fortbildung und Umschulung. Die F + U bietet Erstausbildung und Grundausbildungslehrgänge für Erwachsene und Jugendliche an. Ca. 22 Plätze.

- **Bildungswerk der Hessischen Wirtschaft**, Michelstadt, Regionalbüro Michelstadt. Das Bildungswerk bietet Ausbildungsbegleitende Hilfen und Berufsvorbereitung in den Berufsschulen für Jugendliche an. Ca. 52 Plätze.
- **Arbeiterwohlfahrt** Kreisverband Odenwald, Frauenförderstelle. Zielgruppen sind Mädchen und Frauen. Ausbildung und Teilzeitausbildung, Orientierung für Wiedereinsteigerinnen.
- **TESO AG**, Qualifizierung von Frauen zur Telefachkraft. Angebote auch am Abend, ca. 24 Plätze, davon werden ca. 10 von Frauen bis 25 Jahren belegt.

1.4 Stand der Vernetzung

Erste Ansätze zur Vernetzung dieser Akteure der Jugendberufshilfe bestand durch die Jugendhilfeplanung. Im Jugendhilfeplan-Ausschuss „Jugendsozialarbeit", arbeiteten die freien Träger als auch das Jugendamt zusammen und erstellten einen Teilplan. In diesem Zusammenhang wurde auch eine Broschüre mit allen Angeboten der Jugendberufshilfe erstellt. Nachdem dieser Teilplan im Jahre 1996 verabschiedet wurde, konnte die Kooperation erst mit dem Forum Arbeit und Soziales im Jahr 1999 fortgeführt werden.

Forum Arbeit und Soziales

Im Forum Arbeit und Soziales sind die Träger der Jugendberufshilfe, das Sozialamt, Jugendamt, Arbeitsamt und der DGB vertreten. Es wird vom ersten Kreisbeigeordneten geleitet. Das Ziel dieses Forums ist die Abstimmung unter den Trägern und mit dem Arbeitsamt.

Spinach for Popeye

Entscheidende Impulse für die weitere Vernetzung der Jugendberufshilfe mit den Schulen gingen von dem 1997 entwickelten Projekt „Spinach for Popeye" aus. Initiator dieser Zusammenarbeit war ein Mitarbeiter des Verein Jugendwerkstätten, der 1996 eine Grundkonzeption zur Förderung benachteiligter Jugendlicher im präventiven Bereich, also noch in den Hauptschulen, erstellte und gemeinsam mit dem Dezernenten des Kreises um Unterstützung in den Partnerländern Holland und Italien warb. Man wollte insbesondere von der Arbeitsmarktpolitik der Holländer lernen.

Die Qualität der Arbeit mit benachteiligten Jugendlichen sollte verbessert werden, um sie auf den Arbeitsmarkt der Dienstleistungsgesellschaft vorzubereiten. Neben den wertvollen Impulsen, die durch die Zusammenarbeit mit anderen europäischen KollegInnen gewonnen werden konnten, brachte „Spinach for Popeye" vor allem eines ans Tageslicht: die MitarbeiterInnen der verschiedenen Bereiche Schule, Jugendamt, Jugendarbeit, Politik und Jugendwerkstätten wollten im Odenwald besser zusammen arbeiten und sich kontinuierlich vernetzen, um die Schnittstelle Schule/Beruf effektiver zu gestalten. Diese Erkenntnis wurde auch durch die Begegnung mit den ausländischen KollegInnen hervorgebracht, die sich eher als nationale Gruppe definieren und gemeinsame Statements äußern konnten. Es fiel uns auf, dass die Mitglieder der Odenwälder Gruppe nur als Individuen, nicht aber als Gruppe auftreten konnten. Es wurde die sogenannte Lenkungsgruppe gebildet, in der die Direktoren aus den beiden Schulen (Haupt- und Realschule, Berufliche Schulen in Michelstadt), zwei MitarbeiterInnen vom Verein Jugendwerkstätten, das Jugendamt, die Jugendförderung und der Dezernent bis heute konstruktiv zusammen arbeiten. Die Integration weiterer Organisationen und Träger, die nicht bei „Spinach for Popeye" mitarbeiten, ist jedoch bis heute schwierig geblieben, da im Rahmen von „Spinach for Popeye" der Grundstein für die Vernetzung zwischen der Gebietskörperschaft und den VertreterInnen der o.g. Bereiche gelegt wurde.

2. Network

Durch das oben erwähnte Modellprojekt Youthstart Network, das durch das Landesjugendamt Hessen in drei Landkreisen koordiniert wurde, konnte die Vernetzung, die bisher lediglich kreisweit bestand, auch an lokalen Standorten initiiert werden. Es wurden zwei Standorte ausgewählt, in denen sich lokale Akteure zu einem Ausbildungsforum zusammenschließen sollten. Koordiniert wurde das beim Jugendamt angesiedelte Projekt vom Koordinator von „Spinach for Popeye"[3], Angestellter bei den Jugendwerkstätten Odenwald e.V.. In der Projektgruppe arbeiteten die Leiterin der Jugendförderung und der Jugendamtsleiter mit. Anfänglich war auch der Jugendhilfeplaner beteiligt, dem jedoch nicht genügend zeitliche und persönliche Ressourcen zur Verfügung standen, um den vielfältigen Aufgaben in diesem Bereich gerecht zu werden. Ziel von Network war es, auch auf regionaler Ebene, in zwei Projektstandorten zu einer koordinierten Jugendberufshilfe zu kommen. Zur Initiierung von Network wurden zwei lokale Ausbildungsforen ins Leben gerufen, zu welchen die Bürgermeister der Gemeinden der beiden Projektstandorte (Erbach/Michelstadt und Höchst) alle Verantwortlichen einluden.

---

3   mit 8 Stunden in der Woche, die über das Landesjugendamt finanziert wurden.

Als Ziele dieser Ausbildungsforen wurden benannt:

- Vernetzung aller Akteure aus dem Standort, also Betriebe, Politiker, Arbeitsamt, Ehrenamtliche, Professionelle aus Jugendarbeit und Jugendberufshilfe.
- Informationen über SchulabgängerInnen systematisch zusammenzutragen.
- Informationsaustausch und Transparenz.
- Lokales Verantwortungsbewusstsein für die Jugendlichen und deren Bedarfslagen fördern.
- Initiierung von Arbeitsgruppen, die sich einzelner Problemlagen und Themen annehmen.
- Weitere Projektideen zu entwickeln und umzusetzen, um die Jugendlichen ohne Ausbildungsplatz zu unterstützen.

Die Entwicklung in den beiden Standorten verlief sehr unterschiedlich.

2.1 Ausbildungsforum in Höchst

Höchst wurde als Projektstandort ausgewählt, da sich in der Region ein großes Industrieunternehmen befindet und der Ausländeranteil mit 20 % über dem Durchschnitt im Odenwaldkreis liegt. In Höchst entwickelte sich keine kontinuierliche Zusammenarbeit und die Kooperation mit der Gemeinde wurde nach dem ersten Jahr eingestellt. Die Gründe hierfür liegen in den Auseinandersetzungen, die schon seit Jahren zwischen dem Jugendamt und dem Bürgermeister der Gemeinde wegen der Beendigung der offenen Jugendarbeit entstanden waren. Gerade deshalb hatte die Projektgruppe gehofft, dass durch Network neue Impulse und Hilfe für die zahlreichen ausländischen Jugendlichen mit großen Integrationsproblemen entstehen könnten. Das Ziel, Übernahme von mehr Verantwortung seitens der Gemeindeverwaltung auch für diese Jugendlichen, wird von der Projektgruppe als gescheitert angesehen. Der Bürgermeister lud zwar zum ersten Ausbildungsforum ein, er hatte jedoch Zweifel an dem Gelingen des Projektes. Dies wurde beim ersten Treffen deutlich. Auch die Anwesenheit der Vertreter aus IHK, Arbeitsamt und Trägern der JBH sowie der Schulen, konnten keine Motivation für eine weitere intensive Zusammenarbeit erreichen. Die Projektgruppe entschied sich daraufhin, die Zusammenarbeit mit der Schule zu intensivieren und einen *Ausbildungsmarkt* zu initiieren, jedoch keine weiteren Ausbildungsforen mit dem Bürgermeister zu planen.

2.2 Ausbildungsforum Erbach/Michelstadt

Das Mittelzentrum Erbach und Michelstadt mit seinen 29.000 EinwohnerInnen wurde aufgrund seiner wirtschaftlichen Bedeutung und der Konzentration von Schulen als zweiter Projektstandort ausgewählt. Zwei Städte gemeinsam als Projektstandort auszuwählen, verursachte etliche Schwierigkeiten, da das Verhältnis der Städte untereinander seit vielen Jahren als konkurrierend bezeichnet werden kann. Hinzu kam, dass der Erbacher Bürgermeister ausschied und ein neuer gewählt wurde. Der Michelstädter Bürgermeister lud zum Ausbildungsforum ein und äußerte sich immer wieder, wie wichtig ihm dieses Thema sei.[4] An den Ausbildungsforen nahmen VertreterInnen der Schulen, des Arbeitsamtes, der Jugendberufshilfe, des Jugendamtes, die Jugendpfleger, die Handwerkskammer, ArbeitgeberInnen sowie die Kirchen teil. Die Projektgruppe vermisste insbesondere das Engagement der ortsansässigen Betriebe, die nur durch eine Person vertreten waren. Die politische Seite wurde durch den Bürgermeister aus Michelstadt und durch zwei verschiedene Magistratsvertreter aus Erbach repräsentiert. Diese nahmen jedoch nicht regelmäßig an den Sitzungen teil. In allen drei Sitzungen fanden inhaltlich relevante und engagierte Diskussionen statt. U. a. wurde über die Problemlagen ausländischer HauptschülerInnen, über Einfacharbeitsplätze diskutiert sowie über die Grenzen beim Einsatz Ehrenamtlicher in der Betreuung der Zielgruppe. Beim zweiten Ausbildungsforum wurde sehr intensiv über die Gründe für die hohe Zahl der AusbildungsplatzabbrecherInnen gesprochen und die Einrichtung einer ABM-Stelle vorgeschlagen. Eine Auswertung über die bisherigen Aktivitäten fand in der dritten Sitzung statt.[5] Die TeilnehmerInnen wurden gefragt, wie sie die Aktivitäten im Rahmen von Network im Hinblick auf die Zielerreichung einschätzen: Während sich die Erreichung des Zieles *„Lokale Betroffenheit"* noch im Mittelfeld bewegte, wurde die Erreichung des Zieles, *„Hilfe für die betroffenen Jugendlichen"*, überwiegend im Minusbereich bewertet. Von den Aktivitäten, die im Rahmen von Network durchgeführt wurden, konnten die Netzwerkzeitung und die Schülerbefragung noch am positivsten bewertet werden. Insgesamt sahen die TeilnehmerInnen ein Erreichen der Projektziele eher skeptisch. Insbesondere die Einstellung vieler Arbeitskreise und Aktivitäten (Ehrenamtliche, die eine Beratung für Jugendliche anbieten wollten, Bewerbungswerkstatt im Jugendzentrum Michelstadt, Einzelberatung für die Betroffenen durch den Jugendpfleger in Erbach und die Bemühungen um eine Stelle für AusbildungsplatzabbrecherInnen) trug maßgeblich zur negativen Ein-

---

4   Das Ausbildungsforum fand in Michelstadt im Sommer 2000 zum dritten Mal statt.
5   Die TeilnehmerInnen des Ausbildungsforum wurden zum Einen gefragt, ob die gesetzten Ziele (Lokale Betroffenheit für die Jugendlichen ohne Ausbildungsplatz und Unterstützung für die betroffenen Jugendlichen) erreicht wurden. Zweitens wurden sie gefragt, welche der Aktivitäten (Schülerbefragung, Ausbildungsforum, Arbeitskreise und Netzwerkzeitung) am meisten zur Zielerreichung beigetragen hat. Auf einer Skala von –4 bis +4 konnte jeder Punkte an die Wandtafel kleben, je nachdem ob die Zielerreichung positiv oder eher negativ eingeschätzt wird.

schätzung bei der Hilfe für die Betroffenen selbst bei. Bei der Kartenabfrage („Welche Aktivitäten sollten gestartet werden, um die Ziele eher zu erreichen?") wurden insbesondere folgende Aspekte genannt:

- Ausbildungsplatzabgabe
- Recht auf Ausbildungsplatz für alle Jugendlichen
- Herabsetzung der theoretischen Anforderungen
- Teilqualifikationen, „kleiner Gesellenbrief"
- bessere Zusammenarbeit mit den Betrieben

Bei der Frage, welche Personengruppen stärker zur Zielerreichung beitragen sollten, wurden an erster Stelle politisch Verantwortliche genannt, an zweiter Stelle LehrerInnen. Als Ergebnis dieser Zwischenauswertung wurde fest gehalten, dass die Problematik der SchulabgängerInnen ohne Ausbildungs- und Arbeitsplatz stärker in den kommunalpolitischen Gremien diskutiert und die Öffentlichkeitsarbeit verstärkt werden sollte. Anschließend wurden die Ergebnisse der zweiten Schülerbefragung veröffentlicht, die der Netzwerkkoordinator im Mai 2000 bei den SchulabgängerInnen aus Erbach und Michelstadt durchgeführt hatte. Demnach hatten 139 SchülerInnen weder einen Ausbildungsplatz noch einen Schulplatz in Aussicht. Im letzten Jahr waren es zum gleichen Zeitpunkt 87 SchülerInnen.[6] Die TeilnehmerInnen des Ausbildungsforum forderten, die Problematik in den lokalen politischen Gremien zu diskutieren und nach Lösungsmöglichkeiten zu suchen. Die Öffentlichkeit sollte ebenfalls informiert werden. Dieser Forderung wurde in einer Pressekonferenz nachgekommen, in der die Zahlen veröffentlicht und zur Diskussion gestellt wurden.

2.3 Weitere Aktivitäten

Wie in der Beschreibung des Ausbildungsforums in Michelstadt deutlich wurde, führte die Projektgruppe neben den Ausbildungsforen weitere Aktivitäten durch.

2.3.1 Schülerbefragung

Der Koordinator führte im Mai 1999 und im Mai 2000 eine Befragung aller SchulabgängerInnen durch. Ziel war es, die voraussichtliche Zahl der Schulabgängerinnen ohne Ausbildungsplatz zu ermitteln, um rechtzeitig Maßnahmen und Unterstützung zu organisieren. Dadurch sollte vermieden werden, dass die Jugendlichen nach Beendigung ihrer Schullaufbahn keinen Ausbildungsplatz oder Maßnahmen zu haben. Gefragt wurde nach Berufswünschen und nach der voraussichtlichen Sicherheit, einen Ausbildungsplatzvertrag zu bekommen. Bei

---

6 Erfasst wurden nur Haupt- Real- und BerufsfachschülerInnen sowie das Berufsvorbereitungsjahr mit Wohnsitz in Erbach und Michelstadt.

der ersten Befragung konnten 87 SchülerInnen ohne Ausbildungsvertrag ermittelt werden, bei der Befragung im Mai 2000 waren bereits 139 SchülerInnen ohne Ausbildungsplatz bzw. weiterführende Schule. Die Veröffentlichung dieser Zahlen führte zur Auseinandersetzung mit der Berufsberatung des Arbeitsamtes, die eine viel geringere Zahl nicht vermittelter BewerberInnen verzeichnet hatte. Schließlich verständigte man sich darauf, dass die Zahlendifferenz vermutlich auf den Zeitpunkt der Befragung zurück zu führen sei.[7]

2.3.2 Netzwerkzeitung

Die Veröffentlichung einer „Netzwerkzeitung", in der alle Aktivitäten und Neuigkeiten rund um Jugendberufshilfe und Arbeitsmarkt zusammen gefasst wurden, sollte dazu beitragen, einen Überblick über die verschiedenen Themen zu vermitteln und die verschiedenen Akteure zusammen zu führen. Während der Projektlaufzeit konnte die Zeitung zweimal erscheinen. Aufgrund der positiven Resonanz soll ihr Erscheinen weiter fortgeführt werden.

3. Qualität und Hindernisse der Netzwerkaktivitäten im Odenwaldkreis

Wie bereits eingangs beschrieben, begannen die Aktivitäten zur Vernetzung der Jugendberufshilfe im Odenwaldkreis nicht erst 1998 zu Beginn von Network. Zur Bewertung der Netzwerkaktivitäten im Rahmen von Network ist die Vorgeschichte, also die Erfahrungen, die bis zu diesem Zeitpunkt gemacht wurden, von Bedeutung. Dabei spielt sowohl das Forum „Arbeit und Soziales" als auch die Kooperation im Rahmen von „Spinach for Popeye" eine Rolle.

Network

Beim Aufbau lokaler Netzwerkstrukturen wurde der Unterschied deutlich zwischen VertreterInnen auf kreisweiter Ebene, die zum Teil schon vernetzt waren und den Trägern der Jugendberufshilfe, die bisher wenig mit dem Odenwaldkreis zusammengearbeitet hatten. Im Kontext von „Spinach for Popeye" waren vertrauensvolle Kooperationsbeziehungen zwischen dem Verein Jugendwerkstätten, den Schulen in Michelstadt und dem Kreis aufgebaut worden. Die Konkurrenz unter den Trägern wurde verstärkt, da ein Träger einen „Vorsprung" vor den anderen hatte. Andererseits wurde auch besonders in Höchst deutlich, dass die

---

7   Bis zum Schuljahresende finden einige noch eine Ausbildungsstelle und erscheinen deshalb nicht in der Statistik des Arbeitsamtes.

Zusammenarbeit zwischen Kreisinstitutionen und den Städten und Gemeinden in der Vergangenheit nicht von Vertrauen geprägt waren. Dies bedeutet, dass das für Netzwerke so notwendige Vertrauen zwischen den Beteiligten in Höchst schon zu Beginn fehlte. Der Mangel an Vertrauen stellte ein Hindernis für die Zusammenarbeit auf lokaler Ebene dar. Diese Tatsache war auch der Projektgruppe nicht bewusst. Im Gegenteil ging man ja davon aus, dass man bei Null anfangen würde. Zudem ging die Initiative für die Aktivitäten vom Kreis aus. Die TeilnehmerInnen trafen sich also nicht aus eigenem Antrieb, sondern „weil der Odenwaldkreis es so wollte". Die Atmosphäre im Ausbildungsforum war daher eher durch Misstrauen geprägt und führte nach Einschätzung der Projektgruppe zu einer kritischen Distanz zu den Zielen des Ausbildungsforums. Viele TeilnehmerInnen nahmen eine eher abwartende Haltung ein und engagierten sich nicht sehr für die Ziele. Die Ziele wurden nicht von der Gruppe erarbeitet, sondern vom Projektleiter eingebracht. Die nach dem dritten Treffen durchgeführte Auswertung sollte eine Hinterfragung der Ziele bewirken. Hier wurden die TeilnehmerInnen zum ersten Mal nach ihren Wünschen und Verbesserungsvorschlägen befragt. Man nahm an, dass jede/r sich dann mehr mit den Zielen identifizieren könne und mehr Vertrauen entstehen würde, wenn die von ihnen genannten Vorschläge umgesetzt würden. Man wollte die Chance zur Überarbeitung der Ziele nicht verpassen.

Durch Network wurden also auch positive Ansätze geschaffen, das Misstrauen zu überwinden. Berücksichtigt man die Tatsache, dass die lokal Beteiligten erstmalig überhaupt zu einem Informationsaustausch zusammen kamen, können wir die geleisteten Ansätze von Network im Odenwald positiver beurteilen. Erst im Rahmen dieses Projektes wurden gemeinsame Kooperationsgespräche der Träger der Jugendberufshilfe initiiert und sogar Überlegungen zu einem Trägerverbund angestellt. Es wurde deutlich, dass in Zukunft mehr Verbindlichkeit durch Vereinbarungen geschaffen werden sollten. Ebenso sollten auch zwischen den politischen VertreterInnen der Gemeinden Vereinbarungen getroffen werden, um eine verbindliche Zusammenarbeit und die Einhaltung von Absprachen zu ermöglichen.

Wesentlich für die Initiierung der Netzwerkstrukturen war die Arbeit des Koordinators. Durch sein verbindliches und fachlich fundiertes Engagement trug er wesentlich zur Qualität der Beziehungen und zum Zustandekommen der Kooperation bei. Der Einfluss von Einzelpersonen auf das Netzwerk war also im Odenwaldkreis sehr stark. Dies hatte jedoch den Nachteil, dass vieles vom Netzwerkkoordinator abhing und sich viele auf sein Engagement verließen. Er wurde zur Schlüsselfigur in einem fragilen Netzwerk, das nur durch die Projektgruppe mit stabilisiert werden konnte. Eine bessere Ausstattung dieser Gruppe mit MitarbeiterInnen und Ressourcen hätte die Zielerreichung wesentlich unterstützt. Z. B. hätte ein Jugendhilfeplaner wichtige Ressourcen für die Erhebung und Auswertung von Daten zur Verfügung stellen müssen.

Das Ausbildungsforum in Michelstadt zeichnete sich im Wesentlichen durch flache Hierarchien aus. Dies wirkte sich auf der einen Seite positiv aus: So war die Gesprächskultur im Wesentlichen durch „gleiche Rechte des Sprechens und Gehört Werdens" geprägt (vgl. Holland-Cunz 1999). Andererseits war es für einige TeilnehmerInnen auch verunsichernd, die gewohnten hierarchischen Sitzungsstrukturen zu verlassen. Auch hier hätten schriftliche Vereinbarungen zur Sicherheit der Akteure beigetragen. Die lokale Ausrichtung wirkte sich jedoch positiv auf die Erreichung des Zieles aus, Verantwortungsbewusstsein für die betroffenen Jugendlichen zu wecken. Durch die Befragung aller SchulabgängerInnen eines Projektstandortes rückten sowohl die Betroffenen näher als auch die möglichen Verantwortlichen, die etwas für diese Gruppe tun konnten. Die Probleme vor Ort konnten konkret gefasst werden.

4. Verhältnis von Zielen und Struktur

Bei der Initiierung von Netzwerken im Odenwaldkreis vermischten sich die Bemühungen, lokale Strukturen aufzubauen, mit dem Erreichen inhaltlicher Ziele. Man war so sehr mit dem Aufbau und dem Management der Kooperationsbeziehungen beschäftigt, dass man die Operationalisierung der Ziele aus den Augen verlor. Angesichts des Stundenkontingentes von acht Stunden in der Woche konnten die hoch gesteckten Ziele nicht annähernd erreicht werden. So hatte die Projektgruppe ständig das Gefühl, zu wenig zu erreichen und konnte keine weiteren Ressourcen für ihre Arbeit einfordern. Dies führte dazu, dass für die Zielerreichung auf der operativen Ebene (Unterstützung für die betroffenen Jugendlichen) nicht mehr viel Kraft aufgebracht werden konnte. Es konnten z. B. von der Projektgruppe keine Anstrengungen mehr unternommen werden, mit Arbeitgebern zu sprechen und Lehrstellen zu akquirieren. Auch die Datensammlung konnte wegen fehlender Ressourcen nicht durchgeführt werden. Die Knappheit der Mittel und die Konzentration auf eine Person führte dann schließlich beim Ausfall des Koordinators durch Krankheit im Sommer 2000 fast zum Zusammenbruch sämtlicher Aktivitäten. Vermutlich wirkte sich dieses Fehlen von Ressourcen im „Nacken" und die Befürchtungen, die Ziele nicht erreichen zu können, auf die Glaubhaftigkeit der Projektgruppe in den Ausbildungsforen negativ aus. Dies würde auch erklären, warum der Entwicklung und Operationalisierung der Ziele im Ausbildungsforum wenig Raum gegeben und dem Aufbau von Strukturen Priorität eingeräumt wurde. Auch für die TeilnehmerInnen der Ausbildungsforen war spürbar, dass die Projektgruppe wenig personellen und finanziellen Hintergrund mitbrachte. Um das Problem zu lösen, hätte man es im Ausbildungsforum ansprechen und gemeinsam nach Lösungsmöglichkeiten bzw. nach Verteilung der Arbeit auf mehreren Schultern suchen können. Das gemeinsame Handeln hätte die TeilnehmerInnen vermutlich zu PartnerInnen gemacht, durch die konkreten Handlungen hätte man auch die inhaltlichen Ziele eher erreichen können. Zu Beginn der Aktivitäten herrschte jedoch noch das Misstrauen, das die Zusammenarbeit auf einer vertrauensvollen Basis erschwerte. Dennoch konnten im Rahmen von Network Grundstrukturen gelegt werden, auf die nun aufgebaut werden kann. Dabei stehen durch die Landesförderung bei den Fachstellen der Jugendberufshilfe in Hessen nun wieder mehr Mittel für die Kreise zur Verfügung.

Fazit

Abschließend möchte ich noch einmal die wesentlichen Punkte zusammenfassen:

- Netzwerkaufbau beginnt selten bei Null. Bei der Initiierung von Netzwerken sind die Ausgangsbedingungen daraufhin zu untersuchen, wie sie die Bemühungen fördern oder behindern können. Nutzung und Einbindung von Vorerfahrungen können Mühen und Doppelungen vermeiden und den PartnerInnen Wertschätzung gegenüber ihrer bisherigen Bemühungen vermitteln.
- Kernproblem eines jeden Netzwerk ist das Spannungsfeld zwischen Konkurrenz und Kooperation. Ein gewisses Maß an Vorsicht in der Anfangsphase ist deshalb geboten und ist nicht mit Misstrauen zu verwechseln. Sogenannte „vertrauensbildende Maßnahmen" sollten bewusst eingesetzt werden. Nicht jede/r PartnerIn stellt ihre Eigeninteressen in den Hintergrund wenn es um Zusammenarbeit im Netzwerk geht.
- Bei der Implementierung von Netzwerken treten nicht sofort Synergieeffekte auf. Zunächst wächst der Arbeitsdruck aller Beteiligten - insbesondere der „MacherInnen". Im Odenwaldkreis war sich die Projektgruppe nicht darüber bewusst, wie hoch die Arbeitsbelastung werden würde, so dass die Arbeitsteilung nicht genug strukturiert wurde. Tatsächlich wechselte die Hauptverantwortung vom Projektkoordinator nach eineinhalb Jahren auf meine Person und in der Abschlussphase auf den Jugendamtsleiter. Wichtig für die Anfangsphase ist daher eine vorher abgesprochene Arbeitsteilung, eine strenge Prioritätensetzung und strukturell abgesicherte Rahmenbedingungen. Gelingt diese Strukturierung nicht, bleibt das Projekt in der „Pionierphase" stecken und kann wenig Ergebnisorientierung und Verbindlichkeit vermitteln.

Literatur

Holland-Cunz, Barbara (1999): Demokratietheorie und feministische Bündnispolitik. In: Lück, R. u.a. (Hrsg.) Frauenpolitik im Diskurs, Darmstadt.

Elke Schimpf
Vernetzung als Ziel: Zur begrifflichen Definition ihrer Operationalisierung und Erfolgsmessung

1. Lokales Netzwerk – ein ungeklärter Begriff

Im Mittelpunkt meiner Betrachtung steht die Frage, wie die Initiierung lokaler Netzwerke bewertet werden kann. Als wesentliche Voraussetzungen für eine Bewertung werden Definitionen und inhaltlich präzise Zielvereinbarungen dargestellt. Zur Förderung der Ausbildungs- und Beschäftigungsmöglichkeiten von Jugendlichen im Odenwaldkreis wurden Netzwerke an zwei lokalen Standorten initiiert (vgl. Stietz, Kapitel III). Im Vordergrund stand dabei der Zusammenschluss von örtlichen Akteuren der Jugendberufshilfe und Multiplikatoren aus Betrieben, Schulen, Kirchen und Kommunen zu einem Ausbildungsforum. Netzwerke werden einerseits als methodischer Ansatz verstanden, worüber „dauerhafte Strukturen" aufgebaut und entwickelt bzw. „bestehende Strukturen effektiviert" werden, andererseits werden damit auch besondere Organisationsformen der Handlungskoordination und politischen Steuerung verbunden. Was jeweils gemeint ist, wenn von Netzwerken die Rede ist, bleibt ungeklärt. Eine Definition lokaler Netzwerke wird im Kontext der Network Projekte nicht explizit vorgenommen, sie soll – der Netzwerklogik folgend – in gemeinsamen Such-, Lern- und Verhandlungsprozessen jeweils in den einzelnen Projekten vor Ort entwickelt werden (vgl. Benthin 2000).

Wurden in den Sozialwissenschaften soziale Netzwerke zunächst unter dem Gesichtspunkt der Erforschung und Aktivierung unentdeckter Hilfs- und Unterstützungspotenziale thematisiert[1], so hat sich in der aktuellen Vernetzungsdebatte die Perspektive grundlegend verändert (vgl. Dahme/Wohlfahrt 2000). Im Vordergrund steht die Netzwerkbildung zur Steuerung gesellschaftlicher Entwicklungen als Reaktion auf den Bedarf nach wachsender Flexibilität in politisch-administrativen Entscheidungssystemen. Netzwerke werden als ein System überwiegend informeller, teilweise auch formeller, eher horizontaler als hierarchischer Beziehungen, zwischen relativ autonomen Akteuren, mit unterschiedlichen aber wechselseitigen Interessen, die ein gemeinsames Handlungsproblem auf einer dezentralen Ebene bearbeiten,

---

1 „Professionelle Hilfe darf nicht länger ausschließlich fallorientiert sein, sondern muss zunehmend ressourcenorientiert arbeiten und dabei im Interesse des Klienten oder Patienten dessen soziale Netzwerke analysieren und nach sozialen Unterstützungsmöglichkeiten suchen" (Becher/Pankoke/Tauche 1986: 270).

definiert (vgl. Hild 1997, Benz 1995). Im Netzwerk agieren also autonome Organisationen mit eigenständigen Interessen, die aber dennoch durch eine gemeinsame Perspektive, ein gemeinsames Problem oder ein gemeinsames Resultat miteinander verbunden sind (vgl. Messner 1994). Netzwerke sind relativ dauerhaft angelegt und durch wechselseitige Abhängigkeiten, sowie Vertrauensbeziehungen, die dem Informationsaustausch und der gemeinsamen Interessenformulierung und Zielorientierung dienen, auf bestimmte Koordinationsleistungen spezialisiert. Als zentrale Voraussetzung zur Initiierung von Netzwerken wird betont, dass sie sich für die „betroffenen Akteure" als Lösungsmöglichkeit ihrer Probleme darstellen müssen (vgl. Hild 1997). Netzwerkaktivitäten zeichnen sich durch ein gemeinsames Handlungsfeld oder Thema, sowie durch eine Schnittstelle an gemeinsamen Interessen zwischen den einbezogenen Akteuren aus (vgl. Seyfried/Kohlmeyer/Furth-Riedesser 1999).

„Vernetzung umfasst in der Regel eine Bündelung von Kooperationsbeziehungen, die zwar bilaterale und kurzfristige Beziehungen einschließen, doch werden diese stets durch multilaterale und dauerhaftere Arbeitsbeziehungen überlagert bzw. ergänzt. Das Kriterium Netzwerk wird in der beruflichen Bildung erst dann erreicht, wenn unterschiedliche Institutionen einbezogen sind, die auch ihren spezifischen Feldern unabhängig voneinander agieren. Um von Vernetzung zu sprechen müssen zwischen den Akteuren kompatible, sich ergänzende Handlungsfelder vorhanden sein, die durch ein Set aus bi- oder multilateralen Kooperationen mittel- bis langfristig verknüpft werden" (ebd.: 10).

Die Leistungsfähigkeit eines Netzwerkes steigt in dem Maße, in dem mit unterschiedlichen Funktionen innerhalb einer arbeitsteiligen Struktur gehandelt wird. Lokale Kooperationen und Vernetzungen verfügen in Bezug auf die berufliche Ausbildung und Beschäftigung von Jugendlichen über unterschiedliche Dimensionen, die sich auf die Ausgestaltung der Netzwerke auswirken (vgl. ebd.).

„Wird die berufliche Aus- und Weiterbildung in den Kontext der regionalen Entwicklung eingebunden, führt dies zu anderen Strukturen als die Verknüpfung von schulischer Erstausbildung und Berufsbildung, steht aus der Perspektive der Institutionen der beruflichen Bildung eine optimierte Nutzung der Ressourcen im Vordergrund der Vernetzung, so kann auf der politischen Steuerungsebene beispielsweise die Modernisierung der nationalen oder regionalen Berufsbildungsstrukturen angestrebt werden" (ebd.: 11).

Im Landkreis Odenwald wurde im Kontext des Network Projektes eine Initiierung von zwei lokalen Netzwerke erprobt. Bereits bestehende Kooperationsstrukturen zur Förderung benachteiligter Jugendlicher, die im Rahmen eines europäischen Projektes „Spinach for Popeye" entwickelt wurden, konnten für die Initiierung dieser Netzwerke genutzt werden (vgl. Stietz, Kapitel III). Vor allem die Anregungen und Impulse der europäischen Partnerregionen in Bezug auf Vernetzung, sowie die Notwendigkeit sich selbst in diesem Zusammenhang als eine regionale Gruppe darzustellen und aufeinander zu beziehen, waren für eine Initiierung und Strukturbildung der lokalen Netzwerke bedeutsam. Die daraus resultierende Entwicklung von Kooperationsprojekten und Vernetzungsansätzen zwischen Schule, Jugendberufshilfe und Politik erwiesen sich als wichtige Ressourcen.

2. Informelle Gespräche und diskursive Interaktionsformen eröffnen gemeinsame Lernprozesse

In der folgenden Netzwerkanalyse möchte ich mich hauptsächlich mit Prozessen zur Herausbildung lokaler Netzwerke in der Anfangsphase beschäftigen, die für die Initiierung der Ausbildungsforen bedeutsam waren. Zu Anfang stehen informelle Gespräche und diskursive Interaktionsformen mit einzelnen Akteuren im Vordergrund. Die Interaktionen, die in dieser Phase stattfinden, werden als gemeinsamer Lernprozess charakterisiert.

Für eine Beteiligung der lokalen Akteure an den Ausbildungsforen erwiesen sich die informellen Kontakte des Projektkoordinators als essentiell. Mögliche KooperationspartnerInnen, die ein Interesse an einer Zusammenarbeit signalisieren, werden von ihm direkt angesprochen und für einzelne Projektaktivitäten gewonnen. Die Gespräche haben den Charakter von Lernprozessen, in welchen Probleme erst einmal wahrgenommen, eingeschätzt und mögliche Lösungsansätze überlegt und entwickelt werden. Darüber entsteht eine Grundlage, die Schwierigkeiten Jugendlicher im Übergang von der Schule in den Beruf anzusprechen und mögliche Handlungsaktivitäten zu entwerfen. Das Interesse an einer Kooperation, wie auch die Absprachen und Vereinbarungen mit potentiellen Akteuren stellen eine grundlegende Voraussetzung zur Initiierung lokaler Netzwerke dar. Die unterschiedlichen Erfahrungen an den beiden Projektstandorten zeigen, dass je nach Einschätzung der Beteiligungsbereitschaft einzelner Akteure, die Vorgehensweisen zur Initiierung lokaler Netzwerke abgestimmt werden muss. Vor allem in der ersten Projektphase gilt es, mögliche KooperationspartnerInnen für die lokalen Netzwerke zu gewinnen.[2] Eine sorgfältige Analyse der ersten Projektphase eröffnet Chancen für einen lokalpolitischen Diskurs. Eine Initiierung lokaler Netzwerke erfordert BündnispartnerInnen, die auch öffentlich als UnterstützerInnen und FörderInnen lokaler Netzwerke auftreten.

---

2   Eine Interessen- und Beteiligtenanalyse ist in dieser Phase von zentraler Bedeutung.

3. Präzise inhaltliche Zieldefinitionen als Voraussetzung einer Bewertung lokaler Netzwerke

In den Programmzielen der EU werden Unterstützung der örtlichen Jugendhilfeträger beim Aufbau lokaler Netzwerke und regional- und bedarfsorientierte Fortbildung für MitarbeiterInnen benannt. Angestrebt wird der Aufbau formaler Netzwerke, innerhalb derer eine gesamtplanerische Abstimmung und Koordination aller Akteure und aller Maßnahmen auf einen definierten Sozialraum erfolgen kann (vgl. Benthin, Kapitel I). Die inhaltlichen Ziele der lokalen Netzwerke werden in den Projektinformationen und dem ersten Zwischenbericht sehr offen formuliert (vgl. Möschner/Stietz/Simon 1999). Sie beziehen sich auf sehr unterschiedliche Handlungsebenen und beinhalten weit mehr als eine Initiierung von lokalen Netzwerken. So ist die Rede von Vernetzung aller regionalen Akteure im Rahmen der Berufsfindung, -ausbildung und Beschäftigung Jugendlicher, systematischer Informationssammlung über die SchulabgängerInnen und deren Verbleib, Entwicklung von Verantwortungsbewusstein für Jugendliche ohne Ausbildungsplatz, Initiierung von Arbeitsgruppen zur Problembearbeitung und Umsetzung von Projektideen zur Förderung von Jugendlichen ohne Ausbildungsplatz, Verbesserung der Qualität bestehender Jugendberufshilfeangebote, Effektivierung von Beratungsangeboten für Jugendliche und Umsetzung neuer Konzepte in der Jugendberufshilfe. Die Schaffung von zusätzlichen Ausbildungs- und Beschäftigungsmöglichkeiten und die Vermittlung sozial benachteiligter Jugendlicher werden als wesentliches Projektziel benannt.

Erforderlich zur Bewertung der Netzwerkinitiierung und -aktivitäten sind jedoch präzise inhaltliche Zieldefinitionen und Indikatoren. Eine Bewertung der Netzwerkaktivitäten im Rahmen des Projektes, die nach einem Jahr, gemeinsam mit den Akteuren der Ausbildungsforen in Erbach/Michelstadt durchgeführt wird, um den Erfolg der bislang geleisteten Arbeit einschätzbar zu machen, ist wenig aussagekräftig (Stietz, Kapitel III). Diese Bewertung wird vor allem mit Zielvorstellungen verbunden, dass über lokale Netzwerke direkt Angebote für Jugendliche entwickelt und umgesetzt werden. Die Einschätzungen der Akteure des Ausbildungsforums, die sich vor allem auf „neu geschaffene" Ausbildungsmöglichkeiten und Lehrstellen für Jugendliche beziehen, greifen zu kurz. Die Kontextbedingungen werden ausgeblendet und der Erfolg wird auf eindimensionale Leistungsindikatoren reduziert. Hinzu kommt, dass benachteiligte Jugendliche oft nicht unmittelbar in den ersten Arbeitsmarkt integriert werden, sondern häufig „Zwischenstationen" nutzen. Diese zeichnen sich dadurch aus, dass es sich um Kombinationen von Beschäftigung und Qualifikation handelt, durch die eventuell mittelfristig Beschäftigungsfähigkeit auf dem ersten Arbeitsmarkt hergestellt werden kann.

„Eine Vernachlässigung komplexer Wirkungszusammenhänge und Verengung des Blickwinkels auf einige wenige Leistungsindikatoren birgt die Gefahr kontraproduktiver Wirkungen in sich" (Bangel 1999: 354).

Eine strukturierte Zielfindung, in welcher die Ziele explizit benannt und in einer für Evaluation nutzbaren Weise opernationalisiert werden, ist eine zentrale Voraussetzung für eine Bewertung der Netzwerkinitiierung und - aktivitäten. In der Projektgruppe werden keine konkreteren, untergeordneten, opernationalisierbaren Grob- und Feinziele zu einzelnen Leitzielen erarbeitet (vgl. Beywl/Schepp-Winter 1999). Das ist jedoch erforderlich, um Komplexität zu reduzieren und unterschiedliche Ebenen sichtbar zu machen, die hierarchisch aufeinander verweisen.

Das Projektteam beschäftigte sich in erster Linie mit dem Aufbau der operativen Steuerung, die auch vom Landesjugendamt in den Mittelpunkt der Reflexion gestellt wird, während konkrete inhaltliche Ziele nachrangig behandelt werden. Eine Definition dessen, was als Ergebnis des Projektes bzw. als Erfolg verbucht wird, ist jedoch von der inhaltlichen Zielsetzung abhängig. Ziele, die anfänglich eher vage und allgemein formuliert werden, führen dazu, dass im Nachhinein manches als Erfolg bzw. Misserfolg erscheint. Die tendenziell negative Bewertung der Akteure im Landkreis Odenwald und die allgemein positive Bewertung des Landesjugendamtes sind mangels inhaltlicher Zieldefinitionen nicht mess- und vergleichbar.

4. Zur Bedeutung einer Bedarfs- und Arbeitsmarktanalyse

Ein wesentliches Element zur Identifikation spezieller Zielgruppen und erkennbarer regionaler bzw. lokaler Problemlagen ist die Bedarfsanalyse. Zusammen mit einer Arbeitsmarktanalyse, die über Beschäftigungsfelder und zukünftige Anforderungen an Qualifikation und Kompetenz Auskunft gibt, bildet sie die Grundlage der Planung von Beschäftigungs-, Qualifikations- und Hilfeangeboten. Aufbauend auf diesen Informationen können dann Zielvereinbarungen getroffen werden, welche Hilfsangebote jetzt und in naher Zukunft vorgehalten werden. Damit diese Hilfsangebote im Einzelfall greifen, muss ihr Einsatz einzelfallübergreifend logistisch geplant und koordiniert werden. Die Idee, im Rahmen des Network Projektes ein regionales Konzept zur Jugendberufshilfe im Odenwaldkreis zu erarbeiten und sich dabei sowohl mit der Bedarfsermittlung als auch mit der Bewertung bestehender Angebote zu befassen, ist ein wichtiger Schritt in diese Richtung. In diesem Zusammenhang scheint eine Klärung, welche Aufgabe die Jugendhilfeplanung im Landkreis Odenwald, in bezug auf die Förderung von Ausbildungs- und Beschäftigungsmöglichkeiten für Jugendliche hat und was sie leisten kann, dringend geboten. Eine eigens durchgeführte, aktuelle Schüler-

Innenbefragung der Projektgruppe konnte anfänglich als Interpretationsfolie der lokalen Bedingungen genutzt werden (vgl. Möschner/Stietz/Simon 1999). In Ermangelung sonstiger aktueller, regionaler Daten wurde mit dieser Befragung ein wichtiger Beitrag zur Problemanalyse der lokalen Situation geleistet, in welcher die Wertvorstellungen unterschiedlicher Akteure zur Sprache kommen konnten (vgl. Stietz, Kapitel III). Zur Formulierung strategischer Ziele wäre jedoch eine lokal ausgerichtete umfassende Problemanalyse erforderlich. Die Auseinandersetzung in den Ausbildungsforen darüber, wie viele Jugendliche keinen Ausbildungsvertrag haben und was die Gründe dafür sind, zeigt dass ein Diskurs, an welchem sich alle zuständigen Institutionen wie Schule, Arbeitsamt, Betrieb und Jugendberufshilfe beteiligen, von großer Bedeutung ist. Konkrete Kooperationsvereinbarungen bzw. -ziele können erst auf der Basis der Bedarfs- und Arbeitsmarktanalyse und der diskursiven Verständigung darüber formuliert und ausgehandelt werden.

5. Akteurskonstellationen und Handlungsbedingungen bestimmen den Initiierungsprozess

Lokale Netzwerke sind auf die Mitwirkung unterschiedlicher Akteure angewiesen. Das Zusammenwirken dieser basiert auf Kooperation und Verhandlung, die den Vorteil eines unmittelbaren Informationsaustausches, sowie den Vorzug einer schnellen Interessensabstimmung, Kompromissbildung und Klärung von Durchsetzungsstrategien hat. Die beteiligten Akteure und deren Kooperationsbeziehungen strukturieren das lokale Netzwerk. Insofern sind diese sehr unterschiedlich. Dynamische Prozesse des Arrangierens, Aushandelns, der Willensbildung und der Problem- und Konfliktlösungen formen die Kooperationsbeziehungen (vgl. Hild 1997). Die Ausbildungsforen werden als Orte der Problemdefinition und Situationsdeutung genutzt. Handlungsleitend sind die Interessen, Präferenzen, Interaktionsorientierungen, Wertorientierungen, Kausalitätsannahmen und Lösungsvorstellungen der einzelnen Akteure. Lokale Netzwerke sind nur unter bestimmten Akteurskonstellationen und Handlungsbedingungen effizient.

6. Interessen- und Beteiligtenanalysen zur Einschätzung der Potenziale und Konfliktfelder

Um den Einfluss und die Interessen der Akteure der Ausbildungsforen zu ermitteln, wurde anfänglich[3] mit der Projektgruppe eine Interessens- und Beteiligtenanalyse durchgeführt. Gefragt wurde danach, welche Akteure der Ausbildungsforen als aktiv oder passiv Beteilige eingeschätzt werden, welche als KooperationspartnerInnen und UnterstützerInnen betrachtet werden, welche eher als KonkurrentInnen auftreten, welche einen Beitrag als Finanzierende leisten (können) und welche als EntscheidungsträgerInnen fungieren (können). Ermittelt wurden auch die Interessen an einer Beteiligung, die Übernahme von Aufgaben, eventuell vorhandene Ressourcen und Potenziale, Erwartungen, Hoffnungen und Befürchtungen, wie auch Stärken und Schwächen. Mehr als die Hälfte der insgesamt 31 Akteure eines lokalen Netzwerkes werden von der Projektgruppe als aktiv und kooperierend eingeschätzt. Auffällig ist, dass das Interesse an den Ausbildungsforen in bezug auf die Betriebe als sehr gering bewertet wird.

Diese Einschätzung steht in Zusammenhang mit der Zielgruppe: „Benachteiligte Jugendliche". Als „benachteiligt" werden vor allem Jugendlichen, mit fehlendem oder schlechtem Hauptschulabschluss verstanden. Die VertreterInnen der regionalen Betriebe signalisieren beim ersten Ausbildungsforum, dass sie kein Interesse an sogenannten „benachteiligten Jugendlichen" haben und beharren auf ihrem Anforderungsprofil an Auszubildende. Die vorgegebene Zielgruppendefinition verhindert, dass auch eigene Interessen an einer Beteiligung formuliert werden können. Erst wenn Jugendliche im Übergang von der Schule in den Beruf generell als unterstützungswürdig und -bedürftig dargestellt werden, können regionale Anforderungen des Übergangssystem, mit welchen sich Jugendliche auseinandersetzen müssen sichtbar und in einem breiteren Rahmen diskutierbar gemacht werden (vgl. Stauber/Walther 1995, Walther 2000). Sozialpolitische Problemdefinitionen und Normalisierungsstrategien werden dann nicht nur entlang der Zielgruppe bestimmt, sondern als jugend- und regionalpolitisches Thema eingebracht.

„Offiziell benachteiligt sind Jugendliche, wenn sie von entsprechenden Institutionen erfasst werden und bestimmte Voraussetzungen erfüllen, welche der sozialstaatlichen Normalitätsverpflichtung entspringen. Aus der subjektorientierten Perspektive sind diejenigen benachteiligt, die es „schwerer" haben als andere, den Übergang von der Schule in den Beruf so zu bewältigen, dass sich Möglichkeitsräume eröffnen, anstatt sich zu verschließen" (Stauber/Walther 1995: 105).

---

3 Die Interessens- und Beteiligtenanalyse wurde erst nach dem ersten Ausbildungsforum durchgeführt. Für eine strategische Planung und Vorbereitung der ersten Ausbildungsforen ist es sinnvoll, diese Analyse bereits im Vorfeld durchzuführen.

Die in der Interessens- und Beteiligtenanalyse sichtbar gewordenen Spannungen erwiesen sich im Nachhinein als Schwierigkeit und Hindernis bei der Initiierung der lokalen Netzwerke. Die Durchführung einer Interessens- und Beteiligtenanalyse ist insofern für eine systematische Reflexion und Planung zur Initiierung lokaler Netzwerke wesentlich.

7. Vertrauen, Verbindlichkeit und demokratische Kommunikationsstrukturen als handlungsleitende Orientierung

Handlungsleitende Orientierungen, wie Ideen, Überzeugungen und kulturelle Traditionen, die in der Literatur als „belief systems" (vgl. Hild 1997) bezeichnet werden, sind für die Kontinuität der lokalen Netzwerke bedeutsam. „Belief systems" enthalten Wertvorstellungen, Ideologien, Kausalannahmen über die Entstehung von Problemen, wie auch Auffassungen über die Wirksamkeit von politischen Mitteln und Instrumenten. Sie strukturieren das Verständnis der Akteure, was wünschbar und möglich erscheint und bestimmen die Verarbeitung neuer Informationen und die Auswahl von Alternativen. Konflikte entstehen dann, wenn „belief systems" sehr unterschiedlich sind und von einzelnen (vor allem einflussreichen) Akteuren nicht geteilt werden.

Die Projektgruppe benennt „Vertrauen" und „Verbindlichkeit" als wesentliches Struktur- und Qualitätsmerkmal zur Initiierung und Steuerung der lokalen Netzwerke (vgl. Stietz, Kapitel III). Verbindlichkeit wird als konstituierend für das Entstehen von Vertrauen und „Verantwortungsübernahme" als zentraler Aspekt für ein Gelingen der Netzwerkinitiierung eingeschätzt. Das Engagement und die Aktivitäten der einzelnen Akteure werden als Indikatoren für eine Verantwortungsübernahme bewertet. Eine politische Absicherung dieses Engagements und der Aktivitäten wird zwar als wichtiges Kriterium für eine Netzwerksteuerung benannt, jedoch nicht in bezug auf die Verantwortungsübernahme der einzelnen Akteure eingefordert. Mit welchem Engagement und Einsatz eine Aufgabe innerhalb des Ausbildungsforums übernommen wird, bleibt jedem bzw. jeder einzelnen selbst überlassen. Freiwilligkeit und Eigenverantwortung gelten als handlungsleitende Orientierungen.

Als wesentliches Arbeitsprinzip zur Initiierung und Steuerung lokaler Netzwerke werden demokratische und partizipative Kommunikationsstrukturen bewertet (vgl. Stietz, Kapitel III). Die Entwicklung und Wahrung derartiger Kommunikationsstrukturen, arbeitsteiliges Vorgehen und eine sachliche Darstellung stellen wesentliche Kriterien zur Durchführung der Ausbildungsforen dar. Die Moderation wird als zentraler Aspekt in den Mittelpunkt der

Netzwerksteuerung gerückt. Um jedoch EntscheidungsträgerInnen, wie Bürgermeister und Betriebe für die lokalen Netzwerke zu gewinnen und ihren Einfluss der politischen Steuerung zu nutzen, genügt Moderation alleine nicht. Als Grundlage zur Organisation und politischen Steuerung lokaler Netzwerke ist ein Projektmanagement erforderlich.

8. Netzwerksteuerung erfordert ein Ausbalancieren von Spannungsverhältnissen

Die Steuerung von Netzwerken erfordert ein Ausbalancieren von Spannungsverhältnissen zwischen Vertrauen und Kontrolle, Autonomie und Abhängigkeit wie auch Kooperation und Wettbewerb (vgl. Sydow/Windeler 2000). In der Projektgruppe wird Selbstorganisation als konstitutives Element zur Strukturentwicklung lokaler Netzwerke verstanden und Vertrauen wird als wesentliche Grundlage einer Netzwerksteuerung bewertet (vgl. Stietz, Kapitel III). Vertrauen ist jedoch ein qualitatives Medium, das mehr die Art und weniger den Inhalt einer Beziehung bestimmt (vgl. Bachmann 1999). Vertrauen gilt als Mechanismus, der Ungewissheit reduziert, indem er spezifisch, selektierte Annahmen über das zukünftige Verhalten dessen, der oder dem vertraut wird, ermöglicht (vgl. Bachmann 2000). Gelingende Kommunikation setzt Vertrauen als wichtige Vorleistung voraus, die eine Beziehung erst ermöglicht (vgl. Luhmann 1989). Netzwerkbeziehungen sind jedoch auf eine Mobilisierung verfügbarer Machtressourcen, durch entsprechend ausgestattete NetzwerkpartnerInnen angewiesen z.B. BürgermeisterInnen, UnternehmerInnen und PolitikerInnen. Divergierende Kernüberzeugungen und ein mangelndes Vertrauen einflussreicher NetzwerkpartnerInnen können zu einem Unsicherheitsfaktor werden, der sich kooperationshinderlich auswirkt. An einem der Standorte des Projektes im Odenwaldkreis werden solche Faktoren bereits im Vorfeld deutlich. Von Eigeninteressen geleitetes Handeln und die Art und Weise, sie sich ein Bürgermeister über das Projekt echauffiert, lässt tieferliegende Konflikte vermuten, die länger zurückliegen. Obwohl die Planungsgespräche mit dieser Person sehr konfliktreich verlaufen, entscheidet sich das Projektteam dennoch, das erste Ausbildungsforum gemeinsam mit diesem Bürgermeister zu initiieren. Die Tendenz des Bürgermeisters bei diesem Forum „Problemvereinfachungen" vorzunehmen und der Rückzug der restlichen Projektgruppe, die den Projektkoordinator alleine lässt, verhindert das Entwickeln gemeinsamer Strategien an diesem Projektstandort. Vorbehalte und divergierende Kernüberzeugungen, welche beiderseits vorhanden sind wirken als Hindernisse bei der Initiierung. Auch der Versuch einer Versachlichung des Gegenstandes z.B. die Ergebnisse der SchülerInnenbefragung in den Mittelpunkt zu rücken, wird in diesem Kontext

nicht als hilfreich, sondern als ein weiterer Störfaktor erlebt. Der Projektkoordinator ist zwischen Konflikt und Kooperation hin- und hergerissen. Einerseits ist er auf kooperative Zusammenarbeit angewiesen, andererseits wird er
in dieser schwierigen Situation von den Mitgliedern des Projektteams alleine
gelassen und bezweifelt selbst, ob überhaupt noch etwas zu erreichen ist. Das
Scheitern der Initiierung des Ausbildungsforums an diesem Projektstandort
fordert zu neuen Überlegungen heraus.

9. Schwierigkeiten und Grenzen der lokalen Netzwerke bleiben verdeckt

Meist werden nur die Vorteile von Netzwerken benannt z.b. dass gesellschaftliche Problemlösungs- und Kreativitätspotentiale gebündelt, ein höherer Grad an Informiertheit und ein höheres Maß an Steuerung erreicht werden. Schwierigkeiten und Grenzen oder das Scheitern von Netzwerken werden kaum thematisiert. Das Offenlegen von Schwierigkeiten in der Projektgruppe und den regionalen Austauschforen bleibt durch den Erfolgsdruck
und damit verbundene Perspektiven verdeckt. Im Mittelpunkt der Diskurse
steht das Engagement der Akteure und Aktivitäten, wie auch die Selbstdarstellung. Die Einschätzung der Potenziale und Grenzen lokaler Netzwerke
erfordert jedoch eine systematische Netzwerkanalyse. Die Effizienz einer
Netzwerksteuerung hängt wesentlich von politischen und institutionellen
Vorgaben, wie auch rechtlichen und inhaltlichen Gestaltungsmöglichkeiten
ab, die die Verantwortung und die Entscheidungsspielräume der einzelnen
Akteure strukturieren. Bestimmend für eine Initiierung sind zudem Hand-
lungsressourcen und Kompetenzen der einzelnen Akteure (vgl. Hild 1997).

10. Netzwerksteuerung zwischen Kooperation und Konflikt

In der Literatur wird betont, dass Verhandlungen in Netzwerken nur unter
dem Aspekt von Problemlösung und optimaler Aufgabenerfüllung oder unter
dem Aspekt eines Verteilungskonfliktes und Interessensausgleich geführt
werden (vgl. Hild 1997). Zur Problemlösung ist ein kooperatives Zusammenwirken im Interesse eines Systems bzw. einer Sache erforderlich, das
jenseits eines unmittelbar eigenen Nutzens liegt. Eine wichtige Voraussetzung ist, dass Akteure in lokalen Netzwerken die regionalpolitischen Herausforderungen als ihre gemeinsame politische Gestaltungsaufgabe verstehen
und nicht primär ihre eigennützigen Organisationsinteressen verfolgen. Inter-

essenspolische Divergenzen können potentielle Gemeinsamkeiten blockieren und sind auf alle Fälle zu bedenken. In lokalen Netzwerken wirkt stets ein Spannungs- und Abhängigkeitsverhältnis zwischen Konflikt und Kooperation, individueller Freiheit und Gruppenverantwortung, Eigennutz- und Gemeinwohlorientierung. Die Möglichkeit Konflikt und Kooperation produktiv miteinander zu verbinden stellt eine Herausforderung für eine Netzwerksteuerung dar. Um interessenspolitische Blockaden zu verhindern sind „Kooperationsanreize" erforderlich. Lokale Akteure kennen die Schwächen und Stärken der Region und können ihr Wissen als engagierte „FörderInnen" oder „GegnerInnen" einer Regionalentwicklung nutzen. Um eine Zusammenarbeit und Abstimmung der lokalen Akteure untereinander zu verbessern, bedarf es förderpolitischer Vorgaben, die einen lokalen Konsens und regionale Entwicklungskonzepte zur Bedingung machen und Kooperationsstrukturen institutionalisieren.

11. Erfordernisse für eine Initiierung und Steuerung lokaler Netzwerke

Nur wenn die lokale Ebene mit den notwendigen Ressourcen und Kompetenzen ausgestattet wird, können Netzwerke initiiert und zur Förderung von Ausbildungs- und Beschäftigungsmöglichkeiten Jugendlicher genutzt werden. Deutlich werden muss, welche Ziele mit lokalen bzw. regionalen Netzwerken verfolgt und welche Ressourcen dafür genutzt werden können bzw. eingefordert werden müssen. Denn es kann nicht darum gehen, unter dem Schlagwort „Vernetzung" einem Rückzug der Politik aus ihrer Verantwortung für die Jugendhilfe Vorschub zu leisten. Eine Steuerung der Angebote zur beruflichen Integration erfordert eine systematische Analyse lokaler und regionaler Rahmenbedingungen, Ressourcen und Entwicklungen. Dabei sind lokale Netzwerke kein Selbstzweck und sie sind nicht per se als positive soziale Konstellationen anzusehen, die in ihrer Steuerungsleistung anderen Formen der Steuerung überlegen sind. Ausschlaggebend ist, wie das gemeinsame Bezugsproblem aussieht, wie es von den einzelnen Akteuren wahrgenommen wird, wie ausgeprägt die Einzelinteressen der Akteure sind und ob die Beiträge zur Lösung des Bezugsproblems kompatibel sind.

Zur Evaluation der Strukturen und Konzepte lokaler und regionaler Netzwerke im Bereich der Ausbildungs- und Arbeitsmarktförderung sind wissenschaftliche Untersuchungsinstrumente erforderlich. Eine Trennung von Projektmanagement und wissenschaftlicher Begleitung und eine anfänglich Klärung, wer welche Rolle übernimmt, verhindert, dass divergierende Konzepte, Arbeitsaufträge und Anforderungen den Prozess bestimmen (vgl. Straßer, Kapitel III). Um Zieldefinitionen und Entscheidungsfindungsprozesse transparent zu machen, bedarf es eines breiten, fachlichen Diskurses darüber, was Netzwerke in Bezug auf eine regionale und lokale Ausbildungs- und Arbeitsmarktentwicklung leisten können. Welche Ziele mit lokalen Netzwerken verfolgt und mit welchen Aktivitäten diese Ziele umgesetzt werden, ist eine Frage, die von Anfang an geklärt werden muss. Erst dann kann konkret benannt werden, was erfolgreich ist.

Netzwerke unterscheiden sich von Arbeitsgruppen dadurch, dass sie nicht ergebnisorientiert im festgelegten Zeitrahmen arbeiten, sondern tendenziell „open-ended" agieren. Der Zeitrahmen für das Network Projekt zur Initiierung der Netzwerke war auf zwei Jahre begrenzt, in denen wichtige Impulse gegeben werden konnten. Zu wünschen bleibt, dass bei weiteren Projekten Definitionen und Zielbestimmungen sorgfältig erarbeitet werden, um später nachweisen zu können, was erfolgreich ist und weiterhin verfolgt werden soll. So werden Personen vor Ort in die Lage versetzt, nachzuvollziehen und selbst zu bewerten was lokale Netzwerke leisten und wie ein lokales Netzwerk künftig aktiv mitgestaltet werden kann.

Literatur

Bachmann Reinhard (1999): Trust, Power and Control in Trans-Organizational Relations. Publikation des Centre for Business Research, Cambridge.

Bachmann, Reinhard (2000): Die Koordination und Steuerung interorganisationaler Netzwerkbeziehungen über Vertrauen und Macht, in: Sydow Jörg; Arnold Windeler (Hg.): Steuerung von Netzwerken. Konzepte und Praktiken, Opladen, Wiesbaden, Westdeutscher Verlag, S. 107–126.

Bangel, Bettina (1999): Evaluierung der Arbeitsmarktpolitik aus Ländersicht. Die Brandenburger Konzeption der adressatenorientierten Evaluation, in: Arbeit und Beruf, Heft 12, S. 353–357.

Becher, Berthold; Pankoke, Eckhart; Tauche, Almuth (1986): Zur Neuorientierung des allgemeinen Sozialdienstes. Feldorientierte Sozialpolitik und soziale Arbeit. In: Nachrichtendienst des Deutschen Vereins für öffentliche und private Fürsorge, Jg. 66, S. 268-273.

Benthin, Nicole (2000): Resümee und Empfehlungen zum Aufbau von Netzwerken. Beitrag zur Veranstaltung: „Jugendsozialarbeit und regionale Kooperation im ländlichen Raum", des BBJ, LJA Hessen und BAG JAW am 11. und 12. Dezember 2000 in Weimar, unveröffentlichtes Manuskript.

Benz, Arthur (1995): Politiknetzwerke in der horizontalen Politikverflechtung, in: Jansen, Dorothea; Schubert, Klaus (Hg.): Netzwerke und Politikproduktion, Marburg.

Beywl, Wolfgang; Schepp-Winter, Ellen (1999): Zielfindung und Zielklärung – ein Leitfaden. In: Bundesministerium für Familien, Senioren, Frauen und Jugend (Hg.): Materialien zur Qualitätssicherung in der Kinder- und Jugendhilfe QS 21, Bonn.

Dahme, Heinz-Jürgen; Wohlfahrt, Norbert (2000): Auf dem Weg zu einer neuen Ordnungsstruktur im Sozial- und Gesundheitssektor. In: Neue Praxis, 30. Jg., Heft 4, S. 317-344.

Hild, Paul (1997): Netzwerke der lokalen Arbeitsmarktpolitik. Steuerungsprobleme in theoretischer und empirischer Sicht, Berlin.

Luhmann (1989): Vertrauen. Ein Mechanismus der Reduktion sozialer Komplexität. 3. Auflage, Stuttgart.

Messner, Dirk (1994): Fallstricke und Grenzen der Netzwerksteuerung. In: PROKLA. Zeitschrift für kritische Sozialwissenschaft, Jg. 24, Heft 97, S. 563-596.

Möschner, Thomas; Stietz, Angelika; Simon, Rainer (1999): Zwischenbericht Netzwerk 1999 Odenwaldkreis, Michelstadt, unveröffentlichtes Manuskript.

Seyfried, Erwin; Kohlmeyer, Klaus; Furth-Riedesser, Rafael (1999): Qualitätsentwicklung in der beruflichen Bildung durch lokale Netzwerke, FHVR, Berlin.

Stauber, Barbara; Andreas Walther (1995): Nur Flausen im Kopf? Berufs- und Lebensentscheidungen von Mädchen und Jungen als Frage regionaler Optionen, Bielefeld.

Sydow Jörg; Arnold Windeler (Hg.) (2000): Steuerung von Netzwerken. Konzepte und Praktiken, Opladen, Wiesbaden.

Walther, Andreas (2000): Spielräume im Übergang in die Arbeit. Junge Erwachsene im Wandel der Arbeitsgesellschaft in Deutschland, Italien und Großbritannien, Weinheim, München.

Ina Stockmann
Regionale Vernetzung mit Vision

1. Einleitung

Als jüngstes und kleinstes der insgesamt drei Modellprojekte von Youthstart Network begann im Juli 1999 der Landkreis Vogelsberg mit seiner Projektarbeit (vgl. Baumert/Brechlin und Stietz, Kapitel III). Im Unterschied zu den Schwesterprojekten im Odenwaldkreis und Landkreis Hersfeld-Rotenburg war das Projekt im Vogelsberg nicht beim Kreis sondern bei einem freien Träger, dem Trägerverbund der B: 24[1], angesiedelt. Akteure aus dem Bereich der Jugendberufshilfe bildeten als „Netzwerk Jugendberufshilfe" eine auf regionaler Ebene agierende Steuerungsgruppe. Dieser Kreis konzipierte und steuerte das Projekt und begleitete die Arbeit am lokalen Standort „Pilotprojekt Schotten".

Im Vogelsberg wurde als Vernetzungsweg die Durchführung einer Zukunftskonferenz gewählt, um „das ganze System in einen Raum" zu bringen und neben sozialen Einrichtungen und Ämtern auch regionale PolitikentscheiderInnen sowie die Schulen und die Wirtschaft anzusprechen und zur Mitarbeit zu gewinnen. Ziel der Zukunftskonferenz war es, eine gemeinsame Informationsbasis zu schaffen, Konsens herzustellen über regional gewünschte inhaltliche Ziele, zu motivieren für die zukünftige Zusammenarbeit und Kontakte für die Zukunft herzustellen und zu stabilisieren. Die Zukunftskonferenz wurde als geeignete Methode eingeschätzt, um Akteure aus dem Feld der Jugendberufshilfe in Dialog miteinander zu bringen (vgl. Weber, Kapitel III und IV).

In den folgenden Ausführungen beschreibe ich die Durchführung des Projektes Youthstart Network im Vogelsbergkreis. Um sich ein Bild über den Vogelsberg machen zu können, werden zu Beginn die wichtigsten Strukturdaten vorgestellt und die Situation der Jugendlichen im Vogelsberg verdeutlicht (vgl. Finke, Kapitel II). Ausgehend von der regional gegebenen Situation der Jugendberufshilfe wird die Umsetzung des Projektes anhand der im Projekt verfolgten Ziele, der Schlussfolgerungen und ihrer Umsetzung und Ergebnisse vorgestellt.

---

1   Die B:24, Beratungsstelle für Schüler und arbeitslose Jugendliche in Lauterbach, wird vom Trägerverbund finanziert und fachlich unterstützt (vgl. Kester, Kapitel II). Die Projektkoordination war in der Beratungsstelle verankert.

2. Ausgangsbedingungen des Projektes Youthstart Network

Der Vogelsbergkreis ist ein ländlich geprägter und mit 1.459 qkm der zweitgrößte und zugleich der am dünnsten besiedelte Landkreis in Hessen. Charakteristisch für die Region sind die zahlreichen klein- und mittelständigen Betriebe vor allem im Handwerk und in der Landwirtschaft. Industrie ist nur sehr eingeschränkt vorhanden, die größten und wichtigsten Industriestandorte sind Alsfeld und die Kreisstadt Lauterbach. Der Vogelsbergkreis wird daher als „strukturschwach" bezeichnet.

2.1 Strukturdaten des Landkreis Vogelsberg

- Einwohner: 118.581
- Fläche: 1.459 qkm
- 10 Städte: Lauterbach, Alsfeld, Grebenau, Herbstein, Homberg (Ohm), Kirtorf, Romrod, Schlitz, Schotten, Ulrichstein
- 9 Gemeinden: Antrifttal, Feldatal, Freiensteinau, Gemünden, Grebenhain, Lautertal, Mücke, Schwalmtal, Wartenberg
- Schulen: davon 23 Grundschulen, 2 Grund- und Hauptschulen, 5 Gesamtschulen, 2 Haupt- und Realschulen, 2 Gymnasien, 2 Berufsschulzentren, 4 Schulen für Lernhilfen, 2 Schulen für Praktisch Bildbare
- Bildungsträger: Bildungswerk der hessischen Wirtschaft e.V., Gemeinnützige Schottener Reha-Einrichtungen GmbH, HEMA-Ausbildungs-GmbH, Hilfe für das verlassene Kind e.V., Ibs- Institut für Berufs- und Sozialpädagogik e.V., Kombi-Frauenförderung und Berufsplanung, Neue Arbeit Vogelsberg, Verein für Berufsausbildung e.V.
- Erwerbstätige (versicherungspflichtig beschäftigte Arbeitnehmer): 30.960, tätig in: 40,49% verarbeitendem Gewerbe, 21,93% Dienstleistungen, 10,37% Baugewerbe, 10,24% Handel und 16,97 Sonstiges

2.2 Situation der Jugendlichen auf dem Arbeitsmarkt

Die Lage auf dem Vogelsberger Ausbildungs- und Arbeitsmarkt ist – ähnlich wie den anderen Projektstandorten - prekär. Anhaltend hohe und dauerhafte Arbeitslosigkeit der Jugendlichen sowie Beschäftigungsprobleme in den Unternehmen hinterlassen ihre Spuren. Vor allem die Mädchen sind im ländlichen Raum besonders benachteiligt (vgl. Allendorf/Becker-Ott, Kapitel II).

Tab. 1: Arbeitslose Jugendliche und jugendliche SozialhilfebezieherInnen

	Arbeitslose Jugendliche	SozialhilfebezieherInnen
Unter 25 Jahre	581	246
20 bis 25 Jahre	429	
18 bis 25 Jahre		163

Quelle: Arbeitsamt Giessen und Sozialamt Lauterbach

Laut Statistik des Arbeitsamtes Giessen lebten im Jahr 1998 ca. 17.200 Jugendliche im Alter von 14 bis 27 Jahren im Vogelsberg. Im September 1999 zählte die Region 581 arbeitslose Jugendliche, davon waren 247 männlich und 234 weiblich. 246 Jugendliche empfingen Ende 1999 Sozialhilfe (Tab.1).

Tab. 2: Angebot an Ausbildungsstellen und Bewerberzahlen

	1996/97	**1997/98**	**1998/99**
Gemeldete Ausbildungsstellen	651	646	713
Gemeldete BewerberInnen	982	1.077	1.094
Unbesetzte Ausbildungsstellen	42	39	61
Unversorgte BewerberInnen	24	29	13

Quelle: Arbeitsamt Giessen/ Abt. Berufsberatung Lauterbach

Die Arbeitsamtstatistik (Tab. 2) zeigt, dass das Angebot an Ausbildungsstellen nicht ausreicht.[2] Zum Stichtag 30. September 1999 fehlten 381 Ausbildungsstellen im Vogelsberg. Die Zahl der unversorgten BewerberInnen war noch nie so gering wie 1998/99. Dennoch hat sich in den letzten Jahren ein Sockel an nicht in Betriebe vermittelten Jugendlichen aufgebaut. Im Ausbildungsjahr 1998/99 befanden sich ca. 200 Jugendliche in einer außerbetrieblichen, berufsvorbereitenden oder anderen Maßnahme des Arbeitsamtes.

2.3 Problembeschreibung

Zu Projektbeginn wurde die Datenlage zur Situation im Vogelsberg ermittelt sowie anhand einer Faxumfrage und vertiefenden Interviews die Einschätzungen der Akteure vor Ort – vor allem Schulen, Ämter und freie Träger - erhoben. Die Akteure schätzten die Lage und die aktuellen Herausforderungen folgendermaßen ein:

- Es fehle an „einfachen Berufen" für lernschwache SchülerInnen.
- Es fehle an materiellen und sozialpädagogischen Hilfen für Betriebe und Jugendliche.

---

2   Die Statistiken des Arbeitsamtes zeigen, dass schon mindestens seit 1995 weniger Ausbildungsstellen als BerwerberInnen registriert werden (vgl. Finke, Kapitel II).

- Den gestiegenen Anforderungen in Berufsausbildungen stünden zunehmend schwierige biographische Probleme der betroffenen Jugendlichen entgegen: Die Jugendlichen seien durch familiäre Krisen oder Umsiedlungen entwurzelt, benötigten mehr Unterstützung in Sprachkursen, Berufsorientierung, Selbst- und Zukunftsvertrauen.
- Den Arbeitgebern fehle oftmals das Einfühlungsvermögen für die Bedürfnisse der Jugendlichen.
- Institutionen agierten isoliert bzw. „nebeneinanderher" auf dem Ausbildungsmarkt.
- Es gebe zu wenig Berufsausbildungsstellen.[3]
- Als konzeptionelle Mängel in der Jugendberufshilfe wurden „Maßnahmenkarrieren", „Warteschleifen" und „Parksituation" von Jugendlichen in Maßnahmen genannt.

3. Situations- und Angebotsanalyse der Jugendberufshilfe

Zu Projektbeginn besteht im Vogelsbergkreis im Bereich der Jugendberufshilfe keine systematische Vernetzung auf institutioneller Ebene. Wohl aber existieren personelle und informelle Netzwerke der Akteure vor Ort. Solche personellen Netzwerke wird man generell im ländlichen Raum erwarten können. Vor allem an den Knotenpunkten (Kreisstadt Lauterbach und Umland) kennt man sich vom Sehen oder aus der engeren oder loseren Zusammenarbeit heraus. Vor Ort haben sich mehrere Träger zu einem Trägerverbund zusammengeschlossen, um ihre finanziellen Ressourcen und fachlichen Kompetenz zu bündeln und angesichts der aktuellen bedrohlichen Lage der Ressourcenverknappung in der Jugendberufshilfe eine höhere wirtschaftliche Stabilität zu erreichen (vgl. Kester, Kapitel II). Neben dem Trägerverbund existieren etablierte Kooperationen von zwei oder mehr Institutionen miteinander (z.B. Arbeitsamt-Bildungsträger-Schule). Neben diesen etablierten Kooperationen sind die eben erwähnten zahlreichen informellen und nicht systematisch angelegten Kontakte vorherrschend. Der Informationsfluß über Angebote und Maßnahmen, bestehende Finanzierungsmöglichkeiten und die Zusammenarbeit von Ämtern sind nicht systematisch aufeinander abgestimmt, nicht zentral gebündelt und erfasst.[4]

---

3 Um den Bedarf abdecken zu können, müsste das Ausbildungsstellenangebot ca. 15% über der Bewerberzahl liegen, d.h., es sind ca. 1.200 Stellen für die Abdeckung nötig, es fehlen ca. 550 Lehrstellen.

4 Allerdings existierte ein Leitfaden zum Thema „Beraten, Qualifizieren, Ausbilden, Beschäftigen" über Angebote der beruflichen Eingliederung und Qualifizierung in der Region. Die Broschüre wurde im Juni 1997 von der damaligen LEADER GmbH – Gesellschaft für Regionalentwicklung veröffentlicht.

4. Die Umsetzung des Projektes Youthstart Network

Das Projekt kann in mehrere Phasen eingeteilt werden. Die erste Phase des Projektes beinhaltete die Kontaktaufnahme zu Akteuren im Bereich der Jugendberufshilfe und eine erste Sondierung der Lage vor Ort (Juli – September 1999). Im Oktober-November 1999 wurde das Konzept und die Projektstruktur systematisch unter Einsatz von Methoden des Projektmanagements geplant. Für den gesamten Zeitraum des Projektes wurden Termine definiert, die als „Meilensteine" die Erreichung bestimmter Ziele markierten (vgl. Weber, Kapitel IV). Ab Januar 2000 wurde die Umsetzung der konkreten Vorhaben verfolgt. Dies waren im einzelnen die Erhebung der Ausgangssituation mittels der oben bereits kurz vorgestellten Faxumfrage, insbesondere aber auch die Durchführung der Zukunftskonferenz sowie die Suche nach einem geeigneten Standort für das lokale Pilotprojekt. Weitere Meilensteine waren konkrete kleine Projekte, Umfragen, Pressekonferenzen, Fortbildungen auf regionaler und überregionaler Ebene, die Durchführung einer Vernetzungsveranstaltung für die regionale Mädchenarbeit, die Fortführung der Projektgruppenarbeit und ihre Darstellung auf einer Folgeveranstaltung der Zukunftskonferenz im Herbst 2000 und der Abschluss des Gesamtprojektes auf einer bundesweiten Tagung im Dezember 2000. Im Folgenden werden die einzelnen Schritte und Vorgehensweisen näher ausgeführt.

4.1 Rahmenbedingungen

Nachdem in einer Kooperation von Jugendamt und Vogelsberg Consult erste Überlegungen zur Durchführung des Network-Projektes angestellt worden waren, konnte das Projekt am 1. Juli 1999 ins Leben gerufen werden. Auftraggeber und Zuwendungsnehmer war nun der Kreis, der die Durchführung des Projektes an den – oben bereits erwähnten - Trägerverbund delegierte. Dieser Verbund hatte in Lauterbach eine Beratungsstelle für Schüler und arbeitslose Jugendliche, die sogenannte „B:24" eingerichtet. Von dieser Beratungsstelle aus wurde das Projekt gesteuert und koordiniert. Hierfür standen wöchentlich acht Stunden Zeitbudget zur Verfügung, was natürlich die Handlungsmöglichkeiten einer Projektkoordination stark vorstrukturierte. Die Projektkoordination wurde in Kooperation mit einem Ansprechpartner vom Trägerverbund, einer Mitarbeiterin der Beratungsstelle und in enger Anbindung an die wissenschaftliche Begleitung durchgeführt.

4.2 Die Projektstrukturen und -arbeitsweisen

Wie oben bereits erwähnt, wurde im Oktober 1999 als Planungsgruppe die AG Netzwerk für den Projektzeitraum, also bis Dezember 2000 eingesetzt. In dieser Gruppe arbeiteten VertreterInnen des Jugendamtes (Jugendförderung, Jugendhilfeplanung), des Sozialamtes und des Arbeitsamtes mit ebenso wie ein Vertreter der Regionalentwicklungsgesellschaft (Vogelsberg Consult), des Trägerverbundes Lebens- und Berufshilfe Vogelsberg sowie der Beratungsstelle für Schüler und arbeitslose Jugendliche (B:24). Zeitweilig wirkten in diesem Kreis VertreterInnen von Schulen sowie des Frauenamtes mit. Vertreten waren auch das Landesjugendamt, die wissenschaftliche Begleitung und die Projektkoordinatorin des Projektes. Als Projektstruktur wurde eine operative und eine Steuerungsebene entworfen (vgl. Benthin/Hockerts, Kapitel I). Auf der operativen und lokalen Ebene wurde das Pilotprojekt Schotten ins Leben gerufen. Hier wurde auf vorhandene Strukturen der Zusammenarbeit vor Ort zurückgegriffen, um projektförmig Einzelfallhilfe für Jugendliche anbieten zu können. Ausgehend von den hier gemachten Erfahrungen sollte – über den Projektzeitraum hinaus – der Netzwerkaufbau in andere Orte des Vogelsbergs ausgeweitet werden.

Die Steuerungsgruppe „Netzwerk JBH" bestand aus regionalen Experten im Bereich der Jugendberufshilfe. Sie hatte die Funktion, Konzepte zu entwickeln und - unterstützt durch die Projektkoordinatorin - die Arbeit der ProjektmitarbeiterInnen sowie des Pilotprojektes Schotten zu steuern. Als sinnvoll sah man es an, einen Projektbeirat zu bilden, um das Thema Jugendberufshilfe in der regionalen Entscheiderlandschaft in Politik und Wirtschaft (IHK; Kreis, Wirtschaftsvertreter, etc.) zu verankern (vgl. Finke, Kapitel II). Zentrale Funktion dieses regionalen BeraterInnen- und EntscheiderInnengremiums sollte es sein, innovative Konzepte des Netzwerkes JBH im Dialog mit diesem Gremium zur Entscheidung zu führen. Die Etablierung einer solchen Struktur war im Projektzeitraum nicht möglich, empfiehlt sich aber durchaus, um Vernetzung nicht nur an der Basis, sondern auch auf Entscheidungsebenen zu verankern (vgl. Benthin/Hockerts, Kapitel I).

Im Projekt wurde systematisches Projektmanagement zur Zielerreichung eingesetzt (vgl. Weber, Kapitel IV). Es wurde ebenfalls mit Evaluationsverfahren gearbeitet. Dies bezog sich auf die Definierung von Erfolgsindikatoren vorab, die Prozessevaluation von Veranstaltungen sowie die Nachevaluation der mittelfristigen Wirkungen (Fragebogenumfrage auf der Folgeveranstaltung der Zukunftskonferenz) und die abschließende Evaluation der Projektarbeit im Dezember 2000 (vgl. Weber, Kapitel IV). Evaluation kam darüberhinaus in bezug auf Fortbildungen zur Selbstevaluation zum Einsatz (vgl. Benthin/Baumert, Kapitel IV). Wesentliche Bausteine der Projektarbeit waren einerseits die Netzwerkarbeit vor Ort, andererseits die Initiierung von Vernetzung mit der Zukunftskonferenz und die Fortführung der Projektarbeit. Diese beiden Schwerpunkte und ihre Ergebnisse sollen im folgenden eingehender vorgestellt werden. Nicht unerwähnt bleiben soll allerdings ein dritter wesentlicher Baustein, die Presse- und Öffentlichkeits-arbeit, die einen wesentlichen Einfluß auf die Mitgestaltung des regionalen Dis-kurses nehmen kann. Im Projektverlauf wurden daher mit recht großem Erfolg mehrere Pressekonferenzen veranstaltet.

4.4 Netzwerke auf lokaler und regionaler Ebene

Im lokalen Standort Schotten knüpfte das Projekt Jugendberufshilfe an die vor Ort bereits bestehenden Kooperationsstrukturen des Arbeitskreises Aus-siedlerarbeit an. Der Arbeitskreis traf sich regelmäßig im dreimonatigen Turnus mit dem Ziel, die Zusammenarbeit zwischen den verschiedenen Ein-richtungen zu verbessern. Man beschloss, die Thematik der benachteiligten Jugendlichen hier anzubinden, zudem die beiden Themen enge Bezüge und Überschneidungen aufwiesen. Im Pilotprojekt „Netzwerk Schotten" waren die ansässigen Schulen, der Bürgermeister, das Dekanat der ev. Kirche, die evangelische und katholische Kirchengemeinde, das Deutsche Rote Kreuz, die Schottener Reha, die Beratungsstelle für arbeitslose Jugendliche (B:24), das Arbeitsamt, Sozialamt, Jugendamt, sowie VertreterInnen der Kreishand-werkerschaft und der Innungsobermeister der Kreishandwerkerschaft angesprochen und einbezogen.

Die Vorgehensweise, bestehende Strukturen zu nutzen, entspricht dem „Weg des geringsten Widerstandes". Man entschied sich also bewusst gegen den sozialpädagogischen Impuls, „dahin zu gehen, wo die Probleme am größ-ten sind" (vgl. Stietz, Kapitel III). Stattdessen setzte man auf den Sogeffekt, der entsteht, wenn erfolgreiche Projekte öffentlich kommuniziert werden und damit „Neideffekte" in anderen Kommunen auslösen (vgl. Baumert/Brechlin, Kapitel III sowie Benthin/Weber, Kapitel V).

4.5 Die Zukunftskonferenz

Um Kooperation, Kommunikation und Informationsfluss zwischen Personen und Institutionen in der Region zu fördern, wurde eine *Zukunftskonferenz* durchgeführt (vgl. Weber, Kapitel IV). Zukunftskonferenzen ermöglichen den VertreterInnen verschiedener gesellschaftlicher Bereiche, miteinander in Dialog zu kommen, Informationen auszutauschen und zusammenzuarbeiten. Das Verfahren hilft dabei, eine *Vision* vernetzter Zusammenarbeit in der Region zu entwickeln und sucht nach konsensuell geteilten Ansätzen für Projektarbeit und deren konkreter Umsetzung. Nach dreimonatiger Vorberei-tung in einer gemischt besetzten Projektgruppe fand Ende März 2000 die Zukunftskonferenz unter dem Motto „Zukunft gestalten durch vernetzte Ju-gendberufshilfen. Chancen und Perspektiven für Jugendliche im Vogelsberg" in Allmenrod bei Lauterbach statt. In systemisch gemischten Sitzgruppen waren in jeder kleinen Arbeitsgruppe VertreterInnen aus den verschiedenen Beteiligtengruppen dabei: Im Einzelnen waren dies VertreterInnen aus Schulen, freie Träger, Ämter, Wirtschaft, Kirchen, VertreterInnen aus der regionalen Politik und die Jugendlichen selbst. Mit diesem Ansatz konnte auch dem Ziel der Betroffenenpartizipation Rechnung getragen werden. So waren betroffene Jugendliche unterschiedlichen kulturellen Hintergrundes ebenso dabei wie die Vertretung des Vogelsberger Schülerparlamentes (vgl. Benthin/Weber, Kapitel V). In systematischen Arbeitsschritten wurde die Vergangenheit, Gegenwart und Zukunft regionaler Zusammenarbeit und Vernetzung abgeschritten, eine gemeinsam getragenen Zukunftsvision entwickelt und Projektaufträge sowie ihre Umsetzung erarbeitet. Die Zukunftskonferenz selbst wurde gefilmt und in der Folge ein Video erstellt.[5]

4.5.1 Gemeinsame Ziele

Die nun vorzustellenden Ergebnisse der Zukunftskonferenz bildeten die Grundlage für die weitere inhaltliche Arbeit der Projektgruppen auf lokaler und regionaler Ebene.

- Die vielfältigen Aktivitäten in der Jugendberufshilfe sollten von einer Koordinierungsstelle gebündelt und koordiniert werden.
- Man formulierte den Bedarf eines Austauschs an „runden Tischen": Vertreter aus Politik, Wirtschaft, IHK, Kreishandwerkerschaft, Schulen, Kinder- und Jugendparlament, Jugendhilfe, Bildungsträgern, Arbeitsamt, Sozialamt, Jugendhilfeplanung seien ein Schritt in die richtige Richtung.
- Die Mobilität wurde als zentrales Problem im ländlichen Raum identifiziert. Als gemeinsames Ziel wurde deshalb die Stärkung der Infrastruktur benannt. Der Ausbau des ÖPNV, d.h., mehr Bus und Bahnanbindungen oder auch Sammeltaxis würden die Situation in diesem Bereich verbessern.
- Die heutige Rolle der Schule als Sozialisationsinstanz war gerade auch für die anwesenden Lehrerinnen und Lehrer wichtiger Bestandteil der Diskussion. Es wurden veränderte Schulinhalte gefordert: mehr Lebensweltorientierung in der Schule und Modellprojekte wie die Produktionsschulen seien hier wegweisend. Es sei auch mehr Schulsozialarbeit erforderlich.
- Als besonders zentrales Ziel wurde die Erschließung und Schaffung von Ausbildungsplätzen sowie die Erhöhung passgenauer Ausbildungsmöglichkeiten genannt. BetriebsausbilderInnen sollten unterstützt werden, um benachteiligte Jugendliche besser fördern zu können.

---

5 Dieses Video kann über den Trägerverbund bzw. die Beratungsstelle ausgeliehen und bezogen werden.

Zu den genannten Zielen bildeten sich die drei Arbeitsgruppen „Ausbildungsplätze", „Veränderung von Schule" und „Netzwerk/Koordinationsstelle", die sich verpflichteten, konkrete weiterführende Maßnahmen zu entwickeln.

4.5.2 Vereinbarte Maßnahmen

Die Gruppe „*Ausbildungsplätze*" vereinbarte, eine Broschüre zu erstellen, die Angebote der Träger hier im VBK und Förderungsmöglichkeiten aufzeigen sollte. Die Broschüre sollte sich inhaltlich, fachlich, personell, finanziell an Betriebe richten, um Praktika und Ausbildungsplätze zu fördern.

Auf der Zukunftskonferenz war auch gefordert worden, in der Vergabe öffentlicher Aufträge Ausbildungsbetriebe, die auch benachteiligte Jugendliche aufnehmen, bevorzugt zu berücksichtigen. Geplant wurde also eine Informationsveranstaltung für Betriebe. Diese sollte einerseits über bestehende finanzielle Fördermöglichkeiten informieren. Andererseits sollte sozialpädagogische Kompetenz deutlich werden und als Betreuungs- und Beratungsangebot in betrieblichen Konfliktsituationen gerade auch im Ausbildungsbereich bekannter werden.

Die Gruppe „*Schulentwicklung*" nahm sich vor, einen Maßnahmenplan zur Vernetzung von abgebenden und aufnehmenden Schule zu erarbeiten. Sie vereinbarte, zur Förderung der Ressourcen für Schulsozialarbeit einen schriftlichen Antrag an den Kreistag zu verfassen. Sie vereinbarte weiterhin, einen runden Tisch zur Förderung der Schulsozialarbeit in Lauterbach einzurichten und den Kontakt zum Elternbeirat zu stärken.

Die dritte Gruppe mit dem Thema „*Netzwerk / Koordinierung*" umriss auf der Konferenz das Aufgabenprofil einer Koordinierungsfunktion. Im einzelnen bezog sich das Profil auf die Sicherung des Informationsflusses, das Sammeln von Informationen (Infopool) und darauf, einen Überblick über Angebote im Bereich der Jugendberufshilfe zu geben. Eine KoordinatorIn sollte beraten, Möglichkeiten zur Hilfe und Unterstützung der Zielgruppe aufzeigen, die Zusammenarbeit mit anderen Institutionen fördern und die regionale Datenbasis zum Bedarf an Ausbildungsstellen aktualisieren und verbessern.

4.6 Die Folgeveranstaltung der Zukunftskonferenz

Um die Umsetzung der geplanten Maßnahmen zu gewährleisten und ihren Stand zu erfahren, enthielt die Projektplanung auch die Folgeveranstaltung der Zukunftskonferenz, deren Durchführung für Oktober 2000 angesetzt war. Ziel dieser Veranstaltung war es auch, weitere Akteure zu gewinnen und den aktuellen Stand der Projektarbeit nach außen zu kommunizieren. In der Tat gelang es, weitere wichtige Kooperationspartner wie z.b. die IHK in die Veranstaltung einzubeziehen und eine zukünftige Zusammenarbeit zu begründen. VertreterInnen aller vier Projektgruppen waren auf der Veranstaltung präsent und stellten den aktuellen Stand ihrer Projektarbeit vor. Im zweiten Teil der Veranstaltung wurden weitere Schritte geplant und vorangetrieben.

Das von der „Wirtschaftsgruppe" geplante Faltblatt war erarbeitet und mit aktiver Unterstützung der Kreishandwerkerschaft in ca. 1000 Vogelsberger Handwerksbetrieben platziert worden. Die geplante Veranstaltung für die regionale Wirtschaft wurde mit der Mitgliederversammlung der Kreishandwerkerschaft verbunden. Auch hier war der Weg des geringsten Widerstandes und der größtmöglichen Synergieeffekte entscheidend. Die Veranstaltung wurde in Kooperation zwischen Arbeitsamt, der Regionalentwicklungsgesellschaft, dem Trägerverbund und der Kreishandwerkerschaft geplant und durchgeführt. Es wurde über Fördermöglichkeiten und pädagogische Hilfen informiert. Im Einzelnen wurden folgende Themen bearbeitet:

▪ finanzielle Fördermöglichkeiten für die ausbildenden Betriebe in den verschiedenen Problemsituationen (Arbeitsamt)
▪ Nachhilfeprogramm für Auszubildende mit gravierenden schulischen Defiziten, das kostenfrei von den Betroffenen auf freiwilliger Basis in Anspruch genommen werden kann (Regionalentwicklungsgesellschaft VB Consult)
▪ Spannung zwischen Ausbilder und Auszubildenden: ausbildungsbegleitende Hilfen und Maßnahmen, Nennung von Anlaufstellen, Ziel: Stabilisierung der Arbeitsverhältnisse (Trägerverbund der B:24).

Die dritte Projektgruppe der Zukunftskonferenz mit dem Thema „Schule verändern" berichtete, dass ein Antrag zur Stärkung und Verbesserung der Schulsozialarbeit in schriftlicher Form an den Kreistag gerichtet worden sei. Die Gruppe „Koordinationsstelle" stellte das Fachstellenkonzept und den aktuellen Stand der hessenweiten Umstrukturierung vor.

Im Rahmen einer weiteren Workshopphase entstand Raum für neue Themen, mit der Möglichkeit neue Projektgruppen zu bilden. Eine neue Initiative widmete sich dem Thema der elektronischen Vernetzung und der Frage, wie der Informationsfluß z.B. mit einem Email-Verteiler verbessert werden könnte. Die Arbeit dieser Projektgruppe stieß das Redaktionsteam an, einen Beitrag zu elektronischer Vernetzung mit in diesen Band aufzunehmen (vgl. Lauber, Kapitel IV). Eine weitere Projektgruppe kündigte die Durchführung einer regionalen Vernetzungsveranstaltung für Mädchenarbeit an (vgl. Allendorf/Becker-Ott, Kapitel I).

4.7 Das Pilotprojekt Schotten

In der Steuerungsrunde war in Absprache mit dem Arbeitskreis „Netzwerk Schotten" eine Aktion vor Ort geplant worden. So wurde im Herbst 2000 die Aktion „5 vor 12" durchgeführt. Ziel dieser Aktion war eine konzertierte Vermittlungsaktion. Jugendliche, die noch nicht versorgt waren und Unternehmen, die noch freie Plätze hatten, wendeten sich – informiert über die regionale Presse - an die Regionalentwicklungsgesellschaft und das Arbeitsamt. An dieser Aktion beteiligten sich das Arbeitsamt, das Sozialamt, die Regionalentwicklungsgesellschaft Vogelsberg Consult und das Jugendgemeinschaftswerk in Zusammenarbeit mit der Beratungsstelle für Schüler und arbeitslose Jugendliche (B:24). Das Ergebnis war zwölf Anfragen vor Ort zu Ausbildung, Jobsuche und schulische Weiterentwicklung, ein Ausbildungsplatz konnte sofort und einer für 2001 besetzt werden. Darüberhinaus wurde ein Job mit Ausbildungsperspektive vermittelt und ein neuer Ausbildungsplatz akquiriert. Dieser Erfolg einer bereits punktuellen Einzelmaßnahme zeigt, dass die Zusammenarbeit der Akteure und vor allem auch die Präsenz und Verbreitung des Themas über die regionale Presse ein erfolgversprechender Weg darstellt.

Als Ansatzpunkt einer verbesserten beruflichen Integration sah man auch das schulische Berufspraktikum an. Für die weitere Zukunft wurde geplant, Kontakt- und Info-Veranstaltungen für SchülerInnen und Betriebe durchzuführen. Geplant wurde auch, Checklisten für Betriebe und LehrerInnen zu erstellen, die die Vorbereitung der SchülerInnen auf das Praktikum unterstützen sollten. Diese Maßnahmen konnten im Rahmen der Projektlaufzeit jedoch nicht mehr umgesetzt werden.

5. Resümee

Betrachtet man die gegebenen Ausgangsbedingungen äußerst bescheidener Ressourcenausstattung, so kann man das Projekt Youthstart Network als durchaus erfolgreich ansehen. Nach Aussage der ProjektpartnerInnen und ermittelt in systematischer Evaluation des Projektes wurden die Handlungsbedingungen für die Jugendberufshilfe im Vogelsbergkreis durch das Projekt deutlich verbessert (vgl. Weber, Kapitel IV). So sei es gelungen, dem Thema auf regionaler Ebene Impulse zu geben und es im Bewusstsein der regionalen Öffentlichkeit deutlich stärker zu verankern. Die Akzeptanz sei insbesondere in Richtung des Kreisausschusses und andererseits in Richtung Wirtschaft messbar erhöht worden. Ebenso sei die Kommunikation zwischen einigen Netzwerkpartnern verbessert und ergebnisorientiert gestaltet worden.

Die systematische Evaluation des Projektes zeigte die durchweg positive Einschätzung der Zukunftskonferenz. Alle TeilnehmerInnen formulierten den Wunsch nach Verstetigung solcher Austauschstrukturen und wünschten sich eine Fortführung von Folgeveranstaltungen im regelmäßigen halbjährigen Turnus. Betont wurde auch den Zugewinn an zusätzlicher Methodenkompetenz, die vermittelt hätten, wie große und heterogene Gruppen für ein inhaltliches Ziel ergebnisorientiert organisiert werden können.

Lokales und sektorales Handelns zugunsten benachteiligter Jugendlicher konnte im Rahmen des Projektes in einzelnen Aktionen wie z.b. „5 vor 12" erprobt werden. Das Ergebnis wurde von den ProjektpartnerInnen transferfähig in weitere Kommunen des VBK eingeschätzt. Mit der Entwicklung von Informationsmaterialien für den Wirtschaftssektor wurde erstmals das Thema regional breit eingebracht. „JugendberufshelferInnen und AusbilderInnen sind sich nähergekommen" – so die Einschätzung der ProjektpartnerInnen. Die stärkere Einbeziehung der Wirtschaft wurde von den ProjektpartnerInnen als weitere Aufgabe für die Zukunft gesehen. Die KooperationspartnerInnen wollen perspektivisch an der weiteren Vernetzung von Ausbildungsunternehmen, Politik-, Verwaltungs- und Verbandsebenen mit den JugendberufshelferInnen im Rahmen der Fachstelle Jugendberufshilfe arbeiten.

Literatur

Lauber, Sabine (2000a): Dokumentation zur Zukunftskonferenz: Zukunft gestalten durch vernetzte Jugendberufshilfen – Chancen und Perspektiven für Jugendliche im Vogelsberg.

Lauber, Sabine (2000b): Dokumentation zum Follow up der Zukunftskonferenz im Vogelsberg.

LEADER GmbH- Gesellschaft für Regionalentwicklung (1997): Beraten, Qualifizieren, Ausbilden, Beschäftigen im Vogelsberg. Ein Leitfaden.

Landratsamt Vogelsberg (2000): Info Vogelsbergkreis.

Arbeitsamt Giessen (1999): Jahresbericht der Berufsberatung. Giessen.

KORA (2000): Übergang Schule-Beruf 1998/99. Materialien der Koordinierungsstelle für Arbeitsmarktpolitik. Lauterbach.

Susanne Weber
Schnecke und Tausendfüßler. Zur Bedeutung von Metaphern und Visionen für regionale Vernetzung

Will man das Ziel regionaler Vernetzung erfolgreich umsetzen, ist von einer vor Ort gegebenen hohen Feldkomplexität auszugehen, die einer systemischen und prozessorientierten Herangehensweise bedarf. Daraus leitet sich das Selbstverständnis einer wissenschaftlichen Begleitung als Prozessbegleitung eher denn einer Expertenberatung ab. Die wissenschaftliche Begleitung hat somit die Rolle der Impuls- und FeedbackgeberIn von außen, die mit fremdem Blick, begrenzten Möglichkeiten und begrenzter Verantwortung nach Interventionen sucht, die das System in Bewegung bringen können und anschlussfähig sind. Eine zentrale Rolle spielen dabei die vor Ort gegebenen Selbstkonzepte und die gegebene kollektive regionale Praxis. Diese wird in ihren, dem Handeln zugrundeliegenden Metaphern beschreib- und veränderbar. Auf dieser Ebene kollektiver regionaler Selbstverständnisse muss Intervention ansetzen, sie reflexiv und damit gestaltbar machen. Großgruppenverfahren wie z.B. die Zukunftskonferenz können hier leitbildgenerierende Qualität aufweisen, da sie zur Reformulierung, Weiterentwicklung und der Umgestaltung regionalkultureller Selbstbeschreibungen beitragen. Da sie an der Herstellung neuer Bilder und Visionen ansetzen, können sie als Movens regionalkultureller Räume gefasst werden. Lernprozesse finden dann auf der Ebene eines Lernens zweiter Ordnung statt. In ihrer Dynamik spielt Gemeinschaftsbildung und die Herstellung eines „ideellen Milieus" eine zentrale Rolle.

1. Komplexität regionaler Vernetzung, Ungewissheit und die Rolle wissenschaftlicher Begleitung

Aktuelle Zeitdiagnosen bescheinigen uns, dass unsere heutige, arbeitsteilig organisierte Gesellschaft hochkomplex und pluralistisch ist. Eine polyzentrisch gewordene Gesellschaft weist nicht mehr Spitze oder Zentrum auf (Willke 1996), die gesellschaftlichen Teilsysteme werden zunehmend voneinander abhängig. Unter den Bedingungen einer komplexen, oft auch unübersichtlichen und widersprüchlichen Welt gelten Netzwerke als „soziale Innovationen" und „institutionelle Erfindungen zur Lösung von komplexen Phänomenen" (Messner 1997: 49). Mit Netzwerkentwicklung, so die These, können komplexe Prozesse angemessen gestaltet werden (Messner 1995, Messner 1997: 42f). Umgekehrt muss Netzwerktheorie zwangsläufig als

Komplexitätstheorie gefasst werden (Kappelhoff 2000: 28). Gerade auch das Feld der Jugendberufshilfe ist außerordentlich komplex und mit den aktuellen Umbrüchen der Arbeitswelt, der Lebenswelten der Klientel, der Sozialisationsinstanzen sowie staatlicher und administrativer Steuerungslogik gefordert, sich neu zu orientieren (vgl. Weber, Einleitung sowie Rußmann/Schwedler, Kapitel I). Zahlreiche Institutionen sind hier gefordert, ihre Zusammenarbeit zu intensivieren und zu verbessern. Gerade im ländlichen Raum bedarf es einer Optimierung der lokalen und regionalen Arbeit in Netzwerken. Hier werden flexible und teilweise auch zeitlich befristete Kooperationen erforderlich, in denen Wissen, Informationsfluss und Prozessinnovation zu entscheidenden Größen werden. Soll ein themenbezogenes System mit eigenen Strukturen und Regelsystemen entstehen, so muss ein prozessfähiges lernendes Organisationsnetzwerk hervorgebracht werden.

In Projekten regionaler Vernetzung steht daher die Frage nach der eingehenderen Definierung der Ziele und der Gestaltung des Prozesses im Raume (vgl. Schimpf, Kapitel III). Das Spektrum möglicher Netzwerkkonzepte ist breit (vgl. Weber, Einleitung sowie Schimpf, Kapitel III). Zahlreiche Fragen sind offen, wer mit wem auf welche Weise zusammenarbeiten sollte. Sowohl Thema, Akteure und damit „das System" ist noch nicht klar umrissen und muss erst noch definiert werden. Anfänge sind strukturell komplex, diffus und mit einem hohen Maß an Kontingenz und Ungewissheit verbunden. Gerade bei Vernetzungsprojekten liegen kaum Erfahrungswerte über adäquate Vorgehensweisen vor. Experimentierfreude und die Bereitschaft, sich auf unsicheres Terrain zu begeben, sind unverzichtbar.

Unklar ist auch, wie die Rolle der wissenschaftlichen Begleitung gefüllt werden soll, welche Erwartungen die Praktiker vor Ort an die wissenschaftliche Begleitung richten und wie das Verhältnis zwischen Praxis und Theorie gestaltet werden kann und soll. Es stellt sich also die Frage nach den Positionierungen im Feld, den zur Geltung kommenden Wissensbeständen und sich daraus ableitenden Verständnissen begleitender Beratung.

Vor Ort wird schnell deutlich, dass die Komplexität der gegebenen eingespielten Kooperationsstrukturen mit ihrer Geschichte und ihren Hintergründen immens ist. Schnell wird klar, dass eine wissenschaftliche Begleitung keine „Expertenrolle" für das definierte Wissens- und Handlungsfeld „Vernetzung in der Jugendberufshilfe" einnehmen kann, da Wissenschaft und Praxis über unterschiedliche Hintergründe, Bezugssysteme, Wissensinhalte und Erfahrungen verfügen. In den Interaktionssituationen „im Feld" steht die wissenschaftliche Begleitung als DialogpartnerIn nicht außen: gemäß einem konstruktivistischen Verständnis von Wissenschaft und Praxis hinterlassen Kommunikation und Fragen ihre Spuren von Anfang an. Diagnose ist nicht getrennt zu sehen von Intervention, auch Diagnose wirkt bereits intervenierend. Die Vorstellung einer in sich abgeschlossenen, außenstehenden, nichtkommunizierenden Position ist daher kaum haltbar. Schnell wird deutlich, dass sich hier nur eine Vorgehensweise empfiehlt, die einem reflexiven, dialogischen und gestaltungsorientierten Wissenschaftsverständnis folgt. Demnach ist Wissenschaft nicht Elfenbeinturm, die Befragten im System sind nicht „passive Objekte" sondern aktive ProduzentInnen des zu generierenden Wissens. Veränderung betrifft dann nicht nur die anderen, sondern auch die Wissenschaftlerin selbst.[1]

Während Praxis sich auf einzelne Fälle, das Besondere, das immer etwas Andere und den Variantenreichtum des Alltags bezieht, stehen theoretische Wissensbestände immer für das Allgemeine, für das, was explizit und formelhaft ausgedrückt werden kann (Schachtner 1999: 26). In der Praxis kommt habitualisiertes Wissen unbewusst und implizit zum Tragen (Polanyi 1985: 14). Die Logik der Praxis ist eine Logik des Ungefähren und der Verschwommenheit, weil Praxisfelder uneindeutig und diffus sind (Schachtner 1999: 28). Informationssuche in der Praxis ist oft von unscharfen Empfindungen und vagen Ahnungen geleitet. Handeln basiert oft auf einer Mischung von Intuition, analytischem Denken, von planvollem Vorgehen und Zufällen und Einfällen. Während also praktisches Wissen immer etwas diffus und im Fluss ist, erscheint das theoretische Wissen in einer scheinbar abgeschlossenen und verfestigten Form. Während Theorie beansprucht, Praxis zu leiten, beansprucht die Praxis für sich, Theorie zu begründen. Praxis und Wissenschaft repräsentieren also unterschiedliche Wissensbestände, die sich wechselseitig brauchen. Ausgangspunkt von Praxisforschung ist damit die Differenz zwischen Theorie und Praxis (Schachtner 1999: 61), die allerdings nicht hierarchisch, sondern als „qualitative Differenz" (Beck/Bonß 1989: 9) gefasst werden muss. Da Theorie auf das Allgemeingültige abstellt, Praxis aber auf das Besondere, lässt sich Theorie nicht umstandslos anwenden. Die Verwendung von Theorie und Praxis ist daher als dialogischer Prozess der Umwandlung von Deutungsangeboten (Beck/Bonß 1989: 27) zu rekonstruieren. In diesem Prozess wird das Wissen verwandelt (Schachtner 1999: 62). In einem dialogischen Wissenschaftsverständnis „wirkt" das Wissen des anderen Dialogpartners – der Theorie ebenso wie der Praxis – Be-Deutungen produktiv verwandelnd auf den jeweilig anderen ein. Damit wird die Position hierarchischer Überlegenheit eines expertenhaften Wissenschafts- und BeraterInnenwissens verabschiedet.

---

1 Gestaltungsorientierte Selbstverständnisse im Forschungsbereich haben ihre Tradition vor allem in der Aktionsforschung, die sich vor allem in den 70er und 80er Jahren großer Beliebtheit erfreute (Bosse 1979; Cremer/Klehm 1978). Das damalige Selbstverständnis von Wissenschaft als Avantgarde und Aktivierungsinstanz des Feldes dachte jedoch die „Bewegung" als von der Wissenschaft ausgehend. Heute müsste man das Verhältnis von Theorie und Praxis als wirklichen Dialog rekonstruieren und damit den Anspruch einer hegemonialen Position wissenschaftlichen Wissens verabschieden. Die Verwissenschaftlichung und Methodisierung der Praxis lässt die Trennlinien zwischen Theorie und Praxis, zwischen Methoden und Verwendungszusammenhängen zunehmend verwischen. Empirische Sozialforschung, Aktionsforschung und Evaluation finden zunehmend kontextübergreifend und vor allem auch in Veränderungsprozessen Anwendung. Sie gehen über in Beratungswissen und -kontexte.

Dennoch versteht sich das Selbstverständnis einer beratenden Begleitung nicht von selbst – das Spektrum möglicher Selbstverständnisse ist groß.[2] Wissenschaftliche Begleitung bedarf daher einer reflexiven Vergewisserung ihres Selbstverständnisses auch im Hinblick auf ihre Beratungsfunktion. Nimmt man in Praxisberatungsprozessen die Position der „Experten- und Fachberatung", „Prozessberatung" oder „systemische Beratung" ein? Wissenschaftliches und Praxisberatungswissen lassen sich im Inhalt immer weniger voneinander trennen, Zielrichtung und Verwendungszusammenhang allerdings mögen differieren. Aus diesen Überlegungen leitet sich die Positionierung einer wissenschaftlichen Beratung und Begleitung ab, die zum einen darauf zielt, Impulse zu geben, zu aktivieren und zu energetisieren und zum anderen das im Projekt erarbeitete Wissen zu strukturieren und zu systematisieren.

2. Lernimpulse, Anschlussfähigkeit und die eigene Melodie des Systems

Wie also kann ein Vernetzungsprozess vor Ort unterstützt werden, ohne dass expertokratisch bereits gewusst wird, was das „Richtige" ist? Was bedeutet ein dialogischer Anspruch wissenschaftlicher Beratung für ein praktisches Vorgehen? Man fragt danach, mit welchen Prozessen Impulse für Reflexion, Dialog und Veränderung im System gesetzt werden können. Solche Fragen folgen einem systemischen Interventionsverständnis (Königswieser/Exner 1998). Interventionsimpulse zielen auf Lernen eines Systems ab. Nur wo gelernt wird, kann auch verändert werden. Nur so ist es möglich, neue regionale Kommunikations- und Kooperationsmuster aufzubauen.

„Ist Lernen so zu organisieren, dass sowohl die einzelnen Organisationen im Netzwerk als auch das Netzwerk als ganzes lernen? Können organisationale und netzwerkbezogene Ressourcen so genutzt werden, dass sich nicht nur die Innovationsfähigkeit der einzelnen beteiligten Netzwerkunternehmung, sondern die des gesamten Netzwerks verbessert? Lässt sich der Beziehungszusammenhang in Netzwerken so organisieren, dass geschicktere, transaktionskostengünstigere Formen vertraglicher und nicht-vertraglicher Koordination möglich werden?" (Sydow/Windeler 2000: 2).

Vernetzung wird hier also verstanden als regionaler Lernprozess, als Lernen in, von und zwischen Organisationen (Prange 1999), das Lernen eines bestehenden oder zu definierenden sozialen Systems. Dabei sind Lernprozesse im

---

2 Es könnte sich konkret orientieren an dem Rollenmodell der „RatgeberIn" (counsellor), der „LehrerIn", der die Wege aufzeigenden „StrategIn". Man könnte die Rolle primär „unterstützend" verstehen oder sich als „FreundIn" oder als „FeedbackgeberIn" begreifen, als „MentorIn", als „DiagnostikerIn", als „FuturistIn".

regionalen System nur begrenzt von außen steuerbar. Das Klientensystem organisiert sich weitgehend selbst und entscheidet, welche Sinngehalte und welchen Nutzen es aus den Interventionen zieht. Systemische Interventionen zielen damit auf selbstverantwortliches und selbstorganisiertes Lernen ab. Aus den Interventionsimpulsen wird vor Ort also das gemacht, was in den Handlungsspielräumen des Systems liegt. Dieses Lernen stellt idealerweise die etablierten Handlungsmuster von Organisationen und Subjekten in Frage und entwirft neue Lösungen. Dabei wird angenommen, dass es eine bestehende regionale Kultur, Spielregeln und Spielmuster gibt, an denen angeknüpft werden muss, sollen Interventionen vor Ort anschlussfähig sein. Es wird ebenfalls angenommen, dass das bestehende und eingeschliffene Handlungsmuster irritiert werden kann durch Impulse von außen. Interventionen zur Entwicklung der regionalen Kooperationskultur zielen auf ein „Lernen zweiter Ordnung", d.h. auf Innovationen auf der Ebene der Regeln und Funktionsweisen des regionalen Systems.

Wissenschaftliche Begleitung kann das System zwar mit den auftretenden Widersprüchen und den möglichen Optionen der Veränderung in Kontakt bringen, sie sollte jedoch nicht dem Irrtum aufsitzen, „machen" oder „steuern" zu können. Für begleitende wissenschaftliche Beratung heißt das, diese Spannung auszuhalten und nicht an Patentlösungen für die Planung von Interventionsstrategien zu glauben. Dabei ist nicht nur die sachliche Angemessenheit und Problemadäquatheit entscheidend, sondern auch die operative Anschlussfähigkeit und das Irritationspotential als Voraussetzung für den Erfolg von Interventionen (Königswieser/Exner 1998: 22). Wissenschaftliche Beratung und Begleitung hat die Aufgabe, dem System kreative Alternativen und Lernen auf der Ebene der Subjekte, der Organisationen und als zu generierendes Netzwerk zu ermöglichen. Sie muss die Menschen und Spielregeln im Feld verstehen und erkennen können, wer SchiedsrichterIn, AnführerIn, MitläuferIn etc. ist. Sie selbst muss, um dies zu ermöglichen, ständig Reflexionsschleifen durchlaufen (Königswieser/Exner 1998: 24) und die gegebene Komplexität vor Ort und die eigene begrenzte Informationsbasis im Blick haben. Interventionen im systemischen Sinne geben Impulse, so dass dem Klientensystem seine Selbstkonzepte und insofern seine spezifischen „Blindheiten" deutlich werden.

Vernetzung ist als etwas sozial Hergestelltes zu verstehen. Aus systemischer und konstruktivistischer Perspektive sind nicht nur Organisationen, sondern auch Netzwerke zu fassen als irrationale, kommunizierende, intelligente soziale Systeme, deren Verhalten weder vorhersehbar noch programmierbar ist (Baecker 2000). Regionale Netzwerke sind demnach also nicht primär rationale Kollektivsubjekte, ihre Arbeits- und Funktionsweise ist nicht per se funktional für das Ziel der Optimierung der Leistungserbringung. Sie sind auch nicht per se funktionsfähiger als institutionelles Handeln im herkömmlichen bürokratischen Steuerungsmodus. Plandeterminierte Vorstellungen von Steuerung müssen aufgegeben werden zugunsten der Annahme einer „bounded rationality" der Akteure, verstanden als „dem subtilen Zusammenspiel von individueller und kollektiver Rationalität" und nur eingeschränkt beobachtbaren und planbaren Wechselwirkungen zwischen Umwelt und System (Sydow/Windeler 2000: 1). Gerade Netzwerksteuerung ist mit strukturellen Konfliktlagen konfrontiert, die bewältigt werden müssen (Messner 1995). Ihre Leistungsfähigkeit hängt maßgeblich davon ab, inwieweit es gelingt, ihre immanente Komplexität zu bündeln, das regional gegebene kollektive Arrangement auf gemeinsame Zielsetzungen zu verständigen, die Vielfalt der Interessen zu bündeln, die unterschiedlichen Weltsichten und Interpretationen der Wirklichkeit zusammenzuführen zu einem möglichst widerspruchsarmen Gesamtbild. Dies gelingt, indem ein kollektives Bewusstsein für die jeweils begrenzte Wissens- und Informationsbasis entsteht und die Bereitschaft geschaffen wird, diese zu vervollständigen.

3. Metaphern und Bilder als Praxis regionaler Selbstbeschreibung: Die „Vogelsberger Schneck"

Für eine Vernetzungsintervention ist daher die Frage zentral, mit welchen Wissensstrukturen, Kommunikationsmustern, Deutungswelten das bestehende System operiert. Zu vermuten ist, dass jedes bestehende oder entstehende Netzwerk seine eigenen Themenvorräte und Kommunikationsstrukturen hat bzw. hervorbringt. Angesichts der gegebenen Komplexität kann es hier daher keine sinnvollen einfachen, direkt „steuernden" bzw. determinierenden Interventionen geben. Gleichzeitig kann angenommen werden, dass die im Vordergrund gegebene Informations- und Akteursfülle sich entscheidend reduzieren lässt, wenn man nach den zugrundeliegenden Handlungsmustern und leitenden Metaphern fragt. Hierbei wird angenommen, dass es auf der Ebene symbolischer Repräsentationen so etwas wie regionale Identitäten, Selbstverständnisse und Handlungsmuster gibt. Ebenso wird angenommen, dass die Ebene symbolischer Repräsentationen hier wertvolle Aufschlüsse über regionale Relevanzsysteme und das Verständnis regionaler Kulturen und Selbstbeschreibungen liefern kann. Möglicherweise können solche Bilder auch wertvolle Hinweise darauf geben, mit welchen Interventionen systemische Effekte zu erzielen sind. Es ist daher nach den unsichtbaren Regeln und Grammatiken zu fragen, die den Selbstbeschreibungen des Netzwerkes bzw. der Kernakteure im Feld zugrunde liegen. Eine solche Vorgehensweise orientiert sich an einem ethnographischen Zugang auf Netzwerke und nimmt an, dass sie sich im Bild „dicht" und metaphorisch beschreiben lassen (Geertz 1991). Sie bemüht sich darum, diffuse, implizite und widersprüchliche Sinngehalte und komplexe Wirklichkeit (Schachtner 1999: 12) zu begreifen und hebt sich damit von einer quantitativ orientierten Herangehensweise ab.

3.1 Metaphern als handlungsgenerierende Muster

Vermutet wird, dass einer regionalen Alltags-Praxis Handlungsmuster zugrunde liegen, die sich in metaphorischen Codes beschreiben lassen. Es müsste ein regional-kultureller Habitus identifizierbar sein und sich in seinen handlungsleitenden Metaphern abbilden lassen. Diesen Vermutungen soll im folgenden nachgegangen werden, ohne dass sie bereits den Status gesicherten Wissens beanspruchen könnten. Empirische Untersuchungen zum Metaphernkonzept liegen bislang vor allem für die Subjekt- und die Organisationsebene vor. Annette Allendorf hat z.b. das Metaphernkonzept auf Frauennetzwerke angelegt und damit die ihnen innewohnende Handlungslogik herausgearbeitet. Im folgenden soll kurz auf das Metaphernkonzept eingegangen werden, um dann im Anschluss die Vermittlungskraft der Metapher in Interventionskontexten auszuführen.

Wie Schachtner in Anlehnung an Lakoff und Johnson auf der Subjektebene gezeigt hat, durchdringen Metaphern unser alltägliches Leben. Sie sind im Denken, Handeln, unserer Sprache wirksam. „Sie strukturieren, was wir wahrnehmen, wie wir uns in der Welt bewegen und wie wir uns auf andere Menschen beziehen" (Schachtner 1999: 17). Als leitende Muster fungieren sie als Erzeugungsgrundlage des Denkens, Wahrnehmens und Handelns (ebd.: 13). Sie geben Orientierungen, lenken die Aufmerksamkeit und setzen Prioritäten. Sie aktualisieren frühere Erfahrungen und verlängern sie in die Zukunft hinein, indem sie die Wahrnehmung der Wirklichkeit strukturieren. Sie generieren einen spezifischen Handlungsstil, der sich in der Alltagspraxis realisiert.

„Metaphern haben eine handlungsgestaltende Funktion; sie organisieren unsere Wahrnehmung, unser Handeln, unser Fühlen. Sie steuern die Aneignung von Welt, reduzieren Komplexität und gewinnen dabei eine dem Hören, Tasten, Sehen vergleichbare Sinnesqualität. Sie strukturieren Unvertrautes, indem sie Vertrautes übertragen und konstruieren somit Wirklichkeit" (Schachtner 1999: 18).

Metaphern sind „Produkte und Produzenten von Geschichte im individuellen und kollektiven Sinn. Sie nehmen Zukunft vorweg und führen sie herbei" (Schachtner 1999: 24). Ähnlich wie im Bourdieu´schen Habituskonzept stellen Metaphern handlungsorganisierende Systeme dar. Praxis ist demnach keine fortwährende Neuschöpfung, sondern wird mit den Mitteln des Habitus und der Metapher erzeugt. Ein System dauerhafter und übertragbarer Dispositionen fungiert als Erzeugungs- und Ordnungsgrundlage für Praktiken und Vorstellungen (Bourdieu 1999: 98). Als Wahrnehmungs-, Gestalt- und Handlungsschema gewährleistet der Habitus die Kontinuität von Praxis im Zeitverlauf sicherer als formale Regeln und explizite Normen (ebd. 1999: 101). Bourdieu schätzt die Veränderungsneigung eines Habitus als gering ein (ebd. 1999: 103ff).

3.2 Die Vermittlungskraft von Metaphern in Interventionskontexten

Als Erzeugungsgrundlage von Praxis müssen Metaphern auch zwischen dem bewussten, rationalen, geplanten Handeln in regionalen Kontexten, zwischen dem Allgemeinen und dem Besonderen vermitteln (Schachtner 1999: 27). Ihre Vermittlungskraft liegt zwischen Interessen und Vorgaben, zwischen Akteuren und Zielgruppen, zwischen persönlichen und regionalkulturellen Stilen und professionellen Standards.

„Metaphern leisten diese Vermittlung, indem sie in den zu bearbeitenden Praxiskontext Implikationen aus anderen Kontexten übertragen, wobei im Interesse des Herstellen-Könnens entscheidend ist, dass diese Implikationen Handlungsvorschläge enthalten" (ebd.1999: 27).

Hier stellt sich also die Frage nach der Gestaltbarkeit von Handlungen strukturierenden Mustern. Schachtner sieht diese Möglichkeit in der Reflexivierung der gegebenen Sinnstrukturen:

„Die Bewusstwerdung solcher handlungsleitender Muster ist eine Voraussetzung dafür, Metaphern nutzen zu können, anstatt von ihnen benutzt zu werden" (ebd. 1999: 14).

Die Diskussion um gewachsene Organisations-Kulturen und ihre Gestaltbarkeit wurde in den 80er Jahren in der Organisationskultur-Diskussion intensiv geführt. Morgan (1997) arbeitete die bedeutende Rolle der inneren Bilder in Organisationen für Veränderungsprozesse heraus und zeigte den Stellenwert des Imaginierens als Kunst der Veränderung (Morgan 1998). Dieser Gedanke wird in der aktuellen Diskussion um Transformation von Organisationen weitergeführt mit dem Ansatz der wertschätzenden Erkundung, wie er von David Cooperrider und Suresh Srivastva (Cooperrider 2000, 1999) entwickelt wurde. Demnach führt jede Organisation einen, das System stabilisierenden „inneren Dialog". Diese zugrunde liegenden Basismetaphern konstruieren und prägen den Blick auf die Welt. Sie haben gestaltende Kraft, da Organisationen sich dahin entwickeln, wohin sie am meisten schauen, untersuchen und fragen. Steht der „innere Dialog" dem Veränderungsanliegen entgegen, wird das Projekt nicht von Erfolg gekrönt sein. Da die meisten Veränderungsstrategien rein „rational" ansetzen, wird dieser „Subtext" nicht ausreichend berücksichtigt. Veränderungsprozesse sind daher umgekehrt besonders dann wirksam, wenn sie die kursierenden zugrunde liegenden Metaphern in den Blick nehmen und dort ansetzen, wo das System anschlussfähig ist. Cooperrider und Whitney (1999) gehen davon aus, dass die Fokussierung auf Probleme und Defizite der aktuellen Kultur eher blockierend als fördernd wirkt. Die wertschätzende Erkundung entwirft daher die Vision einer positiven Zukunft, die schon im Jetzt angelegt ist. Widerstandszonen werden auf positive Weise umgangen und so Objekt plötzlicher Veränderung (Barrett/Cooperrider 1990:224). Imaginieren setzt positive Energie und soziale Bindung frei. Positives Fragen ist ein lösungsorientierter, mit Komplexität arbeitender Veränderungsansatz, der einen Sog in die Zukunft erzeugen kann.

Die an zugrunde liegenden Metaphern orientierte Perspektive auf Netzwerke und ihre Diagnostik wurde erstmals von Allendorf (i.E.) angewandt. In ihrer Untersuchung von Frauennetzwerken arbeitete sie verschiedene typische Handlungsmuster heraus. Vermutet wird im folgenden, dass sich auch in regionalen Vernetzungskontexten Metaphern regionaler Selbstkonzepte auffinden lassen und dass diese für Veränderungsprozesse fruchtbar gemacht werden können.

3.3 Die „Vogelsberger Schneck" – Metapher eines regionalen Selbstkonzepts?

Es ist davon auszugehen, dass man der gegebenen Komplexität von Netzwerken am ehesten gerecht wird, indem man ihre symbolische Konstitution und evolutionäre Dynamik untersucht. Die Region konstituiert sich als System über Abgrenzung von anderen, einem objektiven oder imaginierten „Außen". Zwar kann man - bezogen auf die Region Vogelsberg - nicht von der systematischen Erhebung oder Untersuchung der zugrunde liegenden leitenden Bilder sprechen, vielmehr entwickelte sich die Auffassung der Nützlichkeit dieses Zuganges im Prozess und anhand der von den Akteuren vor Ort formulierten Selbstkonzepte.

So wurde deutlich, dass die mit hierarchischen Vorstellungen von Metropolen und Hinterland verbundenen Zuschreibungen der Rückständigkeit gleichzeitig abgewehrt, andererseits als Selbstbeschreibung angenommen und als Fremdzuschreibung unterstellt werden. Sie führen zu einer Art ambivalentem Changieren zwischen diesen beiden Polen.[3] Die Ambivalenz zwischen Selbstwert und der unterstellten Außenzuschreibung („die halten uns hier bestimmt für ...") wurde bildhaft deutlich in dem von den Mitgliedern der Steuerungsgruppe gebrauchten Bild des „Vogelsberger Schneck". Es wird vermutet, dass diesem Bild metaphorische Qualität im Sinne eines regionalen Selbstkonzepts zukommt, ohne dass dies zum gegebenen Zeitpunkt als empirisch gesichert und überprüft gelten kann. Die Ausführungen verstehen sich also als Thesen generierend und Fragen stellend in Richtung produktiver Ansätze zum Verstehen regionalkultureller Systeme und ihrer Gestaltbarkeit. Aus dieser Perspektive ist das Bild der „Vogelsberger Schneck" die kollekti-

---

3 Selbstverständlich kann mit einer solchen Facette nicht die Komplexität regionaler Kultur und Identität eingefangen werden. Allerdings könnte sich ihr kleinster gemeinsamer Nenner hier finden: Unter diesem Dach findet man sich – zumindest in der Zusammenkunft als Steuerungsgruppe – auch in der gegebenen Unterschiedlichkeit zusammen und kann sich so von der Umwelt abgrenzen. Außerhalb des Projekt- oder Vernetzungszusammenhangs kann diese „vereinheitlichende" und „vereinigende" Wirkung auf der symbolischen Ebene auch wieder zerfallen. Man wird dann wieder mit einer Ausdifferenzierung in Subsysteme und Subkulturen rechnen können, mit bereichsspezifischen Semantiken, unterschiedlichen Erwartungsstrukturen und eigenen Sinnkonstitutionen.

ve Umdeutung des regionalen Logos. Dieses – zum Zwecke der Tourismus-
förderung – teuer eingekaufte Logo zeigt den Vulkankegel des Vogelsberges
und die sich um ihn herum erstreckende Senkenlandschaft. Es wird im
Volksmund vor Ort jedoch nicht als geographisches Symbol, sondern als
„Schnecke" gesehen und beschrieben. Die kollektive regionale Selbstzu-
schreibung ist die der Langsamkeit und Rückständigkeit. So sehen auch die
Mitglieder der Steuerungsgruppe zur Vernetzung - mit einem lachenden und
einem weinenden Auge - ihre Region als „Vogelsberger Schneck". Dieses
kleine Bild mit metaphorischer Qualität - deutet auf das ambivalente Selbstkonzept zwischen Besonderheit und Rückständigkeit in ländlichen Räumen
hin: Marx beschreibt die widersprüchliche Selbstinszenierung ländlicher
Räume als ambivalent zwischen „ländlicher Rückständigkeit" und Überhö-
hung der eigenen Region. Ebenso wie der ideologische Regionalismus ver-
stelle provinzielle Enge den Blick auf die moderne Vielfalt der Region (Marx
1999: 251).

„Der ländliche Minderwertigkeitskomplex gegenüber urbanem Leben wird nicht durch den
Blick auf die vorhandene Vielfalt und auf Ressourcen kompensiert, sondern durch einen
Größenwahn, der harmonisiert und unterdrückt und damit die Region und ihre Bewohner und
Bewohnerinnen über andere Regionen, insbesondere die Zentren, erheben soll" (ebd. 1999:
250).

Marx entwirft ein alternatives Regionenkonzept im Sinne „regionaler Vielfalt
und Differenz". Ein solches Regionenkonzept ist lebensweltorientiert, geht von
der Unterschiedlichkeit ländlicher Milieus und Szenen aus und stellt hegemoniale Modernisierungskonzepte in Frage, die sich am „Defizitmodell" des ländlichen Raumes orientieren (ebd. 1999).[4] Wenn regionale Bilder und Selbstkonzepte institutionelles Handeln und damit auch regionale Vernetzung mitgestalten, müsste es auch möglich sein, Kooperationskulturen mittels visionärer
Metaphern und Bilder zu gestalten.

4. Kontextsteuerung durch ideelle Milieus und leitende Bilder

Begreifen wir Vernetzung als Prozess (Endres/Wehner 1999: 219), dann wird
Wirklichkeit im regionalen Netzwerk als lernendes System aktiv, gemein-
schaftlich und im Prozess hergestellt. Wandel und permanente Bewegung im

---

4   Regionen weisen demnach ein eigenständiges soziales Klima auf, eigene Wurzeln und
    ihren eigenen Charakter, eine „soziale Eigenständigkeit der Region", die sich aus verschie-
    denen Ressourcen zusammensetzt, aus regionalem Wissen, sozialpolitischer Kompetenz
    von Gruppen und Unterstützungszusammenhängen, regionaler Vielfalt oder Enge (ebd.
    1999: 255).

System wird dabei als Regel angenommen (Weick 1985: 172). Gehen wir also davon aus, dass es so etwas gibt wie einen sozialen Rahmen, in den einzelne Interaktionen eingebettet sind und die einen Verständnishintergrund für Ereignisse und Handlungen liefern. Regionalkulturelle Metaphern stellen einen solchen Rahmen für Interaktionsprozesse dar.

Metaphorische Codes haben eine kommunikative Bedeutung. Eine an Metaphern orientierte Kommunikationsstrategie kann auf die Integration divergenter metaphorischer Konzepte abzielen. Insofern wird die Arbeit an Visionen – als Arbeit an leitenden Bildern und Metaphern – naheliegend, wenn es um das regionale Lernen in Netzwerken geht. Visionsarbeit kann dann als Bestandteil einer Strategie der Kontextsteuerung durch Schaffung idealler Milieus angesehen werden. Dies soll im folgenden eingehender ausgeführt werden.

Merchel nimmt an, dass es in komplexen Arrangements wie sie in Netzwerken vorliegen, Orientierung gebender Größen bedürfe. Gerade im Feld der Jugendberufshilfe sind konflikthafte und komplexe Dynamiken zu erwarten auf dem Weg zu einer gemeinsamen Definition, einer übergreifenden „Fachpolitik" z.B. von Jugendämtern. Merchel betont, dass ein gemeinsamer Steuerungsdiskurs in der Region nötig ist (Merchel 2000: 113).

„Angesichts der Diagnose, dass Entscheidungsunsicherheit eines der bedeutsamsten Hindernisse für eine einrichtungsübergreifende Kooperation bei Steuerungsprozessen bildet, könnte der Aufbau eines „idellen Milieus" eine angemessene Strategie für eine Verbesserung des Kooperationsrahmens bedeuten" (ebd. 2000: 114).

Bergold/Filsinger sehen den Aufbau „ideeller Milieus" als Verbesserung der Kooperationsbedingungen an. Dieses Milieu entsteht durch „die Bildung von gemeinsamen Konzepten, Normen und Vorstellungen" zu einem fachpolitischen Kontext" (zitiert nach Merchel 2000: 113), der die einzelnen Institutionen in ein System von Relevanzkriterien einbettet (ebd. 2000: 113). Das ideelle Milieu weist systemhafte Eigenschaften auf, da die

„diskutierten Vorstellungen und Konzepte sich im sozialen Raum miteinander verbinden und eine bestimmte Kohärenz entwickeln, die dann wiederum eine bestimmte Unabhängigkeit von den einzelnen Mitgliedern hat" (Bergold/Filsinger 1993:68 in Merchel 2000: 114).

Auch aus der Metaphernperspektive ist das Verhältnis von Subjekt und Kultur als interaktives Verhältnis zu denken, d.h. die Auseinandersetzung mit Bildern kann zur Übernahme, zur Ablehnung und zu ihrer Modifizierung führen (Schachtner 1999: 21). Das Handeln einzelner Akteure ist damit nicht determiniert, sondern lediglich orientiert. Schachtner bezeichnet Metaphern (bezogen auf die Subjektebene) als poröse und dynamische Gebilde.

„Sie dienen dem menschlichen Akteur lediglich als Grundlage für seine eigenen Erzeugungen, die unterschiedlich ausfallen können, wie aus einem bestimmten Stück Erde, sei es ein Moorgebiet oder eine Berglandschaft, typische und doch unterschiedliche Pflanzen wachsen können" (Schachtner 1999: 33).

Man wird hier also sinnvollerweise nicht von deterministischen Strukturen ausgehen. Weiterhin wird es konfliktanfällige Balancen geben, Interessendivergenzen können nicht herausgehalten werden. Allerdings kann über leitende Bilder und ideelle Milieus eine „Grundlage für den Modus der Bearbeitung von Konflikten und Interessendivergenzen" geschaffen werden (Merchel 2000: 114). Metaphern sind dynamisch und lassen sich in permanenten Aushandlungsprozessen weiterentwickeln und aushandeln. Sowohl die partikularen Interessen wie die kollektiven Anliegen gehen in die Strategie der Herausbildung „ideeller Milieus" ein. Ein tragfähiges „ideelles Milieu" bietet

„eine Basis für Aushandlungsprozesse, bei denen die Verhandlungen beider Fragenkomplexe sich nicht bis zur Unlösbarkeit vermischen und bei denen die Implementierung und Weiterentwicklung kooperativer Steuerungsformen als fachpolitisch produktive Elemente in der Jugendhilfe denkbar werden (Merchel 2000: 115).

Leitende Bilder könnten Impulse für die Zukunft setzen und somit ein Instrument der Prozessgestaltung sein. Sie könnten die Qualität eines „Movens" und einer Triebkraft der Vernetzung erhalten. Aus Sicht des Organisationsberaters zur Bonsen vermitteln Visionen Sinn, sie inspirieren und geben Energie. Sie haben eine integrierende, lebendige und langfristige Ausrichtung. Mit Visionen lassen sich Energiefelder aufbauen und verfolgen (ebd. 2000: 49ff). Eine Vision ist ein Vorstellungsbild davon, wie eine Organisation oder ein Netzwerk in Zukunft einmal sein soll. Eine Vision

„steht nicht in erster Linie auf dem Papier. Sie besteht vor allem aus den Bildern, die sich in den Köpfen und Herzen der Führungskräfte und Mitarbeiter des Unternehmens befinden und an die diese glauben" (zur Bonsen 2000: 53).

Visionen beschreiben die gewünschte Zukunft ganzheitlich und decken das Spektrum vom Materiellen bis zum Immateriellen ab. Da sie auch Gefühle enthalten, wirken sie lebendig und stimulierend (ebd. 2000: 58). Metaphern erreichen das Unbewusste, sie setzen sich dort fest und bleiben haften. Sie vermitteln mehr als Worte, sie lösen positive Gefühle aus und machen systemische Zusammenhänge klar. Metaphern sind, so zur Bonsen, insbesondere dann kraftvoll, wenn sie schon lange für die Menschheit eine symbolische Bedeutung haben (ebd. 2000: 53).

Wie aber können neue leitende Bilder regionaler Vernetzung und Entwicklung im und vom System generiert werden? Mit welchen Verfahren wird es möglich, Vernetzung als regionale Entwicklung bildhaft zu entwerfen?

5. Von der Schneck zum Tausendfüßler: mit der Zukunftskonferenz Visionen entwerfen

Das Projekt im Vogelsbergkreis zielte insbesondere darauf ab, eine gemeinsame Vision für die Vernetzung im Feld der Jugendberufshilfe prozessual und dialogisch zu entwerfen. Um leitende Bilder für regionale Vernetzung zu entwickeln und konkrete Vorhaben auf den Weg zu bringen, wurde im Vogelsberg eine Zukunftskonferenz durchgeführt (vgl. Stockmann, Kapitel III und Weber, Kapitel IV). Die Intervention zielte darauf, das System zu aktivieren und ein integratives Klima zu schaffen als Voraussetzung für einen energetischen, konstruktiven und produktiven Vernetzungsprozess auf regionaler Ebene. Statt Druck „von oben" wirkt Vision als Sog in die Zukunft.

Die Methode Zukunftskonferenz kann als systemisches Verfahren gelten, da es das gesamte System in einen Raum bringt und darauf abzielt, das Lernen des Netzwerks als Lernlaboratorium zu initiieren. Zukunftskonferenzen zielen also auf kollektives Lernen in der Region ab. Sie unterstützen den Prozess, gemeinsame Symbole, Deutungsmuster und eine Vision zu entwickeln – und können damit einen Beitrag zur (Neu)Bildung und Förderung konstruktiver und zukunftsorientierter regionaler Selbst-Bilder leisten.

Das Netzwerk als lernend von der Vision her zu entwerfen, steht für eine neue Art, Wissen zu generieren. Es müssen viele Akteure und WissensträgerInnen im Feld einbezogen werden. Sie sind eigenverantwortlich für das Gelingen ihres eigenen Entwicklungsprozesses. Das lernende Netzwerk kann entstehen, wenn Wissensbestände im Sinne kognitiven Wissens sowie der Ebene sozialen Lernens angesprochen und adressiert werden. Hiermit ist die oben erwähnte Ebene des Lernens zweiter Ordnung – also die Ebene der strukturgebenden Muster - angesprochen. Das Verfahren Zukunftskonferenz fördert Reflexivität, das Denken über den eigenen Tellerrand und spielerisches und kreatives Entwerfen wünschenswerter Zukünfte. Indem man zweieinhalb Tage intensiv miteinander kommuniziert, werden in der Regel die Konstruktionen, Deutungen und Interpretationen der Wirklichkeit in ihrer Vielfalt akzeptiert und andererseits auch zur Disposition gestellt. Allen Teilnehmenden kann so ein Stück mehr deutlich werden, dass andere die Welt anders sehen und dass gemeinsam neue Lösungen entworfen werden können.

Aus der Vision vernetzter Kooperation heraus lassen sich konkrete Ziele ableiten. So wird für das Feld der Jugendberufshilfe explizit Transparenz in der Leistungserbringung, institutionenübergreifende Kooperation wie z.B. stärkere Kooperation am Übergang zwischen Schule und Beruf, Zusammenarbeit mit Unternehmen, Schulsozialarbeit, stärkere Unterstützung der Familien benachteiligter Jugendlicher, engere Zusammenarbeit zwischen Jugendamt, Arbeitsamt und Sozialamt, aber auch stärkere Kooperation zwischen Jugendhilfe und Polizei zur Prävention angesichts steigender Jugendkriminalität etc. gefordert. Ebenfalls gefordert wird die Koordination dieser Aufgaben in einer eigens einzurichtenden Stelle (vgl. Dokumentation Zukunftskonferenz „Vernetzte Jugendberufshilfen").

Netzwerke sind am ehesten erfolgreich, wenn sie sich als „lernende Netzwerke" begreifen. „Weiche Faktoren" werden also entscheidend für die Qualität und den Erfolg von Vernetzungsprozessen. Zukunftskonferenzen können hier durchaus einen Beitrag leisten für die Initiierung institutioneller regionaler Netzwerke. Im Vogelsbergprojekt ergab die durchgeführte Evaluation (ein halbes Jahr nach der Zukunftskonferenz) eine deutlich positive Bewertung (vgl. Weber, Kapitel IV). Auch in anderen Bereichen – wie z.b. dem Gesundheitsbereich - wird von der positiven Wirkung partizipativer und systemischer „weicher" Steuerungs- und Vernetzungsinstrumente berichtet (vgl. Badura u.a. 2000). Angela Oels ermittelte in ihrer systematischen Evaluation von Zukunftskonferenzen in England und Deutschland, dass gerade im Bereich des sozialen Lernens positive Erfolge zu verzeichnen waren (Oels 2000).

Großgruppenverfahren wie die Zukunftskonferenz lassen sich als Handwerkszeug eines ressourcenorientierten Umganges mit Ungewissheit rekonstruieren (Weber i.E.). Die Generierung von Leitbildern erweist sich hier als integrationsfähiges, aktivierendes und auf Zukunft und Handeln ausrichtendes Instrument. Allerdings kann man nicht naiv davon ausgehen, dass die Durchführung einer Zukunftskonferenz bereits der ganze Weg sei. Vernetzung braucht die Offenheit für neue Wege und die Klärung von Rollenerwartungen und Selbstverständnissen. Sie braucht das Selbstbewusstsein vor Ort, dialogische Verständigung und Vertrauensbildung als Gewissheitsproduzent ebenso wie die Sicherung der Kontinuität und den langen Atem. Sie braucht experimentelle Wege und Vorgehensweisen sowie ein dialogisches Verhältnis zwischen Theorie und Praxis und die Bereitschaft, die in den Köpfen vorhandenen Bilder und Vorannahmen in Frage zu stellen – Vielleicht verwandelt sich auf diesem Wege die regionale Vernetzung von einer Schneck´ in einen Tausendfüßler ...

Offen bleibt nur die Frage, was mit der schillernden Existenz von Metaphern geschieht, wenn sie aus dem Bereich des „schlummernden" Wissens (Schachtner 1999) heraustreten und als „leitende Bilder" ins Licht des Expliziten und der äußerlichen Sichtbarkeit einmünden ... – Diese Frage wird die Forschung im Dialog mit der Praxis weiter beschäftigen.

Literatur

Allendorf, Annette (i.E.): Vernetzungs(t)räume. Organisationsmodelle von Frauen-netzwerken in: Sturm, Gabriele; Schachtner, Christina; Maltry, Carola; Rausch, Renate: Frauen(t)räume. Geschlechterverhältnisse im Globalisierungsprozess. Königstein.

Badura, Bernhard; Schnabel, Meik; Wilking, Peter; v.d. Knesebeck, Olaf; Zamora; Pablo (2000): Kooperation und Netzwerksteuerung in kommunalen Gesundheits-konferenzen. In: Dahme, Heinz-Jürgen; Wohlfahrt, Norbert (Hrsg.): Netzwerk-ökonomie im Wohlfahrtsstaat. Wettbewerb im Sozial- und Gesundheitssektor. Berlin. S.187-200.

Baecker, Dirk (2000): Organisation als Begriff. Niklas Luhmann über die Grenzen der Entscheidung. In: Lettre International 49. S.97-101.

Beck, Ulrich; Bonß, Wolfgang (1989): Verwissenschaftlichung ohne Aufklärung? In: Beck, Ulrich; Bonß, Wolfgang (1989) (Hrsg.): Weder Sozialtechnologie noch Aufklärung? Frankfurt/M., S.7-45.

Bourdieu, Pierre (1999[3]): Sozialer Sinn. Kritik der theoretischen Vernunft. Frank-furt/M.

Bosse, Hans et al (Hrsg.) (1979): Aktionsforschung – Balanceakt ohne Netz? Metho-dische Kommentare; Veröffentlichung des Diskussionskreises „Politische Psy-chologie" innerhalb der Autoren- und Verlagsgesellschaft Syndikat und des Ar-beitskreises Politische Psychologie der Deutschen Vereinigung für Politische Wissenschaften.

Cooperrider, David (2000): Positive Image, Positive Action: The Affirmative Basis of Organizing. In: Cooperrider, David L.; Sorensen. Peter F.; Whitney, Diana; Yae-ger, Therese F. (Ed.): Appreciative Inquiry. Rethinking Human Organization Toward A Positive Theory of Change. Stipe Publishing, Champaign, Illinois. Pp.. 29-54.

Cooperrider, David; Whitney, Diana (2000): A Positive Revolution in Change: Ap-preciative Inquiry. In: Cooperrider, David L.; Sorensen. Peter F.; Whitney, Diana; Yaeger, Therese F. (ed.): Appreciative Inquiry. Rethinking Human Or-ganization Toward A Positive Theory of Change. Stipe Publishing, Champaign, Illinois. pp. 3-28.

Cooperrider, David; Whitney, Diana (1999): Appreciative Inquiry. Berrett-Koehler, San Francisco, CA.

Cremer, Christa; Klehm, Wolf (1978): Aktionsforschung. Wissenschaftshistorische und gesellschaftliche Grundlagen – methodische Perspektiven. Weinheim und Basel.

Endres, Egon; Wehner, Theo (1999): Störungen zwischenbetrieblicher Kooperation – Eine Fallstudie zum Grenzstellenmanagement in der Automobilindustrie. In: Sy-dow, Jörg (Hrsg.): Management von Netzwerkorganisationen. Beiträge aus der Managementforschung. Wiesbaden. S. 215-260.

Geertz, Clifford (1991[2]): Dichte Beschreibung. Beiträge zum Verstehen kultureller Systeme. Frankfurt/M.

Königswieser, Roswitha; Exner, Alexander (1999[3]): Systemische Intervention. Archi-tekturen und Designs für Berater und Veränderungsmanager. Stuttgart.

Marx, Birgit (1999): Soziale Entwicklung in ländlichen Regionen. Ein theoretischer und empirischer Bezugsrahmen für ein Konzept sozialer Regionalentwicklung für die Zielgruppen Frauen und Jugend. Münster/Freiburg.

Merchel, Joachim (2000): Kooperation und Vernetzung in der Jugendhilfe. In: Dahme, Heinz-Jürgen; Wohlfahrt, Norbert (Hrsg.): Netzwerkökonomie im Wohlfahrtsstaat. Wettbewerb im Sozial- und Gesundheitssektor. Berlin, S. 91-118.

Messner, Dirk (1997): Netzwerktheorien. Die Suche nach Ursachen und Auswegen aus der Krise staatlicher Steuerungsfähigkeit. In: Altvater, Elmar; Brunnengräber, Achim; Walk, Heike (Hrsg.): Vernetzt und Verstrickt. NGOs als gesellschaftliche Produktivkraft. Münster, S. 27-64.

Morgan, Gareth (1997): Bilder der Organisation. Stuttgart.

Morgan, Gareth (1998): Löwe, Qualle, Pinguin. Imaginieren als Kunst der Veränderung. Stuttgart.

Moser, Heinz (1978): Aktionsforschung als kritische Theorie der Sozialwissenschaften. München.

Oels, Angela (2000): „Let's get together and feel alright!" Eine kritische Untersuchung von „Agenda 21"-Prozessen in England und Deutschland. In: Heinelt, Hubert; Mühlich, Eberhard: Lokale Agenda 21-Prozesse. Erklärungsansätze, Konzepte und Ergebnisse. Opladen, S. 182-200.

Polanyi, Michael (1985): Implizites Wissen. Frankfurt/M.

Prange, Christiane (1999): Interorganisationales Lernen: Lernen in, von und zwischen Organisationen. In: Sydow, Jörg (Hrsg.): Management von Netzwerkorganisationen. Beiträge aus der Managementforschung. Wiesbaden, S.151-178.

Schachtner, Christina (1999): Ärztliche Praxis. Frankfurt/M.

Sydow, Jörg; Windeler Arnold (2000): Steuerung von und in Netzwerken – Perspektiven, Konzepte, vor allem aber offene Fragen in: Sydow, Jörg; Windeler Arnold (Hrsg.): Steuerung von Netzwerken. Konzepte und Praktiken. Opladen, Wiesbaden, S.1-24.

Weber, Susanne (i.E.): Das lernende Netzwerk. Netzwerk-Organisationen und Organisationsnetzwerke als Prozess gestalten. Wiesbaden.

Weick, Karl (1985): Der Prozess des Organisierens. Frankfurt.

Willke, Helmut (1996): Ironie des Staates. Grundlinien einer Staatstheorie polyzentrischer Gesellschaften. Frankfurt/M.

Zur Bonsen, Matthias (2000): Führen mit Visionen. Der Weg zum ganzheitlichen Management. Niedernhausen.

Susanne Weber

Wie vernetzen? Systematisches Vorgehen mit Vernetzungsverfahren, Projektplanung und Evaluation

Will man Vernetzung erfolgreich auf den Weg bringen, ist neben der Zielsetzung („Wozu") und der Frage nach den Akteuren („Wer") auch die Frage nach dem „Wie" ein entscheidender Erfolgsfaktor. Jenseits eines naiven Steuerungsoptimismus´ und vorschneller Patentrezepte sind neue, planungskompetente Verfahren gefragt, die der gegebenen Komplexität in Vernetzungsprojekten Rechnung tragen und Vernetzung als Prozess organisieren helfen. Mit der Perspektive auf Vernetzung als Lernen von Einzelpersonen und VertreterInnen von Organisationen geht es sowohl um Wissensmanagement im regionalen System als auch um soziales Lernen: Das Lernen, die Sichtweisen und Interpretationen der Partner ernstzunehmen und die eigenen Positionen und Welterklärungsmuster zu reflektieren und ggf. auch in Frage zu stellen. Dafür müssen lebendige Lern-Strukturen und dialogische Lern-Settings geschaffen werden. Der folgende Beitrag beschäftigt sich daher mit der Frage, welche Verfahren geeignet sind, neue Kooperationskulturen und – strukturen hervorzubringen. Es werden besonders nützliche Verfahren und Vorgehensweisen für Kommunikation, Konsensbildung und Planung im Netzwerk der Akteure kurz vorgestellt. Im einzelnen sind dies die Verfahren Open Space Technology (OST), Appreciative Inquiry (AI), die Zukunftskonferenz (ZUKO) und Real Time Strategic Change (RTSC). Alle diese Verfahren münden in Projektplanung ein, um vereinbarte Ziele auf den Weg zu bringen. Wesentlich für Vernetzung und die Messbarkeit des Vernetzungserfolges und der definierten Ziele ist aber auch die Erfolgsmessung (vgl. Schimpf, Kapitel III). Es wird daher abschließend um Evaluation als wichtiges Instrument der Vernetzung mit Großgruppenverfahren gehen.

1. Open Space Technology: Starten und wichtige Themen entdecken

Das Verfahren Open Space Technology (OST) wurde Mitte der 80er Jahre vom amerikanischen Organisationsberater Harrison Owen entwickelt (Owen 1997, 1999). Er stellte fest, dass weniger Vorstrukturierung mehr Ergebnisse bringen kann. Das Verfahren „Open Space" erlaubt die Unstrukturiertheit von Kaffeepausen und bringt ihre Dynamik in ein Konferenzdesign (Petri 1996). Die Konferenzagenda wird nicht im Vorfeld, sondern erst auf der Konferenz selbst erstellt. Das Verfahren bietet also – wie der Name schon sagt - einen „offenen Raum" für Neues und Ungesagtes, für Gedanken und

Aussagen, die normalerweise nicht gehört oder besprochen werden. Es eignet sich insbesondere dafür, ein Thema zu „starten" – ist daher also auch geeignet für die Entwicklung und insbesondere die Initiierung von Netzwerken. Insbesondere bei Netzwerkentwicklung ist offensichtlich, dass Einzelne oder einige wenige Personen das Thema nicht angemessen bearbeiten und lösen können, sondern dass es systemischer Zugänge auf Wissen und Lösungsstrategien bedarf. Open Space geht davon aus, dass alle – und nicht nur einzelne identifizierte oder selbsternannte ExpertInnen - etwas beizutragen haben. Jede Person mit ihrem spezifischen Hintergrund und ihrer Perspektive ist „ExpertIn". Damit die Erfahrung und das Wissen aller sich im Raum frei entfalten kann und die vorhandenen Gestaltungsspielräume optimal zur Geltung kommen können, braucht es die Beteiligung und die Selbstorganisation aller. Mit den Ressourcen aller können wichtige, komplexe und neue Themen schnell in einem ersten Schritt erarbeitet werden. Auf der Grundlage der hier ermittelten wichtigen Themen werden Pläne erarbeitet und Prioritäten definiert. Open Space kann mit kleinen Gruppen ebenso durchgeführt werden wie mit großen Gruppen. Open Space Veranstaltungen dauern einen halben Tag bis mehrere Tage – je nach Zielsetzung und Zeitbudget. Die Teilnahme an einem Open Space sollte immer freiwillig sein (Maleh 2000, H-C. Petersen 2000).

Das Veranstaltungsdesign ist sehr einfach und flexibel. Die Grundform des Open Space ist der Kreis. Daher sitzen zu Beginn alle Teilnehmenden in einem großen Stuhlkreis. Sehr bald nach Veranstaltungsbeginn haben die Teilnehmenden Gelegenheit, Themen zu benennen, die sie gerne auf der Konferenz bearbeiten möchten. Diese Themen werden gesammelt und im Plenum kurz vorgestellt. Daran anschließend bilden sich neigungsorientiert Mini-Workshops, in denen die Themen interessierter GesprächspartnerInnen erarbeitet werden. Die Workshoplänge kann nach Bedarf festgelegt werden, ebenso wie auch die Gesamtdauer der Veranstaltung. An einem Tag können zwei bis drei oder sogar vier Workshopsequenzen stattfinden. Der Informationsfluss im Plenum wird hergestellt, indem es morgens und abends im Plenum Gelegenheit gibt, Wichtiges mitzuteilen. Ein persönliches Feedback steht am Ende der Veranstaltung. Die Ergebnisse dieser Arbeit werden dokumentiert und allen Teilnehmenden zur Verfügung gestellt.

Mit Open Space kann man ermitteln, was aus Sicht der Beteiligten sofort getan werden sollte. Man kann ermitteln, wo neue Informationen gebraucht werden und woran weitergearbeitet werden muss. Man entwickelt neue Ideen, kommt miteinander ins Gespräch, bringt Wissen zum Zirkulieren und startet in konkrete Projektplanung (Weber 2000). Open Spaces bringen aber auch Nutzen insofern, als sie den Funken überspringen lassen. Sie tragen das „Feuer des Aufbruchs" in die Gruppe (Königswieser/Keil 2000) und lassen die Veranstaltung zu einem Erlebnis werden. So wird Energie frei für Veränderung und Netzwerkbildung. Mit Open Spaces entsteht also auch Motivation durch Kontakt, Austausch, Begegnung und lebendiges Lernen (Weber i.V.). Die Ergebnisse der Veranstaltung müssen gesichert und das Erarbeitete in den Alltag eingebracht werden (Königswieser/Exner 1999). Generell gilt: Je loser der Zusammenschluss, desto mehr Aufmerksamkeit muss auf die Ergebnissicherung gelegt werden (Weber 2000).

„Open Space" ist ein schnelles, relativ günstiges und unkompliziertes Verfahren. Die Veranstaltung muss im Vorfeld minutiös organisiert werden. Auf der Veranstaltung selbst tragen die sich selbst organisierenden TeilnehmerInnen zum Gelingen der Veranstaltung bei. Da „Open Space" mit dem Prinzip der Selbstorganisation arbeitet, kann es nachteilig sein, wenn das ganze System erreicht werden soll. Aufgrund der leichten Anwendbarkeit eignet es sich gut als Starter für die Netzwerkentwicklung im ländlichen Raum.

2. Wertschätzende Erkundung: am Positiven ansetzen

Das zweite Verfahren heißt im Original „Appreciative Inquiry", was sich mit „wertschätzende Erkundung" übersetzen lässt. Es eignet sich insbesondere, um positive und konstruktive Arbeitsbeziehungen aufzubauen. Die „wertschätzende Erkundung" ist kein originäres Großgruppenverfahren, wird aber häufig auch mit Großgruppenverfahren kombiniert (Bruck/Weber 2000). Das Verfahren ist hochvariabel, denn es ist eine Fragemethode und gleichzeitig eine Fragehaltung: es ist eine „Wahrnehmungsentscheidung" gegenüber der Welt – betrachtet man ein Glas als halbvoll oder halbleer? Schaut man auf Probleme oder Lösungen? Auf Defizite oder Potentiale?

Das Verfahren wurde 1987 von den Wissenschaftlern und Organisationsentwicklern David Cooperrider und Suresh Srivastva entworfen (Cooperrider/Whitney 2000, Cooperrider 2000). Ausgehend von dem Gedanken, dass Organisationen sich dahin entwickeln, wohin sie am meisten schauen, untersuchen und fragen, beschritten diese beiden den positiven Weg des Fragens. Sie erkannten, dass auch Veränderungsprozesse – und bei Netzwerkentwicklung geht es ja auch um einen Veränderungsprozess – meist viel eher problemorientiert ansetzen als von vorhandenen Stärken auszugehen. Solche problemorientierten Arbeitsweisen wirken eher blockierend als fördernd (Cooperrider/Whitney 1999) (vgl. Stietz, Kapitel III). Cooperrider und Srivastva gehen davon aus, dass jede Organisation eine Art „inneren Dialog" führt, der das soziale System stabilisiert. Meist ist dies der „Subtext", der in Veränderungskonzepten außer acht gelassen wird. Die meisten Veränderungsstrategien setzen rein „rational" an und scheitern in der Umsetzung am „inneren Dialog", wenn dieser den Veränderungsanliegen entgegensteht. Dies ist auch übertragbar auf regionale Entwicklung: So wird eine Region mit dem Selbstkonzept der „Rückständigkeit" ihre eigene Innovationsfähigkeit nicht wahrnehmen können und sich dementsprechend selbst bremsen. Veränderungs- und Vernetzungsarbeit ist daher besonders dann wirksam, wenn sie die in der Region kursierenden zugrundeliegenden Metaphern in den Blick nimmt. Entsprechend der konstruktivistischen Weltsicht organisieren und gestalten Basismetaphern den Blick auf die Welt. Sie lassen sich weiterentwickeln und fortschreiben (vgl. Weber, Kapitel III). Die wertschätzende Erkundung – insbesondere in Kombination mit der Zukunftskonferenz - entwirft die Vision einer positiven Zukunft, die schon im Jetzt angelegt ist. Durch die Betonung des Positiven werden Widerstandszonen auf positive Weise umgangen und so zum Objekt plötzlicher Veränderung (Barrett/Cooperrider 1990).

Mittels kollektiven Imaginierens werden positive Energie und soziale Bindung freigesetzt. Befragung und Erkundung kann hierbei nicht getrennt von Handeln gesehen werden. Erkundung ist bereits Intervention. Je positiver eine Frage gestellt wird, desto erfolgreicher und länger anhaltend wird die Veränderungsanstrengung sein. Positives Fragen ist jedoch nicht nur einfach „happy talk", sondern ein lösungsorientierter, an Komplexität orientierter Veränderungsansatz (Cooperrider/Whitney 1999: 8).

Herzstück dieses Verfahrens ist das wertschätzende Interview. Es kann im Rahmen eines Veränderungsprozesses stehen, in den viele Menschen involviert sein können. So lautet Schritt 1 des Interviews – bezogen auf das Beispiel regionaler Vernetzung z.B. „Was schätzen Sie am meisten an Ihrem regionalen Netzwerk?" „Was waren die persönlichen Höhepunkte für Sie im regionalen Netzwerk?" „Beschreiben Sie einen Zeitpunkt, an dem Sie sich am wohlsten gefühlt haben und die Zusammenarbeit im regionalen Netzwerk optimal funktioniert hat." „Was hat das regionale Netzwerk erfolgreich gemacht?" „Was sollte es in der Zukunft fokussieren?" „Wie sollte es vorgehen?" Solche Fragen bringen hochwertige Antworten hervor. Im Ergebnis liegen Beispiele für „best practice" vor, die herausfordern, Routinen zu unterbrechen. Sie erzeugen einen Sog in die Zukunft. Sie sind „geerdet" in Beispielen, die das Ideal schon als wirkliche Möglichkeit greifbar werden lassen. Das Ergebnis von wertschätzenden Erkundungsprozessen ist oft, dass Veränderung effektiver und informierter geschieht, dass eine relevante Gruppe von Menschen involviert wird und bei allen Beteiligten eine Haltung entsteht, die an der gesamten Region ausgerichtet ist. Cooperrider nimmt an, dass sich mit diesem Verfahren Organisationen schnell und demokratisch mobilisieren lassen.

Der Ablauf des gering vorstrukturierten Verfahrens wird an die jeweilige Situation angepasst. Es braucht eine Steuerungsgruppe, die den Prozess organisiert. Wichtig ist hier, dass die „wertschätzende Erkundung" nicht mit dem Aufsetzen rosaroter Brillen verwechselt wird, um real vorhandene Missstände zu vertuschen. Es ist ebenfalls wichtig, Frustration und Ärger, der in der

Region vorhanden sein mag, nicht zu verdrängen, sondern präsent sein zu lassen – sich allerdings bewusst für die andere Perspektive zu entscheiden. Auch dieses Verfahren aktiviert Menschen, etwas zu verändern und lässt sich mit Projektplanung und Projektmanagement kombinieren.

3. Mit Zukunftskonferenzen das ganze System in einen Raum bringen

Als drittes Verfahren wird die „Zukunftskonferenz" vorgestellt, die sich gut mit der „Wertschätzenden Erkundung" kombinieren lässt. Zukunftskonferenzen setzen ebenfalls an der Entwicklung einer gemeinsamen Handlungsgrundlage, einer Zukunftsvision an. Im Gegensatz zum Verfahren „Open Space" ist die Zukunftskonferenz hochstrukturiert und nicht prozessoffen. Sie ist systemisch, da RepräsentantInnen aller Beteiligtengruppen in der Konferenz vertreten sein sollen. Die Zukunftskonferenz arbeitet konsensorientiert und zielt, ebenso wie die wertschätzende Erkundung darauf, Visionen zu generieren und in umsetzbare Maßnahmen zu übersetzen.

Das von Marvin Weisbord und Sandra Janoff entwickelte Verfahren „Zukunftskonferenz" ermöglicht Menschen und Gruppen mit unterschiedlichem Hintergrund, Interessen und Problemsichten, gemeinsame Ziele zu finden. In Deutschland bekannter ist das Verfahren der „Zukunftswerkstatt", das von dem Zukunftsforscher Robert Jungk entwickelt wurde. Gemeinhin sind Zukunftswerkstatt oder -konferenzverfahren normativ und zielen auf sozialen Wandel durch demokratische Selbstaktivierung und soziale Erfindungen (Jungk/Müllert 1997). In der Zukunftskonferenz kommt es – im Gegensatz zur Zukunftswerkstatt - vor allem darauf an, repräsentativ und systemisch zu arbeiten. Alle Gruppen, die wichtig sind in bezug auf ein Thema, sollen in die Konferenz einbezogen werden. Aus diesem Grund ist die Planung der Veranstaltung relativ aufwendig und es wird eine Planungsgruppe benötigt, die die Veranstaltung mehrere Monate lang vorbereitet. Zukunftskonferenzen erarbeiten vor allem Konsens und eine gemeinsame Handlungsgrundlage für alle. Wie die anderen Verfahren auch, eignen sich Zukunftskonferenzen für „unklare Probleme ohne Grenzen". Ziel von Zukunftskonferenzen ist es, eine gemeinsam getragene Vision sowie Maßnahmenpläne für ihre Umsetzung zu entwerfen (Weisbord/Janoff 1995, Weisbord/Janoff 2000).

Zukunftskonferenzen arbeiten mit dem Prinzip des Lernens aus Erfahrung. Das „ganze System" wird in einen Raum geholt. Hier lernt man sich in der Erarbeitung des Themas kennen, man erfährt etwas voneinander, man entwickelt das Thema vor allem zukunfts- statt problemorientiert und arbeitet, wie die anderen Großgruppenverfahren auch, mit selbststeuernden Gruppen. Die Teilnehmenden stellen hierbei fest, dass sie Unterschiede überbrücken lernen, wenn man gleichberechtigt an gemeinsamen Themen arbeitet. Die Teilnehmenden lassen ihre Stereotypen über „die anderen" los.

Zukunftskonferenzen arbeiten mit einer hochstrukturierten und standardisierten Abfolge zwischen Plenum und Kleingruppenarbeit entlang vorgegebener Arbeitsschritte. In der Regel dauern Zukunftskonferenzen zweieinhalb Tage und im Idealfall nehmen 64 Personen an einer Zukunftskonferenz teil. In acht mal acht Gruppen wird gemeinsam reflektiert, analysiert und geplant. Man startet mit dem Rückblick in die Vergangenheit, geht über zur Ist-Analyse der Gegenwart und dem Visionieren idealer Zukunftsszenarien. Auf der Grundlage eines gemeinsamen Konsenses kann Aktion geplant werden. Die Teilnehmenden arbeiten in ihren Kleingruppen an sechs Aufgaben, die im idealtypischen Ablauf ungefähr 18 Arbeitsstunden in Anspruch nehmen (Weisbord/Janoff 1995: 5).

Das Verfahren Zukunftskonferenz begreift sich als beschlussfassend in dem Sinne, dass verbindliche Konsensentscheidungen über Ziele getroffen werden. Das Ritual der Konsensbildung kann jedoch keine formale Entscheidungsqualität beanspruchen. Hier muss im Vorfeld sichergestellt werden, dass relevante Entscheidungsträger mitwirken. In bezug auf Vernetzung im ländlichen Raum ist festzuhalten, dass die Dauer von zweieinhalb Tagen die Teilnahme bestimmter Akteure erschwert: So sind VertreterInnen des Handwerks und der Wirtschaft allgemein nur schwer zu bewegen, sich zweieinhalb Tage Zeit zu nehmen. Auch PolitikvertreterInnen sehen sich häufig nicht in der Lage, über einen so langen Zeitraum dabeizubleiben. Allerdings kann die Zukunftskonferenz regional ein erhebliches Maß an Aufmerksamkeit erzeugen, was zur Schaffung eines regionalpolitisch günstigen Klimas für Vernetzung beitragen kann.

4. RTSC: Kritik als Hebel für Veränderung

Als letztes Großgruppenverfahren wird nun „Real Time Strategic Change" (RTSC) vorgestellt. Das RTSC Format ermöglicht die Beteiligung sehr großer Personenzahlen an einem Ort. Üblicherweise werden mit dem Verfahren Treffen von 300-900 Personen organisiert. Die Obergrenze liegt laut Bunker und Alban bisher bei ca. 2.200 Personen (Bunker/Alban 1997: 67).

RTSC (Real Time Strategic Change) ist ein Großgruppenverfahren für schnellen Wandel, das von dem amerikanischen OrganisationsberaterInnen Dannemiller und Tyson entwickelt und später mit dem Kollegen Robert Jacobs weiterentwickelt wurde (Dannemiller/James/Tolchinsky 1999). Es setzt an Motivation, Gemeinschaft ebenso wie Strategie, Struktur und Prozess an (Jacobs/Mc Keown 1999: 298). Auch RTSC zielt darauf ab, das ganze, offene

System in einen Raum zu holen. Allerdings ist hier die Idealgröße nicht 64 TeilnehmerInnen, sondern mehrere hundert oder gar tausend Personen. Damit soll möglichst schnell der gleiche Informationsstand in der Gruppe hergestellt werden und schnell Veränderung erzielt werden.

Im Gegensatz zur wertschätzenden Erkundung arbeitet RTSC mit der Macht der Unzufriedenheit als Hebel für Veränderung. Die BeraterInnen beziehen sich auf die theoretischen Annahmen Kurt Lewins, der annahm, dass Unzufriedenheit eine Situation destabilisiert. Unzufriedene beginnen, nach Wegen der Verbesserung zu suchen. Auch hier finden Planung und Implementierung gleichzeitig statt. Für alle wird gleichzeitig ein gemeinsames Bild der Realität entworfen und Ziele, Werte, Beziehungen, Normen mittels konkreter Maßnahmen verändert. Das RTSC-Design muss auf jeden einzelnen Fall abgestimmt werden, immer jedoch arbeitet das Verfahren mit dem „Aufrütteln", der gemeinsamen Informationsbasis und dem Lernraum, in dem alle voneinander und von Externen lernen können.

Die Prinzipien von RTSC sind eine „ermächtigende" und beteiligende Perspektive, das Denken und Handeln von der Zukunft her, die Verbindung mit Gegenwart und Vergangenheit, der Entwurf einer Gemeinschaft, das Schaffen gemeinsamer Bedeutungen auf der Grundlage des Motors „Realität" (Dannemiller/James/Tolchinsky 1999). RTSC-Konferenzen werden in Gruppengrößen zwischen 40–600 TeilnehmerInnen durchgeführt und dauern in der Regel zwei bis drei Tage. Die TeilnehmerInnen sollten den repräsentativen Querschnitt der Region abbilden. Ähnlich wie die Zukunftskonferenzen arbeitet das Verfahren mit interaktiven Kleingruppen an Tischen à sieben bis acht Personen, die nach dem Kriterium maximaler Mischung organisiert sind. Im Unterschied zur Zukunftskonferenz werden hier Informationsinputs gegeben und auf dieser Informationsbasis werden Strategien entwickelt. Es steigt die Fähigkeit der Region als Ganzes zusammenzuarbeiten, da jeder Tisch zu einer effektiv arbeitenden Arbeitsgruppe wird. Dannemiller und Kollegen stellen eine „Landkarte" systemischer Fragen bereit: Wer muss involviert werden, wer muss gefragt werden, wer hat Informationen, welche Implikationen haben die gewonnenen Daten und Informationen? Welche Ergebnisse haben die Gespräche? etc. (ebd. 1999: 208). Nach der Konferenz müssen die erforderlichen Ressourcen bereitgestellt werden, damit die besonders dringlichen und breit akzeptierten Maßnahmen umgesetzt werden können. Auch vor der Konferenz kann das Planungsteam spezielle Probleme auswählen, an denen in der Konferenz mit Freiwilligen oder vorbestimmten Gruppen gearbeitet wird.

RTSC versteht sich als „Trainingsraum" für innovatives Führungsverständnis, für Partizipations- und Wahlmöglichkeiten. Wie bei anderen Verfahren auch, müssen insbesondere die Führungskräfte angemessen auf die RTSC-Intervention vorbereitet werden, indem ihnen ein Grenzen überschreitendes Leitbild vermittelt wird und ihnen der Nutzen einer gemeinsamen Datengrundlage klar wird (ebd. 1999: 209).

5. Die Verfahren im Vergleich

Alle Verfahren eignen sich dafür, Menschen zusammenzubringen, zu aktivieren und Netzwerke zu entwickeln. Alle Verfahren sind an Komplexität, an Lernen und an Wandel orientiert (Königswieser/Keil 2000). Keine Kombination von Theorien oder Techniken erfasst die Realität vollständig. Das „best model" gibt es nicht (Weisbord/Janoff 1995: 12). Je nach Kontext und Handlungsbedingungen ist die Entscheidung über sinnvolle Interventionen zu treffen. In der folgenden Matrix werden die Verfahren in einigen spezifischen Charakteristika kontrastierend herausgestellt.

Dimension	OST	AI	ZUKO	RTSC
Charakteristikum	Bietet Rahmen für Selbstorganisation	Vertritt konstruktive und positive Haltung	Im Ablauf hochstandardisiert	Bietet ein variables Set von Instrumenten
Focus	Informationen sammeln	Kulturarbeit an den Basismetaphern, die Stärken entwickeln	Gemeinsame konsensuell geteilte Handlungsbasis wird hergestellt	Strategien top-down und bottom-up vernetzen und implementieren
Philosophie	Alles ist möglich, aus Chaos entsteht Ordnung	Das Positive ist der Hebel für Veränderung	Konsens ist die Grundlage für Innovationen	Kritik und Unzufriedenheit als Antriebsmoment
Arbeitsweise	Selbstorganisation der TN	Wertschätzendes Interview als Kernelement	repräsentativ zusammengesetzte Kleingruppen gehen durch Vergangenheit, Gegenwart und Zukunft	Systemreform durch Einbinden der kritischen Masse
Wirkungsweise	Erlebnis Eigenaktivität und Freiheit der Gestaltung	Erfahrung der Wertschätzung und des intensiven Dialogs	Kontakt, Begegnung und Spielerisches Visionieren	Gefragt werden und ernstgenommen werden

Keines der Verfahren definiert vorab, in welcher Weise die erzeugten Ergebnisse zu verwenden sind. Letztlich bleibt eine zentrale Erfolgsbedingung immer wieder, dass die EntscheiderInnen die Entwicklung von Netzwerken in der Region befürworten. Die Verfahren sind lediglich in der Lage, eine prozedurale Basis für Entscheidungsvorbereitung und Entscheidungsfindung zu bieten. Lediglich ein Verfahren (RTSC) integriert Entscheidungen höherer Entscheidungsebenen regelhaft in den im folgenden darzustellenden Prozessablauf. Es ist damit das am stärksten vorgabenorientiert und mit Führung und Hierarchie arbeitende Verfahren. Es ist in hierarchisch strukturierten Kontexten gleichzeitig auch das transparenteste Verfahren, da es keine Zweifel über formale Entscheidungsmacht lässt. Es erzeugt keine Illusionen von Egalität und Informalität (Weber 2000).

Erfolgsbedingung aller Verfahren ist, dass die Themen als wichtig für die Region erkannt werden, dass schneller Wandel erwünscht ist, dass die EntscheiderInnen offen sind für die Zukunft der Region und dazu bereit sind, mit anderen Menschen aller Ebenen und Bereiche Macht zu teilen (Jacobs/Mc Keown 1999: 299). Beim Einsatz aller Großgruppenverfahren wird deutlich, dass alte Führungsverständnisse hier nicht mehr angemessen sind. Rollen, Verantwortlichkeiten und Beziehungen müssen neu geklärt werden.

6. Veranstaltungserfolg sichern mit Projektmanagement

Wie eingangs bereits bemerkt, ist für Vernetzung auch der Folgeprozess nach einer Großgruppenveranstaltung sehr wesentlich, denn hier gilt es, vereinbarte Ziele und Maßnahmen umzusetzen. Projektmanagement in seiner pragmatischsten und einfachsten Umsetzung ist dafür geeignet. Projektarbeit ist dabei nicht zu verwechseln mit kreativer, spontaner, von lästigen Vorschriften befreiter Arbeit. Man spricht von einem „Projekt", wenn es sich um ein komplexes Vorhaben handelt, das in seiner Art einmalig ist. Insbesondere bei Vernetzung stellen sich fachübergreifende und komplexe Aufgaben, die nur dann sinnvoll verfolgt werden können, wenn die Ziele klar bestimmt und die Arbeit zeitlich abgrenzbar geplant wird. Für ein Projekt stehen immer nur begrenzte Ressourcen zur Verfügung. Diese personellen, zeitlichen und materiellen und finanziellen Ressourcenbegrenzungen müssen definiert und geklärt werden. Projekte erfordern das Know-how unterschiedlicher KompetenzträgerInnen. Projektteams sollten möglichst – gerade auch in der zeitlichen Folge von Großgruppenveranstaltungen – interdisziplinär zusammengesetzt sein. Sie sind in ihrer Art und mit ihrem Auftrag einmalig und verfügen über eine zeitliche Befristung mit einem klaren Anfangs- und Endpunkt. Mit der Erreichung des definierten Zieles (oder des Machbaren) kann das Projekt beendet werden. Projekte erfordern außerdem einen gewissen Planungs-, Steuerungs- und Ausführungsaufwand. Meist sind sie neuartig, d.h. man verfügt über wenig Erfahrungen, auf die zurückgegriffen werden kann. Da sie entlang von Projektphasen geplant werden, haben sie einen dynamischen Charakter. Sie werden durch „Meilensteine" am Ende jeder Phase strukturiert. Projekte bergen immer ein gewisses Maß an Risiko im Erleben ihrer Mitglieder, da sie neu sind. Der Unsicherheitspegel sinkt allerdings mit der Laufzeit des Projektes.

6.1 Wie funktioniert Projektmanagement im Netzwerk?

Viele Großgruppenveranstaltungen enden damit, dass die Teilnehmenden Teams bilden und sich Arbeitsaufträge geben. Es entstehen also kleinere oder größere Projekte. Wie die untenstehende Matrix zeigt, arbeiten diese Projekte systematisch mit unterschiedlichen Sichtweisen, Organisationseinheiten und InteressenvertreterInnen. Ziele, Aufgaben und Arbeitsweisen werden gemeinsam im Team, mit den AuftraggeberInnen und EntscheiderInnen definiert. Gemeinsam definiert man Phasen der Projektarbeit und stellt Handwerkszeug für die Projektarbeit bereit (Kraus/Westermann 1999; Boy/Dudek/Kuschel 1999). Dies kann mehr oder weniger differenziert geschehen. Im Großgruppenkontext entsteht häufig ein einfacher Maßnahmenkatalog, in dem die Gruppenmitglieder „Farbe bekennen" und sich verbindlich verpflichten, getroffene Vereinbarungen bis zu einem definierten Zeitpunkt und in einer definierten Art und Weise umzusetzen. Dazu wird ein Maßnahmenkatalog erstellt, der die geplanten Maßnahmen in folgender Weise näher spezifiziert:

Nr.	Maßnahme	wer?	mit wem?	Bis wann?	Bemerkungen

Der Maßnahmenkatalog besteht (mindestens) aus den Spalten „Maßnahme", „wer?", „mit wem?" und „bis wann?". Die aufgenommenen Maßnahmen sollen konkret und überschaubar sein; komplexe Maßnahmen sollten ggf. untergliedert werden. In der Spalte „wer" muss ein anwesendes Gruppenmitglied eingetragen werden - ggf. als „Kümmerer", der sich darum kümmert, z.B. Informationen an zuständige Stellen weiterzuleiten, nachzuhaken, und am Thema dranzubleiben. Findet sich niemand für die „wer"-Spalte, wird die Maßnahme gestrichen. In der Spalte „mit wem" können sowohl Anwesende als auch andere Personen, Organisationseinheiten oder Institutionen eingetragen werden. Wichtig ist auch, dass die in der „wann"-Spalte vorgenommenen Zeitschätzungen realistisch sind.

Differenziertere Varianten des Projektmanagement empfehlen sich dann, wenn nicht nur einzelne Maßnahmen auf den Weg gebracht werden sollen, sondern komplexere Projektvorhaben gemeinsam geplant werden. Projektmanagement komplexer Projekte arbeitet systematisch mit Vielfalt und entspringt dem systemischen Denken und der systemischen Intervention. An vielen Stellen gleichzeitig soll angesetzt werden, um die Einheiten des regionalen Systems in produktiver Weise miteinander in Kooperation zu bringen. Idealerweise arbeiten viele Projektgruppen gleichzeitig an der Veränderung des gesamten Systems. Bei Projektarbeit ist es besonders wichtig, die beteiligten Kräfte zusammenzuführen, die Teilprozesse sinnvoll zu koordinieren und die Koordination der Projektarbeit nicht aus dem Auge zu verlieren. Es müssen Regelungen getroffen werden, wer in welcher Funktion in welcher Weise an der organisatorischen Gestaltung beteiligt ist. Alle Aktivitäten sollen geplant, gesteuert und kontrolliert werden. Für den Erfolg des Projektes spielen Information und Kommunikation eine große Rolle. Besonders viel Wert muss auf Prozesssteuerung und Controlling gelegt werden. Das heißt, dass nach jeder einzelnen Projektphase oder jedem Meilenstein der Ist-Stand und die Teilergebnisse des Projekts überprüft werden müssen. Erst dann kann die „Feinplanung" der nächsten Phase mit der Entscheidungsinstanz geplant werden. Wichtig für den Projekterfolg sind daher die Kompetenzen der Projektkoordination: eine solche Person sollte idealerweise über Motivations- und Gruppenarbeitstechniken, Konfliktmediations- und Gesprächsführungskompetenzen ebenso wie Leitungs- und Prozesssteuerungskompetenzen verfügen (vgl. Benthin/Weber, Kapitel V).

Projekte sind immer gekennzeichnet durch ein eindeutig und klar formuliertes Projektziel. Projektziele und das Erreichen dieser Ziele, also der Erfolg eines Projekts muss klar feststellbar sein. Ziele müssen daher klar und eindeutig definiert, realistisch und beeinflussbar sein. Sie sollten differenziert dargestellt werden als Sachziele, Kostenziele und Terminziele.

Sachziele ergeben sich als Antwort auf die Fragen:

- Was soll geplant und erreicht werden?
- Welche Funktionen sollen erfüllt werden?
- Welches Qualitätsziel ist zu erreichen?

Auf *Kostenziele* bezogene Fragen lauten:

- Was darf ein Projekt kosten, wie hoch ist das Budget?
- Wie viel billiger soll ein Teil x oder eine Dienstleistung werden?
- Was kosten die eingesetzten Ressourcen (Zeit, Mittel, Personal)?

Fragen, die sich auf *Terminziele* beziehen sind:

- Bis wann soll das Projekt abgeschlossen sein?
- Bis wann wollen wir erste Zwischenergebnisse haben?
- Welche personellen und materiellen Ressourcen brauchen wir bis zu welchem Zeitpunkt?

Man muss die Ziele eines Projektes kennen, um effizient und erfolgreich mitarbeiten zu können und Verzögerungen, Umwege oder Abwege zu vermeiden. In jedem Projekt werden spezifische überprüfbare Zwischenergebnisse festgelegt, auf die das Projektteam in jeder Phase hinarbeitet. Solche „*Meilensteine*" schließen eine Phase mit einem definierten Ergebnis ab, das zu einem bestimmten Termin in einer bestimmten Qualität vorliegen soll. Mittels der Meilensteine lassen sich die Ergebnisse und die Qualität ihrer Erreichung überprüfen und dokumentieren. Bei Abschluss einer Phase werden die Ergebnisse dokumentiert und beurteilt. Gemachte Erfahrungen werden für Folgeprojekte festgehalten, Ergebnisse werden präsentiert und Kosten-Nutzenrelationen überprüft.

6.2 Den Projektauftrag definieren

Der Projektauftrag enthält die wichtigsten Eckdaten des Projektes, wie Termine, Zuständigkeiten und Kosten. In diesem Auftrag werden sowohl eine klare Aufgabenstellung als auch die Vorgehensweise zur Durchführung festgehalten. Hier werden klare, eindeutige, erreichbare und akzeptierte Ziele und Zwischenziele auf der Basis fundierter Informationen formuliert. Der Projekt-Auftrag kann nur klar und eindeutig formuliert werden, wenn man sich über die verschiedenen Projektziele Klarheit verschafft. Der Projektauftrag ist somit sehr wichtig, denn er dient als Grundlage für das Projekt. Die folgende Checkliste vermittelt einen Überblick über die zentralen Fragen eines Projekt-Auftrages.

Checkliste für Projekt-Auftrag

1. Beschreibung:
1.1 Wie lässt sich das Projekt genau beschreiben?
1.2 Wie lautet die genaue Projektbezeichnung?
1.3 Wie grenzt es sich zu anderen Projekten ab?

2. Aufgabenstellung:
2.1 Was ist die Ursache für das Projekt?
2.2 Ist Bedarf nach dem Projekt vorhanden, wenn ja welcher?
2.3 Was muss getan werden?

3. Termine / Meilensteine
3.1 Bis wann soll das Projekt angefangen sein?
3.2 Bis wann soll das Projekt abgeschlossen sein?
3.3 Welche Termine dürfen nicht überschritten werden?
3.4 Welche Ecktermine sind einzuhalten?
3.5 Sind bestimmte, für die Projektarbeit relevante externe Termine zu beachten?

4. Ziele
4.1 Welche Projektziele sollen erreicht werden?
    In Bezug auf Vernetzung können sich Ziele beziehen auf:
    1.) Schaffung regionaler Strukturen
    2.) Bearbeitung von Prozessen in Kooperationen, Optimierung von Terminen, Zeiten, Kosten etc.
    3.) Bearbeitung der Randbedingungen: materielle Ausstattung, Know-how, MitarbeiterInnen etc.
4.2 Wie sollen die Ziele aussehen?
    Dabei sollte auf folgende Punkte geachtet werden:
    1.) Vollständig: alle Ziele klar und vollständig definieren, damit sie das Projektteam versteht
    2.) Widerspruchsfrei: einzelne Ziele dürfen sich nicht widersprechen
    3.) Messbar: Ziele müssen messbar sein, so dass am Projektende oder zwischendurch festgestellt werden kann, ob sie auch wirklich erreicht wurden
    4.) Realistisch: die Ziele dürfen zwar anspruchsvoll sein, müssen aber auch realistisch bleiben
    5.) Dokumentiert: alle Ziele müssen in einem Zielkatalog schriftlich festgehalten werden
4.3 Welche Art Ziele?
    Hier kann in zwei Arten unterteilt werden:

1.) Muss-Ziele: müssen unbedingt erreicht werden
2.) Wunsch-Ziele: ihre Erreichung ist wünschenswert, aber nicht zwingend erforderlich.
3.) Was soll auf keinem Fall erreicht werden? Was muss verhindert werden?

5. Organisation

5.1 Wie viel Zeit kann pro Monat verwendet werden?

5.2 Wer kann mitarbeiten?

5.3 Können die zusätzlichen zeitlichen Belastungen bewältigt werden?

5.4 Wer entscheidet über diesen Auftrag und nimmt das Ergebnis ab?

5.5 Wer ist im Steuerkreis?

5.6 Wer ist die ProjektleiterIn?

5.7 Wer ist für das Projektteam vorgesehen?

5.8 Welches Personal und welche Mittel müssen voraussichtlich zur Verfügung gestellt werden? Von wem?

5.9 Welche Grenzen dürfen nicht überschritten werden, z.b. bzgl. des zeitlichen Einsatzes von MitarbeiterInnen?

5.10 Wer muss eingebunden werden (PartnerInnen, Personen etc.)?

6. Budget:

6.1 Geld

6.2 Sachmittel

6.3 Personal

6.4 div. Ressourcen, z.B. Zeit

6.3 Die Projektorganisation aufbauen

In komplexer angelegten Projekten – und auch bei Netzwerkstrukturen, die häufig den Charakter lose gekoppelter Strukturen haben - ist es sinnvoll, Vereinbarungen über Regeln und Verfahrensweisen zu treffen. Insbesondere Informationsfluss, Regelungen zur Entscheidungen und Abstimmung und Koordination sind erfolgskritische Momente (Messner 1997), die möglichst präventiv angegangen werden sollten. Projektsteuerung in Netzwerkstrukturen erfordert also, Vereinbarungen zur Projektorganisation zu treffen, d.h. darüber, wie das Projekt grundsätzlich aufgebaut ist und wie die notwendigen Verantwortlichkeiten geregelt werden sollen. Die Organisationsform des Projektes richtet sich danach, wie die Projektverantwortung verteilt ist. Um das Projekt gut planen und steuern zu können, ist es wichtig, die entsprechenden Projektinstitutionen einzurichten. Die interdisziplinäre Zusammenarbeit braucht netzartige Informationsflüsse und das Zusammenwirken aller auf der Grundlage eines neuen, ganzheitlichen Denkens. Um zu klären, welcher Projektaufbau sinnvoll ist, müssen folgende Fragen beantwortet werden.

- Wie steht das Projekt im Verhältnis zu den normalen Funktionsbereichen der beteiligten Organisationen oder Organisationsbestandteilen? Wer ist von was freizustellen, wer gegenüber wem weisungsbefugt?
- Wie soll das Projektteam zusammenarbeiten? Welche Arbeitsstrukturen ergeben sich aus der Projektzielsetzung?
- Welche spezifischen Organisationsstrukturen erfordert der geplante Ablauf des Projekts?
- Welche Verantwortlichkeiten und Zuständigkeiten müssen geschaffen werden, damit das Projektziel möglichst optimal erreicht werden kann?

6.4 Wirkungen und Nutzen von Projektmanagement

Verfahren allein garantieren nicht den Erfolg der Maßnahmen. Systematische Projektarbeit lässt die Erfolgswahrscheinlichkeit jedoch deutlich ansteigen. Indem man gemeinsam und realistisch plant, reduziert man strukturelle Konfliktquellen. Mit „harten" Kriterien wie Ziele, Arbeitsschritte, messbare Ergebnisse zu definierten Zeitpunkten wird die Arbeit disziplinierter und produktiver. Man verhindert, dass Gruppen zu sehr um ihren „Nabel" kreisen und sich womöglich in ihrer Arbeit behindern. Für die Arbeit in Projektgruppen ist daher Sachkompetenz, aber auch Methoden- und Sozialkompetenz wichtig. Methodenkompetenz bedeutet, Instrumente und Verfahren zu kennen und zu nutzen. Sozialkompetenz bedeutet, konstruktives Arbeiten in der Gruppe zu ermöglichen, mögliche Konflikte wahrzunehmen und die Projektgruppe zu Lösungen zu führen.

Projektarbeit fordert allerdings Selbstdisziplin und Verbindlichkeit von allen Teammitgliedern. Diese ist immer in unterschiedlichem Maße ausgeprägt, der Arbeitsalltag drängt sich immer wieder in den Vordergrund des Geschehens, vereinbarte Maßnahmen werden daher nicht in jedem Fall fristgerecht umgesetzt. Garant für die Implementierung sind also immer nur die beteiligten Menschen und die Etablierung von verbindlichen Absprachen und sinnvollen Arbeitsstrukturen. Projektplanung muss daher Hand in Hand gehen mit Evaluation. Evaluation im Prozess ist ein zentraler Bestandteil eines integrierten Projektmanagements. Die Zielerreichung muss in Feedbackschleifen überprüft werden. Hierbei ist auch Selbstevaluation ein wertvolles Instrument, da sie darin unterstützt, die eigene Leistung kritisch zu überprüfen und zu verbessern (vgl. Benthin/Baumert, Kapitel IV). Sinnvoll ist es, nicht erst zum Ende der Großveranstaltung, sondern zu Projektbeginn und bereits zum Start des Vernetzungsprozesses mit dem Projektmanagement zu beginnen. Es ist bereits im

Vorfeld Aufgabe des Veränderungsteams, Kriterien zu definieren, was im Projekt erreicht werden soll. Diese Kriterien müssen natürlich um die Kriterien weiterer Beteiligtengruppen ergänzt und erweitert werden. Nur bei hinreichend spezifizierten Projektzielen kann sinnvoll evaluiert werden (vgl. Schimpf, Kapitel III).

7. Möglichkeiten der Evaluation

Grundsätzlich stellen sich bei Evaluation die Fragen, für wen evaluiert werden soll, wessen Kriterien angelegt werden, über welchen Zeitraum evaluiert wird und mit welchen Ressourcen dies geschehen soll. Insbesondere ist aber auch die Frage zentral, welchen Qualitätskriterien Evaluation entsprechen sollte.

7.1 Qualitätskriterien von Evaluation

Die im Bereich der Politikfeldanalysen tätige Angela Oels fordert folgende Qualitätskriterien für Großgruppenevaluation ein: Evaluation soll:

- dialogisch
- partizipativ
- auf gleichberechtigter Basis
- kooperativ angelegt
- alle Sichtweisen unabhängig von Status zur Geltung bringen.
- die Eigenverantwortung der Beteiligtengruppen fördern
- systemisch angelegt sein, d.h. die verschiedenen TeilnehmerInnengruppen berücksichtigen
- auch GegnerInnen des Veränderungsprozesses und NichtteilnehmerInnen einbeziehen
- wichtige Personen einbeziehen
- inklusiv sei, d.h. die Sprache der Menschen und nicht die „Expertensprache" sprechen
- als (Lern-)Prozess verstanden werden und nicht als einmaliges Messen von Erfolg.

Das Einziehen von Feedback-Schleifen ist daher sinnvoll. Evaluation sollte prozessoffen für das Unerwartete und Unvorhersehbare sein – und auch Offenheit gegenüber neuen, im Vorfeld möglicherweise unberücksichtigt gebliebener Evaluationskriterien bieten. Evaluation sollte kontext- und umfeldorientiert sein. Die Standards der Evaluationsforschung fordern ein, dass Evaluation umfassend, an den Beteiligten orientiert, glaubwürdig, rechtzeitig, mit offengelegter Wertebasis, klar und wirksam und praktikabel (praktische Methoden, politisch tragfähig, kostenwirksam) sein soll. Sie soll den Kontrakt und die Ergebnisse offen legen, ethisch korrekt und genau (umfassend dokumentiert, verlässlich, valide, reliabel und unparteiisch) sein (Oels 2000).

7.2 Evaluationsverfahren

Vorschläge, wie Großgruppeninterventionen evaluiert werden sollten, reichen vom einfachen Nachfragen bis hin zu aufwendigen wissenschaftlichen Analysen. So schlagen Bunker und Alban als Erfolgsindikator von Großgruppenverfahren die Frage vor, ob die AuftraggeberInnen das Verfahren noch einmal einsetzen würden oder mehrfach eingesetzt haben (Bunker/Alban 1997: 76). Angela Oels hat in ihrer wissenschaftlichen Untersuchung die Wirksamkeit des Verfahrens Zukunftskonferenz im Lokale »Agenda 21«-Prozess einer deutschen und einer englischen Kommune untersucht und evaluierte die durchgeführten Konferenzen systematisch über einen Zeitraum von 14 Monaten. Dafür entwickelte sie eine spezifische Evaluationsmethodik, die von prozessorientierten und qualitativen Ansätzen inspiriert ist (Oels 2000a). Für den Arbeitsalltag von Vernetzungsprojekten sind solch aufwendige Verfahren naturgemäß kaum anwendbar. Wollte man alle Beteiligten in die Auswertung des Veranstaltungs- und des Projekterfolges einbeziehen, würde der Auswertungsaufwand in einem dergestalt komplexen Setting erheblich sein. So ist es kaum möglich, in Einzelinterviews oder Gruppengesprächen mehrere hundert TeilnehmerInnen nach ihrer Einschätzung des Erfolges der Großgruppenveranstaltung oder des Vernetzungsprozesses zu befragen. Allerdings liegen bislang kaum für PraktikerInnen sinnvoll einsetzbare Instrumente zur systematischen Evaluation von Großgruppenverfahren vor.

7.3 Praktische Umsetzung von Großgruppen- und Projektevaluation

Gerade Großgruppenverfahren sollten aber generell evaluiert werden, da sie auch manipulativ im Sinne von „Brot und Spiele" – happenings eingesetzt werden könnten, ohne dass nachhaltige Wirkungen überhaupt beabsichtigt wären. Wird jedoch systematisch evaluiert und kommuniziert, sinkt die Wahrscheinlichkeit und die Möglichkeit von Manipulation und Passivität und gleichzeitig steigt die Chance auf Selbstbestimmung und effektive und nachhaltige Wirkung. Wie kann also die Evaluation von Großgruppenverfahren prozessorientiert, dialogisch, zukunfts- und lernorientiert gestaltet werden (Oels 2000b) – und dies in einer für die Praxis handhabbaren Weise? Evaluation beginnt mit der Planung: Vernetzungs- und Projekterfolg kann vorbereitet werden, indem man vorab den Kontext ausreichend untersucht und diagnostiziert, indem man mit Projektmanagement arbeitet und den Auftrag des

Projektes angemessen klärt. Projekterfolg wird dann wahrscheinlich, wenn die Zielerreichung der gesetzten Meilensteine im Prozess evaluiert wird. Der Projekterfolg sollte daher in kurz-, mittel- und langfristiger Wirkungsdimension gemessen werden. Erfolgsdimensionen bei Vernetzungsprojekten sollten mit Struktur-, Prozess- und Ergebnisindikatoren gefasst werden. Bei Vernetzung ist vor allem auch die energetische Seite – also die Prozessdimension - sehr wichtig für den Vernetzungserfolg. Sie wird jedoch in unserer ergebnisorientierten Kultur, die das Augenmerk vor allem auf die materielle, ergebnisorientierte Seite legt, leicht vernachlässigt. Projekt- und Vernetzungsarbeit wird insbesondere dann erfolgreich fortgeführt und implementiert, wenn Motivation entsteht, wenn das Feuer des Aufbruchs am Brennen erhalten wird. Dies wird am besten mit regelmäßigen Follow-Up Veranstaltungen erreicht, auf denen die erreichten Meilensteine öffentlich kommuniziert werden und die Projekte weiterentwickelt werden. Der Antrieb für regionale Vernetzung entsteht aus der Motivation aller Beteiligten. Diese Folgeveranstaltungen sollten daher in regelmäßigen, nicht allzu großen Abständen – z.B. alle halbe Jahre oder alle drei bis vier Monate – stattfinden. Auf diesen Veranstaltungen können neue MitstreiterInnen gewonnen und die Energie der „alten Hasen" aufgefrischt werden. Sie lassen sich auch unter Einbeziehung der Presse gestalten, so dass auch die Öffentlichkeit an dem regionalen Veränderungsprozess Anteil nimmt. Die Herstellung von Öffentlichkeit ist ebenfalls ein wichtiger Motor für das Gelingen regionaler Vernetzungsprozesse. Ist der politische Wille eingangs nicht oder nur eingeschränkt gegeben, wird über regionale Öffentlichkeit auch die politische Willensbildung dahingehend beeinflusst, regionale Vernetzung tatsächlich zu unterstützen.

7.4 Großgruppen- und Projektevaluation im Vogelsbergkreis

Nachdem im Herbst das Projekt mit Projektmanagement geplant worden war (vgl. Stockmann, Kapitel III), begann zu Beginn des Jahres 2000 die Vorbereitung der Zukunftskonferenz als Vernetzungsverfahren. Es wurde eine Vorbereitungsgruppe gebildet, die bereits möglichst ein Mikrokosmos des regionalen Systems sein sollte.[1] Um die Zukunftskonferenz systematisch auswerten zu können, wurden im Vorfeld der Veranstaltung Erfolgskriterien für Prozess- und Ergebnisqualität definiert. Hierzu wurde zurückgegriffen auf das von Angela Oels entwickelte Instrumentarium der „stakeholder based evaluation" (Oels 2000a). Aus einem umfassenden Kriterienkatalog legte die Vorbereitungsgruppe ihre Maßstäbe an eine gelungene Intervention an. Für den Prozess der Zukunftskonferenz wurden folgende (qualitativ gefasste und mit Prüf-Indikatoren versehene) Maßstäbe definiert: der Prozess sollte vor

---

[1] Dies gelang nur teilweise, da beispielsweise WirtschaftsvertreterInnen in der Vorbereitung der Zukunftskonferenz nicht involviert waren.

allem innovativ sein, er sollte möglichst viele Beteiligten sektorübergreifend einbeziehen, er sollte fair sein und Kontinuität gewinnen. Teilnehmende sollten im Prozess motiviert und befähigt werden. Er sollte kompetent, kooperativ und angenehm sein. Bezogen auf das Ergebnis sollte die Zukunftskonferenz folgenden Nutzen bringen: man wollte insbesondere neue Partnerschaften bilden und vorhandene Partnerschaften stärken sowie die Vernetzung der Jugendberufshilfe in der Region fördern. Es sollte regional ein größeres Bewusstsein für die Jugendberufshilfe geschaffen werden und eine nachhaltige und tragfähige Vision entstehen.

Auf der Zukunftskonferenz selbst wurde evaluiert durch KonferenzbeobachterInnen sowie einem als Kurzfragebogen gestalteten Tagesblitzlicht, das das Spektrum von Qualitätskriterien für Prozess- und Ergebnisqualität schriftlich abfragte. Der Kurzfragebogen umfasste ca. 15 Fragen mit einer Fünferskala von „Stimme Zu" bis „Stimme nicht zu". Gerade in Großgruppenkontexten ist dies eine schnelle und effektive Art und Weise, die Befindlichkeit und Zufriedenheit der TeilnehmerInnen zu erfassen und mit den Rückmeldungen an die Gruppe den Prozess steuern zu können.

Die mittel- und längerfristigen Wirkungen der Zukunftskonferenz bzw. ihrer Einschätzungen durch die TeilnehmerInnen wurde ein halbes Jahr später auf der Folgeveranstaltung erhoben. Mittels eines zwei Seiten umfassenden Fragebogens wurde hier rückblickend gefragt nach der Sinnhaftigkeit der Zukunftskonferenz und den Einschätzungen ihrer Wirkungen und ihres Erfolgs. In der mittelfristigen Abfrage wird die „Euphorie-Effekte", die in der Abfrage unmittelbar auf der Veranstaltung noch gegeben sein mag, deutlich relativiert. Die Einschätzungen der TeilnehmerInnen werden realitätsnäher und damit insgesamt kritischer. Will man seriöse Ergebnisse erhalten, ist es daher unverzichtbar, zeitüberdauernde Einschätzungen der Wirkungen abzufragen. In der Evaluation der Zukunftskonferenz im Vogelsbergkreis bewahrheiteten sich die erwarteten und sich aus den Mühen des Alltags ergebenden Relativierungen. Die meisten TeilnehmerInnen waren jedoch auch nach einem halben Jahr noch von der Sinnhaftigkeit und dem Nutzen der Zukunftskonferenz überzeugt. Zwar fand man den Stand der Umsetzung geplanter Maßnahmen nicht ausreichend vorangetrieben, betonte aber, dass es gelungen sei, das Thema Jugendberufshilfe zu einem Top-Thema in der Region zu machen. Außerdem sei mit der Zukunftskonferenz das Kennenlernen, die Kommunikation und Zusammenarbeit zwischen potentiellen NetzwerkpartnerInnen vorangetrieben und unterstützt worden. Gefordert wurde, weiterhin auf klare Ziele und Aufgabenvereinbarungen zuzuarbeiten. Die positive Einschätzung der Zukunftskonferenz wurde in der Gesamt-Evaluation des Projektes bestätigt. Auch hier wurde mit einer kurzen Fragebogenerhebung (mit ca. 20 Items, die in Fünferskala gewichtet wurden) der Projekterfolg entlang des Kriterienkataloges bewertet. Auch hier lag der Tenor der Aussagen auf der positiven Gesamteinschätzung. Dabei wurden die regionalen Diskursivierungseffekte – also die Erzeugung regionaler Öffentlichkeit für das Thema - besonders hoch gewichtet. Angesichts der in hohem Maße gegebenen Abhängigkeit von regionalen Politik-Entscheidungen ebenso wie der Wirklichkeit konstruierenden und meinungsbildenden regionalen Presse treten „diskursive" Projektergebnisse gleichrangig neben „materielle" (Projekt-)Ergebnisse. Der Erfolg von Vernetzungsprojekten kann also auch durch das Erreichen erster vorzeigbarer Ergebnisse und ihrer Kommunikation in der Öffentlichkeit wesentlich gefördert werden. Auch Öffentlichkeits- und PR-Arbeit sollte daher in Form konkreter Meilensteine in die Projektplanung einbezogen werden (Weber i.V.).

Literatur

Argyris, Chris; Schön, Donald A (1999): Die lernende Organisation. Grundlagen, Methode, Praxis. Stuttgart.

Barrett, Frank J.; Cooperrider, David L. (1990). Generative Metaphor Intervention: A New Approach to Intergroup Conflict. Journal of Applied Behavioral Science, 26(2), pp. 223-244.

Boy, Jaques; Dudek; Christian; Kuschel, Sabine (1999[6]): Projektmanagement. Grundlagen Methoden und Techniken, Zusammenhänge. Offenbach.

Bruck, Walter; Weber, Susanne (2000): Appreciative Inquiry Summit – der nächste Schritt in der Revolution der Großgruppenarbeit. In: Königswieser, Roswitha; Keil, Marion (Hrsg.): Das Feuer der großen Gruppen. Stuttgart, S.164-178.

Bunker Barbara Benedict, Alban, Billie T. (1997): Large Group Interventions. Engaging the Whole System for Rapid Change. San Francisco.

Cooperrider, David (2000): Positive Image, Positive Action: The Affirmative Basis of Organizing. In: Cooperrider, David L.; Sorensen. Peter F.; Whitney, Diana; Yaeger, Therese F. (ed.): Appreciative Inquiry. Rethinking Human Organization Toward A Positive Theory of Change. Stipe Publishing, Champaign, Illinois. pp.. 29-54.

Cooperrider, David; Whitney, Diana (2000): A Positive Revolution in Change: Appreciative Inquiry in: Cooperrider, David L.; Sorensen. Peter F.; Whitney, Diana; Yaeger, Therese F. (ed.): Appreciative Inquiry. Rethinking Human Organization Toward A Positive Theory of Change. Stipe Publishing, Champaign, Illinois. pp.. 3-28.

Cooperrider, David; Whitney, Diana (1999): Appreciative Inquiry. Berrett-Koehler, San Francisco, CA.

Dannemiller, Kathleen D.; James, Sylvia; Tolchinsky, Paul D. (1999): Whole Scale Change. In: Holman, Peggy; Devane, Tom: The Change Handbook. Group Methods for Shaping the Future, San Francisco, pp. 203–216.

Jacobs, Robert W.; Mc Keown, Frank (1999): Real Time Strategic Change in: Holman, Peggy; Devane, Tom: The Change Handbook. Group Methods for Shaping the Future, San Francisco, pp. 295-312.

Jungk, Robert; Müllert, Norbert R. (1997[6]): Zukunftswerkstätten. Mit Phantasie gegen Routine und Resignation. München.

Königswieser, Roswitha; Exner, Alexander (1999[3]): Systemische Intervention. Architekturen und Designs für Berater und Veränderungsmanager. Stuttgart.

Königswieser, Roswitha; Keil, Marion (Hrsg.) (2000): Das Feuer der großen Gruppen. Konzepte, Designs, Praxisbeispiele für Großveranstaltungen. Beratergruppe Neuwaldegg / synetz. Stuttgart.

Kraus, Georg; Westermann, Reinhold (1998[3]): Projektmanagement mit System. Organisation Methoden Steuerung. Wiesbaden.

Maleh, Carole (2000): Open Space: Effektiv arbeiten mit großen Gruppen. Ein Handbuch für Anwender, Entscheider und Berater, Weinheim.

Messner, Dirk (1997): Netzwerktheorien. Die Suche nach Ursachen und Auswegen aus der Krise staatlicher Steuerungsfähigkeit. In: Altvater, Elmar; Brunngräber, Achim; Walk, Heike (Hrsg.): Vernetzt und Verstrickt. NGOs als gesellschaftliche Produktivkraft. Münster, S. 27-64.

Messner, Dirk (1995): Die Netzwerkgesellschaft. Wirtschaftliche Entwicklung und internationale Wettbewerbsfähigkeit als Probleme gesellschaftlicher Steuerung. Köln.

Oels, Angela (2000 a): The Power of Visioning. An evaluation of community-based Future Search Conferences in England and Germany (unveröffentlichte Promotionsschrift University of East Anglia, England).

Oels, Angela (2000b): „Let's get together and feel alright!" Eine kritische Untersuchung von „Agenda 21"-Prozessen in England und Deutschland. In: Heinelt, Hubert; Mühlich, Eberhard: Lokale Agenda 21-Prozesse. Erklärungsansätze, Konzepte und Ergebnisse. Opladen, S. 182-200.

Owen, Harrison (1997): Expanding our now: The Story of Open Space Technology. San Francisco: Berrett-Koehler.

Owen, Harrison; Stadler, Anne (1999): Open Space Technology in: Holman, Peggy; Devane, Tom: The Change Handbook. Group Methods for Shaping the Future, San Francisco, p. 233-245.

Petersen, Hans-Christian (2000): Open Space in Aktion. Kommunikation ohne Grenzen. Die neue Konferenzmethode für Klein- und Großgruppen. Paderborn.

Petri, Katharina (1996): Let's meet in Open Space! Die Story von Kaffepausen, Chaotischen Attraktoren und Organisationstransformation. In: Organisationsentwicklung, Heft 2/96.

Weber, Susanne (2000): Power to the People!? Selbstorganisation, System lernen und Strategiebildung mit großen Gruppen. In: Sozialwissenschaftliche Literaturrundschau 2/2000, S. 63-89.

Weber, Susanne (i.V.): Das lernende Netzwerk. Netzwerk-Organisationen und Organisationsnetzwerke als Prozess gestalten. Wiesbaden.

Weisbord, Marvin; Janoff, Sandra (2000): Zukunftskonferenz: Die gemeinsame Basis finden und handeln. In: Königswieser, Roswitha; Keil, Marion (2000): Das Feuer der großen Gruppen. Konzepte, Designs, Praxisbeispiele für Großveranstaltungen. Beratergruppe Neuwaldegg / synetz. Stuttgart. S. 129-145.

Weisbord, Marvin; Janoff, Sandra (1995): Future Search. An Action Guide to Finding Common Ground in Organizations and Communities. San Francisco.

Willke, Helmut (1999): Systemtheorie II. Interventionstheorie Grundzüge einer Theorie der Intervention in komplexe Systeme. Stuttgart, 3. Auflage.

Willke, Helmut (1996): Ironie des Staates. Grundlinien einer Staatstheorie polyzentrischer Gesellschaften. Frankfurt.

Nicole Benthin, Martina Baumert

Selbstevaluation als Methode der Qualitätsentwicklung, Prozesssteuerung und summativen Evaluation

Während der vorhergehende Beitrag von Susanne Weber verschiedene Vorgehensweisen beim Aufbau eines Netzwerkes beschrieb und bereits in den Begriff der Evaluation einführte, wertet der folgende Beitrag die Erfahrungen aus, die im Rahmen des Projekts Network bei der Umsetzung der zertifizierten berufsbegleitenden Zusatzausbildung zur internen Evaluation gemacht wurden. Ausgehend von den Diskussionslinien zur Qualitätsentwicklung innerhalb der Landesprogramme des Hessischen Sozialministeriums wird das Konzept der Selbstevaluation nach Heiner kurz erläutert. Die Auswertung der Erfahrungen erfolgt entlang der Aspekte Zeit, Rolle von Leitung und Mitarbeiterbeteiligung, Themen der Evaluationsprojekte, Praktikabilität der Verfahren und Instrumente sowie deutlich gewordener Unterstützungsbedarfe im Hinblick auf Voraussetzungen und Rahmenbedingungen von Selbstevaluation. Anhand eines konkreten Auswertungsbeispiels wird exemplarisch der konkrete Nutzen von Selbstevaluation verdeutlicht. Das hier ausgewählte Praxisbeispiel bezieht sich dabei auf die Projektevaluation der Vernetzung im Landkreis Hersfeld-Rotenburg und schließt somit auch wieder den Kreis zwischen Qualitätsentwicklung durch Evaluation und Vernetzung in der Jugendberufshilfe.

1. Einleitung

Die fachpolitische Debatte um Qualität und Qualitätssicherung hat für den Bereich der Jugendhilfe, aber auch für andere Erziehungs- und Bildungsbereiche wie Schule, in den letzten Jahren nicht nur aufgrund fiskalischer Restriktionen und zunehmenden Legitimationsanforderungen durch die Geldgeber stark zugenommen, sondern es entspricht auch immer mehr dem professionellen Selbstverständnis der Erziehungs- und Bildungsarbeit insgesamt, methodisch-systematisch zu handeln und die Ergebnisse dieses professionellen Handelns zu beschreiben und zu bewerten. Damit ist der Themenbereich der Evaluation - ob als interne oder externe, ob als formative oder summative Ansätze - zentral geworden für Fragen der Steuerung von Qualitätsentwicklungs- und -sicherungsprozessen und für den Umbau der Einrichtungen der Jugendhilfe zu „lernenden Organisationen". Jedes zielorientierte Handeln ruft förmlich nach Überprüfung der Erreichung definierter Ziele. Da Bildungs- und Erziehungsarbeit als personenbezogene Dienstleistung verstanden wird, deren Produkte erst durch die Interaktion mit den KlientInnen entstehen und innerhalb deren konkrete Handlungs- und Beratungsziele im Rahmen eines individuellen Bildungshilfeplans häufig erst im Laufe der Betreuung oder Beratung festgelegt werden können, wird der Einsatz systematischer selbstevaluativer oder intern genutzter Instrumente für die Ergebnisfeststellung pädagogischer Arbeit zentral.

Ausgehend von der Tatsache, dass insbesondere Träger der Jugendberufshilfen häufig von unterschiedlichen Leistungsträgern des SGB finanziert wurden und werden[1], waren und sind Träger der hessischen Landesprogramme des Jugendressorts bereits traditionell stark mit unterschiedlichen Anforderungen in Zielvorgaben der Programme, Antrags- und Nachweisverfahren und dem „hangeln" durch Förderbedingungen und „Ausschlussfaktoren" konfrontiert. Darüber hinaus setzte insbesondere im Bereich der Arbeitsverwaltung seit 1995 ein Druck ein, „die Effizienz Ihrer Qualifizierungsmaßnahme (...) nachzuweisen".[2] Auch im Rahmen des Kinder- und Jugendplans des Bundes (KJP) initiierte das Bundesministerium für Familie, Senioren, Frauen und Jugend Qualitätssicherung bei Trägern des KJP. Hier führten z.b. die Universitäten Köln und Tübingen im Auftrag des BMFSFJ ein Weiterbildungs- und Forschungsprojekt „Selbstevaluation in der Kinder- und Jugendhilfe" durch (1995-1998).[3] Von allen Seiten wurden somit die Anforderungen lauter und einfordernder, Qualität der Arbeit - ein zum damaligem Zeitpunkt für die Jugendberufshilfe inhaltlich noch zu füllender und zu konkretisierender Begriff - zu dokumentieren.

Die hessischen Träger der Landesprogramme des Jugendressorts (Beratungsstellen, Mädchentreffs/-werkstätten und Qualifizierungs- und Beschäftigungs-Projekte/Werkstätten) reagierten auf diese zusätzlichen Anforderungen nach Qualitätssicherung offensiv und vielfältig. Z.B. entwickelten sie im Rahmen der ersten Förderperiode der Gemeinschaftsinitiative Youthstart in den Jahren 1996 und 1997 ein Positionspapier.[4] Dies bündelte im Sinne einer Bestandaufnahme eine Listung von Ziele und Zielgruppen, Qualitätsstandards aus der Perspektive der Jugendhilfe sowie fachliche Empfehlungen für

---

1   Z.B. Förderlehrgänge Arbeitsamt, BSHG §19 Maßnahmen Sozialamt, Beratungsarbeit z.b. Kreis-, kommunale oder Landesmittel, Werkstätten im Rahmen von ESF, Bundesmodellprojekte im Rahmen des Kinder- und Jugendplan des Bundes.
2   So erhielt z.b. ein Träger im Sommer 1995 vom örtlichen Arbeitsamt ein Schreiben mit der Aufforderung "die Effizienz Ihrer Qualifizierungsmaßnahme innerhalb der nächsten sechs Wochen nachzuweisen".
3   "Qualitätssicherung in der Kinder- und Jugendhilfe", Initiative des Bundesministeriums für Familie, Senioren, Frauen und Jugend. In Rahmen dieser Initiative wurde z.b. die Veröffentlichungsreihe QS: Materialien zur Qualitätssicherung in der Kinder- und Jugendhilfe mit insgesamt 29 Bänden abgeschlossen (erstmaliges Erscheinen Jan 1996).
4   Vgl. hierzu auch Benthin/Hockerts Kapitel I.

die Weiterentwicklung der Förderung. Damit lag im bundesweiten Vergleich sehr früh (Mai 1997) ein Arbeitspapier vor, das jugendhilfespezifische Ziele und Qualitätsstandards für eine große Anzahl von Trägern von Jugendberufshilfeprojekten widerspiegelten.[5] Man begegnete den Anforderungen nach Qualitätssicherung weiterhin offensiv, indem mit Vorlauf seit 1996/97 und dann verstärkt seit Beginn der zweiten Förderperiode Youthstart von Januar 1998 bis Dezember 1999 MitarbeiterInnen in Methoden der Selbstevaluation als Multiplikatoren ausgebildet wurden, um Qualitätsentwicklungsprozesse und Evaluationsverfahren in den entsendenden Einrichtungen zu initiieren, mit den Kollegen durchzuführen und reguläre Verfahren kontinuierlicher Ergebnisfeststellung der Arbeit zu entwickeln und zu implementieren (Qualitätssicherung durch kontinuierliche Selbstevaluation). Es erfolgte eine Überarbeitung des Ausbildungskonzepts und ein weiterer Ausbildungsdurchgang 2000 (Crash-Kurs).[6]

2. Das Konzept der Selbstevaluation nach Heiner/Beywl

Das Konzept der Selbstevaluation (Heiner 1988: 7ff) steht in der Tradition methodischen Handelns in der Sozialarbeit und betont die autonome Selbstkontrolle fachlichen Handelns. Selbstevaluation ist in diesem Sinne eine Meta-Theorie, denn sie verbindet den Ansatz methodischen Handelns mit dem wissenschaftlich-empirischen Ansatz der Evaluation. Rossi/Freeman (1985: 19) definieren:

„Evaluation research is the systematic application of social science reserach procedures in assessing the conceptualization and design, implementaion, an utility of social intervention programs".

Damit ist allgemeines Kennzeichen wissenschaftlicher Evaluation der Einsatz empirischer Verfahren auf dem aktuellen Stand wissenschaftlicher Forschungstechniken (Gütekriterien und Standards von Evaluationen) mit dem Ziel, Sozialprogramme, Konzepte oder praktische Maßnahmen zu überprüfen, zu optimieren oder Entscheidungen über ihre Nützlichkeit zu treffen. Evaluation ist somit immer ziel- und zweckgerichtet. Man untersucht nicht etwas, nur weil man es immer schon einmal wissen wollte oder weil es hierzu eine Erkenntnislücke als solcher gibt, sondern Evaluation zielt immer unmit-

---

5   Insgesamt rd. 60 Mitarbeiterinnen und Mitarbeitern von ca. 50 durch das Land Hessen geförderten Trägern.

6   Zum Curriculum und den konkreten Stundenkontingenten und Rahmenbedingungen der Multiplikatorenausbildung siehe Benthin/Hockerts Kapitel I. Hier findet sich auch die Beschreibung weiterer Angebote im Rahmen dieses Projektteils Qualitätsentwicklung durch interne Evaluation wie der Arbeitskreis Selbstevaluation in der Jugendberufshilfe.

telbar auf Verbesserung einer bestehenden Praxis ab. Die mittels empirischer Verfahren gewonnenen objektivierten Ergebnisse dienen somit als Planungs- und Entscheidungshilfe. Evaluation bedeutet also auch immer die Bewertung von Handlungsalternativen und die regelhafter Überprüfung eingeführter Veränderungen oder Optimierungen auf ihre Tauglichkeit und Effizienzsteigerung hin. Nur in dieser Verbindung mit Evaluation macht Organisationsentwicklung und Qualitätssicherung einer „lernenden Organisation" Sinn.

Im Mittelpunkt jeder Evaluation steht letztlich das Handeln von Subjekten in angebbaren, abgrenzbaren gesellschaftlichen Zusammenhängen (Individuum, Team, Abteilung, Einrichtung, Organisation). Zentral am Konzept der Selbstevaluation ist, dass sich das „Selbst" auf zwei Ebenen bezieht: Die Bewertung der eigenen Arbeit (meiner, unseres Teams, unserer Einrichtung) steht im Mittelpunkt und wird durch selbstentwickelte Instrumente bewertet. Zentrale Frage der Selbstevaluation ist somit: „Leiste ich gute Arbeit, könnte ich anders mehr erreichen? Habe ich mich richtig verhalten?" (Heiner 1988: 7). Statt diese Frage von externen EvaluatorInnen untersuchen zu lassen, ist es bei der Selbstevaluation der beruflich Handelnde selbst, der als „Forscher in eigener Sache" den Verlauf und die Ergebnisse seines beruflichen Handelns untersucht.

Eine wesentliche Erfahrung aus geschlossenen experimentellen oder quasi-experimentellen externen Programmevaluation - insbesondere in den Vereinigten Staaten - war, dass die Güte der Evaluationsergebnisse sehr von der Güte der im Evaluationsprozess erhobenen Daten über Prozesse und Ergebnisse sozialer Arbeit abhängt. Nun verbringen externe EvaluatorInnen häufig viel Zeit und Mühe, die MitarbeiterInnen im Sinne beteiligender Verfahren zu motivieren, ihnen detaillierte Informationen über die beruflichen Tätigkeiten (was und wie?) sowie deren Folgen zu liefern. Auch die Recherche der „Feldbedingungen" ist häufig zeitaufwendig. Die Selbstevaluation setzt diese Erkenntnisse zentral: wer besser als die SozialpädagogIn oder die SozialarbeiterIn selbst, verfügt über diese Daten, die z.B. Rückschlüsse auf Entwicklungsverläufe von Jugendlichen zulassen. Diese Fachkräfte sind die Grundlage für die Beschreibung der Rahmenbedingungen des Arbeitsfeldes. Aufgabe ist es, diese Daten systematischer, d.h. gelenkter hinsichtlich einer Evaluationsfragestellung und mittels objektivierter empirischer Methoden zu erfassen, zu interpretieren und zu bewerten und somit Entscheidungsprozesse und Ergebnisse der Arbeit objektivierter darzustellen und anschließend zu bewerten.

Zweite zentrale Annahme des Konzepts der Selbstevaluation ist, dass es bei der Evaluation sozialpädagogischer Praxis nicht nur darum gehen kann, die Erreichung vorab definierte Ziele zu überprüfen. Vielmehr muss eine Evaluationsmethode sozialpädagogischer Praxis gewährleisten, dass der Struktur sozialer Interventionsprozesse als Interaktionsprozessen mit offenem Ende Rechnung getragen wird. Soziale Arbeit zeichnet sich ja gerade dadurch aus, dass im Rahmen der Betreuung- oder Beratungsarbeit mit der KlientIn mit ihren unter Umständen komplexen und vielschichtigen Problemlagen erst im Laufe des Beratungsprozesses Entwicklungs- und Handlungsziele erarbeitet werden können. Hier kann eine vorschnelle Festlegung und einseitige Ausrichtung auf eine vorab definierte Zielerreichung sogar für den Gesamterfolg des Beratungsprozesses kontraproduktiv sein. Außerdem sollten Interventionsprozesse als heuristische Prozesse aufgefasst werden (Such- und Findeprozesse mit der Möglichkeit von Sackgassen, Einbahnstrassen oder Umkehr/Abbruch), die insgesamt schriftlich besser dokumentiert werden müssen, denn die Aussage „Ziel erreicht oder nicht erreicht" sagt noch nichts über die Gründe des Erfolgs oder des Scheiterns aus. Darüber hinaus sollte die Problemanalyse und Informationsbeschaffung systematisch erfolgen, wobei eben nicht nur die beobachtbaren Interventionsprozesse zu dokumentieren sind, sondern auch die Prozesse der Urteilsbildung oder Interpretation.

Somit bezieht sich Selbstevaluation im Konzept von Heiner immer auf zwei Ebenen (Heiner 1988: 15):

- Die Ebene der Intervention: Dokumentation von beobachtbaren Wirkungen und Ergebnisse der Intervention, Verhaltens- und Einstellungsänderungen werden nachvollziehbar.
- Die Ebene der Denkmuster und Begründungen: Kritische Reflexion der Einstellungen und Vermutungen, welche die Wahrnehmung des Beraters strukturieren. Welchen Einfluss haben diese auf Problemanalyse und die Formulierung von Beratungszielen, welche Maßstäbe werden für die Beurteilung der Entwicklung angelegt? Die Gegenspiegelung von Meinungen und Bewertungen aus der Perspektive der Nutzer und Nutzerinnen ist hierbei zentral für die kritische Selbstreflexion eigener „Vorurteile".

Trotz der Ähnlichkeit der Vorgehensweisen und der eingesetzten Methoden - so entscheiden die Fachkräfte anhand von Regeln autonom, welcher Gegenstand evaluiert wird, sie legen Bewertungskriterien fest und entwickeln Indikatoren und Untersuchungspläne, führen die Datenerhebung und -auswertung durch und entscheiden über deren weitere Verwendung im Rahmen von Entscheidungsprozessen - unterscheidet sich das Konzept der Selbstevaluation doch gegenüber wissenschaftlicher Forschung. So geht es nicht darum, verallgemeinerbare Erkenntnisse zu generieren, sondern subjektive Meinungen durch die Gegenüberstellung mit objektivierten Daten zu reflektieren und den eigenen Vorurteilen und Wahrnehmungskriterien kritisch auf der Spur zu bleiben. Selbstevaluationen sind somit typischerweise Fallstudien. Dementsprechend formuliert die Selbstevaluation auch andere Gütekriterien oder Standards als die wissenschaftliche Forschung, innerhalb derer Zuverlässigkeit, Gültigkeit und Verallgemeinerbarkeit zentrale Qualitätsmerkmale empirischer Untersuchungen sind. Demgegenüber formuliert von Spiegel (von Spiegel 1997: 38ff) folgende Gütekriterien für Selbstevaluation:

- Plausibilität: Die Ziele, Kriterien und Indikatoren der Zielerreichung sollen plausibel begründet werden.
- Nachvollziehbarkeit: Der Gang der Untersuchung muss dokumentiert und nachvollziehbar sein.
- Relevanz: Die evaluierten Inhalte sollen für die Weiterentwicklung oder die Legitimation von Organisationseinheiten wichtig sein und auf konzeptionelle Leitlinien bezogen werden.
- Effizienz: Die Erhebungen müssen vom Aufwand vertretbar sein.
- Flexibilität: Das System muss flexibel handhabbar sein und sich in die Realitäten des Alltags pädagogischen Handelns einpassen.

3. Erfahrungen mit der Umsetzung des Konzepts im Rahmen der Gemeinschaftsinitiative Beschäftigung Youthstart Network

Da es sich bei dem Konzept der Selbstevaluation um die Anwendung sozialwissenschaftlich-empirischer Verfahren der Datenerhebung und Auswertung handelt, und darüber hinaus im Rahmen von Network der Anspruch bestand, dass die Multiplikatorinnen und Multiplikatoren möglichst zusammen mit ihren Teams gemeinsam in den Prozess der Qualitätsentwicklung durch Einführung systematischer regelhafter Evaluationsinstrumente einsteigen sollten, erforderte die Durchführung Kenntnisse, Fähigkeiten und Fertigkeiten in einem Umfang und einer Intensität, die eine die berufliche Arbeit begleitende Zusatzausbildung notwendig machte. Fragestellung im Rahmen der Gemeinschaftsinitiativen Beschäftigung ist immer auch die Entwicklung und Erprobung innovativer Konzepte. Es sollte also praktisch erprobt und geprüft werden, ob

- Verfahren der Selbstevaluation in angemessener Zeit entwickelt werden können.
- Verfahren der Selbstevaluation praktikabel und brauchbar für Qualitätsentwicklungs- und Sicherungsprozesse sind.
- Welche Rahmenbedingungen und Voraussetzungen gegeben sein müssen, um Selbstevaluation gewinnbringend einzusetzen.

3.1 Zeit, Zeit und nochmals Zeit

Zeitmangel stellte während beider Ausbildungsdurchgänge ein immer wieder kehrendes und großes Problem dar. Gerade kleine Vereine sind häufig personell sehr knapp besetzt, so dass bei Krankheit von Kollegen oder Urlaubszeiten insbesondere, wenn kurzfristig auf neue Ausschreibungen und Förderprogramme reagiert werden musste, die Selbstevaluationsprojekte fast zum Erliegen kamen oder zeitweise gar nicht bearbeitet werden konnten. Dennoch haben alle beteiligten Einrichtungen im Zeitraum der Ausbildung mindestens ein, beim ersten Durchgang mehrheitlich zwei Evaluationsprojekte durchgeführt. Einrichtungen, die eine weitgehende Freistellung der EvaluatorIn gewährleisten konnten, waren erfolgreicher in der Implementierung regelhafter Verfahren der internen Evaluation. Zeit ist für die Durchführung einer Selbstevaluation zentral, insbesondere wenn man sich zum ersten Mal damit befasst und auf die Methode einlässt, denn es muss neuer Stoff theoretisch verstanden und durch praktisches Tun eingeübt werden.

Darüber hinaus hängt der Zeitbedarf natürlich stark von anderen Faktoren ab:

- Wie intensiv sollen Mitarbeiterinnen und Mitarbeiter beteiligt werden?
- Welchen Umfang hat die Untersuchungsfragestellung überhaupt?
- Wie weit müssen neue Instrumente entwickelt werden?
- Welche Möglichkeiten der Auslagerung und Entlastung stehen zur Verfügung? (z.B. externe Beratung und Begleitung, Hilfe bei Datensatzerstellung und -auswertung, EDV-Voraussetzungen etc.)

Zentraler Punkt zum Thema Zeit war die Erfahrung, dass nur dort, wo feste Zeit- und Ressourcenkontingente für die Selbstevaluation strukturell verankert waren (Freistellung, feste Kommunikationsstrukturen für die Durchführung des Selbstevaluationsprojektes im Team, Einbindung des Teams/Geschäftsführung) das kampagnenhafte, Einmalige der Selbstevaluation überwunden werden konnte und stärker regelhafte Verfahren der Qualitätskontrolle i.R. der definierten Untersuchungsfragestellungen eingeführt wurden.[7]

Aufgrund der gemachten Erfahrungen zum immerwährenden Zeitmangel wurde das Curriculum für einen zweiten Ausbildungsdurchgang gestrafft. Damit konnte die Ausbildung in einem Jahr absolviert werden. In Konsequenz wurde im zweiten Durchgang (Crash-Kurs) nicht darauf bestanden, ein Selbstevaluationsprojekt bezogen auf das Team durchzuführen. Schwerpunkt war die praktische Anwendung der Methode bezogen auf eine sehr kleine und überschaubare Fragestellung. Die Grundform des Curriculums wurde beibehalten.

---

7   Die Rahmenbedingungen für eine zeitliche Freistellung gestalten sich bei den Trägern unterschiedlich schwierig und hängen vermutlich weniger von der Größe oder dem Status eines Trägers (freier/öffentlicher Träger) ab, als vielmehr von Finanzierungsgrundlagen und dem Willen und der Fähigkeit der Leitung, Zeit und Ressourcen zur Verfügung stellen zu können.

Es wurde im Crash-Kurs schnell deutlich, dass ein Jahr zu kurz sein würde, um die begonnenen Evaluationsprojekte komplett abzuschließen. Nur 10 von 16 Teilnehmern führten überhaupt ein Evaluationsprojekt durch, während dies im ersten Durchgang alle Teilnehmer taten.[8]

3.2 Rolle der Leitung

Als zentrales Ergebnis des Projekts Youthstart Network ergab sich, dass Selbstevaluation als Methode nicht „von oben" verordnet werden kann. Leitung kann und sollte hier beispielhafte, anregende und fördernde Funktion übernehmen. Die eigene Bereitschaft zur Veränderung, die Bereitstellung von Zeit- und Übungskontingenten für die MitarbeiterInnen und der eigene Wille, tatsächlich eine „lernende Leitung" einer „lernenden Organisation" sein zu wollen, sind zentral für ein offenes und vertrauensvolles Klima im Sinne eines Qualitätsdiskurses. Eigene Konfliktfähigkeit und Selbstkritik sind nicht nur für Leitung, sondern insgesamt für alle Beteiligten von großer Bedeutung für eine gewinnbringende Nutzung der Methode Selbstevaluation. Wo MitarbeiterInnen und Leitung für das Konzept gewonnen werden konnten, gestaltete sich die Umsetzung einfacher. Missachtung oder Geringschätzung durch Leitung konnte hier signalhaften Charakter für defensive Strategien der Mitarbeiterschaft haben. In diesem Zusammenhang erwies es sich als sehr wichtig, mit den Engagierten und Motivierten zu beginnen und den Spaß an der Sache zu betonen.

Aus den gemachten Erfahrungen zur Rolle der Leitung und der Notwendigkeit inhaltlicher Unterstützung und Mittragens des Evaluationsprojekts wurde für den zweiten Durchgang der Ausbildung eine schriftliche Einverständniserklärung der Leitung für die Freistellung für die Seminare und die Umsetzungsarbeiten vor Ort als Teilnahmevoraussetzung bestimmt. Diese wurde von allen TeilnehmerInnen erbracht. Dennoch zeigte sich, dass die schriftliche Einverständniserklärung der Leitung nicht gleichbedeutend mit faktischer Gewährung von Unterstützung war. Trotz Freistellungen für die Seminare musste doch in der Regel die Mehrheit der praktischen Umsetzungsarbeiten auch von den TeilnehmerInnen des Crash-Kurses in ihrer Freizeit erbracht werden.

---

8   Die Gründe für Nichtdurchführung lagen ausschließlich in Arbeitsüberlastung durch Krankheit oder Krankheit von Kollegen, Arbeitsplatzwechsel oder Übernahme neuer Aufgaben (z.B. Konzepterstellung für das Fachstellenprogramm Jugendberufshilfe im zweiten Quartal 2000).

3.3 Mitarbeiterbeteiligung und Akzeptanz

Mitarbeiterbeteiligung ist für die Schaffung eines offenen Diskussionsklimas und somit für die Akzeptanz gegenüber der Methode und den damit erzeugten Ergebnissen zentral. Dies schließt ein, dass die MitarbeiterInnen eine Einführung in die Methode der Selbstevaluation erhalten, klare Projektstrukturen und Vereinbarungen getroffen werden (z.b. wer erhält welche Daten?), und insgesamt über Ziele und Motive der Evaluation Transparenz und möglichst Einvernehmen hergestellt wird, wenn es auch keinen Zwang zum Konsens geben muss. Die Organisation notwendiger Kommunikationsprozesse ist zwar auch mit Einsatz moderierter Verfahren immer noch zeitaufwendig. Die Beteiligung an der inhaltlichen Festlegung von Fragestellung, Indikatoren und Bewertungskriterien erhöht jedoch die Chance auf Akzeptanz gegenüber den Ergebnissen deutlich und ist im Rahmen der Grundannahmen des Konzepts sehr zentral. Eine gute Akzeptanz erhöht wiederum die Wahrscheinlichkeit, dass die gefundenen Ergebnisse auch tatsächlich als Entscheidungshilfe genutzt werden und nicht in „netten Berichten" in Schreibtischschubladen verschwinden. Darüber hinaus ist die MitarbeiterInnnenbeteiligung zentral für die Definition von Zielen und Indikatoren sowie für die Meßlatte der Praktikabilität der entwickelten Instrumente. Ihre Nicht-Beteiligung würde eine sträfliche Vernachlässigung methodischer Standards der Evaluationsforschung bedeuten.

3.4 Themen der durchgeführten Selbstevaluationen

Die thematischen Schwerpunkte waren sehr vielfältig und bezogen sich auf die Dimensionen von Ergebnis, der Prozess-, der Struktur- und der Konzeptqualität (Heiner 1996: 29f).[9] Mehrere Untersuchungen fragten nach den „Wirkungen" beruflichen Handelns (z.B. Kompetenzzuwächse von TeilnehmerInnen während durchgeführter Maßnahmen, Beobachtungsbögen, Förderplanarbeit, TeilnehmerInnenverbleibuntersuchungen, aber auch Wirkungen der Öffentlichkeitsarbeit). Andere schenkten den Prozessen und den der Arbeit zugrundeliegenden Strukturen Aufmerksamkeit (z.B. Ablauforganisation, Kommunikationsflüsse, Informationsflüsse, Ablauf von Teamsitzungen, Mitarbeiterzufriedenheit). Interessant ist in diesem Zusammenhang, dass es im Laufe der Ausbildung auch zu einer Schwerpunktverlagerung der Themen kam: waren die MultiplikatorInnen zu Beginn der Ausbildung primär an der

---

9 Wir schließen uns der Position von Maja Heiner an, nach der es sinnvoll ist, die Perspektive der ProduzentInnen i.S. von Konzeptqualität, Mitarbeiterinnenqualität, Organisations- und Ausstattungsqualität und Ressourcenqualität ebenso in die Bestimmung von Qualitätsstandards einzubeziehen wie die KundInnenperspektive nach der Definition von Donabedian (1982).

Dimension der Konzept- und Ergebnisqualität interessiert (Erreichen wir unsere Zielgruppe, wie bewerten sie unser Angebot, welche konzeptionellen Änderungen sind notwendig, welche beobachtbaren Veränderungen können wir bei der Zielgruppe feststellen?), verlagerte sich das Interesse bei dem folgenden Evaluationsprojekt häufig auf die Dimensionen der Prozess- oder Strukturqualität (wie können wir unsere Teamsitzungen besser organisieren, wie verbessern wir den Informations- und Kommunikationsfluss in unserer Einrichtung, wie wirken unsere Aktivitäten nach draußen (Öffentlichkeitsarbeit), welche optimale Nutzung unserer Ressourcen können wir erreichen?). Es scheint auch eine entlastende Wirkung in der Selbstevaluation zu liegen. Nachdem die ersten Evaluationsprojekte nachweislich „Wirksamkeiten" bei der Klientel feststellten („Was man nicht doch alles erreicht!" als staunende Erkenntnis), wurde der Blick frei für die anderen wichtigen Dimensionen der Qualität.

Themenschwerpunkte der Evaluationsprojekte im Crash-Kurs waren aufgrund der konzeptionellen Änderung (nicht zwingend Einstieg in einen Prozess der Selbstevaluation mit dem Team) eindeutig die Entwicklung der individuellen integrierten Förderplanung (5 von 10 durchgeführten Projekten). Die Bewertung der eigenen Arbeit durch Schüler und Lehrer (sozialpädagogische Betreuung an einer Schule) (1), die Bewertung von Informationsmaterialien i.R. der Kooperation des Trägers mit dem Arbeitsamt durch das Arbeitsamt (1), die Bewertung der Förderangebote durch die TeilnehmerInnen (1), die Entwicklung von Strukturen zur Bestandsaufnahme von arbeitslosen Jugendlichen im Sozialraum und von Angeboten (1), sowie die Evaluation des Netzwerkes im Landkreis Hersfeld-Rotenburg (1) bildete weitere Themen.

3.5 Praktikabilität des Verfahrens und der Instrumente

Im Grundsatz wurden nur dann neue Instrumente entwickelt und nur für jene Fragen neue Daten erhoben, wenn sich diese nicht durch vorliegende Verfahren oder Materialien erfassen oder rekonstruieren ließen. In diesem Zusammenhang galt also immer der Lehrsatz: Erhebe nie Daten, die nicht schon in anderer Form vorliegen. Ziel war es, bestehende Verfahren oder Instrumente hinsichtlich der Untersuchungsfragestellung zu erweitern, statt gesonderte Instrumente zu entwickeln. Nur dort, wo es keine Daten oder Instrumente gab, wurden neue Instrumente entwickelt und neue Datenlagen produziert. Dies war sehr häufig der Fall, da man vielerorts erst an Anfang eines längeren Entwicklungsweges z.B. bei der internen Vereinheitlichung vorliegender „Materialien" und Instrumente stand. Es kam durch die Fortbildung in diesem Zusammenhang zu Vereinheitlichungen vorliegender Materialien innerhalb der Einrichtungen (z.B. TeilnehmerInnen/ Personalbögen, Gesprächsnotizen, Leitfäden für Beratungsgespräche unterschiedlicher Art (Erstgespräch, Fördergespräche)). Diese Sammlung, Sortierung und Überarbeitung von vorliegenden Materialien brauchte erhebliche Zeit, denn sie bedurfte auch der inhaltlichen Abstimmung innerhalb der Einrichtungen (z.b. hinsichtlich der Gradwanderung zwischen Standardisierung und Spezifizierung unterschiedlicher Maßnahmen).

Die Entwicklung neuer Instrumente sollte sorgfältig erfolgen und braucht somit methodisch immer seine Zeit.[10] Da zum damaligen Zeitpunkt nur wenig Evaluationsinstrumente für den Bereich der Jugendberufshilfen öffentlich vorlagen, leisteten die MultiplikatorInnen zusammen mit ihren Teams die immense Arbeit der inhaltlichen Definition, Indizierung und Operrationalisierung von zentralen Zieldefinitionen der Jugendberufshilfen.[11] Diese Entwicklungsarbeit hatte immer wieder auch zur Folge, dass sich das Team in seinen Diskussionen auf die zentralen Leitziele der Einrichtung bezog. In Einzelfällen kam es in der Folge solcher Debatten auch zu Änderungen von Schwerpunkten der Arbeit. Dies hatte Klarheit der Arbeitsschwerpunkte, Konzentrierung auf die wesentlichen und auch mehrheitlich teilbaren Ziele und somit insgesamt Entlastung zur Folge.

Der zeitliche Aufwand für die Entwicklung von Evaluationsinstrumenten ist grundsätzlich hoch, im vorliegenden Fall war er noch höher als normal, da die TeilnehmerInnen zum erstenmal in ihrem Leben mit der Materie befasst waren und somit aufgrund des Lern- und Übungscharakters einfach mehr Zeit benötigt wird. Lernen heißt eben auch Zeit zum Fehlermachen zu brauchen.

Die Praktikabilität und der Umfang der neu zu entwickelnden Instrumente hing auch stark ab von der Breite der Untersuchungsfragestellung: je breiter angelegt diese war, desto umfangreicher waren die Instrumente und damit auch der Zeitaufwand ihrer Entwicklung, Anwendung und Auswertung. Auch stoßen manche Methoden, wie die teilnehmende Beobachtung, aufgrund von Arbeitsrealitäten schnell an eine Grenze der Praktikabilität. Insgesamt wurde aber darauf geachtet, dass sich die Instrumente in den Arbeitsablauf einigermaßen einfügten. Deshalb wurde z.b. bei Interviews immer darauf geachtet, dass nur Leitfäden konstruiert wurden, innerhalb derer die Reihenfolge der Fragen dem tatsächlichen Gesprächsverlauf angepasst werden konnte.[12] In

---

10 Hierzu gehören klare theoretisch begründete Begrifflichkeiten und Hypothesenformulierung genauso, wie die Überführung in Indikatoren und mögliche Operatoren sowie die konkrete Operrationalisierung, Durchführung von Pre-Tests, Änderungen, erneuter Pre-Test, ggf. weitere Änderungen. Auch wurden die weiter- oder neuentwickelten Instrumente alle, zum Teil mehrmals, überarbeitet.

11 Für die Erstellung gemeinsam genutzter Beobachtungsbögen für die Beobachtung von Kompetenzzuwächsen über eine Maßnahmendauer von sechs Monaten ist es zwingend notwendig, mit den KollegInnen inhaltlich-sprachlich festzulegen, was denn soziale Kompetenz sein soll und an welchen beobachtbaren Verhaltensäußerungen soziale Kompetenz ersichtlich ist?

12 Im Rahmen von Beratungsgesprächen wurde es als ethisch nicht vertretbar angesehen, dem

der Regel waren in diesen Leitfäden auch Teile für die Reflexion und die Einschätzung des Gesprächs durch die Beraterin vorgesehen. Rückmeldungen von Jugendlichen wurden regelhaft eingeholt.

Das regelmäßige Führen und Erheben dieser Gesprächsdaten gestaltete sich nicht immer reibungslos und ließ in Einzelfällen zu wünschen übrig. Dies hing auch damit zusammen, dass Instrumente noch zu umständlich oder umfangreich waren. Wurden diese Kritikpunkte berücksichtigt und kam es nach Vereinfachung von Instrumenten immer noch zu mangelhaften oder lückenhaften Führen, konnte ziemlich sicher davon ausgegangen werden, dass Probleme im Bereich von Verbindlichkeit oder Vertrauen Grundlage von Widerstandpotentialen waren, die sich an den „so zeitaufwendigen" Instrumenten kristallisierten.

3.6 Notwendige Unterstützung

Die Einführung von Selbstevaluation als Methode interner Steuerung und Qualitätskontrolle benötigt neben Zeit vor allem auch externe Unterstützung und weitere Fortbildung sowie den Erfahrungsaustausch unter denjenigen, die Selbstevaluation praktisch betreiben. Besonders wichtig war für die Projekte der kontinuierliche Erfahrungsaustausch zur Reflexion der eigenen Selbstevaluationsprojekte. Dies ist umso wichtiger, als dass das Gütekriterium der Verallgemeinerbarkeit empirischer Forschung nicht auf die Selbstevaluation streng angelegt werden sollte, denn es geht ja vielmehr um Plausibilität, Nachvollziehbarkeit und Relevanz. Was für die harte empirische Forschung Vergleichbarkeit durch Standardisierung ist, ist bei der Selbstevaluation der Erfahrungsaustausch derjenigen, die Selbstevaluation praktisch betreiben.

Die Möglichkeit zur wissenschaftlichen Beratung und Begleitung ist ebenfalls ein notwendiger Unterstützungsbedarf. Aufgaben liegen hier insbesondere in der fachlichen Beratung zu empirisch-methodischen Fragen (Untersuchungsdesigns, Instrumentenentwicklung, Auswertungsfragen) und in der Gewährleistung des „Außenblicks", um der Schwäche des Konzepts - Forscher in eigener Sache zu sein - bewusst entgegenzutreten. Die punktuelle Beziehung und Beratung durch externe Empiriker ist notwendig, um die Relevanz der untersuchten Bereiche, die Korrektheit des methodischen Vorgehens sicherzustellen und somit die Gültigkeit und Zuverlässigkeit der Untersuchungen zu erhöhen.

Aus den gemachten Erfahrungen im ersten Durchgang wurde die Konsequenz gezogen, die Stundenanteile wissenschaftlicher Beratung vor Ort deut-

---

wissenschaftlichen Lehrsatz standardisierter Interviewformen mit exakt immer gleichlautenden Reihenfolgen und Syntax der Frage nachzukommen.

lich zu erhöhen.[13] Dabei wurde darauf geachtet, dass Kontingente, die von den TeilnehmerInnen, die praktisch keine Selbstevaluation durchführten, anderen TeilnehmerInnen zu Gute kamen. Als weitere Unterstützungsstrukturen wurden Regionaltreffen der TeilnehmerInnen des zweiten Ausbildungsdurchgangs eingeführt, die genutzt wurden. Darüber hinaus konnten diese TeilnehmerInnen auch am Arbeitskreis Selbstevaluation in der Jugendberufshilfe teilnehmen.[14] Hiervon machte die Mehrheit der KollegInnen Gebrauch. Deutlich wurde im Projekt Youthstart auch, dass weitere Fortbildung notwendig sein wird. So konnte zwar im Rahmen der Ausbildung z.b. der theoretische Zugang zu allen Formen der Datenerhebung geleistet werden, die detaillierte Anwendung des einen oder anderen Verfahrens ergab sich praktisch aber aus den Untersuchungsfragestellungen. Abschließend lässt sich feststellen, dass das Fortbildungskonzept einer weiteren Flexibilisierung bedarf. So ist die Orientierung am theoretischen Ablaufschema einer Evaluation im Prinzip gut (der Idee liegt ja zugrunde, Theorie, Übung, praktische Umsetzung vor Ort, Erfahrungsaustausch, wieder Theorie u.s.w.), das Problem ist aber die Ungleichzeitigkeit der Prozesse bezogen auf eine Gruppe von FortbildungsteilnehmerInnen. Durch Bildung von Kleingruppen, die sich gemäß dem jeweiligen Stand des Evaluationsprojektes zusammenstellen ließen, könnten theoretische Inhalte dann vermittelt werden, wenn ganz konkret die entsprechenden Arbeitsschritte hierzu praktisch im Verlauf des Evaluationsprojektes auf dem Plan stehen.[15]

4. Resümee und Ausblick

Insgesamt hat sich, da waren sich die Mehrzahl der ProjektteilnehmerInnen einig, der Aufwand bei allen Mühen gelohnt. Dabei betonten sie insbesondere auch den Qualifizierungsfortschritt im Bereich der Methoden empirischer Sozialforschung. In diesem Sinne fördert Selbstevaluation also die Professionalisierung Sozialer Arbeit. Insgesamt berichteten die Teilnehmerinnen und Teilnehmer, würde das Arbeiten zielorientierter, reflektierter und systemati-

---

13 So wurde das Kontingent verdoppelt.
14 Dieser Arbeitskreis wurde bereits im Juni 1999 im Rahmen des Projekts Youthstart Network Teil A konstituiert und hat zur Aufgabe, Erfahrungsaustausch, vertiefende Fortbildung und wissenschaftliche Beratung für hessische Träger der Jugendberufshilfen anzubieten. Er wurde nah Beendigung von Network durch das HSM (Hessisches Sozialministerium) fortgeführt. Er wurde nach Beendigung von Network durch das HSM (Hessisches Sozialministerium) fortgeführt.
15 Für einige grundlegende Inhalte gilt dies nicht (z.B. Konzeptklärung, Begrifflichkeiten, Standards von Evaluationen, Messtheoretische Grundlagen), aber didaktisch macht es natürlich mehr Sinn, z.B. die praktische Seiten deskriptiver Statistik dann zu behandeln, wenn Daten zur Auswertung vorliegen.

scher sein und eine Hypothesenprüfung und differenzierte Bewertung sei mit der Methode der Selbstevaluation möglich. Somit leistet sie - sofern sie sich zu einer kontinuierlichen Methode in der Arbeit verstetigen kann - einen wertvollen Beitrag zur Qualitätsentwicklung und -sicherung, insbesondere dann, wenn Selbstevaluation im Sinne eines Monitoring eingesetzt wird.[16]

Als eine wesentliche Erfahrung darf erfreulicherweise festgehalten werden, dass die Zielgruppen oder NutzerInnen der Angebote, ihre Bedürfnisse und ihre Ressourcen stärker als bisher in den Blick genommen wurden. Wer sich Ziele setzt (z.b. die Mädchen sollen am Ende der Maßnahme sozial kompetenter sein) zwingt sich mit der Methode der Evaluation selbst dazu, sehr systematisch zu definieren, zu beobachten und die didaktische Umsetzung der Lehrinhalte auf die Zielsetzungen hin zu reflektieren. Es konnten im Rahmen der durchgeführten Untersuchungen zu Ergebnisqualität der Arbeit überprüfbare Ergebnisse z.B. hinsichtlich Kompetenzzuwächsen gesichert werden. Diese Ergebnisse dienten nicht nur der verbesserten Projekt- oder Maßnahmensteuerung, sondern eignete sich auch zur Beschreibung der geleisteten Arbeit im Rahmen der Legitimation gegenüber Geldgebern.

Die Evaluationsforschung ist gesamt betrachtet in der Bundesrepublik noch auf dem Entwicklungspfad, der in den nächsten Jahren weiteren Aufwind erhalten wird. Qualitätssicherung und Evaluation sind dabei zwei Seiten einer Medaille. Wünschenswert ist, dass unterschiedliche Ansätze und Traditionen stärker integrativ betrachtet werden. Dabei sollte die Verankerung selbstevaluativer oder interner Ansätze der Evaluation die Funktion eines Bindeglieds zwischen betriebswirtschaftlichem Controlling, Fall- und Fachsupervision, Personalentwicklung und Organisationsentwicklung einnehmen und somit zu einer interdisziplinären Sichtweise auf die Welt positiv beitragen.

---

16 Überprüfung von Entscheidungen/neuen Einführungen, die sich aus einer Selbstevaluation ergaben, nach ca. sechs Monaten auf Tauglichkeit und Praktikabilität.

5. Praxisbeispiel: Evaluation der Netzwerkarbeit im Landkreis Hersfeld-Rotenburg

Das von Baumert/Brechlin in Kapitel III beschriebene Projekt zur Institutionellen Vernetzung im Landkreis Hersfeld-Rotenburg wurde mittels der durch den Crash-Kurs 2000 erworbenen Kenntnisse von der Koordinatorin in einigen Teilen evaluiert. Der zur Verfügung stehende Zeitrahmen von einem Jahr ließ es nicht zu, das Projekt in allen Teilen zu evaluieren. Einer der Motive für eine Evaluation lag in der Ergebnissicherung, der Feststellung der Erreichung des Projektzieles und somit auch der Legitimation des Projektes. Ziel war es somit auch, nach Abschluss der Projektförderung nachweisbare Ergebnisse vorweisen zu können, damit der weitere Auf- und Ausbau der Jugendberufshilfestrukturen im Landkreis weiter verfolgt werden könnte. Die Evaluation bzw. die Evaluationsfragestellung, die zu Beginn der Evaluation formuliert sein muss, war somit bereits gefunden. Sie lautete: „Konnte durch das Projekt Ausbildungsforen eine institutionelle Vernetzung - dauerhaft und selbstorganisiert - im Bereich Übergang Schule-Beruf zur Situationsverbesserung von benachteiligten Jugendlichen erreicht werden?"

5.1 Vorgehensweisen

Nachdem die Evaluationsfragestellung formuliert war, mussten Indikatoren gesucht und Instrumente entwickelt werden, mittels derer die Zielerreichung messbar wurde. Durch den sehr großen Umfang des Gesamtprojektes, war es auch wichtig mit vorhandenem Datenmaterial zu arbeiten und nicht unzählige neue Fragebögen zu entwickeln, die von den beteiligten Netzwerkpartnern ohnehin eher als zusätzliche Belastung empfunden wurden. Neben der unten näher beschriebenen statistischen Auswertung der Teilnehmerlisten der einzelnen Ausbildungsforen, wurden noch verschiedene andere Indikatoren gefunden und dazu entsprechende Instrumente entwickelt. Unter einer Fülle von Möglichkeiten, die alle unter dem Aspekt der zur Verfügung stehenden Zeit betrachtet werden mussten, sollen die Wichtigsten hier benannt werden:

5.1.1 Durchführung eines Experteninterviews

Alle wichtigen Kooperationspartner wurden nach dem ersten Projektjahr vom externen Wissenschaftler befragt. Ziel dieses Interviews war es, abzufragen:

- Welche Zielvorstellung zum Projekt haben die Kooperationspartner?
- Wie differenziert sind die Sichtweisen zwischen institutionell und persönlich?
- Wie ist die persönliche Einschätzung zur Arbeit des Projektes?

- Welche Ergebnisse werden durch die Vernetzung erwartet?
- Welche institutionellen und persönlichen Ressourcen stehen für die Projektarbeit zur Verfügung?
- Welche positiven und negativen Einflüsse können die Entwicklung des Projektes verändern?
- Wie wird die Zukunftsfähigkeit nach Ablauf des Projektes eingeschätzt?

5.1.2 Exemplarische Ermittlung des ausbildungsbezogenen Werdeganges von Jugendlichen

Jugendliche, die im neunten Hauptschuljahr waren, wurde im Januar und im Mai zu ihren beruflichen Plänen befragt. Ziel war es, heraus zu finden:

- Wie viele Jugendliche haben bereits einen Ausbildungsplatz?
- In welchen Bereichen wollen sie Berufe erlernen?
- Wie gut schätzen sie ihre eigenen Chancen ein?
- Welche schulischen Pläne verfolgen sie?

5.1.3 Durchführung einer „SOFT" - Analyse

Im Beirat der Ausbildungsforen wurde eine „SOFT"[17] - Analyse durchgeführt. Mit dieser Methode konnte systematisch die Projekt- bzw. Problemsituation analysiert werden, da durch die vier Aspekte positiv und negativ, Gegenwart und Zukunft unterschiedliche Dimensionen untersucht werden. So wurde u.a. abgefragt:

- Was verläuft in der Arbeit der Ausbildungsforen zufriedenstellend?
- Welche weiteren ungenutzten Möglichkeiten gibt es noch?
- Wo sind Schwierigkeiten zu beobachten?
- Welche ungünstigen Entwicklungen könnten die Arbeit beeinflussen?

5.1.4 Statistische Auswertung der Teilnehmerlisten

Ziel dieser deskriptiven statistischen Auswertung war es, die Beteiligung verschiedener Teilnehmergruppen bei den einzelnen Ausbildungsforen festzustellen. Die Personenkreise wurden dazu in Relation zur Thematik der verschiedenen Foren gesetzt, um heraus zu finden, zu welchem Thema welcher Personenkreis teilnahm und wie hoch die Beständigkeit der Teilnahme war.

---

17 Diese Methode stammt aus dem englischen Sprachraum und bedeutet S= Satisfactions (Zufriedenstellendes), O= Opportunities (Möglichkeiten), F= Faults (Fehler) und T= Threats (Bedrohungen).

5.1.4.1 Ergebnisse

An dieser Stelle wird exemplarisch die Auswertung der TeilnehmerInnenstatistik dargestellt. Im Laufe der zweijährigen Projektdauer fanden fünf auszählungsrelevante Ausbildungsforen in den verschiedenen Standorten statt. Von besonders großem Interesse sind vier Teilnehmergruppen.

- P = Politik
- W = Wirtschaft
- S = Schule
- J = Jugendarbeit

Innerhalb dieser vier Personengruppen wurde die Teilnehmeranzahl gesamt, die Anzahl der unentschuldigt Fehlenden und die Anzahl der Entschuldigten ermittelt. Die einzelnen Ausbildungsforen standen alle unter verschiedenen thematischen Schwerpunkten.

- Im erste Forum wurden allgemeine Informationen zum Projekt, der Situation von „benachteiligten" Jugendlichen am Ausbildungsplatzmarkt und ein Überblick vom Arbeitsamt zur Arbeitsmarktstatistik gegeben.
- Beim zweiten Forum wurden finanzielle und „pädagogische" Fördermöglichkeiten des Arbeitsamtes, des V.I.A. e.V. mit Arbeit und Ausbildung statt Sozialhilfe und der Ausbildung im Verbund u.a. gegeben.
- Im dritten Forum wurden Arbeitsgruppen gebildet, die dann die weitere Arbeit des Projektes Inhaltlich tragen und weiter voran treiben sollten.
- Das vierte Forum agierte als Plattform zur Ergebnispräsentation der Arbeitsgruppen aus den Standorten.
- Das fünfte Forum dokumentierte die einzelnen Ergebnisse und war zukunftsorientiert in Richtung Verselbständigung der Ausbildungsforen.

Diagramm 1: Teilnahme des Personenkreises aus Politik

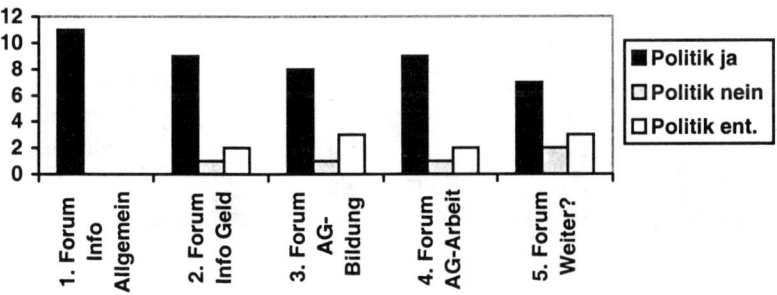

Die Gesamtzahl der TeilnehmerInnen aus der Politik nahm über den Zeitlauf des Projekts ab, wobei die Zahl derer, die sich entschuldigen zunahm. Hieraus kann geschlossen werden, dass ein fortgesetztes Interesse besteht, weiterhin am Prozess beteiligt zu sein.

Diagramm 2: Teilnehmerzahl aus dem Personenkreis der Wirtschaft

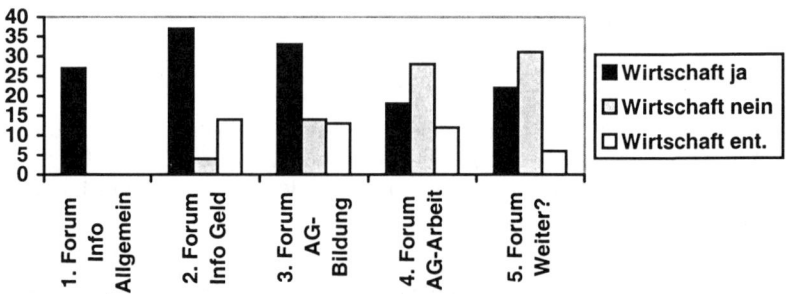

Die TeilnehmerInnenzahl aus der Wirtschaft war beim zweiten Forum überproportional hoch. Die Thematik Informationen über Fördermöglichkeiten (Geld) scheint von sehr großem Interesse gewesen zu sein. Zum dritten Forum fanden sich erneut viele Teilnehmer, die vermutlich wieder mit Informationen zur Förderthematik rechneten. Ein deutlicher Einbruch war beim vierten Forum zu verzeichnen. Um diese Tendenz nicht weiter fortschreiten zu lassen, wurde durch persönliche Ansprache weitere Motivation geweckt, die dann beim fünften Forum wieder zu einer steigenden Teilnehmerzahlt führten.

Da die Teilnahme der Wirtschaftsvertreter von besonders großer Bedeutung ist und war, wird hier deutlich, welche enorme Wichtigkeit persönliche Ansprache und „Präsente" in Form von Informationen gerade für die Wirtschaft haben. Das Ziel für die weitere Arbeit muss also stark ergebnisorientiert sein.

Diagramm 3: Teilnehmerzahl aus dem Personenkreis Schule

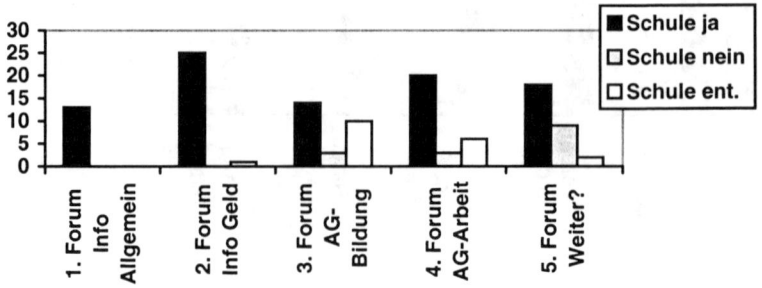

Obwohl gerade Schule bzw. Lehrer eigentliche ein sehr großes Interesse an der allgemeinen Ausbildungssituation haben müssten, ist auch bei diesem Teilnehmerkreis ein deutlicher Rückgang zu erkennen. Dies lässt die Vermutung zu, dass der Grund in der Veranstaltungszeit, den Abendstunden, zu suchen ist.

Diagramm 4: Teilnehmerzahl aus dem Personenkreis der Jugendarbeiter

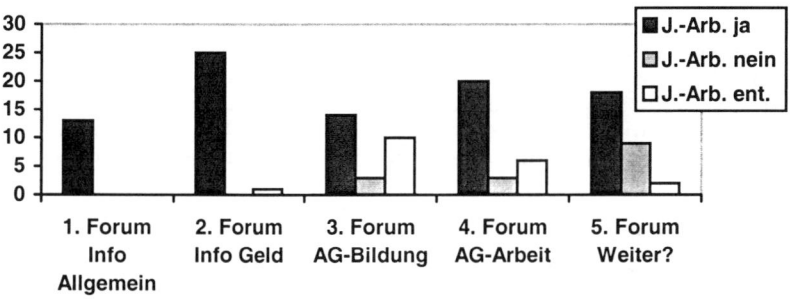

Dieses Ergebnis ist, betrachtet man nur die relativen Zahlen, mehr als erschreckend. Zur Entschuldigung der Jugendarbeiter ist jedoch zu sagen, dass zu Anfang zum Teil in doppelter Besetzung die Forenveranstaltungen besucht wurden. Die Jugendarbeiter, die noch mitarbeiten, sind in den einzelnen Standorten auch mit koordinierenden Aufgaben betraut.

6. Zusammenfassung

Gerade in der Projektarbeit sollte Evaluation eine zunehmend größere Rolle spielen. Sie verschafft nicht nur eine eigene belegbare Legitimationsgrundlage, sondern sorgt auch für Transparenz und bietet eine gute Möglichkeit Erfolg nachweisbar zu machen. So hat unter anderem die Evaluation des Projektes dazu geführt, die der Vernetzung „nachgesagten" Thesen (z.B. Ressourcenoptimierung, um nur ein Schlagwort zu nennen) im Landkreis Hersfeld-Rotenburg belegbar zu machen. Ein weiteres und eigentlich das wichtigste Ergebnis, nämlich einen belegbaren Erfolg des Projektes vorweisen zu können, wurde ebenfalls erreicht, so dass das Projekt Ausbildungsforen weiter geführt werden kann. Der Evaluationsansatz - weg von dem klassischen „prosaischen" sozialpädagogischen Berichtswesen - hat dem Projekt einen völlig anderen Stellenwert gegeben. Gerade in der Zusammenarbeit mit

Wirtschaftsunternehmen, die von „harten" Zahlen leben und ergebnisorientiertes Arbeiten bevorzugen, findet sich durch Evaluation ein schnellerer und besserer Arbeitskonsens.

7.   Literatur

Donabedian, A. (1982): A Exploration of Structure, Process and Outcome as Approaches to Quality Assessment. In: Selbmann, H.-K., Überla, K.K. (Hrsg.): Quality Assessment of Medical Care, Gerlingen.

Heiner, Maja (1988): Von der forschungsorientierten zur praxisorientierten Selbstevaluation, Entwurf eines Konzepts. In: dies. (Hrsg.): Selbstevaluation in der Sozialen Arbeit, Fallbeispiele zur Dokumentation und Reflexion beruflichen Handelns, S. 7-40, Freiburg.

Heiner, Maja (Hrsg.) (1994): Selbstevaluation als Qualifizierung in der sozialen Arbeit, Fallstudien aus der Praxis, Freiburg.

Heiner, Maja (1996): Evaluation zwischen Qualifizierung, Qualitätsentwicklung und Qualitätssicherung. In: dies (Hrsg.): Qualitätsentwicklung durch Evaluation, Freiburg, S. 20-47.

Spiegel, Hiltrud von (1997): Perspektiven der Selbstevaluation. In: BMFSFJ, Materialien zur Qualitätssicherung in der Kinder- und Jugendhilfe, Nr. 11, S. 32-49, Bonn.

Rossi, P.H.; Freeman, H.E. (1985): Evaluation: A systematic approach, Beverly Hills.

Sabine Lauber
Elektronische Vernetzung nutzen – virtuell und real

1. Einleitung

Welche Möglichkeiten eröffnet die virtuelle Form der Vernetzung für die nicht-virtuelle, reale Netzwerkbildung? Wie können die neuen Medien und Kommunikationsmittel den Aufbau eines Jugendberufshilfenetzwerkes begleitend unterstützen? Solche und ähnliche Fragten stellten sich im Verlauf der in den vorangegangenen Kapiteln beschriebenen Netzwerkbildung (vgl. Stockmann, Kapitel III). Ihnen soll im folgenden Text nachgegangen werden.

Einleitend lässt sich dazu feststellen, dass sie vor allem eine orts- und zeitunabhängige Zusammenarbeit verschiedener Personen und Organisationen im Rahmen eines Projektes - und damit gänzlich neue Möglichkeiten für jede Form von Vernetzung ermöglichen. Elektronische Vernetzung ist nutzbar als locker organisierter Informationsaustausch über E-Mail bis hin zur Web-basierten Fortbildungsmaßnahme – z.B. im Rahmen des netzwerkeigenen Webauftritts. Das Spektrum elektronischer Vernetzung ist groß kann bis zur vollständigen virtuellen Vernetzung ganzer Projekte auf Basis elektronischer Medien reichen.

Im Bereich der Jugendberufshilfe liegen dazu bislang nur wenige Erfahrungen vor, der Einsatz elektronischer Medien eignet sich aber durchaus für Vernetzungsarbeit in diesem Bereich, wie das folgende Beispiel zeigt: Das Pilotprojekt: „TeleMentoring - Förderung benachteiligter Gruppen durch persönliche Beziehungen zu Mentoren mit Hilfe der Telekommunikation", das vom Europäischen Zentrum für Medienkompetenz (ecmc) in Nordrhein-westfalen von Herbst 1999 bis Herbst 2000 durchgeführt wurde (ecmc 2001) zielt auf die Vernetzung von Jugendberufshilfe und Wirtschaft. Im Rahmen des Projekts war es von Arbeitslosigkeit bedrohten Jugendlichen per E-Mail mit einem/r MentorIn aus einem für sie interessanten Berufsfeld in Verbindung zu treten. So konnten Kontakte hergestellt, Tipps und Ideen ausgetauscht und Fragen besprochen werden, während gleichzeitig die Medienkompetenz der TeilnehmerInnen gestärkt wurde.[1]

Dieses Projekt ist ein Beispiel dafür, wie die neuen Kommunikationsmittel dazu eingesetzt werden können, Vernetzungsarbeit zu fördern und gezielte Maßnahmen der Jugendberufshilfe zu unterstützen. In den folgenden Abschnitten werden die verschiedenen Medien wie E-Mail, Mailinglisten, eige-

---

[1] Ausführlichere Informationen zum Pilotprojekt und zum aktuellen Stand finden sich unter http://www.telementoring-nrw.de.

ner Webauftritt, Forum und Chat und ihre Möglichkeiten, Vernetzungsarbeit zu unterstützen, vorgestellt. Im Vordergrund stehen dabei ihre Voraussetzungen, Möglichkeiten und Grenzen insbesondere in Bezug auf Netzwerkbildung und Netzwerkarbeit.

2. Vernetzungsziele

In den vorangegangenen Texten und der Fachliteratur finden sich verschiedenste Ziele von Vernetzung. Als Grundanliegen wird allgemein die Schaffung und Veränderung neuer Strukturen zur Verwirklichung gemeinsamer Ziele genannt (Altvater/Brunnengräber1997). Dabei wird davon ausgegangen, dass die Bildung eines Netzwerkes das Innovations- und Veränderungspotential der einzelnen Beteiligten erhöht und der (politische) Einfluss gestärkt werden kann. Neben diesen eher abstrakten Zielen werden auch eine Reihe konkreter Ziele angestrebt. Zu diesen gehören das Erzielen von Synergieeffekten z.b. durch Kooperationen und gemeinsamer Planung (vgl. Straßer, Kapitel III sowie Schimpf, Kapitel III) und die Vermeidung von Doppelungen und Nicht-Umsetzung erreichbarer Ziele. Nicht zuletzt geht es schließlich um gegenseitige Unterstützung, Beratung und Qualifizierung der am Netzwerk beteiligten Personen (Beamisch 1995: Chapter 2).

3. Voraussetzungen

Welche Voraussetzungen sollten erfüllt werden, um die dargestellten Vernetzungsziele mit Hilfe neuer Kommunikationsmittel zu fördern? Wichtigste Voraussetzung ist ein gemeinsames Interesse aller Beteiligten, die Vernetzung auch elektronisch zu begleiten und umzusetzen. Dieses Interesse ist grundlegend, um alle anderen Bedingungen für eine erfolgreiche, begleitende, elektronische Vernetzung zu schaffen. Zum Beispiel bedarf es einer geeigneten technischen Ausstattung und deren Wartung sowie der Bereitschaft, nichtvorhandenes technisches und gestalterisches Wissen gegebenenfalls einzukaufen oder über Fortbildung zu erwerben. Dies ist jedoch im hohen Maße von den finanziellen und zeitlichen Ressourcen sowie der Interessenslage des Netzwerkes abhängig (vgl. Straßer, Kapitel III).

Eine weitere zentrale Voraussetzung sind gleichmäßige Zugangsmöglichkeiten aller am realen Netzwerk Beteiligten zum virtuellen Netzwerk. Dies betrifft sowohl die Anwendungskompetenzen der einzelnen Mitglieder, als auch die zeitlichen und räumlichen Zugangsmöglichkeiten zur entsprechenden technischen Ausstattung wie Hard- und Software. Liegen hier Ungleichgewichte vor, kann dies schnell zur Bildung von Sub-Netzwerken führen und damit möglicherweise zum Ausschluss von Informationen insbesondere derjenigen, die nicht über die entsprechende Wissensbasis oder die technischen Möglichkeiten verfügen. Eine gleichmäßige Entwicklung des elektronischen Netzwerks, die dem Stand der technischen Möglichkeiten, der Anwendungskompetenz aller Beteiligten (zu Kompetenzentwicklung vgl. Rußmann/Schwedler, Kapitel I) und der Entwicklung des reellen Netzwerkes angepasst ist, hilft dies zu verhindern. Um zu vermeiden, dass sich das elektronische Netzwerk verselbständigt oder zum Selbstzweck wird, sollte die Netzwerkbildung an die Entwicklung des nicht-virtuellen Netzwerkes angepasst und in dessen Projektplanung mit einbezogen werden. Die Einbindung des virtuellen Netzwerkes und seine Entwicklung lässt sich zudem noch über eine klare Kompetenz- und Aufgabenverteilung zum Beispiel durch die Benennung eines Netzwerkadministrators oder -beauftragten, sowie die Festlegung von allgemeingültigen Regeln fördern.

4. Elektronische Medien zur Unterstützung von Netzwerkbildung

Die wohl geläufigste Anwendung der Neuen Medien und insbesondere des Internets ist das WWW (World Wide Web) als eine Vielzahl einzelner, durch Hyperlinks miteinander verknüpfte Webseiten, die verschiedenste Inhalte in Form von Texten, Bildern und Grafiken sowie Ton- und Videosequenzen liefern. Daneben gibt es noch weitere on-line Medien wie zum Beispiel E-Mail oder Chat. Diese werden oft miteinander kombiniert und können bei der Umsetzung verschiedener Vernetzungsziele auf unterschiedliche Art und Weise eingesetzt werden. Im vorhergehenden Abschnitt wurden die Voraussetzungen für elektronische Vernetzung geschildert. Nun sollen die einzelnen Formen elektronischer Kommunikation und ihre Bedeutung für die Netzwerkarbeit vorgestellt werden. Dabei wird zunächst auf die E-mail-basierten Medien eingegangen, die besonders der internen Netzwerkarbeit dienen. Im zweiten Teil stehen dann die Medien im Vordergrund, die im Rahmen eines Webauftritts zur Netzwerkbildung und der Interaktion des Netzwerks mit seinem Umfeld dienen.

4.1 E-Mail:

Die am häufigsten zwischen einzelnen Personen eingesetzte elektronische Kommunikationsform sind E-Mails. Diese elektronischen Nachrichten funktionieren im Wesentlichen wie Briefe und werden daher auch für ähnliche Zwecke eingesetzt. Ihr großer Vorteil gegenüber der herkömmlichen Post liegt in der hohen Übertragungsgeschwindigkeit, gegenüber dem Telefon in der asynchronen, zeitunabhängigen Funktionsweise. Es ist ein schnelles Medium für Einzelabsprachen, ist aber auch dafür geeignet, einer Gruppe von Personen die gleichen Informationen zukommen zu lassen.

Bleibt diese Gruppe relativ konstant, können alle Adressen im jeweils eigenen E-Mailprogramm in einem Verteiler zusammengefasst werden. Für die Netzwerkarbeit ist diese Möglichkeit besonders dann interessant, wenn der Verteiler zentral erstellt und verwaltet wird und alle zur Versendung ihrer Informationen denselben Verteiler verwenden. Um einzelne Untergruppen zu bestimmten Themen zu informieren, bietet es sich zudem an, verschiedene Verteiler zu erstellen (Bremer o.A.). Während des Youthstart Network Projekts im Vogelsbergkreis wurde z.B. ein solcher Verteiler im Rahmen des follow-ups zur Zukunftskonferenz zusammengestellt, um die Kommunikation zwischen den einzelnen entstandenen Arbeitsgruppen zu erleichtern (vgl. Stockmann, Kapitel III).

Generell gilt es auch hier, darauf zu achten, dass alle die gleichen Zugangsmöglichkeiten haben und sich ein weitestgehend regelmäßiger Abholrhythmus einbürgert. Die Vorteile liegen in der zielgerichteten, zeitasynchronen, schnellen und verhältnismäßig kostengünstigen Anwendung von E-Mails. Dies macht sie zum optimalen Medium für die interne Koordination und den Austausch aktueller Informationen innerhalb und außerhalb des Netzwerkes sowie für den unkomplizierten Austausch zwischen einzelnen Netzwerkmitgliedern.

4.2 Mailinglisten

Eine Sonderform von E-Mails sind Mailinglisten. Sie ermöglichen die Kommunikation zwischen den einzelnen Mitgliedern einer Gruppe zu einem vorher verabredeten Thema. Technisch funktionieren Mailinglisten wie E-Mail-Verteiler. Sie können entweder moderiert oder unmoderiert angeboten werden. In unmoderierten Mailinglisten kann sich jeder, der sich für das Thema der Mailingliste interessiert, einschreiben. Die eigenen und fremden Beiträge können dann über einen Standard E-Mail-Zugang empfangen, gelesen und beantwortet werden. In einer moderierten Mailingliste übernimmt ein Moderator die Zusammenstellung der Informationen aus den einzelnen Beiträgen und verfasst eine regelmäßige Zusammenfassung an alle eingeschriebenen Interessenten der Mailingliste. Es empfiehlt sich, getrennte Listen für verschiedene Themenbereiche anzulegen. So wird gewährleistet, dass alle im Netzwerk vorhandenen Informationen optimal abgefragt werden und nicht zu viele unbenötigte und unangefragte Information beim Einzelnen landet. Ein

Beispiel für eine moderierte Mailingliste ist die „Mailingliste Sozialarbeit" (Kusche 2001). Hier besteht für Beschäftigte, Studierende und Lehrende aus den verschiedenen Feldern der Sozialarbeit die Möglichkeit, sich über Publikationen, Neuentwicklungen und Projekte, Weiterbildungsmöglichkeiten, Veranstaltungen und aktuelle Diskussionen mit anderen TeilnehmerInnen auszutauschen und so allen anderen TeilnehmerInnen den Zugang zu diesen Informationen zu eröffnen.[2]

Mailinglisten eignen sich im Rahmen von Netzwerkbildung zur Fortführung begonnener Diskussionen und ermöglichen darüber hinaus, Personen oder Organisationen aus dem Umfeld sich an für sie interessanten Themen zu beteiligen. Für die externe Netzwerkarbeit lassen sich über die Anmeldungen zu Mailinglisten z.b. auch neue Interessenten akquirieren und potentielle Experten und Ansprechpartner identifizieren. So könnte es zum Beispiel für die Jugendberufshilfe eine Mailingliste geben, in der sich Unternehmen, Schulen und potentielle Auszubildende über die Möglichkeiten zur Schaffung neuer Ausbildungsplätze auseinandersetzen. Innerhalb des Netzwerks dienen sie der Ressourcenteilung und der Weitergabe und Sammlung von (Fach-)Wissen, aber auch der informellen, selbstgesteuerten Weiterbildung und gegenseitigen Beratung. Auch der interne Informationsaustausch zwischen den Mitgliedern eines Netzwerks lässt sich so mit relativ geringem Verwaltungsaufwand gestalten. Mailinglisten können entweder direkt vom Netzwerk-Administrator oder bei einem Anbieter im Internet eingerichtet werden.

4.3 Newsletter

Abschließend sollen hier Newsletter als letztes der e-mail-basierten Medien vorgestellt werden. Zugleich sind sie das Erste überwiegend an das Umfeld des Netzwerks gerichtete Medium. Sie können als internes Nachrichtenblatt für das jeweilige Netzwerk eingesetzt werden, weitaus häufiger werden sie jedoch dazu genutzt, externe Interessierte über die neuesten Entwicklungen im Netzwerk oder aktuelle Entwicklungen im jeweiligen Interessenfeld zu informieren. Ein Beispiel hierfür ist der Newsletter „Berufliche Bildung benachteiligter Jugendlicher" (BQBJ) des Konnetti - Kompetenznetzes Benachteiligtenförderung (INBAS 2000).[3] Der Newsletter enthält z.B. Informationen zur Bildungspolitik, zu Veröffentlichungen oder über neue Projekte, aber auch Informationen zu Konnetti selbst.

---

2   weitere   Informationen   zur   Mailingliste   Sozialarbeit   finden   sich   unter:
     http://www.sozialarbeit.de.
3   weitere Informationen zum Netzwerk und seine Angeboten, insbesondere zum Newsletter
     und zur regionalen Vernetzung finden sich unter http://www.konnetti.de.

Der Aufbau eines Newsletter funktioniert ähnlich wie der einer moderierten Mailingliste. Eine Redaktion wählt die Themen aus und formuliert die Beiträge aus den im Netzwerk zusammenlaufenden Informationen. Diese werden dann via E-Mail an interessierte Abonnenten geschickt. Die Versendung kann zu Beginn der Netzwerkarbeit eher unregelmäßig und nach Bedarf erfolgen, später aber auch verstetigt werden. Der Arbeitsaufwand einer Herausgabe eines Newsletter ist erheblich. Als technische Voraussetzungen sind ein E-Mail-Zugang, E-Mail Software und ein Adressenpool in Form eines Verteilers notwendig. Möglich ist auch die Nutzung eines externen Anbieters (vgl. Mailingliste). Dieser übernimmt die technische Realisation, die redaktionelle Betreuung liegt beim Netzwerk. Die Finanzierung erfolgt oft über Werbung, so dass zu beachten ist, welche Werbepartner zum Einsatz kommen und ob diese mit den Inhalten des Netzwerks vereinbar sind.

Newsletter eignen sich hervorragend für die Öffentlichkeitsarbeit und tragen dazu bei, Ziele, Ideen und Informationen über das Netzwerk nach außen weiterzugeben. Zudem können sie zur Anregung neuer Ideen und Gewinnung neuer Kooperationspartner genutzt werden.

4.4 Webauftritt

Das WWW-Angebot des Internets ist das am meisten genutzte elektronische Medium, welches nicht auf einer 1:1 Kommunikationsbasis, sondern entweder auf 1:n oder m:n Basis, zum Beispiel Mitglieder des Netzwerks in Kommunikation zum Umfeld des Netzwerks, beruht. Die übliche Form ist dabei die Gestaltung eines Website mit mehreren Unterseiten. Prinzipiell erfordert die Erstellung eines Webauftritts einen hohen Aufwand an zeitlichen, personellen und auch finanziellen Mitteln, insbesondere für die professionelle Gestaltung, technische Umsetzung und Pflege der Homepage. Gleichzeitig bietet der eigene Webauftritt eine Vielzahl von Möglichkeiten für die Netzwerkbildung. Die Homepage kann zum Zentrum des elektronischen Netzwerks werden. Hier laufen alle Informationen zusammen und Angebote und Projekte können vorgestellt und in ihrer Umsetzung unterstützt werden. Optimal ist dafür die Zweiteilung der Homepage in einen internen (Intranet) und einen externen Bereich. Dieser nach außen gerichtet Bereich entspricht einer üblichen Website wie man sie im Internet findet. Auf einer Startseite werden aktuelle Nachrichten und wichtige Informationen zum Netzwerk gegeben, auf dahinterliegenden Unterseiten finden sich weitere Angebote und Informationen zu den einzelnen Bereichen des Netzwerkes. Alle Bestandteile dieses externen Teils der Internetpräsenz sind der Öffentlichkeit zugänglich, dienen der Selbstdarstellung und der Interaktion mit dem Umfeld und der interessierten Öffentlichkeit. Das Intranet stellt dagegen das Gedächtnis und den Marktplatz des Netzwerkes für interne Zwecke dar. Hier sind interne Informationen zu finden wie z.b. die Adressen aller Mitglieder des Netzwerkes, ein interner Terminkalender sowie zum Beispiel eine Wissensbasis (s. unten) in der alle relevanten Informationen gesammelt werden. Entscheidend ist, dass der Zugang zu diesem Bereich auf die Mitglieder des Netzwerks begrenzt ist. Er kann gegebenenfalls für einzelne Untergruppen des Netzwerkes aufgeteilt werden oder in Form eines Extranet in Teilen einer bestimmten externen Gruppe geöffnet werden (Bremer o.A.). Das Intranet bietet so die Möglichkeit zur Innendarstellung und kann als Basis für die Koordination und den Aufbau des Netzwerks wie auch für die weitere Begleitung der Netzwerkarbeit genutzt werden.

Insgesamt läßt sich der Webauftritt keinem bestimmten Vernetzungsziel zuweisen. Vielmehr bildet er die Plattform, um alle im ersten Teil des Textes aufgeführten Vernetzungsziele umzusetzen. Insbesondere eignet er sich für die Öffentlichkeitsarbeit und zur internen Koordination. Während die öffentlich zugänglichen Seiten ganz auf den externen Nutzer-Service ausgerichtet sein sollten, dient das Intranet überwiegend dem Netzwerk selbst. Je höher die Interaktivität und die Aktualität in beiden Bereichen ist, desto aufwendiger gestaltet sich die Pflege und Wartung der Seiten in Form von zeitlichen, personellen und finanziellen Ressourcen. Gleichzeitig wächst damit aber auch der Nutzen elektronischer Vernetzung für das Netzwerk.

4.5 Chat/IRC

In die Homepage können sowohl in das Intranet als auch in die externen Seiten zwei weitere elektronische Medien integriert werden: Chat und Forum. Ein Chat ist eine getippte, zeitgleiche Kommunikation. Dies geschieht ursprünglich auf sogenannten IRC-Kanälen. Inzwischen gibt es zahlreiche Chatangebote im WWW, die mit Hilfe eines normalen Internetbrowsers ohne Zusatzsoftware leicht zugänglich sind. Dort finden sich auch freie Scripte, also Programmiercodes für die Integration eines Chats in den eigenen Webauftritt.

Chats sind neben E-Mails das wohl schnellste - weil ebenfalls zeitgleiche - Kommunikationsmedium unter den elektronischen Medien. Sie bieten hohe Interaktivität und zeitgleichen Informationsaustausch. Die Kommunikation läuft unstrukturiert, es gibt keine geordneten Diskussionsstränge, die Beiträge sind auf wenige Sätze beschränkt, das Tempo ist sehr hoch und erfordert viel Übung und Schnelligkeit im Tippen. Diese Schnelligkeit stellt eine hohe Zugangsschwelle dar, die von weniger geübten Anwendern erst überwunden werden muss. Hierbei kann eine leitende Moderation hilfreich sein, die jedoch bisher nicht üblich ist. Da alle Teilnehmenden gleichzeitig on-line, also im Netz anwesend, sein müssen, erfordert ein Chat eine genaue Terminabsprache und ist daher im Vergleich zu anderen Medien wie E-Mail oder Forum verhältnismäßig zeit- und kostenaufwendig. Ein Chat eignet sich gut als Interaktionsereignis mit dem Umfeld eines Netzwerks oder zum schnellen Austausch zu aktuellen Geschehnissen und Bedürfnissen innerhalb des Netzwerks, zum Beispiel um Jugendliche über eine Diskussion im Chat in die Gestaltung des Netzwerkes und seiner Angebote einzubinden (vgl. Weber/ Benthin, Kapitel III). In Bezug auf die Netzwerkarbeit ermöglicht ein Chat vor allem, dass Koordination und Ideenaustausch geschehen kann, ohne dass alle Beteiligten sich am selben Ort befinden müssen. Zur Wissensabfrage und Speicherung von Ergebnissen ist es dagegen nur bedingt geeignet. Die in einem abgeschlossenen Chat enthaltenen Informationen stehen - im Gegensatz zum Forum - anschließend nicht mehr ohne weiteren Aufwand der Öffentlichkeit zur Verfügung.

4.6 Forum

Das zweite elektronische Medium das sich zur Eingliederung in den netzwerkeigenen Webauftritt eignet, ist das Forum. Es basiert ebenso wie ein Chat auf einem Script, das es ermöglicht, Beiträge in das Forum einzugeben, die sofort für alle sichtbar werden. Im Gegensatz zum Chat ist ein Forum ein zeitasynchrones, offenes Medium. Das heißt, jeder Nutzer kann zu beliebiger Zeit zum Thema des Forums in E-Mail ähnlicher Form Stellung nehmen, ohne dass potentielle Kommunikationspartner im selben Moment auch am Forum teilnehmen müssen. Der zweite große Unterschied besteht in der Möglichkeit, Diskussionen zu strukturieren und Beiträge vorhandenen Einträgen zuzuordnen. Dies ermöglicht es, gleichzeitig verschiedene Diskussionsstränge darzustellen und zu verfolgen. Während ein Chat auf eine relativ kurze Zeitspanne beschränkt ist, ermöglicht ein Forum Diskussionen auch über lange Zeiträume hinweg.

Foren eigen sich vor allem für Erfahrungsaustausch, Fragen, interne Diskussion und Trendfindung. Insbesondere Kommunikation über das Netzwerk hinaus ist mit Hilfe eines Forums gut möglich. Der Vorteil gegenüber dem Chat besteht in der strukturierten und zeitasynchronen Kommunikation. Der Vorteil gegenüber der E-Mail liegt in der Öffentlichkeit der Diskussion und der darin enthaltenen Information. Ein internes Forum kann zudem Bestandteil der Wissensbasis (s. unten) werden und zum Beispiel als Ideenspeicher genutzt werden. Ähnlich wie ein Chat erfordert es jedoch einen relativ hohen technischen und personellen Betreuungsaufwand, insbesondere wenn eine Moderation die Diskussion strukturieren soll.

Die abstrakteste Form elektronischer Kommunikation ist eine sogenannte Wissensbasis. Diese wird oft in Form von Datenbanken oder Tabellen angelegt und bildet oftmals den größten Teil des Intranets. Sie fungiert sozusagen als das Gedächtnis des Netzwerkes. Hier kann von der einfachen Adressliste in Tabellenform bis hin zu Dokumentensammlungen mit Praxisberichten, Fachtexten oder den Protokollen einzelner Sitzungen und Gruppen alle Information gespeichert werden, die allen oder einer bestimmten Zielgruppe zugänglich gemacht werden soll. Potentielle Bestandteile sind auch die Projektplanung, Veranstaltungs- und Terminkalender, ein Ideenspeicher (z.B. in Forumsform) und eine Linksammlung mit Verweisen zu externen Seiten, die zusätzliche relevante Informationen erschließen. Einzelne Elemente der Wissensbasis können auch im öffentlichen Teil des Webauftritts zugänglich sein, wie z.B. Adresslisten und Links zu den Angeboten der Jugendberufshilfe in einem der vorgestellten Landkreise (vgl. Kapitel III).

Eine gut gepflegte, ständig aktualisierte Wissensbasis ermöglicht es, eine Vielzahl an Doppelungen, Briefen, E-Mails und Telefonaten zu vermeiden. Die Daten sind allen zu jeder Zeit und unabhängig von Ort, Tageszeit oder Anwesenheit des „Experten" zugänglich und sollten fortlaufend von allen Beteiligten des Netzwerkes durch Bekanntgabe von Veränderungen und neuen Informationen ergänzt werden. Die Benennung eines Verantwortlichen für die Wissensbasis eine weitere Möglichkeit ist, eine gleichbleibende Qualität und Aktualität der Daten zu gewährleisten. Die Wissensbasis stellt somit das wichtigste Tool zur Erzielung von Synergieeffekten und zur „selbstgesteuerten" Weiterbildung und Informationsbeschaffung dar.

5 Zusammenfassung

Die elektronischen Medien E-Mail, Mailinglisten, Newsletter, Chat, Forum und Webauftritt bieten eine Vielzahl an Möglichkeiten die Netzwerkbildung durch elektronische Medien zu unterstützen. Wie gezeigt wurde, ist über den bloßen Informationsaustausch hinaus Vieles möglich. Neben den bereits zu Beginn genannten, gehören dazu auch die Implementierung und Umsetzung der Projektplanung und der Projektziele (vgl. Weber, Kapitel IV). Wichtig für eine gelungene Kombination von off-line und on-line Vernetzung ist, dass die genannten Voraussetzungen gleicher Zugangsmöglichkeiten und gegebener ausreichender Ressourcen erfüllt sind. Das on-line Netzwerk sollte nie zum Selbstzweck werden und sich von der Entwicklung des realen Netzwerkes abkoppeln oder diese behindern. Grundsätzlich gilt, dass sich die on-line Vernetzung gemeinsam und parallel zur Anwendungskompetenz aller Netzwerkpartner entwickeln sollte. Sinnvoll ist es, die zur Verfügung stehenden elektronischen Kommunikationsmittel so miteinander zu kombinieren und anzuwenden, dass die angestrebten Vernetzungsziele gefördert und umgesetzt werden können. Dazu bieten die dargestellten elektronischen Medien zahlreiche Möglichkeiten.

Literatur

Altvater, Elmar; Brunnengräber, Achim u.a. (1997): Vernetzt und Verstrickt. Nicht-Regierungs-Organisationen als gesellschaftliche Produktivkraft. Münster.
Beamish, Anne (1995): Communities On-line: Community-Based Computer Networks.[online] 1995 [Stand 2001-07-10] im Internet verfügbar unter http://sap.mit.edu/anneb/cn-thesis.
Bremer, Claudia; Kiss Patrik (o. J.): Online Marketing für politische Organisationen. Intelligente Internet Anwendungen in Politik und Gesellschaft. Frankfurt. (unveröff. Manuskript der Hessischen Gesellschaft für Demokratie und Ökologie).
Bullinger, Herbert; Nowak, Jürgen (1998): Soziale Netzwerkarbeit. Freiburg im Breisgau.
Europäisches Zentrum für Medienkompetenz (2001): Ausführlicher Ergebnisbericht. online: http: //www.telementoring-nrw.de/news/ - Begleitforschung, Marl.
Gräf, Lorenz (1997): Locker Verknüpft im Cyberspace – einige Thesen zur Änderung sozialer Netzwerke durch die Nutzung des Internet. In Lorenz Gräf; Markus Krajewski (Hrsg.): Soziologie des Internet. Frankfurt/ Main; New York, S. 99-124.
INBAS GmbH 2000, Newsletter Berufliche Bildung benachteiligter Jugendlicher (BQBJ) [online]. Letzte Aktualisierung: 6.2.2001 [Stand 2001-06-15].Verfügbar im Internet: http://www.konnetti.de/service/mailingliste.htm.
Kusche, Christoph (2001): Elektronisches Diskussionsforum Sozialarbeit [online].1997-2001. [Stand: 2001-06-15]. Verfügbar im Internet: http://www.sozialarbeit.de/mailingl/.
Marotzki, Winfried u.a. (Hrsg.) (2000): Zum Bildungswert des Internet. Opladen.
Werle, Raymund; Lang, Christa (Hrsg.) (1997): Modell Internet?: Entwicklungsperspektiven neuer Kommunikationsnetze; Frankfurt/Main; New York.

Nicole Benthin, Susanne Weber

Lernprozesse, Erfahrungen und Empfehlungen zur Entwicklung von Netzwerken im ländlichen Raum

1. Wie allgemeingültig können Empfehlungen sein?

Das Projekt hatte in seiner Anlage einen gewollt experimentellen Charakter. Zielsetzung und Aufgabenstellung war es, in den Landkreisen Vernetzung zu initiieren und zu koordinieren. Da es hierzu bundesweit keine Erfahrungen auf der Ebene großflächiger Gebietskörperschaften gab, konnte nur ein experimentelles und auf das Tun gerichtetes Vorgehen angezeigt sein. In diesem Sinne kann es sich aber bei den folgenden Empfehlungen nicht um generalisierbare Ergebnisse oder wissenschaftlich überprüfte Hypothesen und abgesicherte Erkenntnisse handeln. Hierzu hätte die Anlage der wissenschaftlichen Beratung und Begleitung eine Andere sein müssen, als dies finanziell möglich war. Bei den hier vorliegenden Ergebnissen handelt es sich also um Erfahrungsberichte und zum Teil auch subjektive Einschätzungen. Sie als LeserInnen sind somit (auf)gefordert, die Transferleistungen in Teilen selbst zu erbringen. Nur Sie können einschätzen, was unter den vor Ort gegebenen Bedingungen ähnlich oder unterschiedlich ist. Welche Vorgehensweisen vor Ort funktional und wirksam sind, muss sich letztlich immer im „Feld" und vor Ort erweisen. Obwohl hier keine wissenschaftlich abgesicherten Ergebnisse vorliegen, können aber doch aus den Erfahrungen Empfehlungen abgeleitet werden. Wir orientieren uns dabei an einer systemischen Perspektive. Alle Projekte in den Landkreisen untersuchten und analysierten zunächst die Ausgangs- und Rahmenbedingungen. Aus dieser Analyse wurden (soweit dies in teilweise unüberschaubaren Strukturen möglich war) systematische Vorgehensweisen für die Gewinnung von Netzwerkpartnern und den Aufbau von Strukturen institutioneller Vernetzung abgeleitet.

2. Beteiligen, Einbinden und Aktivieren von NetzwerkpartnerInnen

2.1 Die Jugendlichen

Die Partizipation von Jugendlichen ist nicht nur gesetzlich gefordert, sie muss auch vor Ort ernst genommen und umgesetzt werden. In den drei Landkreisen wurde die Beteiligung von Jugendlichen sehr unterschiedlich organisiert. Das Spektrum der Beteiligung kann viele Formen annehmen und reicht von der Informationssammlung und Befragung der Zielgruppe als indirekter Form der Beteiligung bis hin zu der direkten Beteiligung in Planungsveranstaltungen. So ist eine Schülerbefragung als Beispiel indirekter Beteiligung anzusehen, die Teilnahme an einer Zukunftskonferenz ist ein Beispiel direkter Beteiligung. In jedem Falle ist es unverzichtbar, dass die Perspektive der betroffenen Jugendlichen in Vernetzungs- und Planungsprozesse vor Ort eingeht. Die Jugendhilfe verfügt über ein reiches Repertoire an Partizipationsmethoden, die stärker eine Anerkennung für die Entwicklung adäquater, insbesondere auch qualitativer Datenbasen finden sollten.

2.2 Die Erwachsenen (NetzwerkpartnerInnen aller Ebenen)

Beteiligung muss in Aktivierung münden. Der Aufbau von Netzwerken muss als systematisch gesteuerter Kommunikationsprozess aufgefasst werden, der auf eine gemeinsame Entwicklung von Zielen und Prioritäten vor Ort gerichtet ist. Die Menschen in den Gemeinden vor Ort und die Verantwortlichen auf Kreisebene müssen aktiviert werden, die Situation im Übergang Schule Beruf zu analysieren, sich Ziele zu setzen, diese zu konkretisieren und in die Tat umzusetzen.

Damit dies erfolgreich sein kann, muss der Aufbau eines Netzwerkes verstanden werden als ein mit partizipativen Verfahren organisierter Lernprozess, der in seiner inhaltlichen Definition offen gehalten werden muss, damit möglichst eine Identifizierung mit den Zielen erfolgen kann. D.h. auch, dass es sinnvoll ist, die Zielvorgaben auf übergeordneter Ebene nicht zu rigide zu definieren. Allgemeine Zielvorgaben müssen vor Ort flexibel und „angepasst" umgesetzt werden. Allgemeine Vorgaben sind wichtig, um Denkprozesse anzuregen. Sie müssen aber vor Ort konkretisiert werden und in mehrheitlich getragene konkrete Aktionen münden. Mit systematischen Verfahren wie Projektmanagement, Moderation und Großgruppenverfahren wie die Zukunftskonferenz lässt sich die Kommunikation prozess- und ergebnisorientierter organisieren.

3. Netzwerke – welche Art der Vernetzung?

Sowohl zwischen den beteiligten Landkreisen als auch in den Netzwerken innerhalb der Landkreise muss erst eine Begrifflichkeit entwickelt werden, was eigentlich gebraucht wird und welche Vernetzung funktional ist. Es bedarf der Kommunikation und eines gemeinsamen Lern- und Definitionsprozesses, um Ziele zu konkretisieren und die gewünschte Art der Vernetzung zu identifizieren.

Es empfiehlt sich, mit einem komplex angelegten Netzwerkbegriff zu operieren, der neben der sozialen (zielgruppenbezogenen) Dimension auch die politische und ökonomische Dimension der Situation vor Ort im Blick hat. Es ist sinnvoll, diese Dimensionen im Kreis der Akteure zu diskutieren und die vor Ort gewünschten und tragfähigen Vernetzungsziele zu klären. Eine methodische Erarbeitung und ein gemeinsamer Lern- und Definitionsprozess erleichtert in jedem Fall die Zielkonkretisierung. Eine so abgeleitete Planung wird eine höhere Erfolgswahrscheinlichkeit haben als ein kollektives „Stochern im Nebel".

3.1 Vernetzung auf operativer und planerisch-strategischer Ebene

Beide Ebenen - die natürlich nur als theoretische Begrifflichkeiten voneinander strikt zu trennen sind - sollten gleichzeitig bedacht werden. Unabhängig davon, auf welcher Ebene Projekte zuerst initiierend tätig werden, darf die Verwobenheit beider Ebenen nicht vernachlässigt werden. Beide Ebenen sind immer parallel zu denken. Die Gefahr im Projektverlauf besteht darin, die jeweils noch nicht oder noch nicht vorrangig bearbeitete Ebene zu vernachlässigen. Dieser Tendenz sollte frühzeitig entgegengewirkt werden. Beide Ebenen, die Ebene der operativen Arbeit vor Ort und der politisch-strategischen (Entscheiderebene) muss integriert und ausgebaut werden. Beide Ebenen stehen miteinander in Verbindung und müssen daher beide berücksichtigt werden. Führt Vernetzung nicht zu anderen Politikstrategien und –mustern vor Ort, bleibt Vernetzung eine Spielwiese für Praktiker vor Ort. Die Funktion der KoordinatorIn ist es hier, die Kommunikation zwischen allen Beteiligten und vor allem zwischen den Beteiligten der beiden Ebenen zu organisieren und in ein systematisches planerisches und politisch abgestimmtes Handeln zu überführen. Gibt es diese Koordinationsfunktion nicht, kann innerhalb eines Netzwerks keine Verbindung von Top-down und Bottom-up Verfahren organisiert werden. Der aktive Wille politisch verantwortlicher, die Übernahme von Verantwortung sowie die Aktivierung der Eigenverantwortung der Akteure sind dabei für das „lebendig werden" eines Netzwerkes zentrale Faktoren.

Dennoch ist klar, dass es bei allen Beteiligten unterschiedliche Interessenlagen und Vorstellungen darüber gibt, was ein Netzwerk ist und was es leisten soll. Diese Heterogenität ist nicht nur in der Gesamtbreite eines Landkreises, sondern auch auf den beiden Ebenen lokalen Handelns und der politisch-strategischen Vernetzung im Kreis zu unterstellen. Vor Ort wird man immer unterschiedliche Akzente setzen. Für die lokalen Vernetzungsprozesse an Projektstandorten ist das zentrale Ziel durchgängig die Vermittlung von Jugendlichen in Ausbildung oder Arbeit und die Intensivierung der Zusammenarbeit in diesem Punkt zwischen Jugendhilfe, Schule, Arbeitsamt und Wirtschaft. Zentrales Anliegen auf politikstrategischer Ebene muss es jedoch sein, die institutionelle Vernetzung auf der strategischen Ebene zu verbessern und in Strukturen formaler und regelhafter Vernetzung insbesondere auf Leitungs- und Entscheiderebene einzumünden zu lassen. Hier müssen zumeist entweder erst entsprechende Gremien geschaffen oder bestehende Gremien (wie Beiräte) um den Aufgabenbereich der Benachteiligtenförderung erweitert werden. Diese Notwendigkeit einer strategischen Vernetzung wird von den Kreisen unterschiedlich bewertet. Hierzu muss sich vielerorts das Bewusstsein für einen gegebenen Handlungsbedarf weiterentwickeln und wachsen.

4. Strategien für die Sensibilisierung der Akteure

In diesem Zusammenhang stellt sich natürlich die Frage danach, wie die Entwicklung von Bewusstsein für den Vernetzungsbedarf auf der politisch-strategischen Ebene gefördert werden kann. Wie überzeugt man Politik und NetzwerkpartnerInnen wie Arbeitsamt, Sozialamt, Kammern und Handwerksinnungen? Wie initiiert man lokale Vernetzung?

4.1 Sog erzeugen statt Druck ausüben

Besonders nützlich ist es, Neugier, Motivation und Interesse an der Sache zu wecken. Dies gelingt am ehesten durch aktivierende Vorgehensweisen. Es gehört dazu, passende Rahmenbedingungen zu setzen und an bereits bestehenden Strukturen der Zusammenarbeit anzusetzen. Das Gute und Bewährte sollte ausgebaut werden. Den Weg des geringsten Widerstandes wählen, heißt, mit denen zu beginnen, die motiviert und überzeugt werden können und mit diesen erste Erfolge zu erzielen und damit andere zu gewinnen.

Dieses Vorgehen kann man bezeichnen als „Sog erzeugen" statt Druck ausüben. Zwar besteht die gesetzliche Verpflichtung des Kreises zur gesamtplanerischen Abstimmung der Maßnahmen der Jugendhilfe, da diese immer nachrangig behandelt werden. Auch bestehen die Empfehlungen der Bundesanstalt für Arbeit und der AGJ seit 1995[1], die die Federführung für die GG13 KJHG in Verbindung mit GG27ff beim örtlichen öffentlichen Jugendhilfeträger ansiedeln. Die tatsächliche Wahrnehmung dieser Aufgaben ist im Gesamten betrachtet jedoch auf eher unterentwickeltem Niveau. Bereits die Aufnahme der drei Landkreise basierte auf der Strategie des Sog-Erzeugens, denn alle drei Landkreise hatten in Fragen der Klient bezogenen und/oder der institutionellen planerischen Vernetzung konzeptionelle Vorarbeiten geleistet, die sie nun mit einer kleinen Fördersumme und experimentell in die Tat umzusetzen beginnen konnten. Die Strategie des „Schaut mal her" kann auch für die Initiierung lokaler Klient bezogener Vernetzung eingesetzt werden. Insbesondere der Zugang über die BürgermeisterInnen ist ein entscheidender Erfolgsfaktor. Sie öffnen Türen, die der Jugendhilfe in der Vergangenheit verschlossen blieben wie z.B. der örtliche Gewerbevereine, die ansässigen Wirtschaft, der Handwerksbetrieb. Bleiben diese Türen geschlossen, stößt Vernetzung an die klassischen Grenzen gesellschaftlicher Sektoren.

4.2 Erfolgskritische PartnerInnen

Als schwierig zu sensibilisieren und zu aktivieren zeigt sich die Wirtschaft. Dennoch sollten hier nicht voreilig die vorhandenen Stereotype als Bremser im eigenen Kopf aktiviert werden. Wie die Projekte zeigen, ist die erfolgreiche Einbeziehung der Wirtschaft durchaus möglich. Über den Zugangsweg der Politik - Bürgermeister, Beiräte, Sozialdezernenten – ist auch die Wirtschaft leichter zu gewinnen. Persönliche Kontakte und Überzeugungsarbeit, die deutliche Willenserklärung der Kreisverantwortlichen und der BürgermeisterInnen für eine gemeinsame Initiierung von Initiativen, Foren und Arbeitskreisen erleichtert die Arbeit von KoordinatorInnen erheblich. Im Rahmen der Zusammenarbeit mit der Wirtschaft wird deutlich, dass es einen hohen Informationsbedarf über Fördermöglichkeiten z.B. der Arbeits- und Sozialverwaltung gibt. In allen Landkreisen wird darüber hinaus auch der hohe Unterstützungsbedarf des dualen Systems an sich deutlich. Es besteht in allen Kreisen ein Bedarf an Betreuungsstrukturen für Jugendliche in Ausbildung, insbesondere um die Zahl von Ausbildungsabbrüchen zu senken. Vor allem das Handwerk formuliert den Bedarf nach weiterer Unterstützung von pädagogischer Seite. Hier sind Konzepte von Verbundausbildung oder modularen Ausbildungen genauso dringlich geworden, wie auch Fortbildung zum Umgang mit Jugendlichen insgesamt. Im Rahmen von Ausbildereignungs-

---

1   vgl. hierzu Benthin/Hockerts, Kapitel I.

prüfungen ist der professionelle Umgang mit benachteiligten Jugendlichen –
die durchaus eine pädagogische Herausforderung darstellen können - nicht
im Lehrplan vorgesehen. Aufgabe der Zukunft bleibt es hier, Signale auch in
Richtung Aus- und Fortbildung der Ausbilder zu setzen. Eine Kooperation
von Jugendamt, Kammern und Innungen könnte hier Lösungsansätze bieten.
So wäre es z.b. möglich, gemeinsam Fortbildungskonzepte für Ausbilder zu
entwickeln und diese kooperativ umzusetzen. Kammern und Innungen sollten
sich hieran finanziell maßgeblich beteiligen und würden somit auch eine
stärkere Übernahme von Verantwortung im institutionellen Netzwerk aufzeigen. Solche Fortbildungen sollten im Rahmen eigener Angebote unterbreitet
und durchgeführt werden. Das langjährige „Know-how" der Jugendhilfe im
Bereich der Lehrinhalte und der praktischen Umsetzung könnte hier Ausdruck der „win-win" Situation in der Zusammenarbeit von Wirtschaft und
Jugendhilfe sein. Das Grundlagenwissen und die Erfahrungen der Jugendarbeit, sowie die vorhandenen Methoden aus der Arbeit mit Jugendlichen und
benachteiligten Jugendlichen können so weitergehend genutzt werden. Gerade im ländlichen Raum kann das Handwerk die hier absehbaren Nachwuchs-
probleme lösungsorientiert angehen.

5. Welche Ressourcen braucht es zum Netzwerkaufbau?

Netzwerkaufbau braucht Ressourcen. Insbesondere wünschenswert ist es,
eine Koordinationsfunktion zum Netzwerkaufbau einsetzen zu können. Können personelle Ressourcen für die Vernetzung abgestellt werden, kann mehr
erreicht werden. Im Zusammenhang mit Personalressourcen stellt sich natürlich sofort die Frage nach den notwendigen Kompetenzen und Qualifikationen, die es zur Ausübung einer Koordinationsfunktion bedarf bzw. die nützlich und hilfreich sind für den Erfolg von Vernetzungsanliegen.

5.1 Personalressourcen und Qualifikationsprofile

Gerade im ländlichen Raum wird deutlich, dass das Vertraut sein mit lokalen
Strukturen und ein „bekanntes Gesicht" – d.h. ein gewisser Bekanntheitsgrad
im Kreis, „einen Namen haben" förderlich sind. Auch persönliche Kontakte
verschaffen Zugang zu zentralen Akteuren und zur Politik im Kreisgebiet.
Zwingend notwendig für die erfolgreiche Koordination von Vernetzungsprojekten sind regionalspezifische Detailkenntnisse (die betrifft beispielsweise
die politischen und wirtschaftlichen Machtstrukturen, die vorhandene Trägerlandschaft und die informellen Netzwerke, Konkurrenzen, „Seilschaften",
Hintergründe von Positionen und Animositäten etc.). Neben diesem „infor-

mellen" Handlungswissen bedarf es detaillierter Sach- und Fachkenntnisse über die komplizierte Struktur des Arbeitsfeldes im Übergang Schule-Beruf an sich. So braucht es den Überblick über die Anzahl der Akteure, über Fördermöglichkeiten, Finanzierungs- und Koordinationsfragen sowie über die konkrete Organisation des Arbeitsfeldes im Kreis. Ebenso notwendig und hilfreich sind konkrete Erfahrungen in der Arbeit mit der Zielgruppe sowie Wissen über (neue) fachliche Ansätze für die Integration benachteiligter Jugendlicher. Neben diesen Kenntnissen sollte eine KoordinatorIn über persönliche Kompetenzen verfügen. Mit Sicherheit ist Frustrationstoleranz eine der wichtigsten Kompetenzen, da es viel Einsatz auf der Ebene persönlicher Überzeugungsarbeit bedarf. Außerdem ist aber auch ein souveränes, fachkompetentes und sachliches Auftreten unverzichtbar und eine gewisse rhetorische Kompetenz hilfreich im Alltagsgeschäft. Kommunikationskompetenzen, Moderations- und Gesprächsführungskompetenzen sowie Konfliktlösungskompetenzen sind damit genauso zentral wie Team- und Kritikfähigkeit, Analysefähigkeit und Zeitmanagement. Angesichts des Trends hin zu einer stärkeren Dokumentation und Evaluation der geleisteten Arbeit sind insbesondere auch Projektplanungs-, Prozesssteuerungs- und Projektauswertungskompetenzen erforderlich. Eine KoordinatorIn muss die Ausgangslage der Rahmenbedingungen im Landkreis analysieren können, sie muss eine Beteiligtenanalyse durchführen können und konkrete NetzwerkpartnerInnen identifizieren. Sie muss die Aktionsebenen von operativer und strategischer Vernetzung voneinander unterscheiden können und insgesamt in der Lage sein, systematisch zu arbeiten, um die Zufälligkeit persönlicher Kooperation im Arbeitsfeld in eine Struktur klientenbezogener und institutioneller Vernetzung zu überführen. Diese äußerst komplexe Anforderungsstruktur spricht eher dafür, die Koordinationsfunktion mit einer berufserfahrenen Person als mit einer BerufsanfängerIn zu besetzen.

5.2 Qualifizierung und Profilbildung

Die genannten Kompetenzen betreffen in weiten Teilen alle NetzwerkpartnerInnen. Entsprechend braucht es auch gemeinsame Fortbildungsangebote für alle NetzwerkpartnerInnen. Fortbildungsangebote können einen Beitrag zum Teambuilding der Netzwerke und zu konstruktiven gruppendynamischen Prozessen insgesamt leisten. Es muss allerdings damit gerechnet werden, dass Fortbildungsangebote von den NetzwerkpartnerInnen unterschiedlich angenommen werden. Nach unseren Erfahrungen erwiesen sich gerade Arbeitsamt und Sozialamt als „bildungsresistent" und nahmen die Angebote am wenigsten an. Akteure der Jugendhilfe und beteiligter Schulen scheinen dagegen offener zu sein für Weiterbildung und Kompetenzentwicklung. KoordinatorInnen sind dagegen aufgrund des hochkomplexen Tätigkeitsprofils und des in der Regel erwartbaren Handlungs- und Legitimationsdrucks in erheblich stärkerem Maße an Kompetenzentwicklung interessiert.

5.3 Ressourcenbereitstellung

Es wird bereits deutlich, dass es über die Finanzierung von Personalressourcen und Fortbildung hinaus zusätzlicher Ressourcen bedarf. Dies betrifft beispielsweise Sachkosten, Druckkosten ebenso wie Reise- und Fortbildungskosten. Insbesondere hinsichtlich der Fragen der Datenanalyse und des Datenmanagements zeigte sich in allen Projekten, dass die Datengrundlagen über die Zielgruppen meist nicht ausreichen, zu grob oder/und nicht lokal detailliert genug vorliegen, offizielle Statistiken und „Dunkelfeldstudien" voneinander abweichende Quantitäten aufzeigen und Mädchen allgemein deutlich unterrepräsentiert in den offiziellen Arbeitsamtsstatistiken sind. Dies alles ist normal und wird auch in anderen ländlichen Regionen erwartbar sein. Für den Bereich einer jährlichen Bedarfs- und Maßnahmeplanung im Rahmen des institutionellen Netzwerks ist eine zusätzliche inhaltliche und technische Unterstützung zur systematischen Datenaufbereitung jedoch notwendig. Die Entwicklung dieser strategisch-planerischen Bereiche ist in der Zukunft weiterhin gefordert.

Festzustellen ist hierzu jedoch eine sehr unterschiedliche Problemwahrnehmung, insbesondere wenn es um die Verbindung von Datenanalyse und politischen oder Budgetentscheidungen bzw. Abstimmungen und Planungsprozessen geht. Zum Teil wird man hier auf eine Haltung des „machen wir immer schon, wissen wir schon" treffen können. Befragungen der Netzwerkpartner in manchen Projektstandorten zeigten, dass die strategische Dimension regelhafter Vernetzung vor Ort nicht unbedingt als relevant angesehen wird. Dieses äußerst zentrale Vernetzungsziel wird demnach vor Ort zuweilen unangemessen gering gewichtet.

6. Wer sollte den Netzwerkaufbau vorantreiben? Zwischen planerischer Verantwortung des Kreises und Trägerkonkurrenz

Wo sollte die Koordinationsfunktion angesiedelt sein? In den hier untersuchten Modellprojekten hatte das Landesjugendamt als Projektleitung in der Bewilligung den Kreisen die Option gelassen, die Aufgabe des Aufbaus eines Netzwerkes an einen erfahrenen freien oder kreiseigenen Träger im Kreis delegieren zu können. Hiervon machten zunächst alle Kreise Gebrauch. Allerdings wurde diese Entscheidung im Projektverlauf in einem Standort revidiert[2], im Odenwaldkreis war eine enge Anbindung des beauftragten freien

---

2   Der Landkreis Hersfeld-Rotenburg holte nach erfolgter Delegation an die kreiseigene Beschäftigungsgesellschaft die Koordinationsaufgabe im Laufe des ersten Projektjahrs zum

Trägers durch eine gemeinsame Steuerungsgruppe aus Jugendamtsleitung, Leitung der Jugendförderung und Koordinator sichergestellt, im Vogelsbergkreis wurde der bestehende Trägerverbund beauftragt. Zu vermuten ist, dass eine gesamtplanerisch-strategische Vernetzung tatsächlich unter Federführung des Kreises/Jugendamtes besser zu erreichen ist, als durch die Beauftragung eines freien Trägers, der sich in Fragen planerischer Abstimmung dem Vorwurf aussetzen könnte, primär eigene Trägerinteressen zu verfolgen. Diese Gefahr ist nicht von der Hand zu weisen. Diese Frage muss jeweils vor Ort abgewogen und entschieden werden. Aus unseren Erfahrungen zeigt sich jedoch, dass eine Ansiedlung an möglichst hoher Stelle (z.B. beim Sozialdezernenten bzw. Erste Kreisbeigeordnete) besonders erfolgversprechend ist. Letztlich handelt es sich um die Frage, ob sich vor Ort Vertrauensstrukturen in der Zusammenarbeit zwischen dem örtlichen Jugendhilfeträger und dem freien Träger gebildet haben, wie dies im Odenwaldkreis der Fall war.

Bei aller Konkurrenz ist dennoch in allen Kreisen Bewegung in die Debatten um Trägerverbünde und Wahrnehmung der gesamtplanerischen Verantwortung für diesen Arbeitsbereich gekommen. Das neue Fachstellenprogramm des hessischen Sozialministeriums unterstützt seit dem 1.7.2000 die Gebietskörperschaften in Hessen bei der Wahrnehmung dieser Aufgabe. Es zeichnet sich jedoch jetzt schon ab, dass die hessischen Kreise diese strategischen Aufgaben nicht zwangsläufig dem Jugendamt zuordnen bzw. an unterschiedlichen Orten ansiedeln oder erwägen, Teile der Aufgaben der Fachstellen als befristete Aufträge an Dritte zu delegieren (insbesondere Jugendberufshilfe- und Sozialplanung). Aber auch stärkere Kooperationen sind bereits daraus erwachsen, indem z.B. Arbeitsämter die Aufstockung weiterer Beratungskapazitäten (operative Aufgaben der Fachstellen) mitfinanzieren. Somit scheinen verschiedene Wege der Umsetzung begangen zu werden, die weitere Entwicklung bleibt abzuwarten. Der Weg über Trägerverbünde erscheint uns hier zukunftsgerichtet zu sein, da er im Rahmen des Netzwerkgedankens ein „win-win" für alle darstellen kann: Trägerprofile werden deutlicher und können unter der Prämisse einer optimal-individuellen Förderung leichter sinnvoll im Rahmen einer individuellen Bildungshilfeplanung kombiniert werden. So werden Angebotsstrukturen sichtbarer und fachliche Standards im Kreisgebiet erarbeitbar. Dies erfordert langen Atem, Engagement vor Ort und den unverzichtbaren politischen Willen. Dies kann die Dinge anstoßen und unvermutete Bewegungen ermöglichen.

Aufgabengebiet des Jugendamtes zurück.

7. Zusammenfassung

Für den Netzwerkaufbau und die Netzwerkentwicklung ist eine systemische Perspektive ebenso unverzichtbar wie systematisches Vorgehen. Zu Beginn ist eine Analyse der Ausgangsbedingungen und der konkreten NetzwerkpartnerInnen erforderlich. Es sollte darauf hin gearbeitet werden, alle PartnerInnen an einen Tisch bekommen. Insbesondere sollte der Aufbau strategisch-planerischer Netzwerke auf Kreisebene ebenso vorangetrieben und bearbeitet werden wie die lokal orientierte klientenbezogene Vernetzungs- und Aktionsebene. Effektive Vernetzung setzt den Einsatz systematischer Kommunikationsverfahren und Planungsmethoden voraus. Prozessevaluation und Rückkopplung müssen kontinuierlich in die Steuerung des Prozesses einmünden. Es ist sinnvoll, Strukturen zu entwickeln, um Kommunikation im Netzwerk auf allen Ebenen zu etablieren. Dabei ist es wichtig, „Top-down" und „Bottom-up" Verfahren miteinander zu kombinieren.

Ebenso wichtig ist es, die aktive Unterstützung durch die Politik zu gewinnen. Es empfiehlt sich, dort anzufangen, wo die Infrastruktur im Kern vorhanden ist und die Dopplung bestehender Initiativen zu verhindern, um nicht weitere zusätzliche Arbeitskreise und Gremien zu bilden. Positive Erfahrungen wurden damit gemacht, an bestehenden Strukturen anzusetzen und diese um das Thema der Jugendberufshilfe zu erweitern. Für das Ziel der Vernetzung ist es erforderlich, die Akteure auf allen Ebenen zu sensibilisieren, zu motivieren, zu interessieren und zu aktivieren. Es erzeugt Sogwirkung, wenn man mit denen beginnt, die sich gewinnen lassen. Ist etwas ans Laufen gekommen, kann man getrost auf den Neidfaktor setzen. Vernetzung ist dann von Erfolg gekrönt, wenn Beteiligung als Aktivierung begriffen wird. Dies ist allerdings nur zu erreichen, wenn die Eigenverantwortlichkeit gestärkt und der Handlungsspielraum für engagierte Beteiligte erweitert wird. Vernetzung erfordert ein spezifisches Kompetenzprofil für die Koordinationsfunktion. Dies gilt es bei der Personalauswahl zu beachten. Weitere Ressourcen sind notwendig: Es bedarf der Einplanung von Personal- und Sachkosten, ebenso wie der Reise- und Arbeitsplatzkosten. Fortbildungsmöglichkeiten erweitern das Kompetenzprofil der KoordinatorIn. In spezifischen Fragen muss auch auf externe Unterstützung zurückgegriffen werden können. Hier bedarf es neuer Lösungen des Datenmanagements im Rahmen der gesamtplanerischen Abstimmung des Handlungsfeldes. Ein gemeinsames koordiniertes Anpacken aller Akteure bringt die Dinge nicht nur in Bewegung, sondern führt zu messbaren Verbesserungen in der Organisation des Übergangs Schule-Beruf. Die Verstetigung und die flächendeckende Umsetzung der Vernetzung dieser individuellen Übergänge und die damit verbundene Notwendigkeit der gemeinsamen Planung und Abstimmung werden bestimmende Handlungsaufgaben der nächsten Jahre bleiben.

AutorInnen

Annette Allendorf, Diplom-Pädagogin, Dokumentation der Open Space Veranstaltung „Neue Mädchen – neue Mädchenarbeit? Vernetzung der Mädchenarbeit im Vogelsbergkreis" im Anschluss an das Youthstart Projekt im Vogelsbergkreis. Annette Allendorf arbeitete nach Beendigung ihres Studiums in Projekten zur regionalen und überregionalen Vernetzung sowie zur Vernetzung online. Zur Zeit entwickelt sie im Silicon Valley/USA ihre Promotion zum Thema „Handshaking". Die Entwicklung technischer Standards zur digitalen Kommunikation und ihre sozialen Dimensionen".
Kontakt: a.allendorf@web.de.

Martina Baumert, Diplom-Sozialarbeiterin, FH Fulda mit den Schwerpunkten offene Jugendarbeit und Gerontologie, außerdem Ausbildung zur Maler- und Lackierergesellin. Seit 1994 Mitarbeiterin im Jugendamt des Landkreises Hersfeld-Rotenburg in der Abteilung Kinder- und Jugendförderung. Zuständig für die Koordination der Jugendberufshilfe im Landkreis, Projektleiterin des „Youthstart Network" Projektes vor Ort.
Kontakt: Kreisausschuss des Landkreis Hersfeld Rotenburg, Fachstelle Jugendberufshilfe, Neumarkt 34, 36251 Bad Hersfeld, baumert@hef-rof.de.

Christiane Becker-Ott, Jahrgang 1960, ist Diplom-Sozialarbeiterin und arbeitete in den Bereichen Jugendhilfe und Frauenförderung seit 1986. Sie leitete das Frauenamt des Vogelsbergkreises bis zu seiner Schließung im Jahr 2001 und ist heute als freiberufliche Referentin für Frauenfragen und Projektmanagement tätig.
Kontakt: Referentin für Frauenfragen und Projektmanagement, Obergasse 10, 36341 Lauterbach, Tel/Fax: 06641/61541.

Nicole Benthin, Gesamtprojektleitung Network Hessen, Hessisches Sozialministerium/Landesjugendamt. Nicole Benthin ist Soziologin, Politologin und Historikerin mit den Schwerpunkten Methoden empirischer Sozialforschung, Qualitätsmanagement und Evaluation. Sie studierte an der Albert-Ludwigs-Universität in Freiburg und arbeitete mehrere Jahre in Forschungsprojekten zur Devianzsoziologie, zur Kinder- und Jugendkriminalität und zur Biographieforschung am Max-Planck-Institut für ausländisches und internationales Strafrecht in Freiburg. Von 1995 bis 2000 war sie Dezernentin für Grundsatzfragen KJHG §§10-14 beim Landesjugendamt Hessen (Jugendarbeit, Jugendbildungsarbeit, Jugendsozialarbeit (insbesondere Jugendberufshilfen) und erzieherischer Kinder- und Jugendschutz). Hier entwickelte sie u.a. Curricula für zertifizierte Zusatzausbildungen in interner Evaluation und übernahm die Funktionen der Lehrkraft für Methoden empirischer Sozialforschung und die wissenschaftliche Begleitung und Beratung von internen

Evaluationsprozessen. Seit 1.1.2001 ist sie Referentin für Jugend beim Hessischen Sozialministerium mit dem Schwerpunkt Programmverantwortlichkeit für die Hessischen Jugendberufshilfen (inkl. ESF) und Evaluation.
Kontakt: Hessisches Sozialministerium, Dostojewskistr. 4, 65187 Wiesbaden, n.benthin@hsm.hessen.de.

Christiane Brechlin, geb. am 20.02.1969 in Überlingen hat Sozialwesen an der Fachhochschule Ostfriesland in Emden studiert. Sie ist Diplom-Sozialarbeiterin und Diplom-Sozialpädagogin. Die Schwerpunkte ihrer Arbeit liegen in den Bereichen Frauen, Jugend, Ausbildung und Beratung. Im Rahmen des Projektes Youth Start Network- Ausbildungsforen war sie im Landkreis Hersfeld-Rotenburg von März 1999 bis Februar 2001 als Mitarbeiterin beschäftigt. Seit September 2000 ist sie zudem bei der Beschäftigungsförderung VIA e.V. Bad Hersfeld für das Projekt „Teilzeitausbildung für junge Mütter" zuständig.
Kontakt: Email: chris.brechlin@gmx.de.

Heiner Brülle, Diplom Soziologe und Abteilungsleiter für Grundsatz und Planung im Amt für Soziale Arbeit der Landeshauptstadt Wiesbaden; langjährige berufliche Erfahrungen als Jugendhilfe- und Sozialplaner. Unter seiner Verantwortung hat die Wiesbadener Sozialverwaltung eine entwickelte Praxis der kommunalen Jugendhilfe- und Sozialplanung und der Wirkungsanalyse von sozialen Programmen hervorgebracht. Herr Brülle hat das Wiesbadener Programm „Wege zur Berufsbildung für Alle" maßgeblich konzipiert und ist strategisch verantwortlicher Projektsteuerer. In Nebentätigkeit hat er als freiberuflicher Berater und Sozialplaner u.a. Beiträge und Expertisen zur Ausbildungs- und Beschäftigungspolitik für die Gewerkschaft ÖTV, die SPD-Bundestagsfraktion und das Sozialministerium des Landes NRW erarbeitet.
Kontakt: sozialplanung-51.1@t-online.de.

Harald Finke hat Volkswirtschaftslehre mit Schwerpunkt Soziologie sowie Neueste Geschichte und Neuere deutsche Literaturgeschichte in Heidelberg und Freiburg studiert. Er ist wissenschaftlicher Mitarbeiter der Vogelsberg Consult - Gesellschaft für Regionalentwicklung und Wirtschaftsförderung mbH. Hier leitet der Diplom-Volkswirt die Koordinierungsstelle für regionale Arbeitsmarktpolitik sowie den strategischen Teil der Fachstelle Jugendberufshilfe des Vogelsbergkreises. Ein weiterer Schwerpunkt sind innovative Projekte zur beruflichen Weiterbildung im regionalen Kontext. Im Rahmen eines Modellversuchs des Bundesinstituts für Berufsbildung (1993-1996) entwickelte er als wissenschaftlicher Mitarbeiter der Handwerkskammer Wiesbaden Weiterbildungskonzepte für das Handwerk im ländlichen Raum in enger Kooperation mit Lehrstühlen der Fachgebiete Personal/Organisation

(BWL) sowie Wirtschaftspädagogik an der Universität/ Gesamthochschule Kassel.

Kontakt: Postfach 88, 36332 Lauterbach, finke@vogelsberg-consult.de.

Bodo Kester ist Diplom-Pädagoge und seit über 20 Jahren in der stationären Jugendhilfe tätig. Als Geschäftsführer des Trägers Hilfe für das verlassene KIND e.V. ist er zuständig für Management und Leitung der unterschiedlichen Betreuungs- und Ausbildungsbereiche des Hauses am Kirschberg in Lauterbach/Hessen. Geschäftsführung des Trägerverbundes Lebens- und Berufshilfe Vogelsberg als Betreiber der Beratungsstelle B:24. Vorstandsmitglied Landesarbeitsgemeinschaft Heimerziehung in Hessen, Geschäftsführung Arbeitsgemeinschaft der hessischen Mutter-Kind-Einrichtungen, Sprecher Fachgruppe Jugendhilfe im Paritätischen Wohlfahrtsverband Hessen. Auf regionaler Ebene stellvertretender Vorsitzender des Jugendhilfeausschusses im Vogelsbergkreis, Geschäftsführer der Arbeitsgemeinschaft nach §78 SGB VIII und Sprecher der Arbeitsgemeinschaft freier Träger der Jugendhilfe. Veröffentlichungen u.a. zu Mutter-Kind-Einrichtungen.

Kontakt: bodo.kester@online.de.

Sabine Lauber, Studentin der Diplompädagogik an der Philipps Universität Marburg, Fachrichtung Erwachsenenbildung und außerschulische Jugendbildung. Sie dokumentierte die Zukunftskonferenz im Rahmen von Youthstart Network im Vogelsbergkreis. Derzeit fertigt sie ihre Diplomarbeit zum Thema „Informationsbasierte, elektronische Netzwerke als Organisationsform der Wissensgesellschaft" an. Sie ist Mitbegründerin der Internet - Initiative IPEB - InfoPool Erwachsenenbildung (www.ipeb.de), und arbeitete am Projekt Internet Service – ESPRID des Deutschen Institut für Erwachsenenbildung mit.

Kontakt: sabine.lauber@web.de.

Ralph Rußmann, Diplom-Pädagoge und Mitarbeiter bei dem EU-Projekt Youthstart Network im Vogelsbergkreis. Ralph Rußmann studierte an der Philipps-Universität Marburg Erziehungswissenschaft, Soziologie und Psychologie. Inhaltliche Schwerpunkte liegen in Qualitätsanforderungen an pädagogische Professionalität und die Vernetzung pädagogischer Institutionen zur Handlungsoptimierung im gesellschaftlichen Kontext. Derzeit ist er als freier Journalist und Lehrbeauftragter an der Universität Marburg tätig.

Kontakt: russmann@uni.de.

Ariane Schwedler, Diplom-Pädagogin und Erwachsenenbildnerin. Nach dem Studium der Erziehungswissenschaft, Soziologie und Psychologie an der Philipps-Universität Marburg war sie als Koordinatorin des EU-Projektes „SIREN - Netzwerk Flucht und Behinderung" tätig. Ariane Schwedler befasst sich insbesondere mit Fragen zu pädagogischem Selbstverständnis und beruflicher Kompetenz, institutioneller Vernetzung und der Arbeit mit Gruppen. Neben ihrer Tätigkeit als Lehrbeauftragte an der Universität Marburg arbeitet sie als Dozentin der Erwachsenenbildung für Menschen mit geistiger Behinderung und MitarbeiterInnen der Behindertenhilfe. Kontakt: ariane_schwedler@hotmail.com.

Hanjo Schild, 49 Jahre, Diplom-Sozialpädagoge, Beratungstätigkeiten in verschiedenen Bereichen sozialer Arbeit mit dem Schwerpunkt Jugendarbeit und berufliche Integration junger Menschen, Entwicklung und Leitung von Modellprojekten in der beruflichen Bildung und der Arbeitsmarktpolitik, internationales und nationales Consulting, u.a. zu Europäische Entwicklungen im weiteren Bereich des Sozialen. Zahlreiche Veröffentlichungen zu verschiedenen Themenfeldern, u.a. zur Vernetzung und Kooperation. Zuletzt bei BBJ Consult, jetzt: Europäische Kommission, Generaldirektion Bildung und Kultur, Rue Belliard 7, 1047 Bruxelles, Kontakt: Hans-Joachim.Schild@cec.eu.int.

Dr. Elke Schimpf ist Diplompädagogin und Professorin an der Evangelischen Fachhochschule Darmstadt und lehrt dort Theorie und Methoden der Sozialen Arbeit. Ihre Arbeitsschwerpunkte sind Kinder- und Jugendhilfe, Jugendhilfeplanung, Jugendberufshilfe, Kulturpädagogik und Mädchen- und Frauenarbeit bzw. -forschung. Sie veröffentlichte zu Regionalentwicklung, Lebensraumerkundung, Partizipation, Qualitätsentwicklung, Geschlechterverhältnissen in der Sozialen Arbeit, Gewaltprävention und Mädchenarbeit. Kontakt: Zweifalltorweg 12, 64293 Darmstadt, Tel.: 06151/879850, Fax.: 06151/87 98 58, schimpf@efh-darmstadt.de.

Angelika Stietz ist Diplom Sozialpädagogin und arbeitet seit vielen Jahren als Fachbereichsleiterin der Kinder- und Jugendförderung im Jugendamt des Odenwaldkreises. Durch die Initiierung einer europäischen Kooperation im Bereich der Jugendberufshilfe konnte sie wertvolle Erfahrungen mit EU-Projekten, Jugendberufshilfe und Netzwerkarbeit machen, und bei Fachveranstaltungen auf Landes- und Europaebene zur Diskussion stellen. Angelika Stietz ist Theaterpädagogin mit Hintergrund im Praxisfeld Jugendkultur und feministische Mädchenarbeit. Sie hat eine Ausbildung zur Sozialmanagerin abgeschlossen und studiert z.Zt. „Management in sozialen Organisationen" an der Ev. Fachhochschule in Darmstadt. „Mein größter Wunsch wäre die Verbreitung des Netzwerkgedankens auch auf höchster institutioneller Ebene und die Unterstützung dabei durch die neue Gemeinschaftsinitiative EQUAL." Kontakt: a.stietz@jugend-odenwald.de.

Ina Stockmann, Koordinatorin des Projektes Youthstart Network im Vogelsbergkreis. Ina Stockmann ist Diplompädagogin mit dem Schwerpunkt Sozialpädagogik und studierte an der Philipps-Universität in Marburg Erziehungswissenschaft. Vom 1. Juli 1999 bis zum 31. Dezember 2000 koordinierte sie im Rahmen des EU-Projektes die Vernetzung der Institutionen im Bereich der Jugendberufshilfe im Vogelsberg.
Kontakt: ina.stockmann@gmx.de.

Dr. Gert Straßer, Dipl. Soziologe, Professor für Soziologie und Psychologie an der Evangelischen Fachhochschule Darmstadt, wissenschaftliche Begleitung des Youthstart Projektes im Landkreis Hersfeld-Rotenburg. Schwerpunkte der Lehrtätigkeit sind Migrationsforschung und die Vernetzung von institutionellen und informellen Netzwerken im interkulturellen Arbeiten. Er leitete von 1998 – 2001 ein Forschungsprojekt im Landkreis Hersfeld-Rotenburg zur Integration von SpätaussiedlerInnen. Seit März 2001 ist er verantwortlich für die wissenschaftliche Begleitung des Modellprojektes „Netzwerke für Integration", einem Modellprojekt zur Integration von SpätaussiedlerInnen, des Bundesministerium des Innern.
Kontakt: Evangelische Fachhochschule Darmstadt / Studienstandort Hephata, Hessisches Diakoniezentrum e.V. Hephata, 34613 Schwalmstadt, Tel.: 06691-181253, gert.strasser@hephata.com.

Dr. Susanne Weber, wissenschaftliche Begleitung des Youthstart Projektes im Vogelsberg, Herausgeberin des vorliegenden Bandes. Susanne Weber studierte in Köln, Bonn und Frankfurt Erziehungswissenschaften mit den Studienschwerpunkten Erwachsenenbildung, Wirtschaftspädagogik und „Pädagogik: Dritte Welt". Sie promovierte an der Johann Wolfgang Goethe Universität Frankfurt zu Organisationsentwicklung und Frauenförderung. Derzeit lehrt sie an der Philipps-Universität Marburg Sozialmanagement und forscht zu Vernetzung und Vernetzungsverfahren. Weitere Arbeitsschwerpunkte liegen im Bereich Interkulturelle Zusammenarbeit. Sie veröffentlicht zu Großgruppenverfahren, institutioneller Vernetzung, Organisationsentwicklung und Frauenförderung.
Kontakt: Philipps-Universität Marburg, FB 21, Wilhelm-Röpke-Str. 6b, 35032 Marburg, Tel.: 06421/2823589 und 069/785515, webers@mailer.uni-marburg.de.